COLONIE DE MADAGASCAR ET DÉPENDANCES

TRAITÉ

DE LA

JUSTICE INDIGÈNE

A MADAGASCAR

COMPRENANT :

dans une 1ʳᵉ partie, l'exposé du Droit civil et du Droit pénal ;

dans une 2ᵉ partie, la Législation antérieure à 1885 (Sakaizambohitra (1878). — Code de 1881. — Instructions aux Gouverneurs (1889) ;

dans une 3ᵉ partie, la Législation postérieure à 1895 ;

dans une 4ᵉ partie, un Répertoire de Jurisprudence (1896-1909),

PAR

Amédée GAMON

Conseiller à la Cour d'Appel de Madagascar

TANANARIVE
Imprimerie Officielle
—
1910

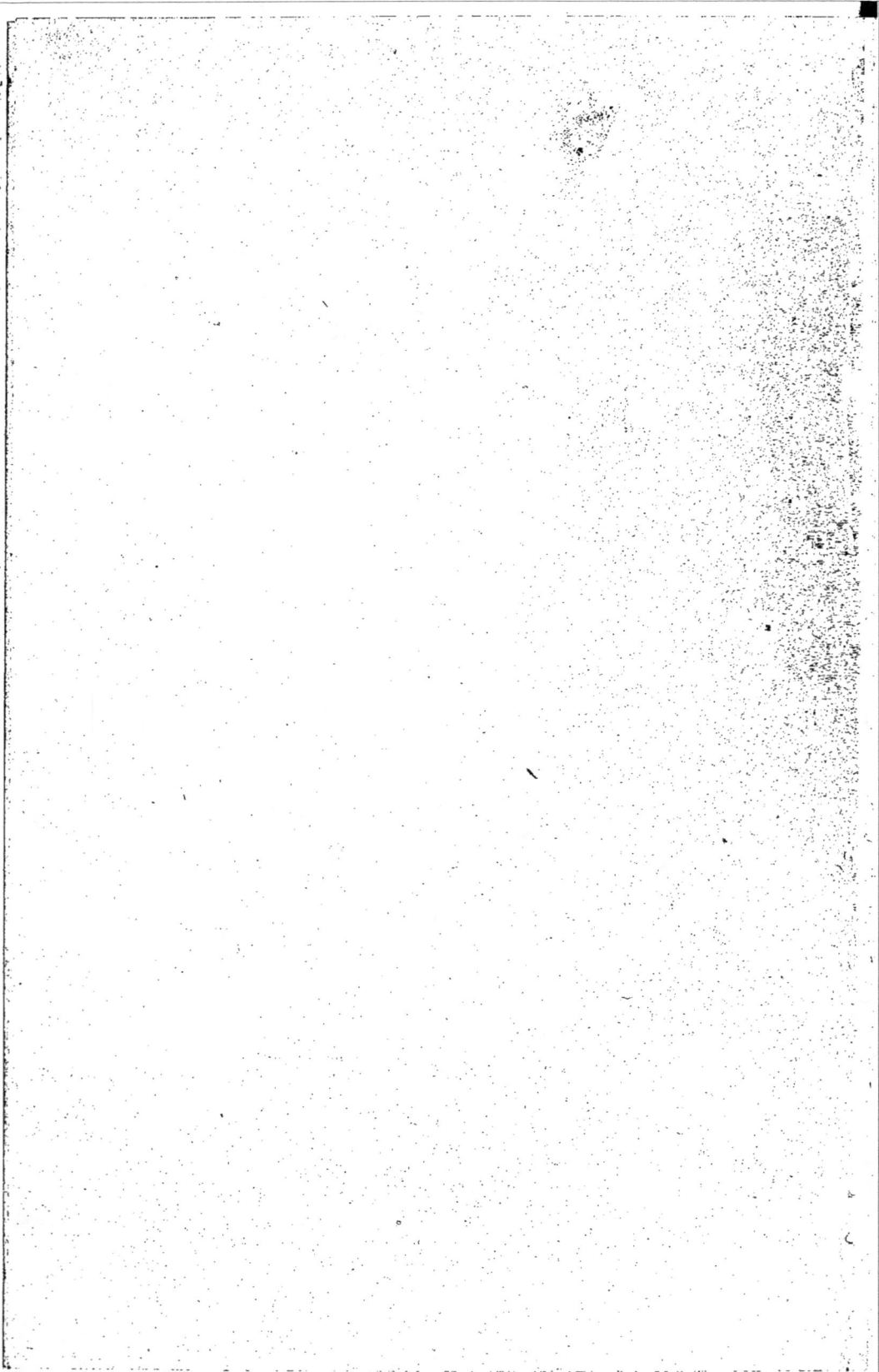

TRAITÉ

DE LA

JUSTICE INDIGÈNE

A MADAGASCAR

TRAITÉ

DE LA

JUSTICE INDIGÈNE

A MADAGASCAR

COMPRENANT :

dans une 1ʳᵉ partie, l'exposé du Droit civil et du Droit pénal ;

dans une 2ᵉ partie, la Législation antérieure à 1885 (Sakaizambo-hitra (1878). — Code de 1881. — Instructions aux Gouverneurs (1889) ;

dans une 3ᵉ partie, la Législation postérieure à 1895 ;

dans une 4ᵉ partie, un Répertoire de Jurisprudence (1896-1909),

PAR

Aᴍᴇ́ᴅᴇ́ᴇ GAMON

Conseiller à la Cour d'Appel de Madagascar

TANANARIVE
Imprimerie Officielle

1910

Le *Traité de la Justice indigène à Madagascar* comprend quatre parties :

La 1re partie renferme un exposé du *Droit civil et du droit pénal indigènes*.

La 2e partie contient la *Législation indigène antérieure à 1895*, date de l'occupation française. Les *Instructions aux Sakaizambohitra de 1878*, le *Code des 305 articles de 1881* et les *Instructions aux Gouverneurs de 1889* y sont rapportés dans leurs dispositions non abrogées et avec des annotations.

La 3e partie renferme la *Législation postérieure à 1895 intéressant la justice indigène et l'administration indigène*, notamment le *décret du 9 mars 1902, les arrêtés des 15 juin et 31 décembre 1904, l'arrêté du 22 juin 1908, le décret du 3 mars 1909, le décret du 9 mai 1909 et les divers arrêtés du 8 septembre 1909.*

La 4e partie contient un *Répertoire de Jurisprudence* des principales décisions de la Cour d'appel de Tananarive statuant en matière indigène, rendues depuis 1896.

La lettre **C** se réfère au *Code de la Législation et Dictionnaire de la Réglementation de Madagascar et Dépendances* publié en 1906. Les lettres **CS** se réfèrent au *Supplément* de ce Code publié en 1909. Les lettres **CT** signifient *Cour d'appel de Tananarive*.

En face des savants ouvrages du regretté président CAHUZAC et de notre ami M. l'administrateur en chef JULIEN, le *Traité de la justice indigène à Madagascar* a le seul mérite d'être au courant de la législation moderne et de la jurisprudence de la Cour d'appel de Tananarive. L'auteur ose le dédier à M. AUGAGNEUR, Gouverneur Général de Madagascar et Dépendances, dont l'initiative, en faisant édicter le décret du 9 mai 1909 et les arrêtés complémentaires du 8 septembre, a donné une organisation réelle à la justice indigène et a consacré cette règle, si vraie et cependant si méconnue dans nos colonies, que la meilleure justice à rendre aux indigènes est celle basée sur leurs lois et leurs coutumes.

A. GAMON.

Tananarive, le 15 octobre 1909.

AVIS IMPORTANT

... ... II° Parties de cet ouvrage étant sous presse
... ... du 19 juin 1910 sur l'enregistrement des
... ... indigènes a paru dans l'*Officiel* du
... 1910, il y a donc lieu de se reporter à cet
... inséré tout entier dans la III° Partie au
... du 10 décembre 1904 indiqué.

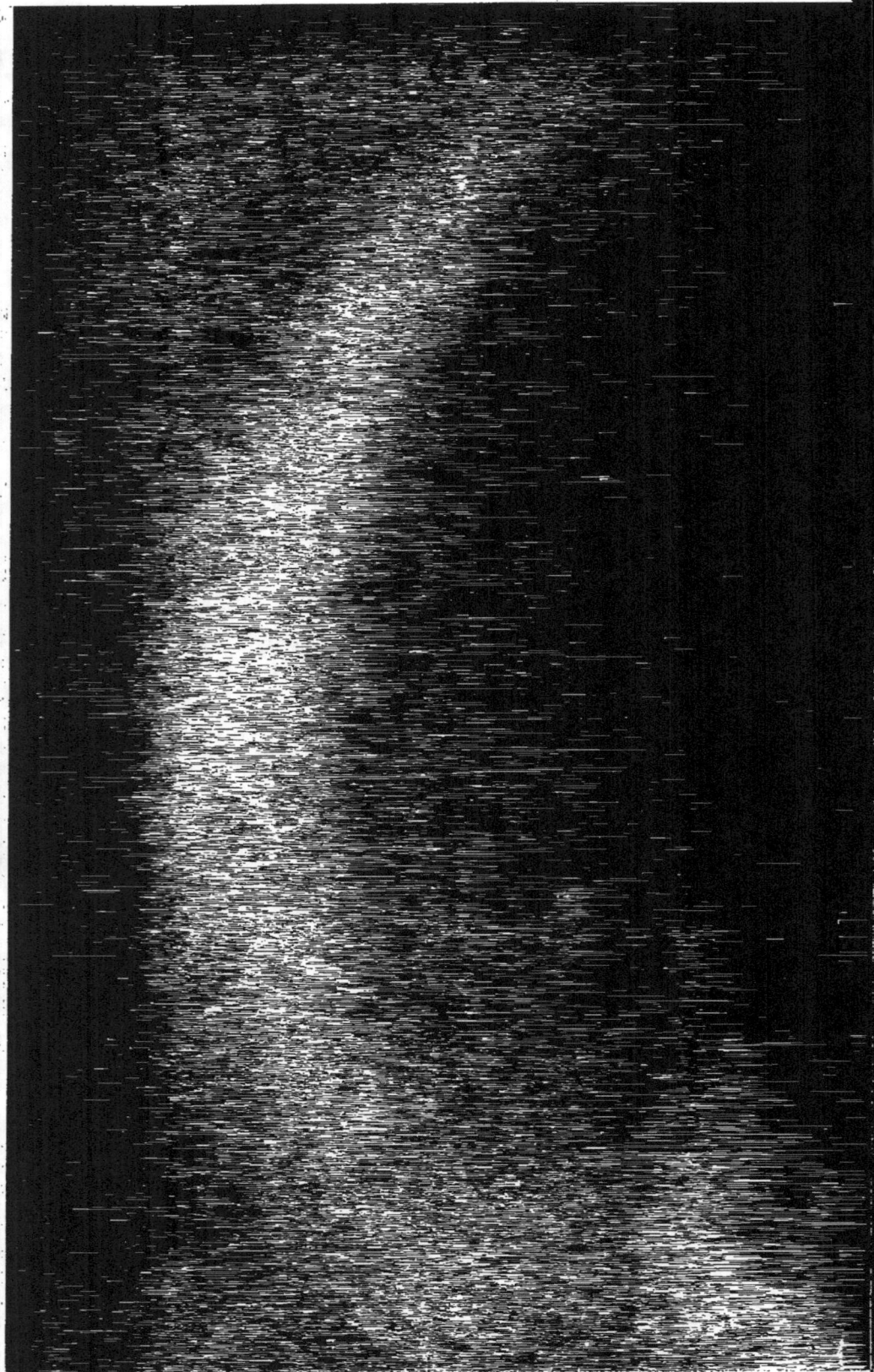

Ire PARTIE

Droit Civil. — Droit Pénal

Iʳᵉ Partie. — Droit Civil

TITRE PRÉLIMINAIRE

§ I. — Notions générales sur le droit malgache.
Droit écrit. — Droit coutumier

Le *droit* est l'ensemble des préceptes réglant la conduite de l'homme envers ses semblables et dont il est
juste et utile d'assurer l'observation, au besoin par la
force et à l'aide de punitions.

On donne le nom de *lois* à ces préceptes.

Parmi ces préceptes, les uns règlent les rapports des
particuliers entre eux, leur ensemble constitue ce que
l'on appelle le *droit privé ou droit civil*. Les autres
règlent le droit de punir et indiquent les châtiments à
appliquer aux coupables : leur ensemble constitue ce qu'on
appelle le *droit pénal*.

Parmi les lois, les unes ont été expressément formulées
par le législateur : elles sont écrites. Leur ensemble constitue le *droit écrit*. — D'autres, sans avoir été écrites,
sont en vigueur et observées comme s'étant introduites
par l'exemple et la coutume : c'est ce qu'on appelle le
droit coutumier.

Le *droit malgache* comprend l'ensemble des lois qui
règlent la conduite des Malgaches entre eux. Ces lois sont
constituées tant par des lois écrites que par des lois coutumières.

Les lois écrites sont renfermées dans divers textes
publiés dans l'ordre suivant : Ranavalona I (1828-1861)
promulgua, lors de son avènement au trône, un code
comprenant quarante-huit articles; en 1862, Radama II
(1861-1863) promulgua un code de soixante et onze
articles dont les dispositions atténuaient celles excessives

contenues dans le code de 1828 ; mais, après sa mort,
Rasoherina (1863-1868) rétablit les lois de Ranavalona I.

En 1868, Ranavalona II (1868-1883) édicta un code
comprenant cent un articles ; en 1878, elle publia les
Instructions aux Sakaizambohitra, et, en 1881, le *Code
des 305 articles*, appelé aussi *Instructions aux Antily*. —
Ranavalona III (1883-1897) publia, en 1889, les *Instructions aux gouverneurs*, sorte de code de procédure
comprenant soixante et un articles.

Les lois écrites ci-dessus indiquées se rapportent tant
au droit civil qu'au droit pénal ; parmi celles de droit
civil, ou peut citer toutes les dispositions du Code des 305
articles relatives au mariage (art. 50 et suiv.), celles du
même code qui concernent les secours que les parents
doivent aux enfants et les enfants aux parents (art. 111
et 112), celles aussi du même code qui règlent l'intérêt de
l'argent (art. 161). Les dispositions de droit pénal sont
excessivement nombreuses : elles visent les crimes punis
de la peine capitale, les lois sur le vol, l'avortement, etc.

Les lois coutumières, manifestation spontanée de l'habitude et des besoins des particuliers, ne sont renfermées
dans aucun texte, mais leur existence a été souvent
consacrée dans les kabary ou proclamations des souverains. Les kabary d'Andrianampoinimerina (1787-1810)
constituent à ce sujet une source très précieuse du
droit coutumier ; ce fut notamment dans un kabary fait
par ce roi que fut consacré le droit pour la femme
de réclamer à la dissolution du mariage le tiers des
biens acquis par les époux pendant le cours de l'union. —
Certaines lois coutumières se rapportent au droit pénal,
mais la plupart intéressent le droit civil. On doit ranger
parmi les lois coutumières les conventions *fanekem-
pokonolona* que les membres de chaque fokonolona
avaient autrefois l'habitude de contracter entre eux.

§ II. — Du droit malgache écrit et du droit malgache coutumier actuellement applicables

Droit écrit. — Le Code des 305 articles, publié en 1881,
a abrogé les lois écrites antérieures. Toutefois, les Instructions aux Sakaizambohitra doivent être considérées

comme ayant été maintenues dans leurs dispositions qui concordent avec la législation promulguée dans la suite ; c'est ainsi que les annulations de contrats d'emprunt par suite de remboursement, annulations ordonnées par l'article 72 de ces instructions, doivent toujours avoir lieu conformément à ce texte qui est conforme à la législation malgache sur l'obligation de l'enregistrement des actes et à la réglementation édictée à ce sujet depuis 1896 (**CT. 11 juin 1908**).

Le Code des 305 articles de 1881 est toujours applicable, du moins dans ses principales dispositions intéressant le droit civil et le droit pénal. Mais il importe de retenir que, par le fait de diverses modifications apportées à la législation depuis 1896, certaines de ses dispositions de droit civil doivent être tenues pour abrogées : c'est ainsi que l'abolition de l'esclavage (**AG. 26 septembre 1896**), la suppression des menakely (**AG. 17 avril 1897**), la suppression des privilèges politiques et d'une partie des privilèges de droit privé des castes (**AG. 15 juin 1898**), ont rendu inapplicables plusieurs articles de ce code. — Les dispositions de droit pénal sont également inapplicables dans un grand nombre de cas. (*V.* **Droit pénal**).

Les Instructions aux gouverneurs de 1889 doivent être appliquées, du moins dans leurs principes, en ce qui concerne les conventions à enregistrer, les adoptions et rejets d'enfants, les testaments, les mariages, le choix des témoins, les emprunts à intérêt, les cohéritiers et les terres vendues ou données à bail. — Mais on doit observer avant tout qu'aux termes de l'arrêté du 25 juin 1904 ce ne sont plus les gouverneurs madinika, mais les gouverneurs qui sont chargés de l'enregistrement des actes et contrats et que les gouverneurs madinika n'ont plus dans leurs attributions que l'enregistrement des actes de l'état civil (**Décret du 9 mars 1902**).

Droit coutumier. — Le droit coutumier, maintenu dans l'article 263 du Code de 1881, est toujours en vigueur ; mais, seule, une coutume générale et non locale et de village à village, réellement établie, *larga inveterata consuetudo*, peut être considérée comme une véritable loi coutumière (**CT. 17 décembre 1903, 27 décembre 1906**).

§ III. — Le droit malgache écrit ou coutumier est-il applicable sur tout le territoire de Madagascar

Il n'est pas douteux que dans l'esprit des souverains hova, une seule loi, la loi hova, devait exister dans tout Madagascar. *Là où est le roi, là est la loi,* telle était leur maxime. Le Code de 1881 fut promulgué dans toute l'île, ou du moins sur tous les points de l'île où les Hova exerçaient la souveraineté. On peut en déduire que les dispositions de ce code et du droit coutumier s'y rattachant étaient applicables en Imerina, dans le Betsileo et dans les diverses régions de la côte Est et de la côte Ouest où les Hova étaient installés. C'est ainsi que la coutume relative aux successions *tsy hani-maty momba* et *hani-maty momba,* parait avoir toujours été appliquée dans la région de Vohémar (**CT. 7 mai 1908**); qu'une décision frappe de déchéance, par application de l'article 223 du Code de 1881, un demandeur de cette même région introduisant une instance au sujet d'une revendication de succession (**CT. 31 décembre 1903**); qu'une autre décision déclare applicable dans les territoires Antanosy la législation hova en matière de forêts et de terres (**Tribunal Mananjary 28 septembre 1903**) (1).

Mais de ces exemples, qu'il y a intérêt à voir se généraliser de plus en plus, on ne peut toutefois déduire pour l'instant la possibilité de l'uniformisation de la législation dans toute l'île. — Madagascar est un ensemble de populations très disparates au point de vue des mœurs et des coutumes ; il semble bien difficile, sinon impossible, de leur appliquer, du moins sans transition, les mêmes lois. Seules, certaines règles, considérées comme d'ordre public, intéressant plutôt le droit public que le droit privé, peuvent être dès maintenant imposées partout. — Le décret du 9 mai 1909 envisage cette situation lorsqu'il dit dans l'article 116 : « *En matière civile, les tribunaux indigènes appliquent les lois et coutumes locales et, s'il y a lieu, les lois et les coutumes propres à la qualité des parties* ». En tout cas, il appartient au juge qui est appelé

---

(1) Cons. également, au sujet de l'application du Code de 1881 en dehors de l'Imerina, un arrêt de la Cour d'appel de Tananarive rendu en matière civile ordinaire le 30 avril 1902.

à statuer en dehors de l'Imerina (car même dans le Betsileo des coutumes particulières, assez générales pour être retenues, peuvent être constatées), de formuler avec soin la coutume retenue par dérogation au droit hova proprement dit, de la préciser, d'en indiquer le caractère général pour la région et de fournir toutes indications de droit et de fait de nature à justifier sa décision.

Droit Civil

TITRE PREMIER

Des personnes

CHAPITRE PREMIER
Des personnes en droit malgache

A. — Etat de l'indigène malgache. — Suppression de l'esclavage. — Suppression des castes. — Droits civils. — Droits politiques. — Juridiction des tribuaux indigènes. — Exceptions. — Des indigènes des anciens Etablissements de Sainte-Marie, Nosy-Be et Diego-Suarez.

Tous les indigènes de Madagascar sont personnes libres, l'esclavage ayant été supprimé par l'arrêté du 26 septembre 1896. — Les différences qui existaient entre les différentes classes de la population libre et qui se manifestaient dans la vie politique et dans la vie civile ont disparu; la suppression des castes a été la conséquence forcée de l'annexion de Madagascar à la France. Aucune distinction n'est à faire désormais, même au point de vue des règles de droit privé, entre les indigènes malgaches (**CT. 20 avril 1905, 20 septembre 1906. —** *Cons. toutefois ce qui est dit au chapitre:* **Des successions**).

La loi du 6 août 1896, qui déclare Madagascar et les îles qui en dépendent colonie française, est précédée d'un exposé de motifs dans lequel on lit: « .... *le Gouvernement vous propose de déclarer par une loi que l'île de Madagascar et les îlots qui en dépendent sont désormais une colonie française. Cette disposition n'implique aucune modification en ce qui concerne la méthode à appliquer dans le gouvernement et l'administration intérieure de l'île. Le Gouvernement n'entend nullement porter atteinte au statut individuel des habitants de l'île, aux lois, aux usages et institutions locales* ». Le décret du 3 mars 1909 dit dans son article 1er : « *L'indigène né avant l'annexion à Madagascar ou dans ses dépendances, ou né depuis cette époque, de parents établis à Madagascar ou dans ses dépendances à l'époque où elle s'est produite, est sujet français : il conserve néanmoins le statut indigène et continue à être régi par les lois et coutumes malgaches sous les réserves et sauf les exceptions prévues par la législation en vigueur* ».

L'indigène malgache est donc régi, en ce qui concerne les droits civils, c'est-à-dire ceux que la loi accorde aux personnes dans leurs rapports privés avec d'autres personnes, par les lois et coutumes malgaches. — Il ne jouit pas, étant simple sujet français, de droits politiques ; toutefois, certaines dispositions du décret du 9 mars 1902 lui accordent de participer dans une certaine mesure à l'administration locale.

L'indigène malgache est, soit au point de vue des litiges qu'il peut avoir avec d'autres indigènes, soit au point de vue des contraventions, délits ou crimes de droit commun, justiciable des tribunaux indigènes ; le décret du 9 mai 1909 dit dans son article 2 : « *Sont indigènes dans le sens du présent décret et justiciables des juridictions indigènes, les individus originaires de Madagascar et Dépendances ou autres possessions françaises ne possédant pas la qualité de citoyen français ou une nationalité étrangère reconnue* ».

Certaines dérogations à cette règle de juridiction résultent du décret du 9 juin 1896, de certaines dispositions du décret du 16 juillet 1897 et du décret du 9 mai 1909 lui-même. Une autre dérogation avait été admise par la jurisprudence (CT. 13 juillet 1899) en faveur des habitants des anciens Établissements de Diego-Suarez, Nosy-Be et Sainte-Marie ; cette dérogation ne paraît pas devoir être maintenue en présence du texte de l'article 2 du décret susvisé du 9 mai 1909.

*B. — Un indigène malgache peut-il renoncer d'une façon
générale et absolue à son statut personnel pour être régi
à l'avenir par les lois françaises ?*

Cette question doit être résolue négativement. Toute autre
solution serait contraire au principe posé dans l'article 17
du décret du 7 février 1897, à savoir « qu'il n'est rien
changé à la condition des indigènes dans les colonies
françaises » (**Tribunal Tananarive 14 mars 1898**).

C. — Accession de l'indigène malgache aux droits de citoyen français

Le décret du 3 mars 1909 fixe les conditions d'accession
des indigènes de Madagascar aux droits de citoyen français.

CHAPITRE II
Des actes de l'état civil

§ I. — Dispositions générales. — Tenue des registres.
Force probante. — Publicité des registres.
Droits fiscaux

Les actes de l'état civil sont des écrits qui constatent les
faits relatifs à l'*état civil* des personnes, c'est-à-dire à
leur existence et aux liens de famille qui peuvent exister
entre elles. Parmi ces faits, les principaux sont : la *naissance*, le *mariage* et le *décès*. — Il faut y ajouter le *divorce*,
l'*adoption* et le *rejet*.

L'institution des actes de l'état civil remonte aux Instructions données aux Sakaizambohitra en 1878. Elle est réglementée dans les articles 53, 108, 109, 229 du Code de 1881
et dans les articles 5, 11, 12, 13 des Instructions aux
gouverneurs de 1889. Depuis 1896, l'état civil indigène a
fait l'objet des arrêtés des 15 juin 1904 et 10 décembre 1904
et des circulaires des 5 juin 1897 et 30 avril 1901.

En l'état actuel de la législation, les actes de l'état civil
sont tenus par les gouverneurs de village (*gouverneurs
madinika*). — *(V. les arrêtés et les circulaires précités)* (1).

(1) Pour la commune de Tananarive, il existe, en ce qui concerne
l'enregistrement des actes de l'état civil, une organisation spéciale
établie par l'arrêté du 15 décembre 1900.

Les inscriptions régulièrement faites sur les registres de l'état civil constituent des actes authentiques. (*V. la circulaire du 5 juin 1897*).

Les registres de l'état civil doivent être considérés comme publics, en ce sens que tout particulier peut s'en faire délivrer des extraits ou copies.

Aux termes de l'arrêté du 10 décembre 1904, un droit fixe de 1 fr. 50 est dû pour toute inscription faite sur les registres de l'état civil, à l'exception des naissances, mariages et décès qui sont enregistrés gratuitement. Les copies des actes de l'état civil délivrées par les gouverneurs madinika sont frappées, aux termes du même arrêté, d'un droit de timbre de 1 franc.

§ II. — Des divers actes de l'état civil

A. — Actes de naissance. — *Les enfants nés doivent être annoncés au gouvernement dans la semaine de leur naissance, pour que, le jour de leur naissance, les noms du père et de la mère et leur demeure soient inscrits dans le registre du gouvernement. Les parents qui ne rempliraient pas cette formalité seraient passibles d'une amende d'un bœuf et de 5 francs* (**Art. 108 du Code de 1881**).

La circulaire du 5 juin 1897 prescrit d'insérer dans l'acte de naissance le nom, le sexe, la date de la naissance de l'enfant, le nom et le domicile du père et de la mère et le nom et la présence des témoins au nombre de deux. L'usage du prénom étant assez répandu, il devra aussi être inscrit lorsque le nouveau-né en aura reçu un.

Par le terme *parents* inséré dans l'article 108, il faut entendre le père, la mère, et, à défaut, les proches du nouveau-né. Le gouverneur compétent pour recevoir la déclaration de naissance est le gouverneur madinika du lieu de la naissance (sauf à Tananarive où l'enregistrement a lieu dans les conditions prescrites par l'arrêté du 15 décembre 1900).

La sanction de l'obligation de la déclaration de la naissance de l'enfant dans le délai fixé par l'article 108, se trouve dans l'amende édictée par cet article contre les parents qui ne font pas la déclaration prescrite. — Cette amende pouvait autrefois être appliquée à titre de peine disciplinaire : elle est aujourd'hui de la compétence exclusive des tribunaux du 1er degré statuant en matière répressive (**Décret du 9 mai 1909**).

B. — Actes de mariage. — Tout mariage doit être enregistré dans la semaine qui suit la cérémonie de remise du *vodi-ondry* (**Art. 12 des Instructions aux gouverneurs**).

Le mariage doit être inscrit au lieu du domicile de l'époux, en présence des deux époux, de leurs parents ou des représentants des parents et de quatre témoins, deux pour chaque époux (**Circulaire du 30 avril 1901**).

L'inscription doit contenir les mentions suivantes: nom, âge, domicile des époux, nom et domicile de leurs père et mère, nom des témoins.

Les deux époux doivent signer l'acte ou mention doit être faite qu'ils n'ont pas signé, ne le sachant (**Circulaire du 5 juin 1897**).

L'article 12 des Instructions aux gouverneurs prévoit une amende de 500 francs, dont le tiers payable par l'épouse, contre les époux qui ne font pas enregistrer leur mariage dans le délai prescrit. Cette pénalité est excessive. Il y a lieu d'appliquer aux défauts de déclaration de mariage la même sanction qu'aux défauts de déclaration de naissance, c'est-à-dire une amende d'un bœuf et de 5 francs *(Même circulaire)*.

C. — Actes de divorce. — Le jugement qui prononce le divorce doit être transcrit à la diligence du tribunal qui a statué. Cette transcription doit avoir lieu dès que les délais d'appel et d'annulation sont expirés. Elle doit être faite sur les registres du gouvernement madinika du lieu où le mariage a été célébré et inscrit, et mention du divorce intervenu doit être mise en marge de l'acte de mariage primitif.

D. — Actes de décès. — L'article 108 du Code de 1881 fait de la déclaration du décès une obligation générale.

Cette déclaration doit être faite dans les huit jours par les deux plus proches parents ou voisins et, si la personne est décédée hors de son domicile, par la personne chez qui a eu lieu le décès, assistée d'un parent ou voisin. En cas de décès d'un étranger ou d'un inconnu, le fokonolona chargé de subvenir aux frais des funérailles doit prévenir les mpiadidy, sur la déclaration desquels le gouverneur procède aux inscriptions nécessaires.

L'inscription doit mentionner le nom, l'âge, le domicile du décédé, les noms de ses père et mère, la date du décès et les noms des témoins au nombre de deux

Le défaut de déclaration est puni d'une amende d'un bœuf et de cinq francs (**Article 109 du Code de 1881.** — **Circulaires des 5 juin 1897 et 30 avril 1901**).

E. — **Actes d'adoption et de rejet.** — *Quiconque adopte ou rejette un enfant est tenu d'en faire faire l'inscription dans le registre du gouvernement ; à défaut d'inscription, l'adopté ne sera pas considéré comme enfant adoptif et le rejeté comme enfant rejeté* (**Art. 229 du Code de 1881**).

L'acte d'adoption ou de rejet doit contenir le nom, l'âge et le domicile des intéressés. Il doit mentionner la présence de l'adoptant ou du rejeant, ainsi que celle de quatre membres au moins du fokonolona pris comme témoins. En cas de rejet, il doit être fait mention du rejet en marge de l'acte de naissance ou de l'acte d'adoption du rejeté (**Circulaire du 5 juin 1897**).

§ III. — La preuve par témoins des actes de l'état civil est-elle autorisée ?

L'arrêté du 10 décembre 1904 et les divers arrêtés antérieurs édictent que tous les actes relatifs à l'état civil doivent être déclarés aux chefs de circonscription indigène et inscrits sur leurs registres, *à peine de nullité*. Ici comme partout, le législateur se défie de la preuve testimoniale. Toutefois, cette preuve doit être admise exceptionnellement, mais seulement dans les divers cas où les parties se trouvent, *sans leur faute*, dans l'impossibilité de représenter un acte régulier. Il appartient aux juges d'apprécier ces cas et de dire s'ils autorisent ou non l'admission de la preuve par témoins (**CT. 7 mai 1908, 8 juillet 1909**).

Le tribunal du 1er degré est compétent, en vertu des dispositions générales du décret du 9 mai 1909, pour autoriser cette preuve.

L'affaire est introduite, soit par une requête adressée au

tribunal par l'intéressé, soit d'office par l'administrateur
chef du district, sur la demande du gouverneur madinika
compétent comme officier de l'état civil. Le jugement
est transcrit sur les registres du gouvernement madinika
du lieu où l'acte aurait dû être enregistré.

Il doit être procédé de la même façon pour toute rectification d'acte de l'état civil.

Mais, dans le cas où la demande d'inscription ou de
rectification soulèverait des questions de filiation ou de
parenté se rattachant à d'autres litiges, le tribunal devrait
en tenir compte et ne statuer qu'après un débat véritablement contradictoire.

CHAPITRE III

Du domicile

Le décret du 9 mai 1909 réorganisant la justice indigène
dit dans l'article 14, en ce qui concerne la compétence
ratione loci des juridictions : « *La compétence territoriale
est fixée par le lieu du domicile du défendeur. La fixation
du domicile est laissée à l'approbation souveraine du
tribunal saisi de la requête* ».

Le *domicile* d'un indigène est, en général, là où il
demeure, là où il travaille, là où il commerce, là où il
exerce des fonctions.

Les distinctions du domicile, de la résidence, de l'habitation, sont en principe sans application. La femme mariée
a son domicile chez son mari ; les enfants, tant qu'ils
sont jeunes et incapables de subvenir à leur existence,
sont censés domiciliés chez leurs père et mère ou, à défaut,
chez leurs ascendants ou plus proches parents.

Un indigène de l'Imerina qui va faire du commerce
sur la côte est valablement assigné devant le tribunal
du lieu où il réside, aurait-il laissé des biens immeubles
en Imerina. Il ne pourra, en aucun cas, décliner la compétence de ce tribunal, du moins pour les litiges se
rapportant à ses opérations commerciales.

L'élection de domicile n'est pas usitée chez les indigènes. Rien ne s'oppose à ce qu'elle soit introduite ; mais
elle ne semble pas, du moins en l'état actuel, d'une utilité
réelle.

CHAPITRE IV
De l'absence

♦ La législation malgache ne connaît ni la période de présomption d'absence, ni celle de déclaration d'absence, ni celle de l'envoi en possession définitif — Les biens d'un individu non présent sont gérés par la famille. Si l'absence se prolonge, une décision de justice peut intervenir, ordonnant la remise des biens de l'absent aux ayants droit. La jurisprudence n'offre qu'un seul exemple d'envoi en possession dans ces conditions (**CT. 30 août 1900**).

CHAPITRE V
Du mariage

§ I. — Notions générales

Le mariage peut être défini en droit malgache comme en droit français : « l'union légitime de deux personnes de « sexe différent contractée en vue de fonder une famille « nouvelle et de se prêter mutuellement secours et assis- « tance ». — « Mariez-vous, dit la coutume malgache, pour « avoir une compagne et pour procréer des rejetons ».

Le mariage est un contrat, non seulement consensuel, mais aussi solennel, en ce sens qu'il exige pour sa formation *la formalité de l'inscription qui est aujourd'hui essentielle*.

Il est réglementé sur quelques points par le droit écrit (art. 36, 38 et 45 des Instructions aux Sakaizambohitra ; 53 du Code de 1881 ; 11 et 12 des Instructions aux gouverneurs ; circulaire du 5 juin 1897 ; arrêté et circulaire du 15 juin 1898 ; circulaire du 30 avril 1901 ; arrêté du 10 décembre 1904). Mais c'est avant tout le droit coutumier qui réglemente la matière.

Fiançailles. — Les fiançailles existent dans la coutume malgache. — La promesse de fiançailles ne constitue qu'une obligation morale et la violation de cette promesse ne peut être sanctionnée par une condamnation à des dommages-intérêts ; toutefois, cette violation est cause d'une réelle déconsidération pour celui qui la commet. L'article 51 du Code de 1881 édicte que les fiançailles consenties par des parents pour le compte de leurs enfants mineurs, autrefois très en usage, ne peuvent produire aucun effet contre le gré des enfants.

§ II. — Des conditions requises pour contracter mariage

A. Consentement des futurs époux. — B. Age compétent chez les futurs époux. — C. Consentement des parents.— D. Absence de tout lien conjugal antérieur. De la polygamie. De la bigamie. — E. Empêchements résultant de la parenté et l'alliance. De l'inceste.

A. — Consentement des futurs époux.

B. — Age compétent chez les futurs époux. — Il faut être pubère pour pouvoir contracter mariage; mais aucun âge n'est fixé, ni par la loi, ni par la coutume. — L'usage veut que ce soient les parents qui décident de l'époque à laquelle les enfants peuvent se marier; cet âge varie entre quinze ans pour les garçons et treize ans pour les filles. — Depuis 1896, des instructions orales ont été données pour que les gouverneurs chargés de l'enregistrement des mariages conseillent de ne pas se marier avant seize ans pour les garçons comme pour les filles.

C. — Consentement des parents. — Andrianampoinimerina a dit: « Le mariage avec consentement des parents est « une bonne chose, car se marier sans ce consentement « c'est comme avoir un maître et ne pas lui demander une « permission. Toutefois, si les deux fiancés s'entêtent pour « la seule raison qu'ils s'aiment, ils n'en seront pas moins « mariés, mais ils pourront être rejetés par leurs parents ». Le consentement des parents n'est donc pas obligatoire pour le mariage; mais le refus de consentir a le plus souvent pour conséquence, si le mariage est célébré, le rejet de l'enfant qui a passé outre. L'article 11 des Instructions aux gouverneurs ne va pas à l'encontre de cette règle : il dit simplement que « les gouverneurs ne peuvent « procéder à l'inscription d'un mariage qu'à la condition « que les deux époux, leurs père et mère respectifs *ou* « *leurs remplaçants* (c'est-à-dire des ascendants, des « collatéraux) soient présents ». Cette traduction diffère de celle qui est donnée de cet article dans les circulaires des 5 juin 1897 et 30 avril 1901 et elle paraît plus conforme à ce qui existe d'après la coutume.

D. — Absence de tout lien conjugal antérieur non dissous. — Celui qui épousera une femme non encore libre vis-à-vis d'un premier mari sera puni d'une amende de cent piastres et la femme retournera avec son époux légitime (Art. 57 du Code de 1881).

Le fait de *polygamie* ou de *bigamie*, prévu par l'article 50 du même Code, s'applique au cas d'un homme vivant avec plusieurs femmes avec lesquelles, en trompant l'autorité, il a pu se marier légalement, ou d'une femme ayant plusieurs maris dans les mêmes conditions.

E. — Empêchements résultant de la parenté et l'alliance. — La coutume défend le mariage entre parents en ligne directe. En ligne collatérale, le mariage est prohibé entre frère et sœur, oncle et nièce, tante et neveu. Entre enfants issus de deux frères ou entre enfants issus d'un frère et d'une sœur, le mariage est permis ; mais entre enfants issus de deux sœurs, il est défendu : cette prohibition résulte du caractère spécial de la parenté par la femme en droit malgache. L'alliance en ligne directe n'est pas une cause formelle de prohibition de mariage ; toutefois, une union de ce genre est mal vue et il est conseillé de s'en abstenir. Quant au mariage entre beau-frère et belle-sœur, il est permis ; bien plus, avant le Code de 1881, lorsqu'un homme venait à perdre sa femme, il avait le droit d'obliger sa sœur à l'épouser. La belle-sœur constituait pour l'époux, comme le dit brutalement le langage malgache : *la réserve de part de viande.* L'article 52 du Code de 1881 a aboli ce droit, mais l'usage pour un homme qui à perdu sa femme d'épouser la sœur de cette dernière est resté. — Certains autres empêchements résultent de la parenté adoptive *(V. le chapitre :* **De l'adoption**).

Le mariage contracté entre parents ou alliés à un degré prohibé constitue le *tsy heny* (l'inceste) et est puni par l'article 63 du Code de 1881.

F. — Empêchements résultant de la différence de caste. — Ces empêchements n'existent plus depuis l'arrêté du 15 juin 1898.

§ III. — De l'enregistrement du mariage

L'enregistrement du mariage constitue actuellement une véritable célébration. Les autres cérémonies établies par la coutume, telle que celle de la remise du *vodi-ondry*, ne sont plus considérées que comme accessoires (**Tribunal 2ᵉ degré Tananarive 13 décembre 1907. — CT. 27 mars 1908**).

Le mariage doit être célébré au lieu du domicile de l'époux par le gouverneur madinika de ce lieu, *sauf à Tananarive* (**AG. 15 décembre 1900**), en présence des deux époux, de leurs parents ou des représentants des parents et de quatre témoins, deux pour chaque époux. L'inscription doit contenir les mentions suivantes : nom, âge, domicile des époux, nom et domicile de leurs père et mère, nom des témoins. Les deux époux doivent signer l'acte ou mention doit être faite qu'ils n'ont pas signé, ne le sachant (**Circulaires des 5 juin 1897, 30 avril 1901**). Les témoins, s'ils sont lettrés, doivent également signer (**AG. 10 décembre 1904**).

Une circulaire du 15 juin 1898 invite les chefs des diverses confessions religieuses à exiger, avant toute célébration de mariage entre indigènes, l'attestation de l'inscription du mariage sur les registres de l'état civil.

§ IV. — Des oppositions à mariage

L'opposition au mariage est l'acte par lequel une personne signifie au gouverneur madinika qui doit enregistrer le mariage (**Pour Tananarive, V. l'arrêté du 15 décembre 1900**) l'existence d'un empêchement au mariage. Elle met obstacle à l'enregistrement jusqu'à ce qu'il ait été donné mainlevée par la justice.

Le droit d'opposition appartient incontestablement à la personne engagée par mariage avec l'une des deux parties contractantes. Appartient-il aux père et mère des futurs époux ou, à défaut, à leurs ascendants ? Il y a lieu de répondre affirmativement, sauf au tribunal saisi de l'opposition à la rejeter si, du moins, elle est uniquement basée sur leur refus de consentir au mariage.

L'opposition est faite dans la même forme que celle

indiquée à l'article 5 des Instructions aux gouverneurs. Elle est jugée par le tribunal du 1er degré (**Décret du 9 mai 1909**).

§ V. — Des nullités de mariage

A. — Le mariage est nul :

1° Lorsque le consentement des époux ou de l'un d'eux a fait défaut ;

2° Lorsque les deux époux ou l'un d'eux n'ont pas atteint l'âge de puberté. Il ne suffirait pas qu'ils aient été impubères au moment de la célébration du mariage : ils doivent l'être encore au moment de l'action en nullité ;

3° Lorsque les deux époux ou l'un d'eux étaient liés par un lien conjugal antérieur non dissous. L'article 57 du Code de 1881 n'édicte pas expressément dans ce cas la nullité du mariage, mais cette nullité doit être prononcée (**Tribunal 2e degré Tananarive 31 juillet 1908**) ;

4° Lorsqu'il existe entre les deux époux. un lien de parenté ou d'alliance mettant obstacle au mariage et constituant, en cas de célébration, le fait d'*inceste*. — *Contra : jugement du tribunal du 2e degré de »Tananarive du 13 mars 1908*, dans le cas d'un mariage entre enfants de deux sœurs ; mais la doctrine de ce jugement, motivée peut-être par des raisons spéciales intéressant les deux époux, ne semble pas devoir être acceptée ;

5° Lorsque le mariage n'a pas été enregistré au moment de sa célébration sur les livres du gouvernement. L'article 53 du Code de 1881 dit « que le mariage n'est pas valable « s'il n'est enregistré dans les livres officiels, et la femme, « dans ce cas, n'est qu'une vazo (maîtresse entretenue) ». Cette prescription de la loi malgache a été maintenue par la législation édictée depuis 1896 et elle doit être considérée comme étant absolument de rigueur pour les mariages célébrés depuis cette époque (*V.* **les divers arrêtés concernant l'enregistrement des actes et les divers textes relatifs à l'état civil indigène**).

Quid des mariages célébrés avant 1896 ? La jurisprudence a toujours admis leur validité bien qu'ils ne fussent pas inscrits ,**CT. 5 mars 1897, 23 mars 1899**).

B. — L'action en nullité appartient dans tous les cas aux époux, dans le deuxième cas à leurs père et mère ou ascendants, dans le troisième cas au conjoint lésé par le deuxième mariage. — L'action doit être portée devant le tribunal du 1ᵉʳ degré du lieu où demeure le mari (**Décret du 9 mars 1909**).

§ VI. — De la preuve du mariage

Le mode de preuve régulier et normal du mariage est la représentation de l'acte de mariage enregistré sur le registre du gouvernement madinika du lieu du domicile de l'époux (**Pour Tananarive, V. AG. 15 décembre 1900**). Il ne peut, en règle générale—du moins pour les mariages contractés depuis 1896 — être suppléé à ce mode de preuve.

Il est bien certain toutefois que, si l'acte de mariage ne peut être représenté par suite d'un cas de force majeure indépendant de la volonté des époux, le mariage pourra être établi, dans ce cas exceptionnel, par titres et par témoins. Mais l'admission de cette preuve ne peut être autorisée que si le cas de force majeure est dûment démontré (**CT. 7 mai 1908, 8 juillet 1909, rapportés ci-dessus**).

§ VII. — Des obligations qui naissent du mariage

A. *Obligations envers les enfants.* — B. *Obligation alimentaire*

A. — Obligations envers les enfants. — Les époux contractent ensemble, par le seul fait du mariage, l'obligation de nourrir, entretenir et élever leurs enfants. Nourrir, c'est-à-dire leur fournir tout ce qui est nécessaire pour l'entretien de leur existence physique ; entretenir, c'est-à-dire les vêtir et les loger; élever, c'est-à-dire les développer au point de vue physique, moral et intellectuel. Les articles 270 et suivants du Code de 1881, relatifs à la mise des jeunes enfants à l'école, sont la sanction de cette dernière obligation. Les époux doivent, en outre, fournir des aliments à leurs enfants quand ils sont dans le besoin.

B. — De l'obligation alimentaire. — C'est l'obligation dont sont tenues certaines personnes de fournir à certaines autres des aliments, c'est-à-dire ce qui est nécessaire pour vivre; par conséquent, la nourriture, le vêtement et le logement ainsi que les frais de maladie. L'obligation alimentaire est prévue par les articles 110 et 111 du Code de 1881. Les enfants sont tenus de vêtir et nourrir leurs père, mère et ascendants (ray aman-dreny), si ces derniers sont dans l'indigence ou si la vieillesse les met hors d'état de gagner leur existence. D'autre part, l'article 111 renferme une obligation générale pour les parents de pourvoir à la nourriture et à l'habillement de leurs enfants malheureux ; si la mère est morte, le père est tenu de cette obligation, que les enfants soient ou non avec lui ; si la mère est divorcée, le père n'est tenu de cette obligation que si les enfants ne sont pas avec leur mère. La question s'est posée de savoir si une pension alimentaire peut être obtenue par la femme qui obtient le divorce et qui garde les enfants nés de l'union dissoute : elle a été résolue négativement (CT. 31 mai 1906) (1).

L'obligation alimentaire des parents vis-à-vis des enfants cesse si les enfants se conduisent mal vis-à-vis d'eux.

§ VIII. — Des droits et des devoirs respectifs des époux

Devoirs communs. — De l'adultère. — Devoirs particuliers.
— De l'obligation pour la femme de vivre avec son mari.
— Du misintaka.

A. — Devoirs communs aux deux époux. — Les époux se doivent mutuellement fidélité, secours, assistance. La violation du devoir de fidélité constitue *l'adultère.*

La loi malgache établit contre l'adultère une double sanction, savoir : une sanction civile et une sanction pénale. La sanction civile consiste en ce que l'adultère commis par l'un des époux peut servir de fondement pour l'autre à une demande en divorce. Ce point sera étudié lorsqu'il sera traité du divorce. La sanction pénale est écrite dans l'article 58 du Code de 1881 : « Lorsqu'un adultère sera « commis, les coupables seront punis d'une amende de « cent piastres, dont le tiers devra être payé par la femme

---

(1) La jurisprudence du tribunal du 2ᵉ degré de Tananarive paraît en sens contraire. Dans deux décisions, ce tribunal a ordonné que le père devrait subvenir aux frais et à l'entretien des enfants nés de l'union dissoute et laissés à la garde de leur mère (**Tribunal 2ᵉ degré Tananarive 24 février 1906** : *Rainitiaray.* — 11 janvier 1907 : *Rakotomanga*).

« et les deux tiers par l'homme ». — L'adultère constitue une sorte de délit civil poursuivi par l'époux lésé (**CT. 15 décembre 1898, 14 juin 1906**). Le tribunal compétent est, aujourd'hui, le tribunal du 1ᵉʳ degré statuant en matière civile, même quand aucune demande en divorce n'est jointe à la plainte (**Décret du 9 mai 1909**). Le tribunal peut faire une application mitigée de l'amende prévue à l'article 58 (**CT. 14 juin 1906, 7 novembre 1907**).

Le **secours** consiste dans la prestation, en nature ou en argent, des choses nécessaires à la vie. Régulièrement, les époux vivent ensemble et leurs revenus respectifs servent, avec les produits de leur travail ou de leur industrie, au soutien des charges du mariage, comprenant la nourriture et l'entretien des époux. Le refus de secours par l'un des époux peut servir de base pour l'autre à une demande en divorce (*V.* **Divorce**).

L'**assistance** consiste dans les soins personnels que l'un des conjoints doit à l'autre en cas de maladie. — Le refus d'assistance peut, suivant le cas, constituer une injure grave susceptible de servir de base également à une demande en divorce (*V.* **Divorce**).

B. — Devoirs particuliers à chaque époux. — Le mariage constitue une sorte de société : le mari est le chef de cette société. De là, le devoir d'obéissance imposé à la femme. En retour de l'obéissance qu'il peut exiger de sa femme, le mari lui doit protection. La femme est, à l'égard de son mari, une alliée et non une esclave. Pour être d'une autre nature que celui de l'époux, le rôle de l'épouse dans l'association conjugale n'est pas moins important : il est l'égal de celui du mari.

Le devoir d'obéissance entraîne comme corollaire pour la femme l'obligation d'habiter avec son mari et de le suivre partout où il juge à propos de résider. Toutefois, cette règle n'est pas sans exceptions : si le mari mène une vie errante et vagabonde, la femme ne peut être tenue de le suivre (**CT. 31 mai 1906**) ; si le mari maltraite sa femme ou s'il ne lui offre pas un logement convenable en égard à ses facultés ou à son état, ou s'il tient une concubine dans la maison conjugale, ou s'il y autorise la présence de personnes qui font à la femme une situation intolérable, la femme ne peut être tenue de demeurer avec lui ; enfin le femme a toujours le droit de faire le *misintaka* et ce droit ne peut dégénérer en abus que dans certaines conditions. (*V.* **Divorce**).

La sanction de l'obligation pour la femme d'habiter avec son mari et de l'obligation pour celui-ci de la recevoir et de la traiter maritalement, est dans le divorce. — Il serait absolument contraire à la coutume de prononcer une astreinte contre la femme qui se refuserait, même à tort, à réintégrer le domicile conjugal (**CT. 9 octobre 1905, 3 juin 1909**) ; à plus forte raison, serait-il contraire à la coutume d'ordonner que la femme sera contrainte « *manu militari* ».

§ IX. — De la capacité de la femme malgache

L'autorisation maritale n'existe pas en droit malgache

Malgré le devoir d'obéissance de la femme envers son mari, sa capacité pendant le mariage reste entière : *l'autorisation maritale n'existe pas en droit malgache* (**CT. 13 juillet 1899**).

La femme mariée a pleine et entière capacité pour ester en jugement sans le concours de son mari, quelle que soit la juridiction saisie, quel que soit le rôle de la femme dans l'instance, quelle que soit la nature ou quel que soit l'objet de la contestation, qu'il s'agisse de plaider en première instance ou en appel. Elle a également pleine et entière capacité pour donner, aliéner, hypothéquer, acquérir à titre gratuit ou onéreux et faire tous actes de disposition et d'administration, sans le concours de son mari. — La puissance maritale, en cette matière, n'existe pas.

§ X. — Du régime pécuniaire des époux [1]

A — *Notions générales.* — *Du régime en communauté (kitay telo an-dàlana).* — *Du régime de séparation de biens (mizara manta).*

On appelle *régime* un ensemble de règles. Le droit malgache organise deux régimes matrimoniaux : le *régime*

---

[1] Consulter le décret du 5 novembre 1909, sur le régime matrimonial : III⁰ partie, législation postérieure à 1895.

en communauté (*kitay telo an-dàlana*) et le *régime de séparation de biens* (*mizara manta*).

1° Régime en communauté (*kitay telo an-dàlana*). — Sous ce régime, il existe un fonds commun aux deux époux composé de certains biens : ce fonds constitue la communauté. Ceux des biens de chaque époux qui n'entrent pas dans la communauté forment son patrimoine propre. Il y a donc sous ce régime trois patrimoines à considérer : le patrimoine propre du mari, le patrimoine propre de la femme et le patrimoine commun aux deux époux ou patrimoine de la communauté. — Chaque époux administre son patrimoine et l'administration du patrimoine de la communauté appartient aux deux époux.

2° Régime de la séparation de biens (*mizara manta*). — Ce régime constitue plutôt un mode de partage anticipé de la communauté qu'un régime matrimonial. Il n'existe, en effet, qu'après que le régime en communauté a fonctionné. C'est un mode de liquidation adopté par les conjoints qui n'ont pas d'enfants et qui veulent éviter des revendications de la part de leurs héritiers après leur mort. Dans ce cas, il est procédé par eux au partage des biens de la communauté dans la proportion indiquée, par le *kitay telo an-dàlana* et, du jour de ce partage, la communauté n'existe plus. Tous les biens qui adviennent aux époux de ce jour et qui, auparavant, auraient dû tomber dans la communauté sont partagés par eux au fur et à mesure — C'est ainsi qu'à partir du partage opéré, le *mizara manta* peut être considéré comme un régime matrimonial.

B. — Le régime de droit commun est le régime en communauté (kitay telo an-dàlana). — Quid du régime matrimonial des anciennes castes ?

Sous réserve de ce qui a été dit en ce qui concerne la possibilité pour les époux d'adopter au cours du mariage le régime de séparation de biens (*mizara manta*), la loi malgache ne reconnaît, qu'il y ait eu contrat ou non, qu'un seul régime matrimonial : le régime en communauté (*kitay telo an-dàlana*). C'est le régime légal et obligatoire (**CT. 30 juin 1898, 20 octobre 1898, 6 septembre 1906**).

Antérieurement à l'occupation française, le régime

matrimonial du *kitay telo an-dàlana* n'était toutefois pas applicable aux gens de caste noble à partir de la caste Andriamasinavalona. Cette distinction doit-elle être maintenue ? La jurisprudence est en sens contraire (**CT. 20 avril 1905, 20 septembre 1906**).

C. — Du régime matrimonial en communauté
(Kitay telo an-dàlana)

a) **Origine.** — On ignore si ce régime existait avant Andrianampoinimerina, mais il est certain qu'il le sanctionna dans un kabary : « L'homme et la femme sont éga-« lement mes sujets. Je constitue leurs biens en *kitay telo* « *an-dàlana* (de la paille à brûler séchée au soleil et dis-« posée en trois rangées), dont deux lots seront ramassés « par l'homme et un, *fahatelon-tànana*, par la femme ».

b) **Biens propres.** — Seuls les produits du travail ou de l'industrie des époux entrent dans la communauté et forment le *kitay telo an-dàlana* ; tous les biens qu'ils possédaient avant le mariage ou qu'ils ont acquis pendant le mariage à titre de succession, donation, testament, ou à titre onéreux avec leur argent *personnel*, les intérêts ou les fruits de ces biens, leur restent propres (**CT. 20 octobre 1898**). Tous les biens provenant d'actes réguliers de vente passés au cours du mariage au nom seul de la femme mariée, sont des biens à elle propres (**CT. 19 avril 1900, 30 décembre 1901**). Mais les biens acquis par le mari seul sont au contraire des biens communs (**CT. 23 avril 1908**). A moins qu'il soit établi que ces acquisitions ont été faites avec des deniers personnels au mari (**CT. 23 avril 1908**).

c) **Biens communs.** — Tous les biens acquis pendant le mariage par l'industrie ou le travail commun *ou personnel* des époux tombent en communauté et forment le *kitay telo an-dàlana* (**CT. 20 octobre 1898**). Les biens acquis pendant le mariage par le mari seul ou conjointement par les deux époux sont des biens communs (**CT. 23 avril 1908**) (1). Toutefois, en ce qui concerne les immeubles

---

(1) Il a été jugé qu'un immeuble acheté au cours du mariage par le mari et la femme en leur nom et au nom de leurs trois enfants doit être considéré comme propre pour un cinquième à la femme, commun pour un cinquième, et appartenir aux trois enfants pour les trois autres cinquièmes (**CT. 31 décembre 1903**). Cette jurisprudence, suivie

soumis au régime foncier du décret du 16 juillet 1897, si l'immeuble a été acquis par le mari et si l'immatriculation a été prononcée en son nom seul, il doit être considéré comme un bien propre au mari (**CT. 23 avril 1908**). *Quid* si l'immeuble a été immatriculé au nom du mari et de la femme ? S'il est spécifié dans l'ordonnance ou le jugement d'immatriculation que l'immeuble appartient à la communauté, ou tout au moins s'il est spécifié qu'il est la propriété des deux époux en tant que communs en biens par suite de la communauté existant entre eux, il doit être considéré comme commun et faisant partie du kitay ; dans le cas contraire, par application des principes posés dans le décret du 16 juillet 1897, l'immeuble doit être considéré comme propre aux époux pour la part indiquée dans la décision prononçant l'immatriculation.

d) **Administration des biens propres.** — Chaque époux administre, comme il l'entend, ses biens propres. Il en a la libre disposition. Il peut les aliéner à titre gratuit ou onéreux, les hypothéquer, les échanger sans le concours de l'autre époux (**CT. 21 juillet 1898**).

e) **Administration des biens communs composant le kitay telo an-dàlana.** — Les deux époux sont deux associés; ils ont capacité égale pour administrer les biens de la communauté; l'un des conjoints ne peut accomplir, sur ces biens, un acte d'administrateur ou de propriétaire sans le concours de l'autre.

f) **Dettes contractées par les époux.** — Les dettes restent personnelles à l'époux qui les a contractées, à moins qu'elles n'aient été faites pour les besoins de leur industrie et de leur commerce (**CT. 14 juin 1900**). Les dettes contractées par le mari pour les besoins de son commerce ou de son industrie ou pour les besoins du ménage ne lui restent pas personnelles et deviennent dettes de la communauté; les créanciers peuvent en poursuivre le recouvrement sur les biens du kitay sans qu'il soit, d'ailleurs, dans ce cas, nécessaire de mettre en cause la femme dans les poursuites. Une dette contractée par l'époux vis-à-vis

par le tribunal du 2ᵉ degré de Tananarive dans un jugement du **5 juin 1909**, est erronée : l'immeuble dans ce cas doit être déclaré commun pour deux cinquièmes et appartenir aux trois enfants pour les trois autres cinquièmes.

de son employeur, qui l'intéressait à certaines de ses opérations, doit être retenue comme étant une dette contractée dans l'intérêt de la communauté et tombe dans le kitay (**CT. 24 juin 1909**). Le créancier d'un des époux ne peut poursuivre le recouvrement de sa créance que sur les biens personnels de l'époux débiteur ou sur la part devant lui revenir sur les biens communs (**CT. 14 juin 1900**). S'il advient qu'un créancier d'un des époux comprend dans ses poursuites des biens ne faisant pas partie de cette part, la coutume permet au conjoint frustré, soit de faire opposition à la vente de la part lui revenant, soit, si cette opposition n'a pas été faite, de poursuivre en justice l'autre conjoint en remboursement de la part lui revenant dans les biens vendus, mais seulement de cette part (**CT. 14 juin 1900, 31 décembre 1900**). Le *fahatelon-tànana*, c'est-à-dire le tiers du kitay telo an-dàlana, devant revenir à la femme, n'est le gage des créanciers du mari qu'autant que la dette tombe dans la communauté (**CT. 20 mars 1902**). Si, au cours de la communauté, des biens communs sont vendus à la requête de créanciers de la communauté, la femme ne peut revendiquer son fahatelon-tànana sur ces biens tant que les dettes n'ont pas été payées (**CT. (civil ordinaire) 17 mai 1905**).

g) **Dissolution de la communauté** (*kitay telo an-dàlana*). Le partage des biens de la communauté ne peut avoir lieu que dans deux cas : 1° lorsque la communauté a été dissoute par la mort de l'un des époux ou par le divorce ; 2° lorsqu'il y a *mizara manta*, partage amiable fait par les époux au cours de l'association conjugale et d'un commun accord, à mesure de l'acquisition des biens (**CT. 9 novembre 1899**). Tout partage des biens de la communauté suppose nécessairement l'une de ces causes ; en accueillant une demande de partage en dehors d'elles, les juges violeraient la coutume et s'exposeraient à porter une grave atteinte aux règles concernant le statut personnel des indigènes ; la conséquence de leur décision serait, en effet, le plus souvent, de légitimer et sanctionner des partages demandés après des séparations volontaires, séparations nulles et sévèrement prohibées par l'article 56 du Code de 1881 et l'arrêté du 15 juin 1898 (**CT. 9 novembre 1899**).

h) **Partage de la communauté** *(kitay telo an-dàlana).*

1° Les biens propres sont exclus de ce partage. Le partage du *kitay telo an-dàlana* ne peut s'opérer qu'après que chacun des époux a prélevé ses propres (**CT. 20 octobre 1898**).

2° Il y a présomption que tous les biens existant au moment de la dissolution de la communauté sont des biens communs. — La coutume admet comme présomption légale que tous les biens existant au moment de la dissolution de la communauté sont des biens communs ; il incombe, en cas de contestation, à l'époux qui se prétend propriétaire d'en fournir la preuve (**CT. 20 octobre 1898**). C'est à l'époux qui prétend que tel bien existe et existe comme propre à le prouver. A défaut de cette preuve, les biens existant au moment de la dissolution de la communauté sont présumés biens communs (**CT. 9 novembre 1899**). — La coutume fait présumer comme biens de la communauté tous ceux qui existent au moment de sa dissolution. C'est à la partie qui se prétend propriétaire personnellement de certains biens à en fournir la preuve (**CT. 8 novembre 1906**). — Toutefois, les bijoux sont présumés propriété de la femme, les armes de guerre, propriété du mari (**CT. 9 novembre 1899**).

3° Le partage ne peut s'opérer qu'après que les dettes faites, pour les besoins de l'industrie ou du commerce des époux ou pour l'entretien du ménage, ont été payées. — Le partage du kitay telo an-dàlana ne peut s'opérer qu'après que les dettes faites, soit pour les besoins de l'industrie ou du commerce des époux, soit pour l'entretien du ménage, ont été payées (**CT. 20 octobre 1898. — CT. (civil ordinaire) 17 mai 1905**).

4° Comment s'opère le partage et dans quelles proportions ? - Le partage est fait par les parties à l'amiable. Lorsqu'elles ne sont pas d'accord sur la masse à partager ou sur les reprises à exercer par l'un ou l'autre époux, il y a lieu de s'adresser à la justice (**CT. 30 juin 1898**).

Les biens formant le kitay telo an-dàlana sont partagés en trois parties égales : deux parts sont attribuées au mari, une part *(fahatelon-tànana)* à la femme (**CT. 30 juin 1898, 20 octobre 1898**). Toutefois, il a pu être stipulé au moment du mariage en faveur de la femme une part plus forte dans le partage ; mais jamais la part de la femme ne peut être moindre d'un tiers (**CT. 20 octobre 1898**).

Quand les biens provenant du kitay telo an-dàlana ne sont pas partageables en nature, on peut les faire vendre ; mais il est plus conforme à la coutume de les évaluer en argent et fixer ensuite la somme qui doit être donnée à la femme en représentation de son fahatelon-tànana (**CT. 20 octobre 1898**). — L'évaluation en argent des biens du kitay et la remise en argent à la femme de son fahatelon-tànana est d'usage, même lorsqu'il s'agit de biens partageables en nature ; mais ce mode de liquidation et de partage est subordonné à l'agrément de la femme.

5° *La femme a toujours droit au fahatelon-tànana.* — L'épouse, même divorcée, a toujours droit au fahatelon-tànana ; cet usage, bien que non écrit, est de ceux qui ont force de loi (**CT. 5 mars 1897**).

6° *Le partage doit être inscrit sur les livres du gouvernement* (*V. ce qui est dit au chapitre :* **Des contrats au sujet de l'**enregistrement des contrats et obligations).

7° *Le partage fait et inscrit peut-il être annulé ?* (*V. ce qui est dit au chapitre:* **Des contrats au sujet des causes de nullité des contrats et obligations**).

8° *Divers cas spéciaux solutionnés par la jurisprudence et se rapportant au partage du kitay telo an-dàlana:*

a) Lorsque deux époux ont procédé au partage amiable de leurs biens communs et lorsque des énonciations de l'acte de partage il résulte notamment qu'une somme de 4.500 francs a été attribuée au mari, il y a présomption, à défaut de preuve contraire, que ce dernier a pris possession effective de la somme ; cette présomption est encore fortifiée lorsque l'acte énumère avec soin les biens non encore partagés et restant indivis entre les contractants (**CT. 21 juillet 1898**).

b) En cas de divorce remontant à une époque très ancienne (1830), les juges peuvent légalement présumer que depuis cette époque l'épouse a reçu son fahatelon-tànana (**CT. 16 novembre 1899**).

c) L'époux qui, devant un tribunal, a reconnu exact et a librement accepté et signé un inventaire des biens formant le kitay telo an-dàlana, ne peut ensuite prétendre que cet inventaire est inexact et préjudiciable à ses droits (**CT. 19 juillet 1906**).

d) Par le fait de l'immatriculation (*V.* **décret 16 juillet 1897**), non seulement aucun recours ne peut être exercé sur l'immeuble immatriculé, mais encore toute action personnelle contre le tiers au profit duquel l'immatriculation a été prononcée est interdite, sauf en cas de dol. Comme conséquence, la femme ne peut réclamer son fahatelon-tànana sur la valeur d'une maison immatriculée pendant le mariage, sans opposition de sa part, au nom du mari seul (**CT. 6 septembre 1906**) (1).

· *e*) Au moment de la dissolution de la communauté par le décès du mari, la femme ne saurait être déclarée responsable et tenue de représenter l'argent provenant de la vente opérée pendant le cours du mariage, par le mari seul, de biens à lui propres, si, du moins, il n'est établi à l'encontre de la femme aucun fait de détournement de cet argent (**CT. 23 avril 1908**).

f) Une maison dont les principaux travaux de maçonnerie, de charpente et de couverture ont été faits avant le divorce, doit être considérée comme un bien commun. Mais la communauté est débitrice des salaires payés par l'un des conjoints pour travaux supplémentaires faits à la maison après le divorce (**CT. 24 septembre 1908**).

D. — *Du régime de la séparation de biens (mizara manta)*

Origine. — Définition. — Le *mizara manta* (*partage cru*, c'est-à-dire partage fait avant que la communauté ait produit tous ses résultats) est un mode de partage des biens de la communauté fait au cours du mariage, et auquel succède un nouveau régime matrimonial.

La coutume a introduit depuis très longtemps le mizara manta ; il est adopté surtout, ainsi qu'il a été dit, par les conjoints qui n'ont pas d'enfant et qui le font dans le but d'éviter, en cas de mort de l'un d'eux, des difficultés de la part des héritiers venant revendiquer la succession de leur auteur. A ce point de vue, le mizara manta a quelque analogie avec une disposition testamentaire.

---

(1) Mais si le mari acquiert au cours du mariage un immeuble *déjà immatriculé au moment de l'acquisition*, la femme a incontestablement le droit de réclamer son fahatelon-tànana sur cet immeuble, à la condition expresse toutefois de faire inscrire son droit sur l'immeuble (**CT.** (civil ordinaire) **27 avril 1907**: *Razafimahefa*).

Comment s'établit le mizara manta et comment il se constate ? Il s'établit à l'amiable entre les époux et se constate par un acte qui doit être régulièrement inscrit sur les registres du gouvernement (*V. ce qui est dit au chapitre :* Des contrats *au sujet de l'*enregistrement des contrats et obligations). La preuve du mizara manta ne saurait résulter de l'affirmation d'un seul des époux (**CT.** 21 décembre 1899, 31 décembre 1900).

Des effets du mizara manta. — Le mizara manta a pour premier effet de faire liquider les biens de la communauté. Cette liquidation a lieu comme il a été dit pour le régime du kitay. Toutefois, il peut arriver que le partage ait lieu par moitié et non dans la proportion du kitay. Le partage opéré, la communauté n'existe plus. Tout ce qui est acquis ultérieurement par les époux est partagé au fur et à mesure, de telle sorte que si le mariage vient à être dissous par décès ou par divorce, il n'y a aucun partage à opérer. La nourriture et l'entretien des époux dans le cours du mariage sont fournis par eux dans les proportions de deux tiers par le mari et d'un tiers par la femme ; mais, le plus souvent, c'est le mari qui pourvoit bénévolement à l'entretien et à la nourriture de la femme.

§ XI. — De la dissolution du mariage

Le mariage se dissout : 1° par la mort de l'un des époux ; 2° par le divorce légalement prononcé.

§ XII. — Des seconds mariages

Un veuf peut songer à un nouveau mariage aussitôt après la mort de sa première femme. La femme, au contraire, d'après la loi coutumière, ne peut se remarier qu'un an après la mort du mari. Mais la loi coutumière en la matière est souvent négligée : de nombreux mariages sont célébrés avant l'expiration de l'année de veuvage.

§ XIII. — Du divorce

Définition. — Ny misao bady. — Ny misaraka. – Causes du divorce : article 56 du Code de 1881. — Ny misintaka.

Définition. — Le divorce est la rupture d'un mariage prononcée par l'autorité judiciaire sur la demande de l'un des époux et pour les causes que la loi détermine.

Ny misao-bady. — **Ny misaraka.** — La loi prohibe sévèrement dans l'article 56 du Code de 1881, *ny misao-bady*, c'est-à-dire la répudiation de la femme par le mari, autrefois très en usage dans les mœurs malgaches, et *ny misaraka*, c'est-à-dire le divorce par consentement mutuel (**CT. 14 mai 1908**). Au surplus, l'amende prévue au dit article ne peut être appliquée à une femme faisant le *misintaka*, c'est-à-dire simplement séparée de fait d'avec son mari (*V. ci-dessous sur le* **misintaka**).

Causes du divorce. — L'article 56 du Code de 1881 dit : « S'il existe des *motifs graves* pour que la séparation ait « lieu, le mari comme la femme pourront se plaindre à « l'autorité ». Il appartient aux juges devant lesquels la demande de divorce est portée d'apprécier si les motifs invoqués à l'appui constituent des *motifs graves*.

Les principales décisions de jurisprudence rendues en la matière considèrent comme motifs graves :

1° *L'adultère de l'époux ou de l'épouse* (**CT. 14 juin 1906, 7 novembre 1907, 5 août 1909**) ;

2° *L'ivrognerie et la mauvaise conduite habituelle* (**CT. 29 mars 1900**) ;

3° *Les mauvais traitements exercés sur la femme* (**CT. 19 avril 1900**) ;

4° *Le défaut d'entretien, pendant plusieurs années, de la femme et de l'enfant né du mariage* (**CT. 8 décembre 1904**) ;

5° *Le fait par le mari de mener une existence errante et vagabonde et de laisser sa femme sans ressources, sans moyens de vivre et d'élever un enfant né du mariage* (**CT. 31 mai 1906**) ;

6° *Le fait par le mari de ne pas habiter avec sa femme depuis de nombreuses années et de l'avoir abandonnée* (**CT. 27 mars 1908, 2 avril 1908**) ;

7° *Le fait par le mari de ne pas habiter avec sa femme, de n'avoir pas de domicile pour la recevoir, de ne pas s'occuper d'elle, de ne subvenir en aucune façon à ses besoins* (**CT. 14 mai 1908**) ;

8° *Le refus persistant et sans raison de la femme de rejoindre son mari là où il est domicilié* (**CT. 15 octobre 1908**).

Par contre, la jurisprudence a jugé que ne constituent pas des motifs graves de divorce :

1° *Le misintaka.* — Le misintaka, qui consiste dans le fait de quitter le domicile conjugal, est un droit pour la femme ; ce droit ne dégénère en abus permettant au mari de demander le divorce que lorsque, après des invitations et au besoin des sommations par lui faites, — invitations et sommations qui sont obligatoires d'après la loi coutumière avant toute action en justice, — la femme se refuse, *sans raison,* ce que la justice a à apprécier si elle en est saisie, à réintégrer le domicile de son époux et à reprendre la vie commune (**CT. 30 avril 1908, 5 novembre 1908**) ;

2° *La stérilité de la femme.* — La stérilité de la femme ne peut plus, aujourd'hui, être considérée comme une cause de divorce (**CT. 5 novembre 1908**) ;

3° *La simple incompatibilité d'humeur* (**CT. 9 octobre 1905**) ;

4° *Les allégations émises par l'un des époux contre l'autre au cours d'un procès* ne sauraient être retenues comme constituant un motif légitime de divorce (**CT. 9 octobre 1905**) ;

5° *Le fait par le mari de changer de domicile et de quitter Tananarive,* lorsque ce départ est justifié par l'obligation où il est de gagner de quoi vivre et qu'au surplus sa femme refuse de le suivre dans sa nouvelle résidence (**CT. 23 mai 1907**).

Procédure du divorce

La demande doit être portée devant le tribunal du 1er degré, statuant en matière civile (décret du 9 mai 1909). Il doit en être ainsi même si à la demande en divorce est jointe une plainte pour adultère (*V. ce qui a été dit plus haut sur l'*adultère *et la* compétence en la matière de la juridiction civile).

Le divorce ne peut être prononcé que sur la demande expresse de l'un des époux. C'est à tort et contrairement au droit malgache qu'un tribunal, après avoir constaté et retenu le fait d'adultère, prononce *d'office* et sans avoir été saisi d'une demande en divorce le divorce entre les époux (**CT. 17 avril 1902**).

La preuve des griefs invoqués par le demandeur en divorce se fait par témoins, par l'aveu de la partie défenderesse, par les écrits tels que les lettres missives, par les déclarations écrites ou verbales des agents de la force publique, des fonctionnaires indigènes, etc.

Les causes légitimes de divorce étant dûment établies, les juges doivent, en règle générale, le prononcer à moins que l'époux demandeur renonce à sa demande et consente à reprendre la vie commune (**CT. 29 mars 1900, 14 juin 1906**).

Le divorce doit-il être prononcé en spécifiant qu'il est prononcé aux torts de l'un des époux ou aux torts des deux époux ? La législation malgache ne connaît pas cette distinction : le divorce est prononcé purement et simplement ; mais il est entré dans l'usage, depuis 1895, de dire aux torts de qui il est prononcé. Le tribunal doit ordonner la transcription du jugement de divorce sur le registre du gouvernement madinika du lieu où a été enregistré le mariage dissous et faire mentionner le même jugement en marge de l'acte de mariage. Pour Tananarive, il y a lieu de tenir compte pour cette transcription de l'arrêté du 15 décembre 1900.

Effets du divorce

Dissolution du mariage. — Pas d'effet rétroactif

Le mariage est dissous du jour où le jugement est devenu définitif, c'est-à-dire du jour où les délais d'appel et d'annulation sont expirés (*V. le décret du 9 mai 1909*). — Mais cette dissolution ne produit ses effets que pour l'avenir. En supposant, par exemple, qu'au cours du mariage l'un des époux ait adopté l'autre ou que tous les deux se soient adoptés mutuellement, l'adoption subsistera.

Conséquences relativement aux époux. — Le mariage étant brisé, les divorcés perdent le titre d'époux. Ils cessent d'être tenus l'un envers l'autre des devoirs que le mariage engendre, soit des devoirs particuliers, soit des devoirs communs Ils recouvrent leur liberté ; ils peuvent, chacun de leur côté, contracter un nouveau mariage, mais l'époux divorcé doit justifier, lorsqu'il se remarie, qu'il est bien divorcé : à cet effet, il doit produire le jugement de divorce. (*V.* l'article 13 des **Instructions aux gouverneurs**). La femme divorcée peut se remarier

3

quand elle veut. Dans le cas de divorce admis en justice pour cause d'adultère, l'époux coupable peut se marier avec son complice. Les époux qui divorcent pour quelque cause que ce soit peuvent ensuite se marier de nouveau sans aucune difficulté et de nouveau demander le divorce.

Conséquences relatives aux biens des époux. — Le divorce rompt l'union : comme conséquence, la communauté de biens qui existait entre eux disparaît. Le kitay telo andàlana doit être liquidé et partagé suivant les règles qui ont été exposées. — Le jugement de divorce doit ordonner cette liquidation et ce partage et, soit le tribunal lui-même, soit les assesseurs commis à ces fins, soit tout autre agent indigène désigné par le tribunal, doivent y procéder.

Conséquences relativement aux enfants. — Le divorce laisse subsister tous les liens unissant les parents aux enfants et les enfants entre eux.

D'après la coutume, la garde des enfants appartient aussi bien au père qu'à la mère ; en général, les plus jeunes enfants restent avec la mère et les autres habitent tantôt avec le père, tantôt avec la mère. Aucune règle précise n'est édictée en la matière et, d'ailleurs, en se reportant à la jurisprudence, aucune difficulté n'a jamais eu lieu à ce sujet.

La mère divorcée (au profit de qui le divorce a été prononcé) et qui a la garde d'un jeune enfant né de l'union dissoute peut-elle réclamer pour son enfant une pension alimentaire au mari ? Il a été signalé que la jurisprudence de la Cour de Tananarive était en sens contraire (**CT. 31 mai 1906**), mais que celle du tribunal indigène du 2e degré de Tananarive tendait à accorder, dans ce cas, une pension à l'enfant. Cette dernière jurisprudence constitue assurément une innovation dans la loi coutumière ; peut-être, eu égard à la transformation qui s'opère dans la société malgache tant au point de vue familial qu'économique, doit-elle être approuvée comme étant plus conforme à l'équité.

Si la femme est enceinte au moment du divorce, le mari a le droit de déclarer que l'enfant conçu ne l'a pas été par lui. En l'absence de cette déclaration, l'enfant est tenu pour son enfant *(zaza nahantona)*. Cette déclaration doit être faite dans la forme où sont reçus les actes de l'état civil : la femme a le droit de faire opposition à la déclaration qui rejette l'enfant comme n'étant pas légitime.

CHAPITRE VI

De la paternité et de la filiation

Le lien de parenté qui existe entre le père ou la mère et l'enfant se nomme *paternité* ou *maternité*, quand on l'envisage dans la personne du père ou de la mère, et *filiation* quand on le considère dans la personne de l'enfant.

On distingue trois espèces de filiation : la *filiation légitime,* la *filiation illégitime ou naturelle,* la *filiation adoptive.*

De la filiation légitime. — La légitimité ne peut résulter que du mariage. L'enfant légitime est celui qui est né pendant le mariage (*zanaka nateraka*) : le fait de sa naissance pendant le mariage suffit à établir la filiation légitime vis-à-vis des deux conjoints. La date de la conception n'influe en rien sur la légitimité de l'enfant.

L'action en désaveu est inconnue dans la législation malgache. Mais le mari peut rejeter l'enfant comme n'étant pas de ses œuvres.

Quid si l'enfant est né après la dissolution du mariage? On a vu que, dans le cas de dissolution du mariage par divorce, le mari a le droit de déclarer, si l'épouse est enceinte, que l'enfant conçu n'est pas un produit de ses œuvres ; en l'absence de toute déclaration de la part du mari, l'enfant est tenu pour son enfant (*zaza nahantona*). La déclaration doit être faite dans la forme où sont reçus les actes de l'état civil : la femme a le droit d'y faire opposition. — Si l'enfant est né après le décès du mari, la famille décide, d'après la coutume, s'il est ou non légitime ; s'il apparaît que la conception est due au défunt (on se base en général sur la durée de la gestation fixée à dix mois environ), l'enfant est tenu pour légitime ; dans le cas contraire, il est rejeté. La femme a également le droit de faire opposition à ce rejet.

La preuve de la filiation légitime ne peut s'établir que par la production de l'acte de naissance régulièrement inscrit sur les registres du gouvernement. — Il ne peut être suppléé à la production de cet acte que s'il a disparu par un cas de force majeure non imputable à l'intéressé.

(*V. Actes de l'état civil*). — Pour les naissances antérieures à l'occupation française et par suite à l'observation stricte de l'obligation de l'enregistrement des actes, la preuve de la filiation légitime peut se faire par la possession d'état d'enfant légitime par titres, par témoins et par toutes présomptions graves, précises et concordantes.

De la filiation naturelle. — La filiation naturelle est celle qui a lieu lorsque l'enfant est né *hors mariage*. Le seul fait de l'accouchement suffit à établir la filiation de l'enfant vis-à-vis de la mère ; dans ce cas, l'enfant naturel est appelé : *zaza mamba reny* (enfant qui suit sa mère). La filiation vis-à-vis du père ne peut être établie. Un enfant ne peut, en aucun cas, prétendre avoir des droits comme enfant naturel de tel homme.

La législation malgache ne connaît ni la reconnaissance ni la légitimation des enfants naturels. Mais l'adoption permet de suppléer à cette lacune.

L'enfant incestueux n'existe pas dans la société malgache. Il en est autrement de l'enfant adultérin : sa condition est celle de l'enfant naturel ; toutefois, il bénéficie plus rarement que ce dernier d'une adoption et le père se contente le plus souvent de lui faire une donation.

De la filiation adoptive. — (*V. le chapitre :* **De l'adoption**).

CHAPITRE VII

De l'adoption

Définition. — L'adoption a, dans la législation malgache, un caractère tout particulier qui rend sa définition difficile. On peut dire que c'est un acte par lequel une personne fait naître, du moins au point de vue des droits successoraux, entre elle et une autre personne, des liens de filiation, sinon semblables, du moins se rapprochant des liens de la filiation légitime.

Formes de l'adoption. — L'adoption est un acte solennel qui doit être passé devant le gouverneur madinika du domicile de l'adoptant (1) et qui doit être inscrit, *à peine*

---

(1) Pour Tananarive, voir l'organisation résultant de l'arrêté du 15 décembre 1900.

de nullité, sur les registres du gouvernement (**Art. 229 et 236 du Code de 1881. — Décret du 9 mars 1902. — AG. 15 juin 1904. — AG. 10 décembre 1904**). — Chaque acte d'adoption doit mentionner : le nom, l'âge, le domicile des intéressés (**Circ. 5 juin 1897**). — Quatre témoins faisant partie du fokonolona de l'adoptant doivent être présents (**même circulaire**). — L'acte doit être signé par l'adoptant, l'adopté et les témoins ou mention doit être mise qu'ils ne savent ou ne peuvent signer ; l'adoption tient du contrat et la nécessité absolue de la signature des parties doit être reconnue, sauf dans le cas où les intéressés ne savent ou ne peuvent la faire (**AG. 10 décembre 1904**). — La présence de la famille de l'adoptant ou de l'adopté ne paraît pas obligatoire, en ce sens que l'adoption doit *avant tout* renfermer les conditions de publicité ci-dessus indiquées ; mais cette présence doit être exigée au moins lorsque les intéressés sont en bas âge ; l'article 236 du Code de 1881 semble en faire, dans tous les cas, une obligation.

L'adoption est quelquefois faite par testament. Elle exige alors les conditions de forme voulues pour la validité des actes de dernière volonté.

Délai dans lequel l'adoption doit être faite. — L'adoption, pour être valable, doit être faite au moins huit jours avant la mort de l'adoptant (**Art. 235 du Code de 1881**).

Droit fiscal. — Un droit de 1 fr. 50 est dû par adoption. Chaque acte d'adoption ne peut comprendre qu'un seul adoptant et adopté (**AG. 10 décembre 1904**).

Qui peut adopter ? Qui peut être adopté ? — La faculté d'adoption s'exerce dans la législation malgache sans aucune restriction ni condition. Toute personne, ayant atteint l'âge de raison, peut adopter et être adoptée ; si elle n'a pas atteint cet âge, le consentement des parents peut y suppléer. L'obligation du consentement des parents est douteuse lorsqu'il s'agit de consentir à l'adoption de leur enfant.

La faculté d'adoption est, d'autre part, illimitée même entre parents. Le père et la mère peuvent adopter leurs enfants : ce cas se présente et s'explique lorsque les enfants ont été rejetés. — L'enfant peut adopter son père ou sa mère ; il a notamment intérêt à le faire lorsque sa succession, par suite de la dévolution attribuée à l'État (*V. le chapitre :* **Des successions**), risque de revenir au fisc. —

L'aïeul et l'aïeule peuvent adopter leurs petits-enfants et réciproquement; l'adoption d'un petit-enfant par son aïeul est très fréquente : le petit-enfant devient ainsi le fils de son grand-père (*maneti-zaza*). — Le frère peut adopter sa sœur, la sœur son frère.—Le mari peut adopter sa femme, la femme son mari. En adoptant sa femme, le mari lui donne ainsi un droit à sa succession ; la femme, en adoptant son mari, lui donne également un droit à sa succession et surtout le droit de sépulture dans son tombeau.

On doit reconnaître que l'adoption, aussi généralement possible, présente de nombreux inconvénients. « Si elle « offre à ceux privés d'enfants le moyen légal de satisfaire « leur ardent désir de postérité et d'assurer le soutien de « leur vieillesse, elle ne constitue, dans d'autres cas, qu'un « moyen d'éteindre une dette, de reconnaître un service ; « on l'a vue couvrir des aliénations ou donations fictives ; « elle est quelquefois le résultat de manœuvres captieuses « au détriment des héritiers naturels» (**Circ. du 5 juin 1897**).

Effets de l'adoption. — 1° L'adoption confère à l'enfant adoptif les mêmes droits sur la succession de l'adoptant que ceux d'un enfant légitime (**CT. 14 avril 1898**). Toutefois, l'enfant adopté n'a pas droit aux biens institués *ko-drazana* (1) par l'adoptant (**CT. 22 avril 1909**). D'autre part, si l'adoptant détermine dans l'acte d'adoption la part qui doit revenir à l'adopté dans sa succession, cette détermination a pour conséquence que l'adopté n'a droit qu'aux biens qui sont désignés dans l'acte et qu'il ne peut prétendre au restant de la succession de l'adoptant (**CT. 18 décembre 1902**).

Les enfants de l'adopté, après sa mort, succèdent à l'adoptant, soit de leur chef, soit par représentation ;

2° Aucun lien de parenté n'existe entre l'adopté et les descendants ou parents de l'adoptant (**CT. 14 avril 1898**);

3° L'adoptant ne succède pas à l'adopté ;

4' L'adoption créant des relations fictives de parenté et de filiation, le père adoptif est tenu des devoirs d'entretien et d'éducation de l'enfant adoptif comme le père naturel.— Réciproquement, le fils adoptif est tenu de l'obligation alimentaire envers l'adoptant;

---

(1) *V. au chapitre :* des **Testaments** ce qui est dit sur les biens *ko-drazana*.

5° L'adopté a droit au tombeau de famille de l'adoptant ;

6° L'adoption crée certains empêchements du mariage.— D'après la coutume, le mariage est interdit : a) entre l'adopté et les ascendants de l'adoptant ; b) entre l'adoptant et l'adopté, du moins si l'adoption a été antérieure au mariage ;

7° L'adopté conserve tous ses droits dans sa famille naturelle ; d'autre part, il reste tenu vis-à-vis de ses parents naturels de toutes les obligations édictées par la loi et la coutume.

Opposition à l'adoption. — L'opposition à un acte d'adoption peut être faite par toute personne ayant un intérêt moral ou pécuniaire à ce que l'adoption n'ait pas lieu. Les tribunaux ont, en cette matière, un pouvoir souverain d'appréciation.

L'opposition doit être faite dans la forme prévue à l'article 5 des Instructions aux gouverneurs de 1889. Les prescriptions de cet article s'appliquent aux oppositions faites à tous les actes quels qu'ils soient.

Le tribunal du 1er degré est compétent pour statuer sur le bien-fondé d'une opposition maintenue (**Décret du 9 mai 1909**).

Preuve de l'adoption. — La preuve de l'adoption ne peut résulter aujourd'hui que de la production de l'acte *régulier* de l'adoption. Une enquête ne peut être autorisée pour suppléer au défaut de production d'un acte régulier (**CT. 13 avril 1904**), à moins que l'acte ait disparu par un cas de force majeure auquel l'intéressé a été étranger (**CT. 7 mai 1908**).

Pour les adoptions antérieures à l'occupation française et comme suite à la réglementation relative à l'observation stricte de l'enregistrement des actes (**AG. 20 novembre 1896, 30 décembre 1898, 10 décembre 1904**), la preuve peut en être faite par témoins (**CT. 7 mai 1908**).

CHAPITRE VIII

Du rejet d'enfant

Définition. — Le rejet d'enfant est l'acte par lequel le père et la mère, conjointement ou individuellement, excluent leur enfant de leur famille et suppriment tout lien de filiation existant entre eux.

Formes de l'acte de rejet. — L'acte de rejet doit être passé, *à peine de nullité*, devant le gouverneur madinika du lieu du domicile du père ou de la mère du rejeté et être inscrit sur les registres du gouvernement (**Art. 229 du Code de 1881. — Circulaire du 5 juin 1897. — Décret du 9 mars 1902. — Arrêté du 10 décembre 1904**). L'acte doit porter les mentions suivantes : nom, âge, domicile des intéressés ; présence comme témoins d'au moins quatre membres du fokonolona du rejetant ; signature du rejetant ou mention qu'il ne sait signer ; signatures des témoins ou mention qu'ils ne savent le faire ; il doit être fait mention du rejet en marge de l'acte de naissance ou d'adoption du rejeté (**Circulaire du 5 juin 1897. — Arrêté du 10 décembre 1904**). Le rejeté doit-il être présent à l'acte ? Il est de principe en droit malgache que l'acte de rejet doit être dressé en présence de l'enfant rejeté ; cette obligation a pour but de lui permettre de défendre ses intérêts et de faire opposition s'il le juge nécessaire ; toutefois, la nullité de l'acte de rejet n'est encourue que lorsqu'il est prouvé que l'intéressé n'a pas eu connaissance du rejet et n'a pu, par conséquent, défendre ses droits (**CT. 21 juin 1900**).

Dans tous les cas, l'acte de rejet doit être exprès : le rejet ne peut résulter implicitement d'un autre acte (**CT. 19 décembre 1907**).

On ne doit pas confondre avec le rejet proprement dit la disposition contenue dans un testament, par laquelle le testateur déshérite et déclare rejeter un enfant. Le rejet dans ce cas est une sorte d'exhérédation et rien de plus ; l'enfant ainsi rejeté fait toujours partie de la famille du testateur.

Délai dans lequel le rejet ne peut être fait. — L'article 235 du Code de 1881 déclare nul tout rejet d'enfant intervenu dans les huit jours qui précèdent la mort du rejetant.

Droit fiscal. — L'arrêté du 10 décembre 1904 soumet l'acte de rejet à un droit fixe de 1 fr. 50. Chaque acte de rejet ne peut comprendre qu'un seul rejetant et rejeté (**Arrêté du 10 décembre 1904**).

Qui peut être rejeté ? — Qui peut rejeter ? — Tout enfant légitime, naturel ou adoptif peut être rejeté.

Le père et la mère, conjointement ou individuellement, ont le droit de rejeter leur enfant. En cas de décès des père et mère, la coutume reconnaît aux grands-parents et à la famille le droit de rejeter l'enfant. On a déjà vu que lorsqu'un enfant naît d'une femme devenue veuve, la famille du défunt mari peut décider que l'enfant n'a pas été conçu par lui et le rejeter. Il appartient encore à la famille de prononcer le rejet lorsque l'enfant ne respecte pas les dernières volontés de ses parents, qu'il dissipe les biens ancestraux, etc. ; mais, à vrai dire, le droit pour les grands-parents et la famille de rejeter l'enfant, ne s'exerce que très rarement : il paraît tombé en désuétude. D'ailleurs, l'article 233 du Code de 1881 limite le droit de rejet dans ce cas ainsi que dans le cas où le père s'est remarié.

Causes de rejet. — Les causes de rejet ne sont pas limitatives : le droit pour le père et la mère de rejeter leur enfant peut s'exercer dans tous les cas de débauche et prodigalité, de désobéissance à leurs ordres, de manque de respect, d'ingratitude et, à plus forte raison, d'accusation mensongère portée à leur encontre, de violences exercées sur leurs personnes, d'actes ou de condamnations entachant l'honneur de la famille, etc. Toutefois, le pouvoir des parents à ce sujet ne doit pas être considéré comme illimité et il appartient aux tribunaux saisis d'une opposition de n'en permettre l'exercice que dans de justes limites.

Effets du rejet. — 1° L'enfant rejeté est exclu de la famille : il devient un étranger pour ses père et mère. Il n'a plus droit au tombeau de famille. Mais si l'enfant n'a été rejeté que par l'un d'eux, il conserve vis-à-vis de celui qui ne l'a pas rejeté tous les liens de filiation qui existaient auparavant avec toutes les suites de droit ;

2° Les enfants du rejeté sont exclus de la famille du rejetant. Ils ne viennent pas à sa succession ;

3° Mais le rejet ne produit ses effets qu'entre le rejetant, le rejeté et ses descendants. Les liens de parenté existant entre le rejeté et les autres membres de la famille continuent à subsister ;

4° Le rejeté perd tous ses droits à la succession du

rejetant. De plus, de l'article 233 du Code de 1881, il semble bien résulter que les donations faites à son profit peuvent être révoquées par acte de dernière volonté ;

5° Les effets du rejet sont irrévocables. Mais l'adoption du rejeté par le rejetant peut restituer au rejeté tous ses droits ; l'adoption est d'ailleurs un moyen détourné permettant de maintenir aux enfants du rejeté tous leurs droits à la succession du rejetant.

Opposition à rejet. — Il n'est pas douteux que l'enfant menacé d'être rejeté a le droit de faire opposition à l'acte de rejet. Toute autre personne ayant un intérêt moral ou pécuniaire à ce que le rejet n'ait pas lieu, peut également faire opposition. Les tribunaux apprécient souverainement si cet intérêt existe.

L'opposition est formée dans les conditions prévues à l'article 5 des Instructions aux gouverneurs de 1889 ; on a déjà dit que les dispositions de cet article s'appliquent à toutes les oppositions, quels que soient les actes visés.

L'opposition est portée devant le tribunal du 1er degré (**Décret du 9 mai 1909, art. 15**).

Preuve du rejet. — Le rejet ne peut résulter que de l'acte de rejet régulièrement passé et inscrit. Aucune enquête ne peut suppléer au défaut de production de cet acte à moins que sa disparition ne soit due à un cas de force majeure auquel l'intéressé a été étranger. — Le rejet ne peut résulter implicitement d'un autre acte (**CT. 19 décembre 1907**).

CHAPITRE IX

De la puissance paternelle. — De la minorité. De la majorité. — De la tutelle. — De l'interdiction

De la puissance paternelle. — Le père et la mère ont sur leur enfant, tant qu'il est en bas âge, un droit de garde et de surveillance et aussi un droit de correction (*V.* les articles 155 et 237 du Code de 1881. — *V. ce qui est dit au chapitre :* **Du mariage, sur les obligations qui existent entre parents et enfants**). — Le père et la mère jouissent de ses biens personnels, c'est-à-dire des biens qui ont pu lui provenir de donations entre vifs ou testamentaires. —

L'enfant doit, d'ailleurs, à tout âge, honneur et respect à
ses père et mère. — Le droit familial malgache n'interdit
pas absolument toute action en justice de la part de
l'enfant contre ses auteurs, du vivant de ces derniers ; mais
il est certain que le plus souvent une action de ce genre
sera déclarée, du moins en l'état, irrecevable, soit parce
qu'il ne sera pas justifié d'un intérêt actuel suffisant, soit
parce qu'une action ainsi intentée ira à l'encontre du
principe du *masi-mandidy*. Ce ne sera donc *qu'exceptionnellement* que l'action pourra être accueillie (**CT. 11 avril
1903, 16 juin 1904**).

Minorité. — Majorité. — L'enfant est censé en minorité
tant qu'il est incapable, en raison de son âge, de gérer ses
droits. Aucune détermination légale n'existe à cet égard.
On peut déduire de l'article 156 du Code de 1881 que
l'enfant au-dessous de dix ans est toujours réputé mineur ;
toutefois, cet article ne semble viser que la responsabilité
pénale et non la responsabilité civile. Il appartient, en cas
de difficultés, aux tribunaux d'apprécier si l'enfant est
capable ou non. Une décision de jurisprudence décide
que les enfants au-dessous de dix ans ne peuvent être
témoins dans un acte (**CT. 9 juillet 1903**).

De la tutelle. — La tutelle n'est pas prévue dans la législation malgache. — D'après la coutume, la famille désigne
à l'enfant orphelin de père et mère une personne qui est
chargée de sa personne et de ses biens (*vato namelan-
kafatra*).

De l'interdiction. — L'enfant prodigue qui joue et parie,
qui engage les biens de ses père et mère, est punissable d'un
mois de prison (**Art. 237 du Code de 1881**). Cette disposition
ne semble devoir être maintenue que comme une conséquence du droit de correction attribué au père et à la mère.
L'article 239 du même code contient également une disposition visant l'enfant dissipateur.

L'interdiction légale n'existe pas dans la législation
malgache : les tribunaux apprécient, en cas de litige, les
incapacités de fait qui sont invoquées. C'est à celui qui
invoque l'incapacité d'une personne à contracter, à prouver
cette incapacité (**CT. 16 juin 1904**).

Iʳᵉ Partie. — Droit Civil

TITRE DEUXIÈME

Des biens

CHAPITRE PREMIER

*Dispositions générales. — Des biens. — Des biens meubles
et immeubles. — Des biens des particuliers. — Des biens
des personnes morales : Domaine public, domaine privé
(des mines, des forêts, des édifices religieux, des concessions), domaine communal.*

Les *biens* sont les choses susceptibles d'appropriation
privée. On distingue les *biens meubles* et les *biens immeubles.*

Les *biens meubles* sont ceux qui peuvent se transporter
d'un lieu dans un autre.

Les *biens immeubles* sont ceux voués à l'immobilité,
comme les fonds de terre, les bâtiments. La distinction des
biens immeubles en immeubles par leur nature ou par
leur destination ou par l'objet auquel ils s'appliquent, ne
se rencontre que dans les immeubles soumis au régime
foncier de l'immatriculation organisé par le décret du
16 juillet 1897; elle semble ne pas exister (1) et apparaît du
moins jusqu'à ce jour sans utilité vis-à-vis des immeubles
soumis purement et simplement aux lois et coutumes indigènes (*V. ci-dessous :* **Propriété foncière**).

En dehors des biens appartenant aux particuliers, certains
biens dépendent de personnes morales, *l'Etat, la Colonie,
les communes.*

A. — Domainé public. — Le domaine public est organisé
par le décret du 25 septembre 1902. Il comprend notam-

---

(1) Voir toutefois une disposition assez intéressante à ce sujet dans
l'article 87 du Code de 1881.

ment les sources, les puits et les digues ayant un caractère d'utilité générale, ainsi que les lacs, étangs, lagunes.

Il a été jugé que les textes relatifs à l'organisation du domaine public n'avaient pas d'effet rétroactif et que les droits acquis par les tiers antérieurement demeuraient réservés (**CT. 20 juin 1900**).

B. — Domaine privé de l'Etat. — Des mines. — Des forêts. — Des édifices religieux. — Des concessions. — La loi du 9 mars 1896 dit que : « Le sol du royaume appar-« tient à l'Etat, sauf les réserves contenues dans les « articles 2, 4 et 6 ». Le sens et la portée de ce texte seront examinés au chapitre : *Propriété foncière.* — Il ne saurait être considéré comme constituant la base légale de l'existence du domaine privé de l'Etat. — Ce domaine est réellement organisé par le décret du 3 juillet 1904.

Les *mines* font partie du domaine privé de l'Etat : concédées ou non, elles sont ainsi distinctes du fond qui les renferme (**Conseil du contentieux administratif du 12 juillet 1909.** — *V. au C. et au CS.* la **législation minière**).

Les *forêts* font aussi partie du domaine privé de l'Etat *(V. au C. le titre :* **Bois et forêts.** — *V. ce même titre au CS. et consulter la jurisprudence mise sous ce titre).*

Pour les *édifices religieux* (*V. ce titre au C. et au CS.* — *V. également au C. le titre :* **Monuments anciens**).

En ce qui concerne les *concessions* du domaine privé de l'Etat, consulter le décret du 3 juillet 1904 et l'arrêté du 10 février 1899.

C. — Domaine privé de la Colonie. — La constitution de ce domaine résulte du décret du 3 juillet 1904 qui attribue au domaine de la Colonie les portions du territoire qui lui proviennent de dotations consenties par l'Etat ou qui sont acquises au moyen des fonds du budget local. — Consulter également le décret du 9 juillet 1898 *(C. 1166).*

D. — Domaine communal. — Les communes ont été définitivement organisées par l'arrêté du 23 octobre 1908 *(CS. 101)* pris en vertu des dispositions du décret du 2 février 1899 *(C. 283).* — Ce texte constitue le domaine communal.

CHAPITRE II

*Des droits sur les biens. — Du droit de propriété. — De la
propriété foncière : A) Origine. — B) De la propriété foncière telle qu'elle existe actuellement. — C) Régimes fonciers applicables : régime foncier organisé par les lois
et coutumes malgaches ; régime foncier organisé par le
décret du 16 juillet 1897 ; caractères communs ; caractères spéciaux.*

SECTION I
Des droits réels et des droits personnels

Les droits que les indigènes malgaches peuvent avoir
sur les choses susceptibles d'appropriation privée se divi-
sent en droits réels et en droits personnels.

Le droit réel est celui que l'on a directement et immédiatement sur une chose. Tel le droit de propriété.

Le droit personnel est celui que l'on a contre une personne déterminée et qui permet d'exiger d'elle soit
l'accomplissement d'un fait, soit l'abstention d'un fait.
Tel le droit de créance à la suite d'un prêt d'argent.

SECTION II
Du droit de propriété

Le droit de propriété est le droit réel en vertu duquel
une chose se trouve soumise d'une manière absolue et
exclusive à la volonté et à l'action d'une personne, cette
définition s'applique à la propriété mobilière comme à la
propriété immobilière.

§ I. — De la propriété foncière indigène

A. — Origine de la propriété foncière indigène. — Aux
temps les plus reculés de l'organisation malgache (ou pour
mieux dire hova), toute la terre appartenait au souverain ;
mais diverses considérations l'amenèrent tout d'abord à
créer des terres *vodivona ou menakely*, soit au profit des
descendants de certains rois de l'Imerina, soit au profit des

descendants de rois vaincus ; d'autre part, le besoin éprouvé par lui, tout en conservant un patrimoine personnel, d'assurer à sa descendance une suprématie sur le peuple et des moyens de vivre selon son rang, le conduisit à créer des terres *menabe* qui formèrent son patrimoine, son fief. Cette division des terres en *vodivona* et *menabe* constitua la première atteinte portée par le souverain lui-même à son droit de propriétaire absolu de tout le sol du royaume. — Vint ensuite la division territoriale du sol de l'Imerina faite par Andrianampoinimerina : « Voici, Merina, ce que « je vous fais savoir : la terre et le pouvoir sont à moi et « je vais vous partager la terre, n'ayant point assez d'argent « ni de bœufs pour vous les distribuer ; vous vivrez du sol « que je vous donnerai. Voulant que tous mes sujets aient « un ventre égal, je répartis la terre par *hetra* (1) et par « homme parce que vous êtes tous au même titre mes « sujets. Je divise le sol en hetra afin que vous l'utilisiez « à me servir et cette répartition a pour but de vous rendre « égaux ». Cette répartition du sol ne resta pas à l'état latent parmi les habitants, du moins vis-à-vis des terres humides, c'est-à-dire propres à la culture du riz ; lorsque les diverses tribus ou fokonolona procédèrent à la division des terres entre elles, Andrianampoinimerina leur délégua des vadintany pour le représenter et régler les contestations qui auraient pu se produire : des pierres de démarcation furent dressées entre les divers fokonolona. Les fokonolona eux-mêmes firent ensuite une répartition entre leurs membres. Assurément, la propriété individuelle était encore fort précaire ; mais, peu à peu, une évolution presque forcée s'opéra dans son sens, elle fut consacrée par l'article 85 du Code de 1881 qui proclamait le droit à la propriété individuelle dans les termes suivants : « Les terres malgaches ne peuvent être vendues ni hypothéquées aux étrangers ni à qui que ce soit, *excepté entre sujets malgaches* ».

B. — **De la propriété foncière indigène telle qu'elle existe actuellement.** — *1° Le droit de propriété foncière individuelle consacré par l'article 85 du Code de 1881 a été*

_____

(1) Le *hetra* constituait une division territoriale soumise envers le souverain à une redevance en riz de trois mesures par an (soit environ 0 fr. 80).

maintenu par la loi du 9 mars 1896. — Il est vrai que l'article 1ᵉʳ de cette loi proclame « que tout le sol du royaume appartient à l'Etat », ne laissant ainsi aux particuliers dans l'article 2 qu'une sorte de droit de jouissance ; mais ce texte ne peut et ne doit être entendu que comme un souvenir de principe au droit éminent du souverain, droit purement virtuel, théorique et honorifique, surtout depuis la promulgation de l'article 85 susvisé (CT. 20 juin 1900, 20 mars 1901, 6 novembre 1901).

Au surplus, le décret du 16 juillet 1897 en édictant dans l'article 14 que « l'immatriculation est obligatoire dans « tous les cas où des Européens ou assimilés se rendent « acquéreurs de biens *appartenant à des indigènes* », constitue·une abrogation implicite, mais très nette, des dispositions insérées dans l'article 1ᵉʳ de la loi du 9 mars 1896 et fait disparaître également la prohibition contenue dans l'article 85 du Code de 1881 visant les ventes faites par des indigènes *à d'autres qu'à des indigènes* (1): Dans un rapport présenté à la Cour de Tananarive, dans une instance Etat français contre Mante et Borelli (CT. 30 avril 1902), le conservateur de la propriété foncière, chargé des intérêts du domaine dans la Colonie, s'exprimait ainsi : « Depuis la loi du 6 août 1896 qui a déclaré Madagascar « colonie française, et le décret du 16 juillet 1897, *il* « *paraît certain que les indigènes sont propriétaires des* « *immeubles sur lesquels la loi du 9 mars 1896 ne leur* « *reconnaissait qu'une sorte de droit de jouissance assez* « *difficile d'ailleurs à définir* ».

2⁰ *Il existe encore des immeubles soumis à la propriété collective et non à la propriété individuelle.*

Il apparaît peu probable qu'il existe encore en Imerina — il n'est pas sans intérêt de rappeler que le partage des terres en hetra n'a intéressé que l'Imerina — des rizières possédées à titre de hetra. Les efforts d'une évolution vers la propriété individuelle se sont tout naturellement portés sur les terres de cette nature ; la jurisprudence a, depuis 1896 et par application de la loi du 9 mars 1896, aidé à cette évolution, en décidant, pour ces

---

(1) Mais la prohibition n'existe-t-elle pas toujours en ce qui concerne les hypothèques consenties par des indigènes à des Européens ? (*V. à la VIᵉ partie : Répertoire de jurisprudence, sous le mot :* **Hypothèque,** *un arrêt du 13 août 1905*).

terres comme d'ailleurs pour toutes les autres, que la culture d'une parcelle *déterminée* d'une propriété collective, si cette culture était antérieure à la dite loi et si *la possession était légitime*, conférait à l'occupant des droits de propriétaire sur cette parcelle (**CT. 31 décembre 1900, 29 octobre 1903**). — Par contre, il existe certainement, même en Imerina, soit des terres humides, soit surtout des terres de *tanety* (coteaux), possédées collectivement et sans détermination de parcelles de jouissance. Quel est le caractère de cette possession ? Une distinction paraît s'imposer entre les terres humides et les tanety : les premières, transformables en rizières, doivent être acheminées vers la propriété individuelle par une délimitation parcellaire faite entre tous les occupants ; quant aux tanety, au sujet desquels la répartition faite par Andrianampoinimerina n'a jamais été suivie d'*exécution* ou ne l'a été que très partiellement, ils doivent être considérés comme terrains dépendant du domaine privé de l'Etat, mais sur lesquels les habitants ont des droits d'usage (1). Cette distinction et cette solution paraissent préférables à celles qui, aboutissant à faire prononcer l'immatriculation de terrains possédés collectivement au nom d'un fokonolona (**CT. (civil ordinaire) 18 septembre 1907**), conduisent ainsi à la reconstitution d'une propriété collective difficilement mobilisable et en opposition directe avec le caractère et l'objet du régime foncier qui lui est appliqué.

En dehors de l'Imerina, la propriété collective est incontestablement très répandue sous diverses formes ; il ne saurait trop être recommandé au juge appelé à la constater de le faire avec soin et précision ; ses constatations seront d'une très grande utilité pour la connaissance du statut de la propriété foncière dans toute l'île. Au surplus, la tendance de la jurisprudence à reconnaître un droit de propriété à quiconque jouit, depuis une époque antérieure à la loi du 9 mars 1896 et dont la possession est légitime, d'une parcelle déterminée de propriété collective doit s'y exercer, ce semble, sans inconvénient (2).

---

(1) Bien entendu, dans cette hypothèse, il ne saurait être question que des tanety qui n'ont pas fait l'objet d'une appropriation individuelle par culture ou autrement.

(2) La Cour de Tananarive l'a ainsi décidé dans un arrêt du 9 septembre 1909.

C. — Régimes fonciers applicables à la propriété foncière indigène. — Deux régimes fonciers sont actuellement applicables aux propriétés possédées à titre individuel par des indigènes : 1° le régime foncier organisé par les lois et coutumes malgaches ; 2° le régime foncier organisé par le décret du 16 juillet 1897 :

1° Caratères communs à ces deux régimes. — a) Le droit de propriété confère un droit absolu et exclusif de jouir et disposer. Le propriétaire a *plena in re potestas.* Les seules restrictions qui existent à son droit résultent des lois et règlements appartenant au droit administratif, tels que ceux qui obligent le propriétaire voisin d'une rue à se conformer à l'alignement quand il veut construire (*V. au C. le titre :* **Voirie**). — *b)* Le droit de propriété étant absolu, le propriétaire ne peut pas être obligé de s'en dessaisir. Seul, l'intérêt public peut faire fléchir cette règle : nul ne peut être contraint de céder sa propriété si ce n'est pour cause d'utilité publique, et moyennant une juste et préalable indemnité (*V. au C. :* **Expropriation pour cause d'utilité publique ; Occupation temporaire ; Police sanitaire.**—Inst. **G.** 5 mai 1903. — Décret du 4 février 1904).

2° Caractères spéciaux au régime foncier organisé par les lois et coutumes malgaches. — La propriété soumise à ce régime est soumise au statut réel indigène. Elle s'acquiert et se transmet entre indigènes conformément aux règles de ce statut qui exigent notamment la passation de tous les actes de transmission et d'aliénation devant les gouverneurs, officiers publics seuls compétents pour recevoir et constater le consentement des parties (*V. le chapitre :* **Contrats et obligations. Enregistrement des contrats**). Elle peut être transmise à un Européen, mais sous réserve expresse d'immatriculation (Décret du 16 juillet 1897, art. 14) (1) ; tant que l'immatriculation n'a pas eu lieu, la propriété cédée est considérée vis-à-vis des tiers indigènes comme étant toujours en la possession de son premier détenteur indigène et notamment comme étant toujours le gage de ses créanciers indigènes qui peuvent l'actionner à son sujet devant les tribunaux indigènes et le

---

(1) Sur la possibilité d'hypothéquer au profit d'un Européen une propriété soumise au statut indigène, voir la note mise plus haut.

faire exécuter selon la forme indigène ; la réquisition d'immatriculation ne peut suffire à elle seule aux fins de modifier le statut de l'immeuble (**CT.** (civil **ordinaire**) 13 août 1908, 26 août 1908) ;

3° Caractères spéciaux au régime foncier dit de l'immatriculation organisé par le décret du 16 juillet 1897. — La propriété soumise à ce régime est soumise au statut réel du Code civil et du décret du 16 juillet 1897, sous cette réserve, toutefois, très importante que ces dispositions ne sont pas contraires *au statut personnel des Malgaches ou aux règles des successions des indigènes* (**Art. 2 du décret du 16 juillet 1897**), c'est-à-dire que les règles du droit malgache relatives à tout ce qui intéresse les personnes, la famille, le mariage, le droit de disposer, les successions, sont maintenues vis-à-vis des immeubles immatriculés ; la femme mariée peut ainsi réclamer son *fahatelon-tànana* sur le bien immatriculé acquis pendant le mariage par son mari, alors même que le mari aurait fait inscrire cette acquisition en son nom seul (**CT.** (civil **ordinaire**) **27 avril 1907**) (2) ; c'est ainsi encore que la dévolution d'un immeuble immatriculé se fait, au décès du titulaire et en le supposant décédé *ab intestat*, d'après les règles successorales malgaches ; c'est ainsi encore que tout Malgache étant *masi-mandidy* (*V. le chapitre :* **Successions et testaments**) peut, sans se préocuper des héritiers réservataires qui n'existent pas dans le droit malgache, disposer entièrement selon sa volonté d'une propriété immatriculée.

Toutes les contestations entre indigènes se rapportant aux immeubles immatriculés échappent aux juridictions indigènes créées par le décret du 24 novembre 1898 (**remplacé par le décret du 9 mai 1909**) et sont soumises aux juridictions françaises. De plus, en cas de contestations sur les limites ou les servitudes d'immeubles contigus, lorsque l'un d'eux est immatriculé et que l'autre ne l'est pas, la juridiction française est seule compétente. C'est ce qui

(2) Mais cette réclamation ne peut aboutir que si elle ne doit pas porter atteinte aux droits des tiers inscrits sur le titre de propriété *(lire tout l'arrêt).* — Ne pas confondre ce cas avec celui de l'immeuble *immatriculé pendant le mariage à la requête du mari en son nom seul :* ce bien doit être considéré comme un propre au mari *(Voir ce qui est dit au chapitre :* **Mariage.**

résulte de l'article 3 du décret du 16 juillet 1897. Mais ce texte ne doit pas être étendu au delà de sa réelle portée ; seules les contestations entre indigènes intéressant *directement* un immeuble immatriculé, *c'est-à-dire visant un droit réel sur cet immeuble*, échappent aux juridictions indigènes (**CT. 20 décembre 1906. — CT.** (civil ordinaire) **24 mars 1909. — CT.** (civil ordinaire) **9 juin 1909**).

§ II. — De la propriété des tombeaux

Les tombeaux sont soumis dans le droit malgache à un régime de propriété spécial qu'il importe d'exposer en raison de l'intérêt attaché par les indigènes à tout ce qui se rapporte au droit de sépulture.

Caractères d'un tombeau dans lequel des personnes sont inhumées. — Un tombeau dans lequel sont inhumées des personnes est considéré comme une chose sacrée frappée d'inaliénabilité (**CT. 22 novembre 1900**). L'article 128 du Code de 1881 dispose « que les tamboho sur lesquels sont « bâtis des tombeaux ne peuvent être vendus par les héri- « tiers, ceux-ci eussent-ils les mêmes droits à la succession. « La propriété en restera à celui ou ceux qui n'auront pas « consenti à la vente. Celui qui a fait ériger le tombeau « peut toutefois le vendre s'il le désire ». Ce dernier paragraphe vise évidemment le cas d'un tombeau récemment construit et dans lequel aucune inhumation n'a été faite. Au surplus, le caractère de chose sacrée attaché au tombeau renfermant des corps ne fait pas obstacle à ce que celui qui s'en prétend exclusivement propriétaire et qui, comme tel, revendique pour lui seul un droit de sépulture, n'actionne en justice tous tiers intéressés aux fins de voir enlever les corps qui y auraient été indûment inhumés.

L'inaliénabilité d'un tombeau renfermant des corps doit être considérée comme intéressant l'ordre public et comme telle absolue. Elle ne saurait disparaître devant l'assentiment de tous les ayants droit; elle ne peut fléchir que devant l'intérêt public. — Mais l'usage permet à plusieurs copropriétaires d'un tombeau de céder à un tiers une place dans ce tombeau, sous la réserve expresse que tous les copropriétaires soient d'accord pour cette cession.

De la propriété du tombeau. — Le tombeau appartient à celui qui l'a fait construire et doit être considéré comme

étant sa propriété exclusive et celle de ses héritiers (**CT.
25 mars 1909**).

Du tombeau de famille. Des loloha. — Mais l'usage est
souvent de réunir dans un même tombeau tous les membres
d'une famille, le mot *famille* étant pris dans le sens le
plus étendu. Dans ce cas, la propriété du tombeau doit-
elle être reconnue à la famille tout entière ou seulement
au constructeur du tombeau et à ses hériters? En règle
générale, l'affectation d'un tombeau comme servant ou
devant servir à la sépulture de tous les membres d'une
famille, constitue une présomption très grave du caractère
commun et indivis de sa propriété et on doit conclure de
cette affectation que le tombeau, même construit par
un seul membre de la famille, appartient à la famille tout
entière (**CT. 5 décembre 1907**). Mais cette règle souffre des
exceptions; elle disparaît devant tout fait manifestant
clairement de la part du constructeur du tombeau la
volonté d'en rester propriétaire exclusif et de ne concéder
qu'un droit de sépulture (**CT. 25 mars 1909**); d'autre part,
il est très fréquent que le propriétaire d'un tombeau y
reçoive, mû par un sentiment d'affection ou de commisé-
ration, des parents rapprochés ou non n'ayant pas de lieu
de sépulture; le fait de ces personnes ainsi inhumées et
appelées *loloha* (**CT. 2 mai 1901**) ne peut évidemment
porter atteinte à son droit de propriété, mais il peut
consacrer à son encontre et à l'encontre de ses héritiers
une véritable obligation de réserver toujours un farafara
(lit) dans son tombeau pour les loloha et, si son tombeau
vient à disparaître et est remplacé par un autre, de les
recevoir dans le nouveau tombeau (**CT. 2 mai 1901**).

**Un tombeau peut-il être placé sous le régime de l'imma-
triculation organisé par le décret du 16 juillet 1897 ?** —
Il a été jugé qu'un tombeau constituant, d'après le droit
coutumier malgache, un bien frappé d'inaliénabilité entre
les mains des ses possesseurs, ne pouvait faire l'objet d'une
immatriculation dans les termes du décret du 16 juillet
1897 (**CT. 14 septembre 1904**).

Du droit de sépulture. — **Qui a le droit d'être inhumé
dans un tombeau ?** — Le tombeau, hors le cas du tombeau
de famille ci-dessus visé, est destiné, en principe, à
recevoir uniquement les restes mortels de celui qui l'a

construit, de sa femme, de ses enfants légitimes ou adoptifs
et de leurs descendants. Le gendre ne peut pas être enterré
dans le tombeau de famille de sa femme, à moins qu'il ait
été adopté par cette dernière ou que la famille ne s'y
oppose pas (CT. 16 juillet 1908). La bru peut être enterrée
dans le tombeau de famille de son mari ; mais elle est
souvent inhumée dans le tombeau de sa famille. Un frère
ne peut pas s'opposer à l'inhumation de sa sœur dans le
tombeau familial sous prétexte que, mariée, elle doit être
enterrée dans le tombeau de son mari. Les descendants
légitimes ou adoptifs d'un héritier du constructeur de
tombeau, mais d'une caste inférieure à la sienne, ne
peuvent être inhumés dans son tombeau.

Du tamboho (terrain clôturé) qui entoure le tombeau. —
De la propriété exclusive d'un tombeau en faveur d'une
personne, on peut déduire en faveur de cette même personne
la propriété exclusive du tamboho qui entoure le tombeau
(CT. 25 mars 1909). De la propriété commune, indivise et
inaliénable d'un tombeau, en faveur de toute une famille,
on peut conclure à la propriété commune, indivise et
inaliénable du tamboho qui l'entoure en faveur de toute la
famille. Le tamboho doit, dans ce cas, être considéré
comme bien *tsimialonjafy* ou *tsy alonina*, c'est-à-dire que
tous les membres de la famille et leurs descendants en ont
la propriété commune ; le caractère ainsi donné au terrain
entourant le tombeau est une conséquence de la communauté du tombeau, chacun des ayants droit au tombeau
devant pouvoir y accéder et même bâtir tout autour, ne
serait-ce que pour déposer les corps qui doivent y être
inhumés (CT. 5 décembre 1907). Mais cette règle peut
subir des dérogations ; il peut arriver que le tamboho,
terrain *tsimialonjafy* au début, se soit transformé et soit
devenu par l'assentiment de tous les ayants droit une
propriété ordinaire partagée entre eux (CT. 5 décembre
1907) ; d'autre part, on ne saurait conclure de la présence
d'un tombeau ancestral indivis à l'indivisibilité du terrain
l'entourant lorsque, dans un testament régulièrement passé
et jamais discuté, un tiers a légué ce terrain comme en
étant le propriétaire exclusif (CT. 26 décembre 1907).

L'inaliénabilité du tamboho n'est pas absolue comme
celle du tombeau ; il a été jugé qu'elle pouvait disparaître

devant l'assentiment de tous les ayants droit et que cet
assentiment pouvait résulter de la vente par voie d'adjudication publique de la parcelle du tamboho revenant à l'un
des cohéritiers sans opposition de la part des autres (**CT.**
20 août 1908).

§ III. — Des biens ko-drazana et zazalava

Une modalité de la propriété foncière indigène se trouve
dans les biens *ko-drazana* et *zazalava*. — (Sur les biens
ko-drazana, voir ce qui est dit au chapitre : **Des testaments**). — Les biens *zazalava* ont une grande analogie
avec les biens ko-drazana : ce sont également des biens
ancestraux constitués inaliénables entre les membres de
la famille ; ils diffèrent en ce que les biens ko-drazana
sont institués tels par acte de dernière volonté, tandis que
les biens zazalava ont pour origine un contrat passé entre
parents. — L'institution des biens ko-drazana et zazalava
va en disparaissant tous les jours.

§ IV. — Des différentes manières dont s'acquiert et se transmet le droit de propriété. — Succession. — Donation. — Testament. — Contrats. — Loi. — Prescription. — Occupation. — Accession.

Succession. Donation. Testament. Contrats. — Le droit
de propriété, soit sur des biens meubles, soit sur des biens
immeubles, s'acquiert et se transmet :

1º Par succession ; 2º par donation entre vifs et testamentaire ; 3º par la convention ou contrat (*V.* **Successions. Donations. Testaments. Contrats**).

La loi. — La loi est, dans certains cas, un mode d'acquérir : ainsi, c'est en vertu de la loi que la femme a droit
au tiers des biens acquis pendant le mariage.

Prescription. — La prescription n'existe pas en droit
malgache comme mode d'acquisition. (*V. ce qui est dit à :*
Possession).

Occupation. — *Quid* de l'occupation ? Il n'est pas douteux
que, dans la législation malgache, l'occupation d'un terrain
vacant et sans maître rendait l'occupant propriétaire ; mais
il n'en est plus de même sous la législation actuelle, tous
les terrains vacants et sans maître étant la propriété de
l'État (**Décret du 3 juillet 1904, sur le domaine privé**) et ne

pouvant devenir la propriété des particuliers que par l'octroi d'une concession (*V. au C. et CS. le titre :* **Concessions de terres**). Il apparaît donc que c'est à tort qu'il a été jugé que l'appropriation de terrains en rizières pouvait constituer un titre à la propriété des dits terrains, même s'ils étaient réputés domaniaux et si cette appropriation remontait seulement à l'année 1899 (**CT. 20 avril 1905**).

Accession. — Le droit d'accession existe en droit malgache. Le droit du propriétaire s'étend aux accessoires de la chose, à ses produits, à tout ce qui s'unit à la chose, soit naturellement, soit artificiellement.

Dans diverses actions en revendication de terrains, la question de la restitution des fruits a été posée devant les tribunaux : elle a été généralement résolue par l'application des principes du Code civil énoncés dans les articles 548 et suivants. C'est ainsi qu'il a été jugé que l'indigène qui, sur l'invitation de l'administration, avait, au moment de l'insurrection, cultivé une rizière abandonnée par ses propriétaires, devait être considéré comme un possesseur de bonne foi et avait fait les fruits siens (**CT. 8 avril 1909**).

Le droit d'accession est limité, en ce qui concerne la propriété du dessous du sol, par la législation relative à la propriété des mines (*V. ce qui est dit ci-dessus à :* **Domaine de l'Etat**). — Au sujet de l'accession pouvant résulter du voisinage d'un cours d'eau, il importe de rappeler qu'aux termes du décret du 25 septembre 1902 sur le domaine public, tous les cours d'eau, qu'ils soient ou non navigables ou flottables, dépendent de ce domaine et, qu'aux termes de l'article 52 du décret du 16 juillet 1897, les îles et îlots qui se forment dans leur lit ainsi que les atterrissements appartiennent à l'Etat.

SECTION III

Des droits réels sur les immeubles autres que le droit de propriété

§ I. — Servitudes personnelles. — Usufruit. — Usage. — Habitation. — Des droits d'emphytéose et de superficie

Les servitudes dites personnelles, l'usufruit, l'usage et l'habitation, n'existent réellement organisées que sur les immeubles régis par le décret du 16 juillet 1897 (Consulter ce décret, art. 59 et suiv.).

Sur les immeubles régis par les lois et coutumes indigènes, il existe une sorte de droit d'usufruit consistant, pour une personne, dans le droit de jouir de la chose dont un autre a la propriété. — Ce droit, établi par la volonté de l'homme, est viager. — Celui qui le possède a le droit d'user de la chose et d'en recueillir les fruits. — Peut-il céder ce droit ? Il n'y a pas d'exemple d'une cession de ce genre.

En ce qui concerne les droits de superficie et d'emphytéose sur les immeubles soumis au régime du décret du 16 juillet 1897, consulter les articles 73 et suivants de ce décret.

Le droit d'emphytéose sur les immeubles soumis au régime des lois et coutumes malgaches n'a existé que sous l'empire du traité de 1885 ; c'était le seul droit conféré aux étrangers sur le sol malgache. Le droit de superficie peut exister sur ces mêmes immeubles, mais les exemples en sont rares : il se rapproche dans ses principes de ceux énoncés dans l'article 555 du Code civil.

§ II. — Droits réels accessoires de droits de créance

Les droits réels accessoires de droits de créance qui peuvent exister sur les immeubles soumis au régime foncier de l'immatriculation sont l'antichrèse, les privilèges et les hypothèques (*Consulter le décret du 16 juillet 1897, art. 93 et suiv.*).

Les immeubles soumis au régime foncier des lois et coutumes indigènes sont susceptibles de droits réels accessoires de droits de créance : ces droits sont l'hypothèque, le gage immobilier, le contrat de *fehivava* (*V.* **Contrats** *et* **Obligations**).

§ III. — Des servitudes réelles

Les servitudes réelles ne sont étudiées que vis-à-vis des immeubles soumis au régime foncier des lois et coutumes indigènes. — Pour celles intéressant les immeubles soumis au régime foncier de l'immatriculation organisé par le décret du 16 juillet 1897, consulter ce décret et le Code civil.

1° Des Eaux

a) **Eaux qui découlent des fonds supérieurs vers les fonds inférieurs.** — C'est en vertu d'une loi de la nature que les eaux découlent des fonds supérieurs vers les fonds inférieurs ; ce dernier fonds est donc assujetti envers le premier à recevoir les eaux qui en découlent naturellement sans que la main de l'homme y ait contribué. — Le propriétaire de la rizière inférieure est notamment obligé de recevoir les eaux de la rizière supérieure qui a un trop plein (*Kabary d'Andrianampoinimerina*). Le propriétaire de la rizière supérieure a le droit de garder dans sa rizière toute l'eau si elle lui paraît nécessaire et, si le propriétaire de la rizière inférieure cherche à attirer cette eau en faisant de petites ouvertures dans le talus de séparation, le propriétaire du fonds supérieur a le droit de les boucher et de manifester ainsi qu'il entend garder toute l'eau.

b) **Des sources.** — Les sources appartiennent au domaine public (**Décret du 25 septembre 1902**), mais celles qui sont situées dans un fonds font partie intégrale de ce fonds et appartiennent, en conséquence, au propriétaire du fonds. Ce dernier peut les vendre ou les aliéner avec le sol ou séparément ; il peut les donner en location, les hypothéquer, etc. — En vendant le terrain dans lequel se trouve une source, il est inutile qu'une mention spéciale soit faite pour la source, puisqu'elle fait partie intégrale de la terre vendue au même titre que les arbres qui y sont plantés. — Le propriétaire d'une source peut empêcher l'eau d'aller, suivant sa pente naturelle, chez le voisin, soit qu'il veuille la garder pour lui, soit qu'il veuille la faire aller chez un autre. — Il peut tarir l'eau : toutefois, il ne peut le faire si des voisins ou des habitants d'un village ont acquis un droit à l'usage de l'eau ; ce cas se présente souvent : la coutume admet généralement que le public a une sorte de droit d'usage sur l'eau provenant d'une source appartenant à un particulier, si cette source est située dans un terrain non clôturé. C'est là assurément un des derniers vestiges de la propriété collective qui fut pendant longtemps la seule propriété existant en pays malgache.

Les sources d'eaux minérales font partie du domaine public (**Décret du 25 septembre 1902**). Mais les dispositions de ce décret n'ont pas d'effet rétroactif et ne peuvent porter atteinte aux droits des tiers qui, antérieurement à un décret du 16 juillet 1897 sur le domaine public qui a précédé le décret du 25 septembre 1902, étaient propriétaires de sources de cette nature (CT. 20 mars 1901).

c) **Eaux courantes.** — Le décret du 25 septembre 1902 comprend dans le domaine public tous les cours d'eau, aussi bien ceux navigables ou flottables que ceux non navigables ni flottables. — L'arrêté du 9 mai 1906, relatif à l'utilisation des eaux du domaine public, maintient en faveur des indigènes les usages se rapportant à cette utilisation. — Tout particulier, qu'il ait ou non son habitation à proximité d'un cours d'eau, peut y puiser de l'eau, y laver son linge, y faire boire ses bestiaux. — Si sa propriété est riveraine, il peut se servir de l'eau pour l'irriguer. — Peut-il détourner complètement le cours du fleuve ou de la rivière aux fins de cette irrigation ? Il n'existe aucun exemple d'un travail de ce genre ; il semble qu'il ne pourrait être accompli qu'avec l'autorisation de l'autorité et si aucun préjudice ne devait en résulter pour les autres propriétaires riverains. — Il importe de noter que le propriétaire riverain d'un cours d'eau endigué ne peut faire aucun travail de nature à porter atteinte à la solidité de l'endiguement : sur ce point, la coutume est excessivement rigoureuse dans ses prohibitions.

On peut planter dans les îlots qui se trouvent dans le lit des fleuves ou rivières, mais par pure tolérance de l'administration, l'Etat étant propriétaire de ces ilots (**Décret du 16 juillet 1897, art. 52**).

d) **Eaux mortes.** — Les lacs, étangs et lagunes font partie du domaine public aux termes du décret du 25 septembre 1902. *Quid* des marais ? Il a été jugé qu'ils n'étaient pas assimilables aux étangs et qu'ils ne pouvaient être compris dans les biens du domaine public (**CT. 20 juin 1900**). — Les droits des indigènes à l'utilisation des eaux mortes sont les mêmes que ceux relatifs à l'utilisation des eaux courantes.

e) **Irrigation et écoulement des eaux.** — *1° Droit d'aqueduc.* — Ce droit n'existe pas dans la législation malgache et une autorisation des propriétaires intermédiaires est, par suite, nécessaire pour obtenir le passage de l'aqueduc sur leurs fonds.

2º *Droit d'appui.* — Lorsque, pour irriguer une propriété, il est nécessaire d'élever un barrage, le propriétaire, qui n'est riverain que d'un seul côté, a le droit d'appuyer le barrage élevé sur le fonds du propriétaire de la rive opposée et cela sans indemnité. Mais des barrages de ce genre n'ont jamais été élevés que sur des cours d'eau sans importance ; il ne paraît pas possible que, du moins sans l'autorisation de l'autorité (ex. : *la chute artificielle d'Anosizato*), on puisse les construire sur des cours d'eau importants.

3º *Ecoulement des eaux nuisibles. Ecoulement des eaux provenant du drainage.* — La grande plaine du Betsimitatatra est un exemple frappant de l'art des Malgaches à drainer les terres humides. Cette plaine n'était qu'un marais ; le travail collectif des habitants en a fait le *lavabarin' Antananarivo* (le silo de riz de Tananarive). Cette transformation s'est opérée par l'établissement des digues de l'Ikopa et par le creusement des canaux traversant cette plaine et allant se déverser dans l'Ikopa.

Toute opération de drainage, faite par un particulier sur un fonds, nécessite l'autorisation préalable du ou des propriétaires voisins, si le canal de desséchement doit passer sur leurs fonds. Une indemnité semble devoir leur être allouée. Toutefois, si l'opération de drainage est faite par un fokonolona sur une terre d'une certaine étendue, le travail apparaît alors comme ayant, en quelque sorte, le caractère d'utilité générale et le droit à l'indemnité des propriétaires, sur le fonds desquels passent les canaux de desséchement, paraît plus problématique.

4º *Des digues.* — Les digues font partie du domaine public, du moins celles ayant un caractère d'utilité générale (**Décret du 25 septembre 1902**). Il a été jugé que les digues, si nombreuses sur le plateau central, avaient été, en général, construites dans un but d'utilité publique, par les soins et les ordres du gouvernement et qu'elles appartenaient au domaine de l'Etat (**CT. 7 avril 1901**).

Il est formellement défendu de faire des plantations sur les digues, parce qu'elles sont de nature à préjudicier à leur solidité : aucune tolérance de l'administration ne peut exister à ce sujet.

f) **Eaux pluviales.** — Les eaux pluviales appartiennent, par droit d'accession, au propriétaire du sol sur lequel elles tombent.

2° Du bornage

Le système de bornage en usage pour fixer les limites d'une terre à la suite d'un procès à son sujet, est l'*orimbato* (enfoncement de pierres), ainsi appelé parce qu'on se sert toujours de pierres pour le faire. Les pierres n'ont pas de forme arrêtée, mais le plus souvent on se sert de pierres de forme plate et d'une certaine longueur. Le bornage se fait, en général, en présence d'un magistrat ou d'un agent de l'autorité délégué par le tribunal. Lorsqu'il s'agit d'un partage familial de biens immeubles, dépendant d'une succession et dans tous autres cas d'un partage amiable, il est souvent d'usage de se contenter, pour marquer la séparation, d'un petit talus (*valamparihy*) ou d'une bordure de plantes, telles que le hazondrano, le songosongo, le tsiafakomby.

Aucune disposition de la loi malgache n'autorise le propriétaire à obliger son voisin à borner leurs propriétés contiguës.

3° De la clôture

Des tamboho. — Les clôtures en murs appelées « tamboho » sont faites sur les propriétés contenant des maisons. Il arrive cependant qu'elles entourent des propriétés de campagne. Chacun est libre de se clôturer sous la réserve que le propriétaire, dont la propriété englobe des propriétés à autrui, doit donner passage pour permettre d'y accéder.

Des autres clôtures. — Les champs de manioc, de patates et de toutes autres plantations sont clôturés ordinairement par des plantes épineuses, telles que le songosongo, le tsiafakomby, la raquette, etc. — Quant aux rizières, elles sont, en général, séparées par des talus (*valamparihy*).

De la vaine pâture. — Le droit de vaine pâture existe dans la législation malgache comme droit réciproque pour les habitants d'un même fokonolona de faire paître leurs bestiaux sur les terres des uns des autres où il n'y a ni semences ni fruits. Mais ce droit ne fait pas obstacle à ce que tout propriétaire d'une terre ait le droit de la clôturer ; bien plus, il suffit que le propriétaire d'un fonds veuille y

interdire la vaine pâture, ce qu'il fait en y plantant un
piquet de bois dont la tête est enveloppée de paille et
qu'on appelle « *kiady* », pour qu'il soit défendu à quiconque d'y introduire ses bêtes. — Consulter également, pour
les *kijana*, terrains de pâturage appartenant à des particuliers, l'article 131 du Code de 1881.

Du parcours. — Le droit de parcours existe dans les
mêmes conditions que le droit de vaine pâture. Les troupeaux appartenant aux gens d'un village peuvent être
conduits sur les terrains d'un autre village même éloigné
et réciproquement.

4º Des servitudes légales d'utilité publique

En ce qui concerne ces servitudes, on doit se reporter
aux termes du décret du 25 septembre 1902 sur le domaine
public. — On doit consulter aussi les divers textes relatifs
à la police de la voirie dans les centres. (*V. au C. :* **Voirie
urbaine**). — V. aussi l'arrêté du 21 novembre 1896 au sujet
des terrains à occuper temporairement pour le service des
travaux publics (*C. 961*).

5º Des servitudes légales d'utilité privée

a) **De la mitoyenneté.** — En principe, il n'existe pas de
mitoyenneté dans la législation malgache, en ce sens que
les séparations n'ont pas été, en général, originairement
faites, construites ou plantées, à frais communs. Mais, à
vrai dire, du moins en ce qui concerne les talus (valamparihy) qui séparent les rizières et les haies plantées qui
séparent les champs, on les considère le plus souvent, à
moins de preuve évidemment contraire, comme appartenant aux deux propriétaires contigus. — Au surplus, en
ce qui concerne le valamparihy, on peut dire que tout le
monde a le droit d'y circuler, sauf lorsque le talus a été
nouvellement construit ou qu'il a été nouvellement réparé ;
dans ce cas, des épines sont placées sur le talus et la
circulation y est interdite ; d'ailleurs, la défense tombe
d'elle-même lorsque le talus a acquis une solidité suffisante.

Les murs ne sont pas, en général, construits à frais
communs et les présomptions de mitoyenneté existant dans

le droit français ne sont pas applicables dans la législation malgache. Le droit d'acquérir la mitoyenneté n'existe pas dans cette législation. — Ces règles s'appliquent aux tamboho.

b) **De la distance à observer pour les plantations.** — Cette sorte de servitude n'existe pas en droit malgache : *Samy manjaka amin' ny eran' ny varavarany* (chacun est roi dans la sphère de sa porte). Mais lorsque les branches des arbres d'une propriété avancent sur la propriété à côté, le propriétaire de celle-ci est en droit de les couper ou de les faire couper.

c) **De la distance et des ouvrages intermédiaires requis pour certaines constructions.** — Cette servitude n'existe pas davantage dans les coutumes malgaches. Toutefois, il est d'usage de ne pas construire à l'extrême limite de son héritage et de laisser un petit espace entre sa propriété et celle du voisin. En outre, il est bien certain que le propriétaire d'un fonds ne peut pas faire, à l'extrême limite de ce fonds, un travail, creuser un trou par exemple, qui peut endommager la construction élevée tout à côté sur le fonds voisin. Mais le propriétaire de ce dernier fonds ne peut se plaindre du voisinage immédiat d'une fosse d'aisances, d'une étable, etc., etc.

d) **Des vues et des jours sur la propriété du voisin.** — Dans les coutumes malgaches, le propriétaire d'une maison peut faire dans la limite de sa propriété ce qu'il veut et notamment ouvrir des vues partout où il croit devoir le faire.

e) **De l'égoût des toits.** — Le propriétaire limitrophe est tenu de recevoir les eaux qui découlent du toit voisin. Mais, ainsi qu'il a été dit, il existe le plus souvent un espace de terrain libre entre les deux héritages et ainsi les eaux des toits tombent sur les fonds respectifs de chaque propriétaire.

f) **Du droit de passage en cas d'enclave.** — Il ne paraît pas que, dans la législation malgache, un propriétaire, même enclavé, eut le droit de forcer les voisins à lui donner un passage. Mais on ne pourrait citer un exemple d'une enclave absolue : une voie d'accès était toujours réservée. D'ailleurs, l'usage de passer sur le terrain d'autrui, lorsqu'il n'était pas clôturé, était constant et toute prohibition contraire eut été très mal vue. — Il est certain qu'actuellement le fait d'enclave peut se présenter ; il semble qu'il doit être résolu selon les règles du droit français qui sont dictées par le droit naturel. — Au surplus, si le fait d'enclave existe par suite d'un partage, il intervient, en général, entre les copartageants des conventions déterminant le passage et son assiette.

6º Servitudes établies par le fait de l'homme

Suivant les us et coutumes, les Malgaches peuvent user de leurs biens comme bon leur semble, pourvu que leurs actes ne soient pas contraires à la loi. Ils peuvent donc établir des servitudes sur leurs fonds, non seulement au profit d'un autre fonds, mais encore au profit d'une personne.

Les servitudes s'établissent par titre, c'est-à-dire par acte de dernière volonté, contrat, etc. — La prescription n'existant pas dans la législation malgache, ne peut constituer un mode d'acquisition de servitudes. — La destination du père de famille n'est pas connue dans cette législation.

Les servitudes s'exercent dans les conditions prévues à l'acte qui les constitue.

Les servitudes s'éteignent pour les mêmes raisons qu'en droit français en écartant cependant le non-usage pendant trente ans.

SECTION IV

De la possession

La notion de la possession, telle que l'a la législation malgache, consiste dans le fait matériel pour un tiers d'exercer sa puissance sur une chose. C'est un fait brutal, sans autorité et duquel ne peut découler l'origine d'aucun droit.

Comme conséquence, la possession, même pendant un long temps, d'une chose, soit mobilière, soit immobilière, ne peut conduire à la propriété de cette chose : la prescription acquisitive n'existe pas en droit malgache. De même, le célèbre brocard du droit français : *en fait de*

meubles possession vaut titre, est sans application dans ce
droit (**CT.** 17 mars 1904).

Toutefois, on doit constater que les tribunaux ont été
presque naturellement amenés à reconnaître une certaine
importance à la possession d'une chose ou d'un bien
(**CT.** 10 octobre 1901, 15 mai 1902, 26 mars 1903, 17 septembre 1903, 27 octobre 1904) et à en faire découler des
présomptions de propriété.

TITRE TROISIÈME

Des successions

CHAPITRE PREMIER
De l'ouverture des successions

Une succession est ouverte lorsque le droit de la recueillir a pris naissance. C'est au moment même de l'ouverture qu'il faut se placer pour déterminer la personne ou les personnes qui ont la qualité d'héritiers du défunt et si cette personne ou ces personnes réunissent bien les conditions d'aptitude requises pour succéder.—*Les successions s'ouvrent par la mort naturelle.* La mort se prouve par l'acte de décès. — L'héritier désigné par la loi ne peut avoir droit à la succession qu'à la condition d'être vivant lors de l'ouverture : cette condition remplie, il est définitivement héritier ; viendrait-il à mourir, seulement un instant après l'ouverture de la succession, il transmet ses droits à ses propres héritiers. — Tous les héritiers, quels qu'ils soient, sont saisis de plein droit des biens, droits et actions du défunt : aucun envoi en possession n'est nécessaire même pour les héritiers les plus éloignés.

CHAPITRE II
Des qualités requises pour succéder

Pour succéder, il faut : 1° exister à l'instant de l'ouverture de la succession. Celui qui n'est pas encore conçu est incapable de succéder : l'enfant qui n'est pas né viable est également incapable de succéder. — Il est rappelé que la coutume admet une durée maximum de gestation de dix mois environ ; 2° être uni au *de cujus* par un lien de parenté ou d'adoption ; 3° n'avoir pas été rejeté par le *de cujus*.

CHAPITRE III

Des divers ordres d'héritiers

La loi coutumière, en cas de succession *ab intestat*, distingue deux catégories de dévolution des biens, suivant que l'individu décédé appartient à une des castes *hani-maty momba* ou à l'une de celles *tsy hani-maty momba*(1).

A. — Dévolution hani-maty momba. — Les personnes *hani-maty momba* sont celles dont les biens sont appréhendés par l'État si elles décèdent sans postérité légitime, naturelle ou adoptive, *et sans avoir testé au sujet de leurs biens.* — Ce sont tous les roturiers ou Hova, sauf quelques exceptions, les nobles Zanadralambo, sauf quelques exceptions également, et les noirs, sauf les Tsiarondahy. — L'ordre successoral est fixé ainsi qu'il suit : en première ligne, les enfants légitimes, naturels ou adoptifs du défunt ; en deuxième ligne, les petits-enfants légitimes, naturels ou adoptifs du défunt ; en troisième ligne, les arrière-petits-enfants ; en quatrième ligne, l'État. Les ascendants et les collatéraux sont écartés (2).

B. — Dévolution tsy hani-maty momba. — Les personnes *tsy hani-maty momba* sont celles dont les biens, à défaut de descendants en ligne directe, sont déférés aux ascendants et aux collatéraux. Ce sont tous les nobles ou Andriana, sauf les Zanadralambo (toutefois, quelques Zanadralambo jouissent du privilège *tsy hani-maty momba*), quelques roturiers, notamment les descendants des douze chefs qui

---

(1) L'expression hani-maty momba doit être complétée ainsi : *hanina ny haren' izay maty momba* (les biens de ceux qui meurent stériles sont gaspillés).

(2) Le décret du 5 novembre 1909 a modifié complètement cet ordre de succession (*V. III° Partie* : **Législation postérieure à 1895**).

élevèrent Andrianampoinimerina sur le trône, et les Tsiarondahy de la caste noire. — L'ordre successoral est fixé
ainsi qu'il suit : en première, deuxième et troisième lignes,
les enfants, petits-enfants ou arrière-petits-enfants légitimes, naturels ou adoptifs ; en quatrième ligne, les père
et mère ; en cinquième ligne, les frères et sœurs ; en
sixième ligne, les cousins germains ; en septième ligne,
la famille ; en huitième ligne, le fokonolona.

**C. — Observation au sujet de la dévolution hani-maty
momba et tsy hani-maty momba.** — La loi coutumière fixe
la dévolution des biens des personnes mortes *ab intestat*
comme il vient d'être dit. Un arrêté du 15 juin 1898 confirme cette règle de droit coutumier quant au droit d'appréhension de l'État ; mais une circulaire portant la même
date prescrit d'appliquer ce droit d'appréhension à toutes
les classes de la population sans se préoccuper des castes,
c'est-à-dire qu'en cas d'absence de descendants directs et
qu'à défaut de testament, l'État succède dans tous les cas :
« La loi malgache » dit cette circulaire, « attribue au gou-
« vernement les biens des personnes décédées sans descen-
« dants directs ou enfants adoptifs. La tradition accordait
« un privilège aux cinq premières castes nobles et aux serfs
« royaux (Tsiarondahy) en supprimant, au profit des héritiers
« collatéraux, le droit du gouvernement à la succession.
« La modification des anciennes institutions indigènes,
« le progrès de l'esprit égalitaire parmi les Malgaches,
« rendent de telles distinctions inutiles : la loi relative
« aux biens en déshérence pourra être appliquée d'une
« manière uniforme à toutes les classes de la population. »
C'est édicter la suppression du privilège du tsy hani-maty
momba. — La jurisprudence de la Cour de Tananarive,
invoquant avant tout qu'une circulaire est impuissante à
modifier la loi existante, a toujours maintenu la coutume
qui distingue les gens jouissant de ce privilège et ceux qui
n'en jouissent pas ; le droit d'appréhension de l'État,
d'après cette jurisprudence, est restreint aux castes hani-
maty momba (**CT. 6 septembre et 8 novembre 1906**).

D. — Successions dévolues aux enfants. — La succession
ab intestat se partage entre les enfants (**Art. 234 du
Code de 1881**). Ils succèdent par portions égales et par tête,
sans distinction de sexe ni de primogéniture. Les enfants

utérins ou consanguins ne prennent part que dans leur ligne. L'enfant adoptif a, sur la succession de l'adoptant, les mêmes droits que l'enfant légitime ; s'il existe des enfants légitimes, il vient en concours avec eux ; s'il n'en existe pas, il recueille toute la succession (*V. chapitre VII :* **De l'adoption**). L'enfant naturel, qui ne peut d'ailleurs prétendre à des droits que sur la succession de sa mère (*V chapitre VI :* **De la paternité et de la filiation)** a sur cette succession les mêmes droits qu'un enfant légitime. L'enfant adultérin n'est pas héritier, à moins qu'il ait été adopté.

E.— **Successions dévolues aux petits-enfants.**— Le petit-enfant succède avec le secours de la représentation ; s'il vient en concurrence avec un enfant, le partage a lieu par souche ; s'il y a plusieurs petits-enfants de pères différents, le partage a lieu par souche également. — La représentation en ligne directe a lieu à l'infini. Ces règles s'appliquent aux descendants d'un enfant adoptif ou naturel en rappelant que, dans ce dernier cas, la succession de la mère seule peut être en cause.

F. — **Successions dévolues aux ascendants, aux collatéraux, à la famille et au fokonolona dans le cas où le privilège du tsy hani-maty momba existe.** — Les père et mère ne succèdent qu'à défaut de descendants ; les frères et les sœurs qu'à défaut de descendants et des père et mère ; les enfants de frères et sœurs qu'à défaut de descendants, des père et mère, des frères et sœurs. Chaque classe n'est appelée à l'hérédité qu'à défaut de représentant dans la classe supérieure. En ce qui concerne la dévolution au profit des ascendants, il importe de remarquer qu'en cas de décès du père, la mère n'hérite que des biens personnels de son enfant et non des biens qui lui venaient de son père : ces biens passent à ses frères et sœurs ou aux enfants des frères et sœurs ; de même, en cas de décès de la mère, le père n'hérite pas des biens de la ligne maternelle : ces biens sont dévolus aux frères et sœurs ou aux enfants des frères et sœurs.

Les parents utérins ou consanguins ne prennent part que dans leur ligne.

Les ascendants et les collatéraux viennent par tête et par portions égales.

La représentation existe en faveur des descendants des frères et sœurs et le partage se fait alors par souche si ces descendants sont plusieurs ou s'ils viennent en concurrence avec un frère ou une sœur.

A défaut d'ascendants, de frères et sœurs et de descendants de frères et sœurs, la succession est dévolue à la famille. La veuve et les parents par alliance sont considérés comme des étrangers au point de vue de la dévolution des biens.

A défaut de famille, la succession revient au fokonolona du défunt.

G — **L'époux survivant n'a aucun droit sur la succession du « de cujus ».** — Cette règle est incontestée dans la loi coutumière. Mais, en fait, il arrive souvent que, tant que la veuve est en vie, un droit de jouissance lui est accordé par les héritiers sur les biens de l'hérédité ou sur une partie de ces biens. *Mais la concession de ce droit dépend absolument des héritiers et cette concession est toujours révocable.*

CHAPITRE IV

De l'acceptation et de la répudiation des successions

L'article 28 des Instructions aux Sakaizambohitra fait une obligation aux héritiers de déclarer « *le nom des* « *copartageants et la manière dont le partage doit s'effec-* « *tuer, sans quoi ils seront considérés comme n'étant pas* « *héritiers, lors même qu'ils seraient enfants légitimes* ».
Aucun délai n'est prescrit pour se conformer à cette prescription dont l'objet semble bien être d'obliger les héritiers qui acceptent la succession à le déclarer à l'autorité. — Dans la pratique, la déclaration d'acceptation ne paraît pas exigée impérativement ; d'autre part, une déclaration d'acceptation faite autrement que dans les formes prescrites par l'article 28 ci-dessus visé, paraît devoir être reconnue valable ; toutefois, cette déclaration doit avoir lieu dans des conditions qui ne laissent aucun doute sur son authenticité (**CT. 20 décembre 1906**). — L'acceptation doit être tenue pour irrévocable une fois faite.

La législation malgache ne connaît pas l'acceptation sous bénéfice d'inventaire ; toutefois, ce mode d'acceptation paraît entrer dans les habitudes.

La possibilité de renoncer à une succession doit être admise (**CT. 20 décembre 1906**). Cette renonciation est faite par une déclaration au gouverneur du lieu de l'ouverture de la succession, ensuite inscrite sur ses registres (*argument tiré des divers textes sur l'obligation de l'enregistrement des actes*). Toutefois, un arrêt du **27 mars 1907**, rendu en matière civile ordinaire, décide « qu'aucune forme « n'est prescrite en matière indigène pour les renonciations « à succession et que la certitude d'une renonciation « résulte suffisamment d'une déclaration faite devant un « administrateur ». La part du renonçant est dévolue aux héritiers qui viennent en concours avec lui ; s'il est seul de son rang, la classe venant après en profite.

CHAPITRE V

Du partage

I. — L'indivision est l'état de plusieurs héritiers dont les droits ne sont pas liquidés ; le **partage** est l'acte qui met fin à l'indivision.

La règle que « *nul ne peut être contraint de demeurer dans l'indivision* » peut être reconnue comme inscrite dans la législation malgache, avec cette restriction toutefois que la possibilité de faire liciter, quand le bien est impartageable en nature, est encore très discutable ; mais on doit tendre à permettre cette licitation qui, dans certains cas, est le seul moyen pratique de sortir de l'indivision. En fait, jusqu'à ce jour, l'état d'indivision a été très fréquent dans la famille malgache.

L'action en partage peut être provoquée par tout héritier. — Si un des cohéritiers est mineur, le partage a lieu quand même, mais on donne au mineur un parent pour l'assister ; d'après les traditions, les aînés d'une famille doivent aider leurs jeunes parents de leur expérience et les diriger de leurs conseils ; à l'occasion du partage d'une succession indivise, il est à présumer que les jeunes ayants droit seront protégés par leurs aînés (**CT. 10 juin 1897**).

Si le mari meurt et que la femme soit enceinte, le partage peut être retardé jusqu'à sa délivrance ou bien on réserve la part de l'enfant à naître.

L'action en partage ne peut pas être provoquée par les créanciers de la succession ; mais ils peuvent poursuivre les héritiers en paiement des dettes qui leur sont dues. Si les héritiers déclarent renoncer à la succession, les créanciers ont le droit de se faire remettre les biens qui la composent en proportion de ce qui leur est dû.

II. — En droit malgache, le partage d'une succession se fait en général à l'amiable et en dehors de toute intervention judiciaire. — Ce n'est que lorsqu'un des cohéritiers refuse de consentir au partage ou qu'il s'élève des contestations dans le règlement des parts ou dans la forme de procéder, qu'il appartient aux tribunaux d'intervenir (**CT. 29 septembre 1898**). Et même dans ce cas, le juge doit se borner à solutionner le litige et doit renvoyer les parties à procéder elles-mêmes au partage d'après les bases fixées dans sa décision. Le séquestre d'une succession indivise donnant lieu à des contestations est une mesure onéreuse et contraire à la coutume malgache ; il n'y a pas lieu de l'ordonner, mais il faut recourir à un partage en famille après lequel les intéressés copartageants peuvent formuler leurs réclamations (**CT. 10 juin 1897**).

Le père et la mère ou autres ascendants peuvent, de leur vivant, procéder à un partage des biens leur appartenant entre leurs enfants ou descendants Mais ce partage ne reçoit son exécution qu'à leur décès ; à ce moment, chaque héritier prend la part qui lui a été attribuée dans le partage. L'ascendant étant *masi-mandidy* peut ordonner ce partage comme bon lui semble. Le partage par acte de dernière volonté est également très en usage ; il doit revêtir alors les conditions nécessaires pour la validité des testaments.

III. — Les cohéritiers procèdent au partage comme ils l'entendent et sans l'assistance d'aucun officier public (**CT. 29 septembre 1898, 17 octobre 1901**) ; il n'est pas nécessaire de dresser un acte. Mais le partage n'est valable que s'il est enregistré sur les livres du gouvernement. — Dans la pratique, on recherche d'abord quels sont les héritiers ; les héritiers connus, on fait l'inventaire de l'actif et du passif de la succession ; les créanciers doivent à ce moment, sinon plus tôt, faire connaître le montant de leurs créances (1). Les frais de funérailles et de sépulture sont d'abord payés, puis les dettes du défunt sont acquittées, enfin, les legs sont remis. Il reste alors la masse active de la succession qui est partagée entre tous les héritiers. On fait autant de lots qu'il y a de copartageants ou de souches de copartageants ; le tirage au sort des lots est inconnu ; les lots sont répartis entre tous les ayants droit ; si des lots sont inégaux, on compense l'inégalité par des soultes en argent. Le partage des biens se fait toujours en nature ; la vente des biens, soit meubles, soit immeubles, est une mesure exceptionnelle et il n'y est procédé que si toutes les parties sont d'accord. Même, s'il s'agit d'un immeuble impartageable en nature, les cohéritiers s'arrangent ordinairement pour prendre leur droit sans procéder à sa licitation. Si des contestations naissent, soit au sujet de la composition des lots, soit au sujet de leur attribution, soit pour toute autre cause, les tribunaux statuent et renvoient ensuite les parties aux fins de continuer le partage.

IV. — La coutume du *tombon-dahy* consiste dans un avantage fait à l'aîné de la famille par préciput et hors part. Cette coutume est souvent observée, même si le défunt n'a pas exprimé sa volonté à ce sujet ; mais, dans ce cas, il faut le consentement de tous les cohéritiers.

La coutume du *mamelo-maso* consiste en ce que tout cohéritier d'une succession indivise, le plus souvent l'aîné de la famille, qui, avant le partage, a cultivé et fait produire les biens de cette succession, ne doit de ce chef aucune indemnité aux autres cohéritiers, si, du moins, sa jouissance a été publique et s'est effectuée au vu et su des autres ayants droit (**CT. 19 mai 1904**).

Aux termes de l'article 33 des Instructions aux gouverneurs : « Lorsque des cohéritiers dans votre district se « trouvent en procès pour une succession dans laquelle « sont compris des rizières et des champs de culture « appartenant au défunt, si, à l'époque des travaux des « champs, le procès n'est pas solutionné, les terrains en « litige doivent être provisoirement partagés entre les

---

(1) Mais le créancier n'est pas forclos s'il ne fait connaître sa créance qu'après le partage (**CT. 15 septembre 1898**).

« héritiers qui prendront l'engagement de les mettre en
« culture, afin que les terres ne restent pas en friche.
« Toutefois, à l'issue du procès, le perdant devra restituer
« au gagnant la moitié de la valeur de la récolte ».

**V. — Les héritiers sont tenus des dettes de la succession,
même « ultra vires hereditatis »,** c'est-à-dire, même au delà
de la valeur de la part d'actif qu'ils reçoivent. Mais ils ne
sont pas tenus solidairement, chacun pour le tout, d'une
dette de la succession : toute dette se partage entre les
héritiers et chaque héritier n'est tenu que de sa part de
dette (**CT. 11 avril 1903**).

Les légataires particuliers ne sont pas tenus des dettes.
Mais si le passif de la succession l'emporte sur l'actif, les
legs sont réductibles et même peuvent devenir caducs. —
On a vu que les legs n'étaient acquittés qu'après le paiement des dettes.

VI. — Le partage est déclaratif de propriété. — L'héritier est censé avoir été propriétaire du lot qui lui a été
attribué du jour de l'ouverture de la succession.

**VII. — L'homologation du partage est une procédure
inconnue dans la législation malgache.** — L'enregistrement
de l'acte de partage sur les registres du gouvernement du
lieu où sont situés les biens en tient lieu : cet enregistrement est obligatoire à peine de nullité de l'acte (**Circ. du
20 juillet 1897. — CT. 6 avril 1899**). — Un partage antérieur à l'occupation française (1895) peut être validé bien
que non enregistré.

**VIII. — Le partage entaché d'erreur, de violence ou de
fraude peut être annulé.** — Notamment le partage, dans
lequel a été compris par erreur un bien personnel à un des
copartageants, est annulable, ou du moins une compensation pécuniaire est due à ce copartageant. Il importe peu,
dans ce cas, que le partage ait été fait avec toutes les
conditions de validité voulues et même qu'il ait été exécuté.
Par contre, le partage simplement vicié par la lésion, par
exemple, parce que les parts ont été inégales, n'est pas
annulable : *izaran-kisy resy* ; dans un partage, il y a
toujours quelqu'un de lésé (**CT. 16 avril et 21 mai 1908**).

TITRE QUATRIÈME

Des donations et des testaments

CHAPITRE PREMIER
Des donations

I. — L'étude des donations et des testaments est dominée par le grand principe du *masi-mandidy*, en vertu duquel tout Malgache est réputé *sacré dans ce qu'il ordonne au sujet de ses biens.* — Il est maître absolu d'en disposer comme il l'entend : aucune restriction n'existe en cette matière ; il ne peut être question dans la législation malgache ni de *réserve* ni de *quotité disponible* ni de *rapport*.

II. — **Définition de la donation.** — La donation (*tolobohitra*) est un contrat par lequel le donateur se dépouille *actuellement et irrévocablement* de la chose donnée en faveur du donataire qui l'accepte. — Mais, le plus souvent, la *possession* de la chose donnée reste entre les mains du donateur de son vivant. Toutefois, le donateur doit se réserver cette jouissance en la stipulant dans l'acte : à défaut de cette stipulation, la donation porte tant sur la nue-propriété que sur l'usufruit.

La restriction qui vient d'être énoncée au sujet du non-dessaisissement par le donateur de la chose donnée est essentielle ; le Malgache ne se dépouille pas en général *complètement* de son vivant : il garde la chose donnée et il jouit, jusqu'à son décès, de la chose qu'il donne. Le donataire n'en a pas moins acquis un droit sur la chose, puisqu'en règle générale, on doit reconnaître qu'une

donation est irrévocable ; mais le droit acquis reste, tant
que le donateur est vivant, en quelque sorte *absolument
virtuel* : le donataire ne peut que s'opposer à l'aliénation de
la chose donnée.

III. — De l'irrévocabilité de la donation. — On vient de
poser le principe de l'irrévocabilité de la donation. Ce
principe est très discuté (*V.* **Circ.** du **20 juillet 1897**) et la
Cour de Tananarive ne l'a pas admis dans un arrêt rendu
en matière ordinaire le **6 septembre 1899 ;** cette décision
énonce « qu'une donation entre indigènes est, en principe,
« toujours révocable à la volonté du donateur ; qu'elle est
« donc purement éventuelle et ne peut constituer un titre
« suffisant pour servir de base à une demande d'immatri-
« culation ». — Cette jurisprudence paraît erronée et contraire à la loi coutumière : *l'irrévocabilité* de la donation
semble être la règle générale et ce n'est qu'exceptionnellement qu'une donation est révocable. C'est assurément
une atteinte indirecte à la loi du *masi-mandidy*, mais cette
dérogation, résultant d'ailleurs de la volonté du donateur,
semble devoir être admise.

En tout cas, il est hors de discussion : 1° que si une
personne meurt *ab intestat*, sa succession doit être partagée
par portions égales entre ses héritiers et les donations
(tolo-bohitra) par elle faites restent acquises aux bénéficiaires (**Art. 234 du Code de 1881**) ; 2° que la donation
faite par le mari à sa femme est irrévocable : cette règle de
droit coutumier s'applique même en cas de dissolution du
mariage par divorce ; 3° que celle faite par un père ou
une mère à son enfant a le même caractère, à moins que
« l'enfant ne les respecte pas » ; l'article **233** du Code
de **1881** dispose : « Alors même qu'un enfant légitime,
« naturel ou adoptif, aurait déjà reçu une donation, *s'il ne
« respecte pas ses parents*, ceux-ci ont le droit le plus
« sacré (masi-mandidy) de disposer de leurs biens dans
« leur testament. De même, un petit-fils dont les parents
« sont morts, ou un enfant légitime dont la mère est
« décédée ou divorcée, peuvent être exhérédés s'ils ne
« respectent pas leurs parents. Mais si, au contraire, les
« petits-fils, enfants d'un fils ou d'une fille décédée, et les
« enfants d'une mère décédée ou divorcée, remplissent
« leurs devoirs envers leurs parents, on ne pourra révo-

« quer les donations qui leur ont été faites du vivant de
« leurs père et mère »; 4° spécialement, la donation de
biens meubles ou immeubles faite à un enfant en vue de
son installation par mariage et à titre de dotation, apparaît
également irrévocable d'après la coutume ; 5° celle faite
à une concubine est aussi irrévocable aux termes de
l'article 54 du Code de 1881.

**IV. — Dans quels cas exceptionnels une donation peut-
elle être révoquée?** — Il est, tout d'abord, à peine besoin
d'observer que, si le donateur s'est réservé cette faculté
dans l'acte de donation, la révocation peut avoir lieu. —
Il convient ensuite d'admettre la possibilité de la révocation
d'une donation : 1° pour manque de respect, ingratitude,
etc..., du donataire vis-à-vis du donateur. C'est une règle
générale de droit coutumier s'appliquant, non seulement
à l'enfant, mais à toute autre personne, que le bénéficiaire
d'une donation peut s'en voir retirer le bénéfice s'il se
conduit mal vis-à-vis du donateur ; 2° pour inexécution
des obligations qui ont été affectées à la donation faite. —
L'action en révocation peut être intentée par le donateur
ou ses héritiers : elle ne produit d'effet, si elle est accueillie,
que du jour où la révocation est prononcée. Elle ne peut
être intentée que contre le donataire et non contre ses
héritiers.

V. — Formes de la donation. — La donation doit être
faite, à peine de nullité, en présence du gouverneur de la
circonscription du lieu du domicile du donateur. Si la
donation comprend des biens immeubles, la donation doit
être faite au lieu de la situation des biens ou de la plus
grande partie des biens (**Circ. 20 juillet 1897. — Arrêté du
15 juin 1904. — Arrêté du 10 décembre 1904. — Arrêté du
31 décembre 1904**) (1). — Elle doit être inscrite sur les
registres du gouvernement. Elle doit avoir lieu en présence
de la famille, des intéressés, de deux témoins et de deux
membres au moins du fokonolona. Le donateur et le
donataire doivent signer l'acte, ainsi que les témoins : deux
témoins doivent signer à la place d'une partie illettrée
(**Circ. 20 juillet 1897. — Arrêté du 10 décembre 1904**).

VI. — Droit fiscal. — Le droit fiscal à percevoir sur

---

(1) Pour Tananarive, *V. l'*arrêté du 15 décembre 1900.

toute donation ne paraît être qu'un droit fixe de 1 fr. 50 (**Arrêté du 10 décembre 1904**).

VII. — **De la capacité de disposer et de recevoir par donation.** — Pour pouvoir disposer par donation, il faut être sain d'esprit, avoir le discernement voulu et être propriétaire de la chose dont on dispose. — Les deux premières conditions apparaissent également nécessaires pour recevoir une donation, puisque la donation est un contrat ; toutefois, la coutume admet qu'une donation peut être faite au profit d'un aliéné et au profit d'un enfant en bas âge et même simplement conçu : dans ce cas, ce sont les parents de l'aliéné ou de l'enfant qui acceptent la donation pour leur compte.

VIII. — **Quelles choses peuvent faire l'objet d'une donation ?** — Tous les biens meubles et immeubles, qui sont *in rerum commercio*, peuvent faire l'objet d'une donation. — Une chose future peut faire l'objet d'une donation. — La donation d'une part indivise est valable même sans le consentement des autres copropriétaires (**contrà : CT. 3 novembre 1898**). — Il n'est pas nécessaire que l'acte de donation précise la chose donnée : on admet la validité de la donation ainsi faite : « Je donne une de mes rizières » : le donataire choisira parmi les rizières du donateur.

IX. — **Preuve de la donation.** — La preuve de la donation ne peut être établie que par l'acte de donation régulièrement inscrit sur les registres du gouvernement (**Arrêté du 10 décembre 1904**).

X. — **Opposition à l'acte de donation.** — Toute personne à laquelle préjudicie l'acte de donation a le droit d'y former opposition. — Cette opposition est faite dans les formes déjà visées de l'article 5 des Instructions aux gouverneurs.

CHAPITRE II

Des testaments

I. — Il est rappelé que le principe du *masi-mandidy*, en vertu duquel tout Malgache, homme ou femme, dispose de ses biens comme il l'entend, domine l'étude des testaments, comme il domine l'étude des donations. Il ne peut être question dans la législation malgache ni *d'héritiers à réserve*, ni de *quotité disponible*, ni de *rapport*, ni de *défense de substitutions* ou de *conditions, etc...*

II. — Définition du testament. — Le testament est un acte par lequel le testateur dispose, pour le temps où il n'existera plus, de tout ou partie de ses biens, et qu'il peut toujours révoquer.

Les dispositions testamentaires sont ou universelles ou à titre universel ou à titre particulier. Elles sont universelles lorsqu'elles comprennent toute l'hérédité ; à titre universel lorsqu'elles comprennent une quotité de l'hérédité ; à titre particulier lorsqu'elles ont pour objet une chose déterminée.

III. — Formes du testament. — Il existe deux sortes de testament : le *testament public* et le *testament secret*.

a) Le testament public est celui qui est lu par le testateur où en sa présence devant les membres de sa famille ou du fokonolona. Le testament secret est celui qui, après avoir été scellé, est présenté par le testateur à la famille ou au fokonolona comme étant le pli contenant ses dernières volontés (**CT. 23 juillet 1908**).

Le testament public et le testament secret doivent être signés par le testateur, si du moins il sait le faire. Le testament public doit être signé par les témoins présents, si du moins ils sont lettrés (**Arrêté du 10 décembre 1904. — CT. 16 mai et 14 novembre 1907**).

b) La présence *simultanée* de la famille et du fokonolona à la lecture du testament ou à la déclaration du testateur que tel pli scellé contient ses dernières volontés n'est pas obligatoire. Il suffit de se reporter au texte malgache de l'article 232 du Code de 1881 pour constater qu'il n'exige pas la présence *et* de la famille *et* du fokonolona, mais la présence de l'un ou de l'autre ; il est vrai que la circulaire du 20 juillet 1897 semble prescrire la présence des deux, mais cette circulaire ne peut suffire à elle seule à modifier la loi (**CT. 26 décembre 1907**). Il a été jugé notamment que la présence des enfants du testateur à la dictée de son testament n'était pas essentielle a la validité de cet acte, si, d'autre part, il renfermait les conditions de validité voulues par la loi.

6

c) Il rentre dans l'esprit de la loi d'exiger que, si la famille est seule présente à la dictée du testament, les membres qui la composent dans la circonstance aient la capacité voulue pour attester, d'une façon irréfutable à l'égard de tous, quelle a été la volonté du *de cujus*. — Il a été jugé que la présence à la confection d'un testament de la bénéficiare de cet acte, de son mari et de deux parents de la bénéficiaire, était insuffisante aux fins de garantir l'authenticité de l'acte, étant donné au surplus que « dans « cet acte, le testateur déshéritait complètement ses enfants « encore tout jeunes, alors que dans un acte de dernière « volonté, de quatre mois seulement antérieur, il disposait « en leur faveur de ses biens » (**CT. 23 juillet 1908**).

d) Les membres du fokonolona qui, à défaut de la famille, doivent être présents lors de la lecture du testament ou lors de la déclaration du testateur que tel acte scellé contient ses dernières volontés, doivent être au nombre de quatre au moins (**Circ. du 20 juillet 1897**).

e) La présence d'un officier public à la dictée du testament ou à la déclaration du testateur que tel pli contient ses dernières volontés n'est pas obligatoire. Le testament peut être déclaré à l'autorité et inscrit sur les registres du gouvernement *seulement après la mort du testateur*. Sous l'ancienne législation malgache, l'enregistrement des testaments était obligatoire aux termes de l'article 74 des Instructions aux Sakaizambohitra et de l'article 232 du Code de 1881 ; ces textes, toutefois, par dérogation aux principes généraux relatifs à l'enregistrement des actes, n'édictaient aucun délai pour l'inscription et admettaient qu'elle pouvait ne pas être concomittante à l'acte : des articles 9 et 10 des Instructions aux gouverneurs, il résulte que, même pour les testaments publics, la dite inscription pouvait être effectuée seulement *après la mort du testateur et à l'époque où les intéressés le jugeaient convenable ;* la législation édictée depuis l'occupation française a, notamment dans les arrêtés des 20 novembre 1896, 30 décembre 1898 et 10 décembre 1904, rappelé l'obligation absolue de l'enregistrement pour tous les actes passés entre indigènes et a sanctionné cette obligation en proclamant la nullité de tout acte non enregistré ; *mais, en ce qui concerne les testaments soit publics, soit secrets, aucune modification n'a été apportée à la législation malgache d'après laquelle les dits actes peuvent être enregistrés seulement après la mort du testateur ;* ce qui le démontre péremptoirement, c'est ce qui est écrit, au sujet des testaments, dans la circulaire du 20 juillet 1897 : « Lorsqu'un testament est présenté au gouverneur « *après décès du testateur*, s'il se produit une opposition « parmi les cohéritiers, le gouverneur doit refuser l'ins- « cription et renvoyer les intéressés devant les tribunaux, « conformément à l'article 9 des Ordres aux gouverneurs « de l'Imerina ». Au surplus, il est dit dans l'article 138 de l'arrêté du 8 septembre 1909 sur la procédure en matière civile : « Conformément aux règles de la législation indi- « gène et à l'arrêté du 10 décembre 1904, l'enregistrement « des contrats et obligations entre indigènes est de rigueur « et, en règle générale, la preuve testimoniale ne peut être « autorisée à l'encontre de cette prescription : toutefois, « les prêts familiaux, *les testaments*, etc., sont susceptibles « d'engendrer des obligations civiles en dehors de cette « formalité » (*V. aussi* **CT.** 29 septembre 1904, 16 avril **1908**).

f) En résumé, un testament, qu'il soit public ou secret, ne peut pas être annulé uniquement parce qu'il n'a pas été reçu par les fonctionnaires du gouvernement et inscrit sur leurs registres. — Assurément, si cette formalité a eu lieu, la sincérité du testament n'en apparaît que mieux démontrée, mais elle n'est pas essentielle à la validité de l'acte. Ce qui est essentiel, c'est la présence, au moment de la confection du testament ou de la déclaration que tel pli scellé contient les dernières volontés du testateur, de la famille ou du fokonolona : *il faut que tout testament ait été revêtu d'une certaine publicité et cette publicité doit surtout être exigée lorsqu'aucun fonctionnaire n'a été présent* (**CT.** 23 juillet 1908).

g) Quand la sincérité d'un testament est discutée, il incombe aux tribunaux de rechercher par tous les moyens d'instruction s'il émane bien du testateur et s'il est bien l'expression de sa dernière volonté (**CT.** 16 avril 1908).

IV. — Délai dans lequel le testament peut être fait. — Le testament peut être fait à tout moment de la vie du testateur : l'article 235 du Code de 1881 qui annule les adoptions et rejets faits moins d'une semaine avant la

mort de l'adoptant ou du rejetant, ne s'applique pas aux
testaments (**CT**. 16 avril 1908).

**V. — De la capacité de disposer et de recevoir par
testament.** — Pour pouvoir tester, il faut avoir l'âge de
raison, être sain d'esprit et être propriétaire de la chose
léguée. L'article 232 du Code de 1881 dit que « si le testa-
« ment aliène des biens n'appartenant pas au testateur, il
« pourra être l'objet de poursuites de la part des intéressés
« lésés ». Est nulle, aux termes de cet article, la disposition testamentaire par laquelle un tiers dispose d'un bien
qu'il a donné en fehi-vavany, alors qu'il avait été stipulé
dans l'acte qu'à défaut de rachat dans un certain délai, le
bien resterait la propriété de celui auquel le bien a été
donné en fehi-vavany, et que ce délai est expiré sans que
le rachat ait été exercé (**CT**. 20 septembre 1906.

Pour pouvoir hériter, il faut être vivant ou tout au moins
conçu au moment de l'ouverture de la succession du
testateur.

**VI. — De l'exécuteur testamentaire (Vato namelan-kafa-
tra).** — Le principe du *masi-mandidy* se manifeste surtout
dans les dispositions de dernière volonté par la désignation
d'un *exécuteur testamentaire*, ordinairement héritier principal, auquel le testateur donne pleins pouvoirs pour
administrer la succession, agir en justice à son sujet, la
partager suivant ses recommandations, etc., etc. L'exécuteur testamentaire est appelé, en raison de la mission qui
lui est confiée, *vato namelan-kafatra (pierre sur laquelle
a été gravé un testament).* Les autres héritiers lui doivent
respect et obéissance ; ils doivent se soumettre à ses décisions, du moins si elles sont conformes aux volontés du
défunt.

VII. — Des biens susceptibles d'être légués. — Tous
biens, meubles et immeubles, susceptibles de propriété
privée et dont le testateur est propriétaire, peuvent être
légués par lui.

VIII. — De la révocation des testaments. — 1° *Révocation
par le testateur.* — Tout testament peut être révoqué (**CT**.
2 mai 1901) ; l'article 232 du Code de 1881 dit : « Quelles
« que soient les dispositions prises dans un testament, le
« testateur restera libre de modifier ou de révoquer à sa

« guise les attributions qu'il aura faites de ses biens ». — Cette révocation peut être expresse ou tacite : elle est expresse lorsque le testateur, dans un nouveau testament, révoque formellement l'ancien ; elle est tacite lorsqu'elle résulte implicitement mais clairement d'un nouvel acte de dernière volonté. — Ainsi, un testament par lequel un tiers laisse à sa femme tous ses biens, à la condition d'entretenir son tombeau, est révoqué par le seul fait que ce même tiers, dans un autre acte de dernière volonté postérieur, laisse ces mêmes biens à d'autres personnes : une révocation expresse est inutile (CT. 22 novembre 1906).

2º *Révocation judiciaire.* — La révocation d'un testament par les tribunaux peut être prononcée : 1º lorsque le bénéficiaire n'exécute pas les charges à lui imposées par le testateur ; 2º lorsqu'un héritier discute les dernières volontés du testateur ou s'oppose à leur exécution La plupart des testaments portent *in fine* la clause que l'héritier qui n'observera pas les ordres du de cujus sera exhérédé ; la jurisprudence de la Cour de Tananarive déclare que cette clause doit être appliquée sans rigueur et seulement dans des cas exceptionnels : il doit être tenu compte dans l'espèce de l'âge et de l'inexpérience des opposants (CT. 10 juin 1897); il est bien certain, d'autre part, que, dans ce cas, l'exhérédation de l'héritier opposant ne pourra pas être demandée par un cohéritier qui aura lui-même violé les clauses du testament (CT. 25 avril 1901) ; 3º lorsque le bénéficiaire d'un testament se sera montré ingrat envers la mémoire du testateur.

En cas de révocation judiciaire d'un testament, la chose léguée profite aux autres héritiers, à moins que le testateur ait prévu une substitution.

IX. — De la nullité des testaments. — Un testament peut être annulé :

1º Lorsqu'il ne contient pas les conditions de sincérité voulues par la loi. Les tribunaux ont un pouvoir souverain d'appréciation à ce sujet : quand la sincérité d'un testament est discutée devant eux, il leur incombe de rechercher par tous les moyens d'instruction s'il émane bien du testateur et s'il est bien l'expression de sa dernière volonté (CT. 16 avril 1908). Un arrêt du 23 avril 1898 déclare nul un testament dont la rédaction est absolument défectueuse :

que le testateur dit écrire lui-même alors que cependant il est écrit par un tiers ; qui n'est signé ni par le testateur (qui pourtant sait signer) ni par aucun des témoins qui disent avoir été présents à sa confection. Un autre arrêt du **3 mai 1900** ; annule un testament secret trouvé dans les archives du gouvernement, ouvert et les scellés brisés, rien n'établissant qu'il y avait bien été déposé par le testateur et qu'il était bien l'œuvre de ce dernier. Un autre arrêt du **23 juillet 1908** ; annule un testament parce que les membres de la famille présents à sa confection étaient insuffisants à garantir la sincérité de cet acte. — Dans ces divers cas, il apparaît hors de discussion que la sincérité du testament n'aurait pas pu être discutée si celui qui en demandait la nullité avait été témoin de l'acte (**CT. 21 août 1897, 5 décembre 1907**).

2° Un testament peut être attaqué et annulé, lorsqu'au moment de sa confection, le testateur n'était pas sain d'esprit ou avait son consentement vicié par l'erreur, la violence ou le dol. Ainsi un testament peut être annulé pour manœuvres dolosives ayant vicié le consentement du testateur ; mais, dans ce cas, les manœuvres dolosives et leurs conséquences doivent être dûment établies (**CT. 11 avril 1907**).

3° Un testament peut être attaqué et annulé lorsque le testateur dispose d'une chose qui ne lui appartient pas (**Art. 232 du Code de 1881. — CT. 20 septembre 1906**).

X. — **Caducité des testaments.** — Un testament devient naturellement caduc lorsque le bénéficiaire décède avant le testateur. Il devient caduc également lorsque le bénéficiaire refuse d'accepter le legs. — En outre, le legs fait par testament ne devant être acquitté qu'après le paiement des dettes de la succession, il peut se faire qu'il soit réduit et même qu'il soit absorbé par leur paiement.

XI. — **Opposition aux testaments.** — Pour l'opposition aux testaments, il y a lieu de se reporter aux articles 5, 6 et suivants des Instructions aux gouverneurs.

XII. — **Des biens ko-drazana.** — L'institution des biens ko-drazana semble disparaître de plus en plus et ne devoir être bientôt qu'un vestige du passé. Ce sont les biens qui sont légués par un père à un membre de la famille (le plus souvent à l'aîné des enfants) avec cette stipulation qu'ils resteront toujours dans la famille et ne pourront jamais être aliénés ni partagés. — L'institution du bien ko-drazana peut revêtir diverses modalités, mais son principe reste le même : créer un bien inaliénable dans la famille et dans la famille *de sang ;* car il est à observer que les biens ko-drazana ne peuvent jamais être dévolus aux enfants adoptés (à moins que ces enfants aient avec l'instituant en même temps des liens de filiation légitime) (**CT. 12 mai 1898, 22 avril 1909**).

TITRE CINQUIÈME

Des obligations et des contrats

CHAPITRE PREMIER
Principes généraux

L'*obligation* est un lien de droit que les tribunaux sont appelés au besoin à sanctionner, par lequel une personne, appelée *débiteur*, est tenue envers une autre, appelée *créancier*, à donner, à faire ou à ne pas faire. Pour le débiteur, l'obligation est une *dette* ; pour le créancier, l'obligation est une *créance*.

L'obligation peut dériver de cinq sources : 1º le *contrat* ; 2º le *quasi-contrat* ; 3º le *délit* ; 4º le *quasi-délit* ; 5º la *loi*.

La législation malgache, en matière d'obligations, est encore très peu développée : un régime patriarcal et une vie économique peu intense ont rendu inutile, du moins jusqu'à ce jour, l'application de la plupart des principes de droit que des législations plus avancées ont édictés en la matière. — Mais il apparaît de plus en plus nécessaire de compléter, on pourrait presque dire « de créer », le droit malgache sur ce point.

CHAPITRE II
Des contrats

SECTION PREMIÈRE
Définition des contrats. — Division des contrats
Liberté des contrats

A. — Le *contrat* ou *convention* est l'accord de deux ou plusieurs personnes qui s'entendent pour donner naissance à une obligation ou pour éteindre ou modifier une obligation préexistante. — Un contrat n'existe que lorsqu'il y a *accord parfait* de toutes les parties : des demandes, des offres, tant qu'elles ne sont pas acceptées, ne peuvent constituer un contrat.

B. — Les contrats peuvent se diviser : 1° *en contrats synallagmatiques ou bilatéraux* et *contrats unilatéraux.* — Le contrat synallagmatique est celui qui contient des obligations réciproques : tel le contrat de vente dans lequel le vendeur s'oblige à donner la chose et l'acheteur à en payer le prix. — Le contrat unilatéral est celui dans lequel une seule des parties s'oblige : tel le contrat de donation dans lequel seul le donateur s'oblige à livrer ce qu'il donne. — 2° *en contrats de bienfaisance et contrats à titre onéreux.* — Le contrat de bienfaisance est celui dans lequel l'une des parties procure à l'autre un avantage purement gratuit : tel est le contrat de donation. Le contrat à titre onéreux est un contrat intéressé de part et d'autre : tel est le contrat de vente. — 3° *en contrats principaux et accessoires.* Les contrats principaux sont ceux qui existent principalement et pour eux-mêmes, comme la vente, le louage, le prêt. Les contrats accessoires sont ceux qui interviennent pour assurer l'exécution d'un autre contrat : tels sont le contrat de gage, accessoire d'un prêt d'argent, l'hypothèque.

C. — *Tous les contrats sont libres* en vertu du grand principe de la liberté des conventions, à condition toutefois qu'ils ne portent pas atteinte aux dispositions législatives (**Art. 4 des Instructions aux gouverneurs**).

Section II

Des conditions essentielles à la validité des contrats

§ Ier. — La première condition exigée pour la validité de tout contrat est le consentement des parties qui contractent. — Ce consentement, tout en existant en apparence, peut avoir été vicié par l'*erreur*, la *violence* ou le *dol* : ces vices rendent le contrat inexistant.

a) L'*erreur* est exclusive du consentement lorsqu'elle porte sur la substance même de la chose : ainsi, dans le cas de vente d'un *lambamena* reconnu non tramé en *landy*, la vente peut être annulée (**Art. 133 du Code de 1881**). Dans un partage, il y a erreur substantielle, mais substantielle à un autre titre, lorsque dans le partage ont été compris par erreur des biens personnels à un des copartageants (**CT. 16 avril et 21 mai 1908**). — L'erreur est encore exclusive du consentement lorsqu'elle porte sur la personne, s'il s'agit d'un contrat fait en considération de la personne : ainsi, dans un contrat de donation inspiré en général par un sentiment de bienveillance et d'affection toute personnelle pour le donataire, le contrat est nul s'il y a eu de la part du donateur erreur sur la personne du donataire.

Mais l'erreur sur la valeur d'une chose, sur la personne lorsque la considération de cette personne n'est pas la cause déterminante de la convention, sur les motifs du contrat, ne doit pas être considérée en général comme entraînant la nullité du contrat.

b) La *violence* consiste dans des voies de fait ou des menaces exercées contre une personne pour lui arracher un consentement qu'elle ne veut pas donner. Pour qu'une obligation contenue dans une convention souscrite par un indigène soit valable, il faut nécessairement le consentement libre de cet indigène : ce consentement est vicié lorsqu'il a été accordé sous l'empire de la crainte, suite d'une violence morale (**CT. 30 juin 1897**).

c) Le *dol* consiste dans des manœuvres employées à l'égard d'une personne pour la tromper et lui faire donner un consentement qu'elle ne donnerait pas sans ces manœuvres. — Ainsi, un testament peut être annulé parce que le testateur aurait eu sa volonté dominée par la production d'un faux testament d'une tierce personne, faux testament qui apparaissait comme devant fatalement peser sur sa décision (**CT. 11 avril 1907**).

d) La *lésion* à elle seule n'est pas une cause de nullité des contrats, quelle que soit son importance et quel que soit l'acte à l'occasion duquel elle a lieu. Notamment, en matière de partage, la lésion n'entraîne jamais la nullité (**CT. 16 avril et 21 mai 1908**). — Mais la lésion peut être considérée, lorsqu'il s'agit d'actes passés par un enfant prodigue, comme présumée et comme entraînant dans ce cas la nullité des contrats intervenus (**Art. 239 du Code de 1881**).

e) *La règle « qu'on ne peut, en général, en son propre nom, n'engager que soi-même »* est admise en droit malgache. — L'obligation du « porté fort » existe également sous le nom de *miantoka* : ainsi, dans un partage, si un des copartageants est absent, un des présents pourra se porter fort pour lui. —. Il est à remarquer quant à la règle « *qu'on ne peut, en général, en son propre nom, stipuler pour autrui* », qu'il est d'usage constant de stipuler en son nom pour autrui : dès qu'un tiers doit retirer un avantage d'une convention, l'usage permet de le stipuler, bien que le stipulant n'ait aucun mandat de ce tiers et qu'il ne fasse aucune stipulation pour lui-même. Dans la circonstance, il y a, ou présomption de mandat chez le stipulant, ou acceptation supposée de la part de celui au profit duquel il stipule ; en tout cas, l'acte est valable et ne saurait être attaqué pour défaut de consentement de la part de l'une des parties.

f) *Lorsqu'on contracte, soit activement, soit passivement, on est censé contracter pour soi, pour ses héritiers et ayants cause, à moins que le contraire ne soit exprimé ou ne résulte de la nature de la convention* (**CT. 10 décembre 1903**).

§ II. — **La deuxième condition pour la validité du contrat est la capacité des parties contractantes.** — On a vu au chapitre : **De la majorité et de la minorité** que les enfants peuvent être admis à contracter valablement, même très jeunes ; que, toutefois, leur incapacité au-dessous de l'âge de dix ans paraît absolue. — Il appartient, en cas de difficulté, aux tribunaux d'apprécier quand un enfant est capable.

La femme mariée a une capacité complète : la nécessité de l'autorisation maritale n'existe pas en droit malgache (**CT. 13 juillet 1899**). — (*V. le titre :* **Du mariage**).

L'interdit légal n'existe pas non plus dans la législation malgache (*V. le chapitre :* **De l'interdiction**).

On ne peut, en résumé, opposer à la capacité **toujours présumée** d'une personne qu'une incapacité de fait, et c'est à celui qui invoque cette incapacité, résultant soit de la démence, soit de l'état d'enfant prodigue et dissipateur

(Art. 237 et 239 du Code de 1881), à la prouver (**CT.** 16 juin 1904).

§ III. — La troisième condition de validité est que **tout contrat doit avoir pour objet une chose qu'une partie s'oblige à donner ou un fait qu'une partie s'oblige à faire ou à ne pas faire.**

L'objet de l'obligation doit :

1° Être existant ou pouvoir exister : une chose qui n'existe plus ne peut faire l'objet d'une convention, mais une chose future peut faire l'objet d'un contrat. *Quid* des *successions futures ?* Tout pacte sur les successions futures est interdit en droit français, mais en droit malgache la question est plus douteuse : il n'y a pas eu d'exemple jusqu'à ce jour d'un contrat de cette nature ;

2° Être *in rerum commercio,* c'est-à-dire susceptible de faire l'objet d'une convention entre particuliers : c'est ainsi que les biens du domaine public (Décret du 25 septembre 1902) sont hors du commerce. Certains autres biens, tels que les produits miniers *(V. au C. et au CS. :* **Mines**) ne peuvent faire l'objet de conventions qu'avec d'importantes restrictions ;

3° Être déterminé quant à son espèce : la quotité de la chose peut être incertaine pourvu qu'elle puisse être déterminée. Une obligation dans laquelle on s'obligerait à livrer *un animal* ne serait pas une obligation véritable ! de même celle dans laquelle ou s'obligerait à livrer du *riz* sans aucune autre base pour en déterminer la quantité ;

4° Si l'objet de la chose est un fait, ce fait doit être *possible :* la promesse d'un fait impossible ne crée pas une obligation ; mais si la règle « *impossibilium nulla obligatio* » est applicable en droit indigène, elle suppose, comme en droit français, une impossibilité absolue et non simplement relative (**CT.** 10 décembre 1903). — Il faut de plus que le fait soit *licite :* la promesse d'un fait illicite, contraire aux lois, ne peut engendrer aucune obligation.

§ IV. — **La quatrième condition requise pour la validité de tout contrat est l'existence d'une cause pour l'obligation ou les obligations qui en dérivent.** — Il est impossible de comprendre une obligation sans cause ; dans tout contrat, l'homme qui s'oblige y est poussé par une raison déterminante : seul, un fou peut contracter sans cause. Mais il ne faut pas confondre la *cause* et le *motif* : j'achète pour y habiter et moyennant 5.000 francs une maison à Tananarive, parce que j'ai mon enfant qui suit les cours à l'école Le Myre de Vilers : l'obligation que je contracte de payer à mon vendeur 5.000 francs a pour *cause* l'obligation qu'il contracte lui-même de me livrer sa maison : voilà la cause de mon obligation ; le *motif* est dans l'intérêt que j'ai à habiter Tananarive et à y acheter une maison parce que mon fils suit les cours à l'école Le Myre de Vilers. — On voit par cet exemple que, dans les contrats synallagmatiques, la cause de l'obligation de l'une des parties se trouve dans l'obligation de l'autre. — Dans les contrats unilatéraux, la cause de l'obligation est le plus souvent dans une pensée de bienveillance qu'a l'obligé vis-à-vis de celui envers lequel il s'oblige. Ainsi, dans le contrat de donation, le donateur est mû par le désir de procurer un avantage au donataire.

L'idée de la nécessité d'une cause dans toute obligation est encore peu entrée dans la conception de la législation malgache, et peut-être serait-il contraire à cette législation de l'imposer avec le même caractère et la même portée que dans la législation française : le Malgache est *masi-mandidy*, il dispose de ses biens comme il l'entend et s'oblige comme il veut ; ne peut-il pas s'obliger sans raison, sans cause ?... sans aucune apparence de raison et de cause, cela paraît impossible ; mais il peut arriver qu'une obligation soit contractée dans des conditions telles que la cause de cette obligation apparaisse des moins consistantes et des plus discutables : insuffisante peut-être en droit français, elle sera par contre acceptée en droit malgache comme satisfaisant aux exigences de ce droit en la matière.

Il est bien certain *qu'une cause fausse* rend une obligation sans valeur : je crois être toujours débiteur vis-à-vis d'une tierce personne à laquelle j'avais emprunté une somme d'argent et vis-à-vis de laquelle je me suis libéré ; dans cette erreur, je lui souscris une reconnaissance ; incontestablement, je ne suis pas obligé. — La cause *simulée ou faussement indiquée* ne doit pas être assimilée à la fausse cause : elle peut obliger si toutefois elle est licite

La cause illicite est celle qui est prohibée par la loi et qui est contraire aux bonnes mœurs et à l'ordre public. — Un exemple de cause illicite est énoncé dans l'article **22**

du Code de 1881 qui prohibe et punit les conventions «dans
« lesquelles on règle des affaires de vol en faisant restituer
« ou compenser les choses volées au lieu de déférer le voleur
« à la justice ». L'obligation de restituer ou compenser est
contractée dans l'espèce pour soustraire le promettant à
des poursuites criminelles : elle a une cause illicite et
l'obligation contractée est inexistante.

*Peut-on réclamer ce qui a été payé en exécution d'une
obligation inexistante comme basée sur une fausse cause
ou sur une cause illicite ?* — La question paraît devoir être
résolue dans le sens de l'affirmative, du moins lorsqu'il
s'agit d'un paiement fait en vertu d'une obligation contenant une fause cause ; une solution contraire serait en
opposition avec cette règle de droit naturel d'après laquelle
on ne peut s'enrichir aux dépens d'autrui.

La *preuve de la cause*, étant donné les prescriptions de
la loi malgache quant à l'obligation de déclarer tous les
contrats à l'autorité et de les faire inscrire sur les registres
du gouvernement, résultera de l'écrit dressé à ce sujet. En
supposant une obligation non causée, une obligation de
restituer, par exemple, la convention sera présumée
valable : il incombera au débiteur de prouver que la cause
est nulle comme fausse ou comme illicite.

Section III

De l'obligation de déclarer les contrats à l'autorité et de les faire inscrire sur les registres du gouvernement

A. — **Origine du principe.** — **Maintien du principe depuis
l'occupation française.** — La législation malgache, gar-
dienne, d'une part, des prérogatives royales et prévoyant,
d'autre part, les difficultés et les inconvénients de la preuve
testimoniale chez les indigènes, avait exigé pour la généralité des contrats et que ces contrats fussent écrits ou
verbaux, *que le consentement des parties, pour être valable et susceptible d'engendrer des obligations civiles, fût
reçu par des fonctionnaires investis de l'autorité publique*.
Ce principe, inscrit déjà dans les lois de 1868, fut généralisé dans les Instructions aux Sakaizambohitra de 1878,
dans les lois de 1881 et enfin dans les Instructions aux
Gouverneurs de l'Imerina de 1889. Si des dérogations au

principe existaient, notamment relativement à certains
contrats, à ceux passés entre membres d'une même famille
ou à ceux encore ayant été l'objet d'une reconnaissance
des parties ou d'une exécution indiscutable, ces dérogations,
qui ne pouvaient d'ailleurs léser les droits des tiers, étaient
partielles et spéciales à des espèces, soit consacrées par la
loi ou la coutume, soit reconnues par les tribunaux.

Depuis l'occupation française, la législation malgache,
maintenue d'abord en Imerina par les arrêtés des
20 novembre 1896 et 30 décembre 1898, a été généralisée
et étendue à toute l'île par l'arrêté du 10 décembre 1904 ;
ses prescriptions ont été de nouveau rappelées dans l'arrêté
du 8 septembre 1909 (Art. 69 et 138) sur la procédure en
matière civile ; de telle sorte qu'en règle générale et sauf
quelques exceptions, *le principe que le consentement des
parties doit, pour être valable, être constaté dans une
forme en quelque sorte solennelle, est toujours en vigueur
et doit être sanctionné par les tribunaux* (CT. **2 avril 1903,
13 mai 1907, 31 octobre 1907, 11 juin 1908, 27 août 1908,**
etc.).

B. — Portée du principe. — L'acte non enregistré n'est
pas seulement entaché d'une nullité relative, mais d'une
nullité absolue ; il est inexistant et, comme tel, ne peut
donner naissance à aucune obligation civile.

C. — Généralité du principe. — Le principe de l'obligation de la déclaration à l'autorité et de l'enregistrement
sur les registres du gouvernement, à peine de nullité,
s'appliquent à *tous* les actes et contrats entre indigènes
(**Arrêté du 10 décembre 1904**). *Il s'applique aux conventions
de nature commerciale* (**CT. 2 août 1906**). — *(Mais voir ce
qui est dit ci-après).* — L'enregistrement même des simples
reçus contenant obligation est obligatoire (**CT. 27 août 1908**).
L'annulation par remboursement des actes d'emprunt est
obligatoire, également (**CT. 11 juin 1908**).

D. — Exceptions au principe. — Les exceptions admises
par la loi au principe de l'obligation de la déclaration et
d'enregistrement des actes et contrats sont aujourd'hui
énoncées dans l'article 138 de l'arrêté du 8 septembre 1909 :
« Les prêts familiaux, les testaments *(V. le titre :* **Des**
« **testaments**), les actes au comptant, les actes passés par

« des commerçants patentés entre eux ou avec des parti-
« culiers, sous réserve pour les commerçants de tenir les
« livres prescrits par la loi, sont susceptibles d'engendrer
« des obligations civiles en dehors de cette formalité ».

La jurisprudence admet, d'autre part, quelques exceptions : 1° si le défaut d'enregistrement provient des
agissements dolosifs de l'une des parties, l'acte peut être
déclaré valable (**CT.** (**civil ordinaire**) **11 juillet 1900**) ; 2° si
l'acte est reconnu *en justice ou devant un fonctionnaire
compétent* pour l'enregistrer, il peut aussi être validé.
Mais cette reconnaissance ne peut préjudicier aux droits
des tiers (**CT. 9 avril 1903**). De plus, cette reconnaissance
doit être formelle et ne doit pas donner lieu à discussion
(**CT. 31 octobre 1907**).

E. — **Aucune enquête ne peut être faite pour suppléer au
défaut de déclaration et d'enregistrement.** — Ce principe,
reconnu par la jurisprudence, est aujourd'hui énoncé dans
l'article 69 de l'arrêté du 8 septembre 1909 : « Aucune
« enquête ne peut avoir lieu en violation des arrêtés rela-
« tifs à l'obligation de l'enregistrement des actes sur les
« registres des gouverneurs ».

F. — **Force probante de l'acte déclaré et enregistré.** —
L'acte régulièrement déclaré et enregistré a une valeur
authentique, il ne peut pas être combattu par une simple
enquête (**CT. 28 décembre 1899**) ; il ne peut l'être que par
l'inscription de faux (**Art. 78 de l'arrêté du 8 septembre
1909**).

G. — **De la déclaration et de l'enregistrement.** — **Du fonctionnaire compétent.** — La déclaration doit être faite par
les parties assistées de leurs témoins. Le nombre de ces
témoins diffère suivant la nature de l'acte (**Circ. du
20 juillet 1897**). Le contrat doit être reçu et inscrit tel qu'il
est libellé, si les contractants présentent un projet écrit, ou
bien tel qu'il est formulé par eux verbalement (**Instructions
aux gouverneurs.** — **Circ. du 20 juillet 1897**). Si l'accord
des parties n'est pas complet, la déclaration ne doit pas
être reçue (**Art. 1ᵉʳ et suiv. des Instructions aux gouverneurs**).

L'officier public compétent pour recevoir et inscrire la
déclaration est le gouverneur (**Arrêtés des** 15 juin et

31 décembre 1904) (1) de la circonscription des contractants ; toutefois, les contrats concernant les propriétés
sont enregistrés dans les circonscriptions où sont situés les
biens. S'il arrive qu'un gouverneur a à enregistrer des
contrats relatifs à des biens situés dans une autre circonscription, il doit d'abord demander au gouverneur de cette
circonscription si les biens sont libres et, après rédaction,
s'il y a lieu, du contrat, en envoyer une copie à son
collègue de la circonscription où sont situés les biens qui
doit l'inscrire sur son registre (**Circ. 20 juillet 1897. —
Arrêté du 10 décembre 1904**).

Un notaire français n'a pas qualité pour recevoir un
contrat entre indigènes : un contrat passé entre indigènes
devant un notaire français n'est valable que si les parties
le soumettent à la formalité de la déclaration et de l'enregistrement devant le gouverneur (**CT. 9 avril 1903**).

L'acte reçu et inscrit doit être signé par les parties et les
témoins, si du moins ils sont lettrés ; à défaut, mention
doit être mise *dans l'acte* qu'ils sont illettrés (**CT. 14
novembre 1907**). Si une partie est illettrée, deux témoins
doivent signer à sa place (**Arrêté du 10 décembre 1904**).

H. — Copie d'actes. — Les gouverneurs, officiers publics
appelés à recevoir les actes et à les enregistrer, ont seuls
capacité pour en délivrer des copies (**CT. 9 avril 1908**).

I. — Droits fiscaux. — Les droits fiscaux applicables aux
actes et contrats soumis à la formalité de la déclaration et
de l'enregistrement sont fixés par l'arrêté du 10 décembre
1904. — Dans le cas de reconnaissance en justice d'un acte
non déclaré, l'enregistrement doit être ordonné et il doit
être précisé que l'effet du jugement donnant acte de la
reconnaissance est subordonné à l'enregistrement et au
paiement des droits (**CT. 9 avril 1903**). — L'arrêté du
10 décembre 1904 fixe également les droits de copie.

**J. — Régime applicable aux actes passés antérieurement
à l'occupation française.** — Ces actes ne sont pas considérés
comme absolument sans valeur uniquement parce qu'ils
n'ont pas été déclarés et enregistrés : il est certain qu'antérieurement à 1895, la formalité de la déclaration et de

---

(1) Pour Tananarive, *V.* l'arrêté du 15 décembre 1900.

l'enregistrement était le plus souvent négligée ; la validité des actes passés à cette époque peut être admise si d'autres preuves, telles que des témoignages, établissent leur sincérité.

La valeur probante des actes enregistrés à cette même époque est, d'autre part, toute relative (*V. le répertoire de la jurisprudence, IVᵉ Partie, au mot :* Enregistrement des actes relatifs aux biens).

La formalité de la déclaration et de l'enregistrement ne saurait être exigée également, du moins rigoureusement, pour les actes et contrats passés en dehors de l'Imerina antérieurement à l'arrêté du 10 décembre 1904.

Section IV

Des oppositions à la déclaration et à l'enregistrement des actes et contrats immobiliers

A. — Dans la législation malgache, les diverses mutations subies par un immeuble sans aucune protestation de qui que ce soit peuvent entraîner la déchéance de toutes personnes pouvant invoquer des droits sur cet immeuble, ou faire présumer qu'elles ont renoncé à leurs droits. Mais il est essentiel que ces mutations soient faites *régulièrement*, c'est-à-dire avec toutes les conditions de publicité voulues lors de la déclaration et de l'enregistrement, et que, même régulièrement faites, *aucun élément de violence, de dol et d'erreur n'ait vicié la sincérité de l'acte.* — Le principe de la législation malgache s'applique, ces réserves faites, même au cas où des droits réels existent sur l'immeuble et ont été régulièrement inscrits : *les droits réels n'ont pas de droit de suite et ne se conservent pas vis-à-vis des tiers par la seule inscription* (**CT.** (civil ordinaire) 7 décembre 1904, 17 mai 1905. — **CT.** 18 juin 1908). — Un immeuble sur lequel existe un droit réel, tel qu'un gage immobilier ou une hypothèque, et en quelque sorte *immobilisé* entre les mains du créancier : c'est presque sa chose ; mais il a pour devoir de ne pas la perdre de vue : s'il néglige ces prescriptions, s'il laisse son débiteur aliéner son gage ou tout au moins le grever d'autres droits réels, ce qui, à vrai dire, est absolument inusité dans ce cas, la loi malgache le déclare déchu dans les garanties par lui prises et ne donne jamais la préférence qu'au créancier *qui réclame le premier à l'autorité* (**Art. 241 du Code de 1881**). — On comprend dès lors l'importance de l'utilité des oppositions à la déclaration et à l'enregistrement des actes et contrats immobiliers ; l'acte d'opposition peut être nécessaire et indispensable, même lorsqu'un droit réel est inscrit sur l'immeuble ; à plus forte raison, cet acte est-il indispensable lorsque l'immeuble se trouve purement et simplement affecté sans aucune spécialité au paiement d'une dette, en vertu d'un jugement de condamnation par exemple, et par application du principe général « que tous les biens d'un débiteur sont le gage de ses créanciers ».

B. — **L'opposition est faite comme il est prescrit aux articles 5 et 59 des Instructions aux gouverneurs** (*V. IIIᵉ Partie*). — L'opposant doit faire valider son opposition par le tribunal ; le tribunal compétent est le tribunal du 1ᵉʳ degré ou du 2ᵉ degré suivant la valeur donnée par l'opposant aux biens sur lesquels il fait opposition (V. le **Décret du 9 mai 1909**) ; si l'opposant néglige de faire valider son opposition, celui contre lequel l'opposition est faite a le droit d'en demander mainlevée en justice. — Sur la production du jugement ordonnant la mainlevée de l'opposition, le gouverneur fait la radiation.

C. — **L'opposition régulièrement faite a pour effet, tant qu'elle n'a pas été radiée par autorité de justice, d'interdire tout acte d'aliénation directe ou indirecte.** — C'est ainsi qu'une vente faite par un indigène à un Européen d'une propriété sur laquelle une opposition avait été **faite a été** déclarée nulle et inexistante à l'égard du créancier opposant (**CT.** (civil ordinaire) **26 août 1908**).

Section V

Des effets des contrats

I. — **En droit malgache, comme en droit français, les contrats légalement formés tiennent lieu de lois à ceux qui les ont faits et aux juges qui sont chargés de les appliquer (CT. 3 novembre 1902, 9 juin 1904).** — Ils ne peuvent être révoqués que de leur consentement mutuel ou pour les causes que la loi autorise ; ils doivent être exécutés de bonne foi; ils obligent, non seulement à ce qui y est exprimé, mais à toutes les suites que l'usage, l'équité ou la loi donnent à l'obligation d'après sa nature.

II. — **Le débiteur de l'obligation de donner doit, si la tradition n'a pas lieu immédiatement, conserver la chose jusqu'à sa livraison et en prendre soin; il doit la livrer à l'époque convenue.**

III. — **Les risques sont à la charge du créancier.** — Il importe, au sujet des risques, de noter la disposition de l'article 96 du Code de 1881 : « Si ceux qui passent un contrat « de location pour une maison ne font pas des stipulations « précises à ce sujet et que le feu prenne à la maison, le « locataire doit continuer à payer les loyers jusqu'à expi- « ration du contrat ». Il est vrai que dans la législation malgache, la responsabilité de l'habitant de la maison où le feu prend naissance paraît toujours engagée, qu'il y ait eu imprudence ou non de sa part (**Art. 129 du Code de 1881**). — Ce principe rigoureux a, peut-être, dicté la disposition de l'article 96.

IV. — **Le transfert de la propriété d'un bien immeuble, tant vis-à-vis des parties que vis-à-vis des tiers, s'opère par le seul fait du consentement, mais du consentement régulièrement donné, c'est-à-dire régulièrement reçu et enregistré par le fonctionnaire compétent.** — Cette règle s'applique à l'égard des tiers, même au cas d'une reconnaissance en justice d'un acte non enregistré; la reconnaissance ne peut produire d'effet vis-à-vis d'eux que du jour de son enregistrement sur les livres du gouvernement. Suivant les principes de la législation malgache, une vente publique d'immeubles faite avec les formes requises, en vertu d'un jugement rendu par un tribunal, rend l'adjudicataire propriétaire *erga omnes*, si du moins aucune opposition régulière n'a été formée (**CT. (civil ordinaire) 13 août 1908**).

V. — **Le transfert de la propriété d'un bien meuble, tant vis-à-vis des parties que vis-à-vis des tiers, s'opère également par l'effet du consentement régulièrement donné.** — La seule possession de la chose ne peut opérer ce transfert ni même faire obstacle à la revendication d'un tiers : on a déjà observé que la règle « en fait de meubles possession vaut titre » n'existe pas en droit malgache et que le premier acheteur régulier d'une chose peut toujours, en vertu du principe de l'Arakaraka, la revendiquer à l'encontre d'un deuxième acheteur, ce dernier l'eût-il en sa possession (**CT. 17 mars 1904**).

VI. — En ce qui concerne les cessions de créances, la coutume malgache, conforme sur ce point aux règles du droit français, n'admet la validité du transport à un tiers que si le débiteur cédé a été averti, sous une forme quelconque, du transport ou l'a accepté (**CT. 21 septembre 1898**).

Section VI

Des dommages-intérêts résultant de l'inexécution des contrats

I. — On doit poser en principe que le créancier, créancier en vertu d'un contrat régulier, soit d'une obligation de donner, soit d'une obligation de faire ou de ne pas faire, a toujours le droit d'exiger l'exécution de l'obligation. — La justice doit, au besoin, lui prêter main-forte à ces fins.— Mais cette exécution est parfois impossible si le débiteur s'y refuse. Comment, par exemple, obliger un débiteur *à faire* ou *à ne pas faire ?* En ce qui concerne l'obligation de faire, le créancier lui-même ou un tiers peuvent être chargés par décision judiciaire de faire, aux lieu et place du débiteur et à ses frais, ce qu'il avait convenu de faire : c'est un moyen détourné d'arriver à l'exécution de l'obligation ; mais l'emploi de ce moyen n'est pas toujours possible : de même en ce qui concerne l'obligation de ne pas faire, le créancier peut obtenir que ce qui a été fait en contravention de l'obligation sera détruit : mais cette solution ne résout pas toutes les difficultés. — On est donc amené fatalement à trouver une *compensation* pour le créancier qui ne peut obtenir l'exécution de son contrat : cette compensation consiste dans l'allocation d'une somme à titre de *dommages-intérêts.* — Ces dommages-intérêts sont dits *compensatoires* lorsqu'ils s'appliquent à un cas d'inexécution totale ou partielle de l'obligation ; ils sont dits *moratoires* lorsqu'ils s'appliquent à un cas de simple retard dans l'exécution de l'obligation.

II. — La Cour de Tananarive a, dans deux arrêts (12 octobre et 30 novembre 1899) déclaré que les dommages-intérêts « n'existaient pas dans la législation malgache ». — Cette opinion apparaît très discutable : si on se reporte au Code de 1828, qui est la reproduction écrite la plus fidèle des lois d'Andrianampoinimerina, on constate qu'il y est souvent question de *Taha*, c'est-à-dire de compensation pécuniaire, en cas de délit ou de quasi-délit. — Mais, d'ailleurs, la jurisprudence ci-dessus rapportée serait-elle exacte et conforme à la loi indigène, qu'elle devrait sans hésitation être modifiée. La loi doit se conformer aux besoins généraux d'un peuple : il est certain qu'anciennement la vie économique des Malgaches était peu inteuse et se contentait, dans le règlement des rapports entre particuliers, de règles simples et patriarcales ; il ne saurait en être de même aujourd'hui et il serait excessivement préjudiciable aux relations sociales, de plus en plus actives, de ne pas introduire dans la législation indigène, si toutefois ils n'y existent pas déjà, les dommages-intérêts qui, dans certains cas, sont la seule sanction des contrats régulièrement intervenus. — Au surplus, la Cour de Tananarive est elle-même entrée dans cette voie : dans divers arrêts, elle a admis le principe des dommages-intérêts, du moins en cas de délit ou de quasi-délit *(V. notamment* arrêt du 20 décembre 1906).

III. — Le principe des dommages-intérêts en cas d'inexécution totale ou partielle de l'obligation dérivant d'un contrat étant admis, des dommages-intérêts ne doivent être alloués : 1° que si l'inexécution a causé un préjudice au créancier : sans préjudice, pas d'action ; 2° que si l'inexécution est imputable au débiteur : il est bien certain que le débiteur ne peut être responsable si un cas de *force majeure* l'a mis dans l'impossibilité absolue d'exécuter l'obligation ; 3° que si le débiteur a été sommé d'exécuter l'obligation : cette sommation peut, entre indigènes, résulter d'une lettre adressée par le créancier à son débiteur.

IV. — Les dommages-intérêts alloués au créancier doivent être, en général, de la perte qu'il a faite et du gain dont il a été privé. — Mais il y a lieu d'admettre les limitations contenues dans le droit français : 1° le débiteur n'est tenu que des dommages-intérêts qui ont été prévus

ou qu'on a pu prévoir lors du contrat, lorsque ce n'est
point par son dol, c'est-à-dire par sa mauvaise foi, que
l'obligation n'est point exécutée ; 2° dans le cas même où
l'inexécution de la convention résulte du dol du débiteur,
les dommages-intérêts ne doivent comprendre, à l'égard
de la perte éprouvée par le créancier et du gain dont il a
été privé, *que ce qui est une suite immédiate et directe de*
l'inexécution de l'obligation. C'est-à-dire qu'on ne doit
comprendre dans les dommages-intérêts dont le débiteur
est tenu que ceux qui sont une suite directe, inévitable, du
défaut d'exécution de l'obligation et non pas ceux qui n'en
sont qu'une suite indirecte et éloignée.

Si les contractants fixent à l'avance dans le contrat par
clause pénale le montant des dommages-intérêts qui pourront être dus à raison de l'inexécution de la convention
ou à raison du retard dans l'exécution, cette stipulation
fait loi et le juge ne peut allouer ni une somme plus forte,
ni une somme moindre (**CT. 20 octobre 1898**).

V. — **Dans les obligations qui ont pour objet une somme**
d'argent, les dommages-intérêts sont ceux fixés par l'arti-
cle 243 du Code de 1881 : « Si, pour le recouvrement d'une
« créance, une personne est obligée de recourir à l'inter-
« vention de l'autorité, le capital à restituer, s'il ne
« rapportait pas d'intérêts, augmentera de la moitié de sa
« valeur ; si, au contraire, il avait été placé à intérêts, le
« capital sera doublé, et il ne sera tenu aucun compte des
« intérêts gros et petits ; quant aux intérêts qui auront été
« versés au propriétaire du capital avant le dépôt de la
« plainte, ce dernier n'aura pas à les restituer ». Dans ce
cas, la loi fixe impérativement les dommages-intérêts à
allouer et leur montant : le créancier n'a d'ailleurs à établir
aucun préjudice et une mise en demeure est inutile.

SECTION VII

De l'interprétation des contrats

On ne peut que rappeler ici les règles du droit français
d'après lesquelles :

1° On doit, dans les conventions, rechercher quelle a
été la commune intention des parties contractantes plutôt
que de s'arrêter au sens littéral des termes;

2° Lorsqu'une clause est susceptible de deux sens, on doit plutôt l'entendre dans celui avec lequel elle peut avoir quelque effet que dans le sens avec lequel elle n'en pourrait produire aucun ;

3° Les termes susceptibles de deux sens doivent être pris dans le sens qui convient le mieux à la matière du contrat ;

4° Ce qui est ambigu s'interprète par ce qui est d'usage dans le pays où le contrat est passé ;

5° On doit suppléer dans le contrat les clauses qui y sont d'usage, quoiqu'elles n'y soient pas exprimées ;

6° Toutes les clauses des conventions s'interprètent les unes par les autres, en donnant à chacune le sens qui résulte de l'acte entier ;

7° Dans le doute, la convention s'interprète contre celui qui a stipulé et en faveur de celui qui a contracté l'obligation ;

8° Les juges du fond sont souverains appréciateurs du sens des clauses obscures d'une convention ; mais leur pouvoir ne va pas jusqu'à dénaturer, sous prétexte d'interprétation, la convention dont le sens est clair.

Section VIII

Des diverses espèces d'obligations dérivant des contrats

On peut distinguer les *obligations conditionnelles, à terme, alternatives* et *solidaires.*

L'*obligation conditionnelle* est celle qui dépend d'une condition. La condition est un événement futur et incertain auquel on subordonne l'existence ou la résolution d'une obligation. On doit admettre que la *condition résolutoire,* c'est-à-dire celle qui a pour effet d'opérer la révocation de l'obligation et qui remet les choses au même état que si l'obligation n'avait pas existé, est sous-entendue pour tout contrat synallagmatique pour le cas où l'une des deux parties ne satisferait point à son engagement. — Mais la résolution doit être demandée en justice ; elle n'a pas lieu de plein droit.

L'*obligation à terme* est celle dans laquelle un espace de temps est accordé au débiteur pour s'acquitter de son obligation. Celui qui a un terme est bien débiteur, mais il ne eut pas être forcé de payer avant l'échéance du terme. Le terme est, en général, stipulé en faveur du débiteur seul et il peut renoncer au bénéfice du terme et forcer le créancier à recevoir avant l'échéance : l'article 18 des Instructions aux gouverneurs dit : « Pour un prêt « d'argent dont l'échéance ne sera pas encore arrivée à « terme, si l'emprunteur veut s'en libérer et qu'il vienne « chez vous pour le faire, vous aurez à convoquer le « préteur ou son représentant pour recevoir l'argent sans « attendre que le délai soit échu ; quant aux intérêts, il « y aura lieu de les calculer à raison des jours écoulés ».— Le débiteur est déchu du bénéfice du terme, lorsqu'il a fait faillite ou lorsque, par son fait, il a diminué les sûretés qu'il avait données par le contrat à son créancier.

L'*obligation alternative* est celle qui comprend deux choses ou deux prestations sous une alternative, de sorte que le débiteur n'est tenu d'effectuer que l'une d'elles.

L'*obligation solidaire* entre plusieurs créanciers est celle qui donne à chacun d'eux le droit de demander le paiement du total de la créance et dont le paiement ainsi fait à l'un des créanciers libère le débiteur. L'obligation solidaire entre créanciers parait absolument sans application en droit malgache. L'obligation solidaire entre plusieurs débiteurs est celle qui a pour effet de rendre les débiteurs obligés à une même chose, de manière que chacun peut être contraint pour la totalité et que le paiement fait par un seul libère les autres envers le créancier. — La solidarité entre débiteurs ne se présume point : elle doit être expressément stipulée, la clause *omby sisa mita* est l'expression malgache ordinaire de l'obligation avec solidarité ; mais cette expression n'est pas sacramentelle ; elle peut être remplacée par une expression équivalente, pourvu que la solidarité soit clairement énoncée (CT. 18 juin 1903, 9 juin 1904, 27 décembre 1906).

Section IX

De l'extinction des obligations dérivant des contrats

(*Paiement. — Novation. — Remise de la dette. — Compensation. — Confusion. — Perte de la chose due. — Prescription*).

A. — Le mode le plus ordinaire d'extinction des obligation est le *paiement,* mot qui doit être entendu dans un sens général et qui comprend toute prestation de ce qui est dû en vertu du contrat. Le vendeur paie en livrant la chose vendue, l'acheteur en comptant le prix, le débiteur en restituant la somme prêtée, etc. — Le paiement peut être fait par le débiteur comme par toute autre personne ; le créancier n'a pas le droit de refuser un paiement qui lui est offert par une autre personne que le débiteur. — Le paiement doit être fait au créancier ou à son représentant (**V.** en ce qui concerne le paiement d'une somme d'argent, **l'art. 18 des Instructions aux gouverneurs**). — Quand aucun terme n'a été fixé pour le paiement par la convention des parties, il peut être exigé de suite. — En ce qui concerne le lieu du paiement, il faut avant tout se référer à la convention des parties. Dans le cas de paiement d'une somme empruntée, l'article 22 des Instructions aux gouverneurs énonce « que le paiement doit être fait au gouverneur « de l'endroit de l'enregistrement ». — Les frais du paiement sont à la charge du débiteur.

Le *paiement avec subrogation* n'est pas inconnu de la législation malgache : il a lieu lorsqu'une dette est payée par un tiers ou avec des deniers par lui fournis ; au moyen de la subrogation, le tiers est mis aux lieu et place du créancier et profite de toutes les garanties qu'il avait pour obtenir son remboursement.

B. — La *novation* est la substitution d'une nouvelle dette à l'ancienne. L'ancienne obligation est éteinte et est remplacée par une obligation nouvelle. Ce mode de paiement, car c'est un mode de paiement, est admis également dans ses principes essentiels par la législation malgache ; du moins rien ne s'oppose à ce qu'il soit pratiqué.

C. — La *remise de la dette* est la renonciation gratuite de sa créance faite par un créancier en faveur de son débiteur. C'est une sorte de donation.

D. — La *compensation* s'opère lorsque deux personnes sont débitrices l'une envers l'autre. Je vous dois 10.000 francs et vous me devez pareille somme : les deux dettes s'annulent réciproquement, l'une paiera l'autre. — Les deux dettes à compenser doivent être liquides et exigibles.

E. — La *confusion* résulte du concours dans le même

sujet des deux qualités incompatibles de créancier et de débiteur de la même obligation : ce cas se produit, par exemple, lorsque le débiteur devient l'héritier du créancier.

F. — La *perte de la chose due sans la faute du débiteur* éteint également l'obligation. Ainsi l'arrêté du 26 septembre 1896, qui a aboli l'esclavage à Madagascar, a rendu sans efficacité toutes les obligations relatives à des esclaves. (**CT. 10 juin et 6 novembre 1897**). Le débiteur doit prouver que la chose a été perdue sans sa faute, *par cas fortuit.*

G. — La *prescription* n'existe pas en droit malgache et ne peut être considérée, en aucun cas, comme une cause d'extinction des obligations (**CT. 25 août 1898, 19 août 1909**). — L'article 223 du Code de 1881 n'édicte-t-il pas toutefois une sorte de *prescription extinctive ?*

Section X

Des principaux contrats usités en droit malgache et de leurs spécialités

Vente. — Fehivava. — Louage des immeubles. — Société. — Prêts d'argent (Taux de l'intérêt. — Prêts avec gage). — Du jeu et du pari. — Des privilèges et des hypothèques.

Tous les contrats exigent pour leur validité les conditions générales qui ont été énumérées aux sections II et III. — Certains contrats présentent certains caractères, certaines modalités qu'il est utile de mentionner.

§ I. — De la vente

A. — **Déclaration et enregistrement de l'acte.** — La déclaration et l'enregistrement de l'acte doivent être faits chez le gouverneur du lieu de la situation des biens, s'il s'agit de biens immeubles (**Arrêté du 10 décembre 1904**).

B. — **Nombre des témoins à l'acte.** — Par suite de l'absence encore fréquente de titres de propriété et de l'état d'indivision où restent fréquemment les successions malgaches, les ventes d'immeubles ont toujours été l'objet de précautions spéciales. Elles se font généralement devant de nombreux témoins dont la présence assure la constatation des conventions et garantit ainsi, en quelque sorte, les droits de la partie qui aliène. Il y a lieu de conserver cette coutume et, indépendamment des deux témoins habituels, ces contrats doivent être passés en présence d'au moins deux des membres du fokonolona de la localité où sont situés les biens (Circ. du 20 juillet 1897).

C. — Déchéance résultant de ce qu'un tiers a été présent à un acte de vente. — « Si on vend une terre, soit rizière, « soit marais, soit coteau, soit vallée, et que, témoin de « la vente, vous ne formuliez en présence de l'acheteur « aucune réserve ni revendication, mais qu'ayant attendu « la mort du vendeur et celle de l'acheteur, vous veniez « dire : «Cette terre était ma propriété », vous serez débouté « de vos revendications parce que, avant de les émettre, « vous aurez attendu la disparition des seuls témoins « capables de vous réfuter » (Art. 225 du Code de 1881. — **CT. 13 juillet 1899**). Il apparaît que, dans ce cas, toute revendication, même invoquant l'erreur, la violence ou le dol, doit être déclarée irrecevable (**CT. 17 juillet 1897**).

D. — De la clause « le vendeur s'engage, en cas de récla- « mation par des tiers sur la propriété vendue, à payer à « l'acheteur le prix de la vente augmenté de la plus-value « acquise par cette propriété ». — En vertu de cette clause, il y a lieu, en cas d'éviction de l'acheteur par arrêt de justice ou autrement, de condamner le vendeur à payer à l'acheteur une somme égale au prix d'achat augmenté de la plus-value acquise depuis le jour de la vente (**CT. 5 octobre 1899**).

E. — De la vente des lambamena qui ne sont pas tramés en landy. — « Si vous vendez des lambamena et que vous « le disiez de landy, alors qu'ils n'en sont pas, et qu'étant « tramés avec une autre matière, vous les prétendiez « entièrement en landy, vous devrez restituer son argent « à l'acheteur » (Art. 133 du Code de 1881).

F. — De la vente d'un bien indivis. — Tout copropriétaire d'un bien indivis peut vendre sa part sans le consentement des autres copropriétaires : une opinion contraire est énoncée dans un arrêt de la Cour de Tananarive en date du **3 novembre 1898**, mais elle paraît erronée : il est d'usage constant de vendre des parts de propriétés en état d'indivision. — L'acquéreur peut-il obliger au partage les copropriétaires ? Oui, mais le droit pour lui de faire liciter, si le bien est impartageable en nature, semble très discutable en l'état du moins de la législation malgache.

G. — Des ventes d'immeubles par voie d'adjudication publique. — La vente aux enchères publiques d'un immeuble, en vertu d'un jugement rendu par un tribunal indigène, rend l'adjudicataire propriétaire *erga omnes.* — Une opposition ne peut arrêter les agents d'exécution chargés de procéder à la vente que si l'opposition est régulièrement faite et régulièrement suivie devant l'autorité judiciaire. Une opposition, dans laquelle il est donné assignation pour une date postérieure à la vente, n'a pas ce caractère. (**CT.** (civil ordinaire) *13 août* 1908). — (*V. l'article 64 de l'arrêté du 8 septembre 1909 sur la procédure en matière civile*).

H. — De l'interdiction pour les fonctionnaires indigènes d'acquérir des immeubles ou des troupeaux dans la province où ils sont en service. — (*V. l'arrêté du 9 octobre 1899 au JO. 25 octobre 1899 et la circulaire du 18 janvier 1900 au JO. 3 février 1900*).

§ II. — Du Fehivava

Le contrat à titre onéreux appelé fehivava est un contrat par lequel un cultivateur vend sa terre à un bailleur de fonds à condition de la racheter dans un délai fixé. — C'est moins une vente à réméré qu'une constitution de nantissement immobilier et hypothécaire. — Le prêteur doit être considéré avant tout comme un créancier gagiste. — A défaut de remboursement au terme convenu, il ne devient pas, *à moins de stipulation contraire énoncée expressément dans l'acte*, propriétaire *de plano* du fonds rural : ses droits se bornent à faire vendre selon les règles de la procédure malgache pour être payé, jusqu'à due concurrence, sur le montant du prix. — S'il ne fait pas vendre, il reste par une sorte de tacite reconduction créancier fehivava. — Le créancier fehivava a, sur l'immeuble, un droit de nantissement immobilier et hypothécaire dont l'effet est de lui conférer, d'abord un privilège sur les fruits et revenus de la chose; ensuite un privilège sur le fonds lui-même en cas de vente.

Les articles 244, 245, 246 du Code de 1881 contiennent diverses dispositions relatives au contrat de fehivava.

§ III. — Du louage des immeubles

Le Code de 1881 contient, au sujet du contrat de louage des immeubles, certaines dispositions dont quelques-unes doivent être rappelées :

a) A l'expiration de la durée du contrat, les plantes et les constructions restent attachées au fonds : quant aux choses qui ont été scellées à la maison, il en sera disposé conformément aux stipulations écrites des contractants (art. 87).

b) Si le locataire d'une maison ou d'un fonds fait, dans cette maison ou sur ce fonds, des choses que les lois du gouvernement interdisent d'y faire, il pourra en être chassé, alors même que le délai de son contrat ne sera pas expiré (art. 94).

c) Si ceux qui passent un contrat de location pour une maison ne font pas de stipulations précises à ce sujet et que le feu prenne à la maison, le locataire devra continuer à en payer le loyer jusqu'à expiration du contrat (art. 96).

d) Si ceux qui passent un contrat de location pour une maison ne font pas de stipulations précises à ce sujet et que la maison subisse des détériorations, le propriétaire ne pourra pas mettre le locataire en demeure d'assurer les réparations (art. 97).

e) Lorsqu'il aura été stipulé dans un contrat que le propriétaire de la maison doit faire les réparations et qu'il ne s'y conformera pas, le locataire aura le droit d'y pourvoir lui-même et déduira sur le prix du loyer le montant des dépenses engagées de ce fait (art. 98).

f) Les locataires de maisons qui payent dix piastres de loyer (par mois) et au-dessus ne peuvent quitter ces maisons qu'à la condition d'avertir les propriétaires trois mois à l'avance ; les propriétaires, de leur côté, ne peuvent congédier leurs locataires qu'à la condition de les avertir trois mois à l'avance (art. 99).

§ IV. — Des Sociétés

V. au Répertoire de jurisprudence (IVe Partie), sous le mot : **Sociétés**, *l'arrêt du* 19 **mars** 1898.

§ V. — Du prêt d'argent

A. — Du taux de l'intérêt. — *L'intérêt conventionnel entre Malgaches* est fixé par l'article 161 du Code de 1881 : *il n'est pas libre et ne doit pas dépasser 24 0/0 par an* (**CT. 17 juillet 1897, 12 octobre 1899 et 16 novembre 1899**). A-t-il été dérogé à *la loi* indigène en la matière par l'arrêté du 2 décembre 1898, remplacé par l'arrêté du 25 avril 1906 (*C.* 1321, *CS.* 454), arrêtés qui édictent que : « l'intérêt conventionnel est librement fixé suivant la « volonté des parties » ? Il a été jugé qu'aucun texte n'avait *régulièrement* dérogé aux prescriptions de la règle fixée par l'article 161 (**CT. 12 octobre 1899, 3 novembre 1904**).

L'intérêt légal, quand il y a lieu d'en faire application entre indigènes, doit, à défaut de prescription en la matière de la loi indigène, être celui fixé par l'arrêté du 25 avril 1906, soit le 9 0/0 (**CT. 7 juin 1906, 8 octobre 1908**).

B. — Du prêt d'argent. — (*V. IIe Partie, l'*article 243 du **Code de 1881,** *et I Ve Partie, la jurisprudence rapportée au mot :* **Prêt d'argent.**

C. — Prêt d'argent avec gage immobilier. — Le prêt d'argent avec gage immobilier est régi principalement par les articles 20 et suivants des Instructions aux gouverneurs.

1° Le gage doit être la propriété de l'emprunteur ou, s'il n'est pas sa propriété, celui à qui il appartient doit être présent à l'acte (art. 238 et 239 du Code de 1881 ; art. 19 et suiv. des Instructions aux gouverneurs ; circulaire du 20 juillet 1897). — (**CT. 3 novembre 1898**).

2° La clause *ny tsy ampy ampiana ny tsy omby analana* (le déficit à compléter et le surplus à restituer) est de rigueur : la clause *tsatoka* stipulant que, si la dette n'est pas payée au jour fixé, la garantie reste acquise à titre de remboursement de la dette, *est absolument interdite,* c'est-à-dire que le gage doit être toujours estimé et ne peut devenir la propriété du créancier qu'après cette estimation (art. 20 des Instructions aux gouverneurs).

3° Au moment de l'exigibilité de la dette, si elle n'est pas remboursée, les parties intéressées doivent procéder à une expertise amiable aux fins d'estimer le gage : ce n'est qu'après une tentative d'expertise amiable qu'une demande d'expertise judiciaire peut être formée.

4° La convention de prêt d'argent avec gage immobilier doit être exécutée *par la remise du gage au créancier* s'il n'est pas payé à l'échéance ; mais cette remise ne peut être faite qu'après estimation amiable, et au besoin judiciaire, du gage. — *Le gage ne doit pas être vendu* (CT. 4 juin 1908). Si la valeur du gage est reconnue inférieure au montant de la créance, le créancier s'empare du gage et il reste créancier pour la valeur que le gage n'arrive pas à couvrir. Si la valeur du gage est reconnue supérieure au montant de la créance, le créancier ne s'empare du gage que pour partie correspondant au chiffre de sa dette (CT. 14 octobre 1909).

5° L'article 243 du Code de 1881 n'est pas applicable lorsqu'il s'agit d'un prêt d'argent avec gage : le créancier a pour paiement le gage dont toutefois il ne peut s'emparer qu'après estimation (*V. le Répertoire de jurisprudence, IVᵉ Partie, aux mots :* Gage. Prêts d'argent).

§ VI. — Du jeu et du pari

Il résulte de l'article 237 du Code de 1881 que la loi n'accorde aucune action, contre qui que ce soit, pour une dette de jeu ou le paiement d'un pari.

§ VII. — Des privilèges et hypothèques. De l'ordre entre les créanciers

Des droits de préférence n'existent en droit malgache que dans les conditions et sous les réserves indiquées à la section III. Le droit d'hypothèque ne peut résulter que d'une convention : il ne peut s'exercer utilement que dans les conditions et sous les réserves ci-dessus visées.

L'ordre entre les créanciers est toujours déterminé par le principe énoncé dans l'article 241 du Code de 1881 : « Le « premier créancier qui déposera une réclamation devant « l'autorité aura sa créance prélevée avant toute autre sur « les biens du débiteur ». — Entre plusieurs créanciers, le créancier devant être soldé le premier est celui qui le premier a déposé une réclamation en justice (CT. 13 janvier 1898, 19 décembre 1903). — (*V. à la IIᵉ Partie la jurisprudence rapportée sous l'art. 241*).

CHAPITRE III

Des engagements qui se forment sans conventions

Certaines obligations se forment sans qu'il intervienne aucune convention ; ce sont celles qui résultent : 1º du *quasi-contrat* ; 2º du *délit* ; 3º du *quasi-délit* ; 4º de la *loi*.

A. — Quasi-contrat. — Le quasi-contrat est un fait de l'homme d'où résulte un engagement envers un tiers et quelquefois un engagement réciproque des deux parties. Ainsi le quasi-contrat de *gestion d'affaires*, dans lequel on gère, par exemple, les biens d'une personne absente, fait naître entre les parties des obligations analogues à celles qui résultent d'un contrat de mandat : l'hypothèse de l'application d'un quasi-contrat de gestion d'affaires entre indigènes a été discutée devant la Cour de Tananarive lors d'un arrêt du **31 octobre 1907**. — Une autre forme de quasi-contrat se présente dans *le paiement de l'indû* : j'ai payé par erreur ce que je ne devais pas, celui auquel j'ai payé est tenu de l'obligation de me restituer.

B. — Délit. — Quasi-délit. — Le délit désigne tout fait illicite et dommageable accompli avec l'intention de nuire : ce fait peut être puni par la loi pénale et il constitue alors une *infraction*.

Le quasi-délit consiste dans un fait illicite et dommageable qu'une personne a accompli par sa faute, mais sans intention de nuire.

La règle du droit français que « tout fait quelconque « de l'homme qui cause à autrui un dommage oblige « celui par la faute duquel il est arrivé à le réparer » est inconstestablement applicable, dans son principe, en droit malgache.

La réparation peut-elle se résoudre en dommages-intérêts ? La Cour de Tananarive, après avoir répondu négativement dans deux arrêts des **12 octobre 1899** et **30 novembre 1899**, a admis, il est vrai avec quelques réserves, l'allocation de dommages-intérêts dans un arrêt du **20 décembre 1906**.

Le père et la mère sont-ils responsables du fait dommageable causé par leurs enfants ? Le droit de garde et de

surveillance qu'ont les parents sur leurs enfants, *du moins
sur ceux en bas âge*, semble avoir pour conséquence de les
rendre responsables des faits dommageables qu'ils peuvent
causer.

La responsabilité du propriétaire d'un animal ou de
celui qui s'en sert, pendant qu'il est à son usage, quant au
dommage par lui causé, et de même la resposabilité du
propriétaire d'un bâtiment quant au dommage causé par
sa ruine, doivent être admises en droit malgache : c'est
peut-être une innovation dans la législation, mais cette
innovation s'impose ; un exemple, d'ailleurs, de la responsabilité du propriétaire d'un animal paraît se trouver dans
l'article 130 du Code de 1881.

C. — La loi. — La loi peut créer des obligations. — C'est
en vertu de la loi que les enfants sont tenus de nourrir et
d'entretenir leurs parents (**Art. 110 du Code de 1881**) et
les parents d'entretenir leurs enfants malheureux (**Art. 111
du même Code**). — C'est encore en vertu de la loi que la
femme mariée a droit au fahatelon-tanàna.

CHAPITRE IV

De la contrainte par corps en matière civile

La contrainte par corps en matière civile est aujour-
d'hui réglementée par un arrêté du 8 septembre 1909
(*V. IIIᵉ Partie*).

Iʳᵉ Partie. — Droit pénal

Droit pénal

CHAPITRE PREMIER

Des conditions pour qu'un fait constitue une infraction. —
Des éléments de l'infraction. — De la nécessité de l'existence d'une loi pénale. — De la nécessité de l'exécution
d'un fait (de la tentative). — De la nécessité que le
fait ait été commis avec intelligence et volonté (de
l'âge ; de la majorité pénale ; des mineurs de seize ans ;
de la démence ; de la contrainte). — De la nécessité
que le fait n'ait pas été commis en état de légitime
défense (de la légitime défense).

§ I. — Il faut, pour qu'une action ou une inaction
constitue une infraction, qu'elle ait été défendue ou ordonnée par une loi pénale : « *Nulle contravention, nul délit,*
« *nul crime, ne peuvent être punis de peines qui n'étaient*
« *pas prononcées par la loi avant qu'ils fussent commis* ».
(Art. 4 du Code pénal).

§ II. — L'infraction suppose l'*exécution physique* d'un
fait. La *pensée*, la *résolution*, les *actes préparatoires* d'une
infraction restent impunis : c'est à la *tentative* que com-
mence la criminalité. Ces règles ne sont pas absolument
admises par la législation répressive malgache : il importe
de les y introduire car elles sont commandées par l'équité.

La tentative ne peut résulter que d'un acte d'exécution
et elle n'est pas punissable lorsqu'elle a été suspendue ou
a manqué son effet par des circonstances dépendant de la
volonté de son auteur.

« *Toute tentative de crime qui aura été manifestée par*
« *un commencement d'exécution, si elle n'a été suspendue*

« *ou si elle n'a manqué son effet que par des circonstances*
« *indépendantes de la volonté de son auteur, est consi-*
« *dérée comme le crime même* » (**Art. 2 du Code pénal**).

« *Les tentatives de délits ne sont considérées comme*
« *délits que dans les cas déterminés par une disposition*
« *spéciale de la loi* » (**Art. 3 du Code pénal**).

§ III. — On ne peut être responsable d'une infraction
que si elle a été commise avec *intelligence et volonté*. La
privation de l'intelligence peut provenir de l'âge ou de la
démence ; la privation de la volonté peut provenir d'une
contrainte physique.

De l'âge. — Au-dessous de dix ans, l'article 156 du Code
de 1881 établit une irresponsabilité absolue : « *Les enfants*
« *de dix ans et au-dessous ne sont pas passibles des peines*
« *édictées par le gouvernement, parce qu'ils n'ont pas*
« *encore l'âge de raison* ». — Au-dessus de dix ans et
jusqu'à seize ans, l'article 78 du décret du 9 mai 1909
établit une irresponsabilité relative . « *La majorité pénale*
« *est celle qui est fixée par les lois et les coutumes indi-*
« *gènes. Toutefois, l'individu âgé de moins de seize ans*
« **pourra** *être acquitté comme ayant agi sans discernement*
« *et remis à ses parents ou renvoyé dans une maison de*
« *correction pour une durée qui ne pourra être inférieure*
« *à six mois ni dépasser l'âge de dix-huit ans* ».

L'âge, quelque avancé qu'il soit, ne peut ni effacer ni
diminuer la culpabilité. Mais il y a lieu, quant à l'exécution des peines, d'appliquer en matière répressive indigène les dispositions de la loi du 30 mai 1854 aux termes
de laquelle : « *Les peines des travaux forcés à temps ne*
« *seront prononcées contre aucun individu âgé de soixante*
« *ans accomplis au jour du jugement : elles seront rem-*
« *placées par celle de la réclusion, soit à perpétuité, soit*
« *à temps, selon la durée de la peine qu'elle remplacera.*

Démence. — « *Il n'y a ni crime ni délit lorsque le prévenu*
« *était en état de démence au temps de l'action* » (**Art. 64
du Code pénal**). Ce principe, édicté également dans la loi
indigène (**Art. 258 du Code de 1881**), doit s'appliquer à
toute infraction.

Contrainte. — « *Il n'y a ni crime ni délit lorsque le*
« *prévenu était en état de démence au temps de l'action ou*
« *lorsqu'il a été contraint par une force à laquelle il n'a*
« *pu résister* » (**Art. 64 du Code** pénal). — La contrainte

peut être physique ou morale. — On trouve un exemple de contrainte physique dans l'article 33 *in fine* du Code de 1881.

§ IV. — Un fait, bien que puni par une loi pénale, bien que commis avec intelligence et volonté, peut ne pas constituer une infraction, s'il a été commis **en état de légitime défense** : « *Il n'y a ni crime ni délit lorsque l'homi-* « *cide, les blessures et les coups étaient commandés par la* « *nécessité actuelle de la légitime défense de soi-même ou* « *d'autrui* » (**Art. 328 du Code pénal**). — « *Si des individus* « *mal intentionnés vous attaquent, vous barrent le chemin* « *ou s'introduisent chez vous par effraction et que vous* « *vous défendiez contre l'agresseur, vous ne serez pas en* « *faute, alors même que vous l'auriez frappé* » (**Art. 149 du Code de 1881**).

Il importe de rappeler également les termes de l'article 327 du Code pénal : « *Il n'y a ni crime ni délit lorsque* « *l'homicide, les blessures et les coups étaient ordonnés* « *par la loi et commandés par l'autorité légitime* ».

CHAPITRE II
Des contraventions, des délits, des crimes

« *La distinction entre les délits et les crimes est faite* « *d'après la loi française* » (**Art. 56 du décret du 9 mai 1909**).

« *Les tribunaux répressifs ne connaissent pas des faits* « *qui, quoique punis par la loi malgache d'amende ou* « *d'emprisonnement, n'ont que le caractère d'une inexé-* « *cution d'obligation civile* » (**Art. 58 du décret du 9 mai 1909**).

§ I. — L'infraction que les lois punissent des peines de police est une *contravention*. L'infraction que les lois punissent des peines correctionnelles est un *délit*. L'infraction que les lois punissent d'une peine criminelle est un *crime* (**Art. 1ᵉʳ du Code pénal**).

Les infractions prennent leur qualification dans la peine qui leur est *légalement* applicable et non dans celle qui leur est *judiciairement* appliquée. Ainsi, Ratsitokana est poursuivi devant le tribunal du 1ᵉʳ degré pour coups et blessures volontaires, fait qui est un délit puisqu'il est puni d'une peine correctionnelle (**Art. 309 et suiv.** du **Code pénal**) ; mais, le tribunal, par application de l'article 463 du Code pénal, ne le condamne qu'à une peine de simple police : Ratsitokana n'en est pas moins condamné pour délit, car s'il n'est puni que d'une peine de simple police, ce n'est pas en vertu d'une appréciation *légale*, mais d'une appréciation *judiciaire*. Il en serait autrement si Ratsitokana, poursuivi pour coups et blessures, avait été condamné à une peine de simple police parce qu'il avait été reconnu qu'il n'était coupable que d'une contravention de violences légères punie par le Code de Brumaire ; dans ce cas, en effet, il n'était punissable **légalement** que d'une peine de simple police.

Contraventions. — Les contraventions sont les infractions punies, au plus, soit de 15 francs d'amende, soit de cinq jours d'emprisonnement. Ce sont des infractions non intentionnelles qui existent et sont punissables en l'absence de toute *intention coupable*.

Délits. — Les délits sont les infractions punies, au plus, de cinq ans d'emprisonnement, quel que soit le chiffre de l'amende. Les délits sont des infractions *intentionnelles ;* toutefois, il est des hypothèses où l'infraction non intentionnelle est punie de peines dépassant les peines de simple police ; exemple : l'homicide involontaire (**Art. 319** du **Code pénal**) ; l'incendie involontaire (**Art. 458 du Code pénal**) ; le défaut de déclaration de naissance, de décès (**Art. 108 et 109 du Code de 1881**), etc.

Crimes. — Les crimes sont les infractions punies de la peine de mort, des travaux forcés à perpétuité, des travaux forcés à temps et de la réclusion.

Les crimes sont des infractions toujours intentionnelles.

§ II. — La loi ne considère pas comme constituant des infractions pénales proprement dites les faits qui, quoique punis par la loi malgache d'amende ou d'emprisonnement, n'ont que le caractère d'une inexécution d'obligation civile. Ces faits ne sont pas soumis à la juridiction répressive, ils restent de la compétence de la juridiction civile. C'est ainsi que les amendes prévues à l'article 56 du Code de 1881 en cas de répudiation de la femme par le mari et de divorce par consentement mutuel, ou par l'article 58 en cas d'adultère, doivent être prononcées par la juridiction civile (id. en ce qui concerne les dispositions des articles 213, 214, 218, 219, 223, 225, 236, 238, etc., du Code de 1881). Ces dispositions ne doivent, au surplus, être appliquées que soit sur la demande d'une partie et au cours d'une instance ayant le caractère d'instance civile, soit à l'occasion de faits révélés au cours d'une instance de cette nature.

CHAPITRE III

Des peines. — Classification des peines (peines de police ; peines correctionnelles ; peines criminelles ; peines supprimées). — De l'application des peines (circonstances aggravantes ; circonstances atténuantes ; causes d'excuse ; de la complicité ; du non-cumul des peines). — De l'exécution des peines. — Des restitutions. — Des frais de justice. — De la contrainte par corps. — De l'extinction des peines (décès du condamné ; de la grâce ; de l'amnistie ; de la réhabilitation ; de la libération conditionnelle ; de la loi de sursis). — De la non-prescription des peines.

----

§ Iᵉʳ. — De la classification des peines (*Peines de simple police applicables aux contraventions. — Peines correctionnelles applicables aux délits. — Peines criminelles applicables aux crimes*).

« *La distinction entre les délits et les crimes est faite* « *d'après la loi française* » (**Art. 56** du décret du **9 mai 1909**).

« *A la peine des fers prévue par les lois et les coutumes* « *indigènes est substituée la peine d'emprisonnement si la* « *condamnation est inférieure ou égale à cinq ans, la peine* « *des travaux forcés si la condamnation est de plus de dix* « *ans* (**Art. 110** du décret du **9 mai 1909**).

« *Les condamnations au paiement d'un certain nombre de* « *bœufs prévues par la loi indigène sont supprimées ; il leur* « *est substitué une amende de même valeur ; le prix des* « *bœufs sera, à cet effet, fixé pour chaque province par arrêté* « *du Gouverneur Général* (**Art. 111** du décret du **9 mai 1909**).

« *La valeur à donner au bœuf, en vue du remplacement par*

« *l'amende des condamnations au paiement d'un certain*
« *nombre de bœufs prévues par la loi indigène, est fixée dans*
« *toute la Colonie à 30 francs* » (**Arrêté du 8 septembre
1909**).

Il a été déjà exposé que l'infraction que les lois punissent
des peines de police est une contravention ; que l'infraction punie des peines correctionnelles est un délit ; que
celle punie des peines criminelles est un crime (**Art. 1er du
Code pénal**).

Peines de simple police. — Ce sont les peines qui ne
dépassent pas cinq jours d'emprisonnement ou 15 francs
d'amende.

Peines correctionnelles. — Ce sont les peines au-dessus
de cinq jours d'emprisonnement et qui ne dépassent pas
cinq ans d'emprisonnement ou les peines de plus de 15
francs d'amende.

Peines criminelles. — Les peines criminelles sont la
peine de mort, des travaux forcés à perpétuité, des travaux
forcés à temps (cinq ans à vingt ans) et de la réclusion
(cinq à dix ans).

De la peine des fers. — La peine des fers, souvent édictée dans le Code de 1881, est supprimée et remplacée par
l'emprisonnement, la réclusion, les travaux forcés à temps
ou les travaux forcés à perpétuité (**Art. 110 du décret du
9 mai 1909**).

**De la condamnation au paiement d'un certain nombre
de bœufs.** — Cette peine, également souvent prévue dans
le Code de 1881, est supprimée et remplacée par une
amende (**Art. 111 du décret du 9 mai 1909. — Arrêté du
8 septembre 1909**).

De la confiscation des biens. — Cette peine accessoire,
prévue dans de nombreux cas dans le Code de 1881, doit
être considérée comme abrogée, étant contraire aux principes de la civilisation française (**Art. 116 du décret du
9 mai 1909**).

De la peine de l'interdiction de séjour. — Cette peine
accessoire, comme aux matières criminelles et correctionnelles, peut être appliquée en matière répressive
indigène.

§ II. — De l'application des peines (*Circonstances aggravantes. — Circonstances atténuantes. — Causes d'excuse. — Loi de sursis. — Complicité. — Non-cumul des peines*).

I. — **Circonstances aggravantes**. — *La loi sur la récidive et l'aggravation des peines n'est applicable que dans le cas où la loi française est seule appliquée* (**Art. 77, § 2, du décret du 9 mai 1909**).

II. — **Circonstances atténuantes :**

a) *Causes d'excuse :*

Une cause générale d'excuse peut être la minorité de seize ans (*V. ce qui est dit au chapitre Ier*).

La *provocation*, qu'il ne faut pas confondre avec la *légitime défense* (*V. ce qui est dit au chapitre Ier*), constitue une cause simplement atténuante d'excuse (**Art. 321, 322, 324, 325, 326 du Code pénal**). Cette règle doit être appliquée en matière indigène, notamment en cas de meurtre pour adultère.

La principale excuse complètement absolutoire résulte de l'article 380 du Code pénal ; mais elle doit être restreinte, en matière répressive indigène, aux soustractions commises par des maris au préjudice de leurs femmes et par des femmes au préjudice de leurs maris.

b) *Circonstances atténuantes proprement dites :*

L'article 463 du Code pénal est applicable en matière indigène répressive (**Art. 76 du décret du 9 mai 1909**).

La loi de sursis n'est jamais appliquée aux indigènes (**Art. 77 du décret du 9 mai 1909**).

III. — **Complicité.** — La complicité, pour être punissable, doit renfermer les conditions précisées aux articles 60, 61, 62 du Code pénal. La loi indigène répressive apparaît, dans certains cas, moins exigeante et même atteindre des personnes sans qu'elles aient coopéré à une infraction d'une manière quelconque (*V. notamment l'*art. 3 du Code de 1881) ; elle ne saurait être maintenue sur ce point. — « *Les complices d'un crime ou d'un délit sont punis de la même peine que les auteurs mêmes de ce crime et de ce délit, sauf les cas où la loi en a disposé autrement* » (**Art. 59 du Code pénal**), ce qui veut dire que les complices d'un crime ou d'un délit sont punis de la même peine que celle prononcée par la loi contre le crime ou le délit commis par l'auteur principal. Les réserves de l'article 59 se réfèrent principalement aux articles 63, 267, 441 du Code pénal.

IV. — Du non-cumul des peines. — La loi répressive indigène repousse l'application de plusieurs peines en cas de plusieurs infractions. L'application de l'article 365 du Code d'instruction criminelle doit avoir lieu sans difficulté devant les juridictions répressives ; si donc, dans la même poursuite, l'accusé est convaincu simultanément de plusieurs crimes ou délits, *la peine la plus forte sera seule appliquée.* Cette règle ne s'applique pas toutefois aux contraventions.

§ III. — De l'exécution des peines

« *En matière criminelle, le Gouverneur Général ordonne* « *en conseil d'administration l'exécution des arrêts de* « *condamnation comportant des peines supérieures à sept* « *ans de travaux forcés ou prononce le sursis. Lorsque les* « *prescriptions de l'article 12 du Code pénal ne peuvent* « *être observées, le Gouverneur Général fixe le mode* « *d'exécution* » (**Art. 113 du décret du 9 mai 1909**).

« *Toutes les peines prononcées contre les indigènes,* « *même par les tribunaux français, sont subies dans la* « *Colonie. Le Gouverneur Général peut toutefois envoyer* « *à la disposition de l'autorité compétente les condamnés* « *aux travaux forcés dans la proportion qu'il jugera* « *utile* » (**Art. 109 du décret du 9 mai 1909**).

« *Le Gouverneur Général règlemente par arrêtés pris* « *en conseil d'administration le régime pénitentiaire* « *applicable à chaque catégorie de condamnés* » (**Art. 112 du décret du 9 mai 1909**). — (*V. au C. et au CS. le titre :* **Prisons**).

§ IV. — Des restitutions

« *Il n'existe pas de parties civiles en matière indigène.* « *Les tribunaux statuent d'office sur les restitutions* » (**Art. 64 du décret du 9 mai 1909**).

Le restitution consiste dans la remise faite au vrai propriétaire de la chose qui a été volée ou détournée ou, à défaut et dans le cas où cette restitution n'est plus possible, d'une indemnité représentant la valeur de cette chose.

Les restitutions doivent être ordonnées d'office par la juridiction qui constate l'infraction, alors même que la partie lésée ne conclurait pas en ce sens. Si la chose volée sert de pièce à conviction, la restitution doit être ordonnée, mais elle ne doit être opérée que lorsque la condamnation est devenue définitive.

En dehors des restitutions proprement dites ci-dessus définies, des dommages-intérêts peuvent-ils être alloués par la juridiction répressive à la personne lésée par l'infraction ? La réponse doit être négative. Sans examiner ici si des dommages-intérêts peuvent être alloués en matière indigène *(V. l'exposé de droit civil au chapitre : Des contrats)*, il est certain qu'en tout cas la juridiction répressive est incompétente pour statuer à ce sujet.

§ V. — Des frais de justice

Les frais de justice en matière répressive sont fixés par l'arrêté du 8 septembre 1909 (Art. 20 et suiv.). Les frais de poursuite sont avancés par la Colonie : ils sont recouvrables contre le condamné.

§ VI. — De la contrainte par corps

Toute personne, sauf certaines exceptions, condamnée à une amende, *à une restitution* et à des frais pour un crime, un délit ou une contravention, est soumise à la contrainte par corps. L'arrêté du 8 septembre 1909 (Art. 20 et suiv.), qui fixe les règles de la contrainte par corps en matière répressive, ne parle pas des restitutions ; mais il n'est pas douteux qu'elles soient comprises dans les mots « amendes et frais ». — En vue de faciliter l'exercice de la contrainte par corps à ce sujet, tout jugement de condamnation doit évaluer en argent la restitution ordonnée et préciser qu'à l'expiration de la peine, le condamné sera maintenu en état de détention jusqu'à ce qu'il ait subi la contrainte à raison de 1 franc par jour. Cette contrainte prend fin si le condamné s'acquitte de ce qu'il doit.

La durée de la contrainte par corps ne peut jamais excéder trois ans.

Sont affranchis de la contrainte par corps les mineurs de seize ans, les condamnés âgés de soixante ans et les femmes.

§ VII. — De l'extinction des peines (*Décès du condamné. — Grâce. — Amnistie. — Réhabilitation. — Libération conditionnelle. — Loi de sursis. — Non-prescription des peines*).

Les peines s'éteignent quand elles sont exécutées, mais certaines circonstances peuvent faire qu'une peine soit éteinte avant son exécution.

I. — Décès du condamné. — Le décès du condamné met fin à l'exécution des peines corporelles, mais les peines pécuniaires peuvent être poursuivies contre ses héritiers.

II. — La grâce. — C'est le pardon du chef de l'Etat (*Cons. la circulaire du 10 août 1901 au C. 624*) La grâce laisse subsister l'infraction et la condamnation : elle dispense seulement de l'exécution de la peine.

III. — L'amnistie. — Il n'est pas d'exemple de loi d'amnistie concernant les sujets indigènes, mais rien ne paraît s'opposer toutefois à une mesure législative de cette nature. L'amnistie est un acte de souveraineté du pouvoir législatif métropolitain ayant pour effet de supprimer, non seulement la condamnation, mais l'infraction elle-même. L'amnistie n'a pas pour objet un fait isolé, une personne déterminée, comme la grâce : elle est collective et vise une pluralité de faits et de personnes.

IV. — La réhabilitation. — Tout condamné à une peine criminelle ou correctionnelle peut, en principe, demander sa réhabilitation (**Art. 619 du code d'Inst. crim.**). La réhabilitation, depuis la loi du 10 mars 1898 modificative des articles 619 et 634 du Code d'instruction criminelle, fait cesser, non seulement les déchéances politiques et civiles résultant de la condamnation, mais efface la condamnation elle-même (*V. la loi du 10 mars 1898 au C. 1224*). — Sur les formes de la réhabilitation et les conditions dans lesquelles elle est accordée, *cons. les articles 260 et suivants du Code d'instruction criminelle modifiés par la loi du 14 août 1885.*

V. — Libération conditionnelle. — La libération conditionnelle a pour effet de faire remise du restant de leur
peine corporelle à ceux qui ont subi la moitié de cette
peine. Sur la libération conditionnelle, *cons, les circulaires du 10 août 1901 déjà citée et du 20 avril 1905,
ainsi que l'arrêté du 20 février 1903.*

Loi de sursis. — Il a été déjà noté, qu'aux termes de
l'article 77 du décret du 9 mai 1909, la loi du 26 mars 1891,
qui a pour effet de suspendre l'exécution de la peine,
n'était pas applicble aux indigènes.

Non-prescription des peines. — Aux termes de l'article
108 du décret du 9 mai 1909, « *la peine n'est jamais*
« *prescrite* ».

CHAPITRE IV

Des lois applicables en matière répressive

§ I. — Régles générales

« *Les tribunaux indigènes appliquent en matière répres-*
« *sive : 1° les lois et coutumes indigènes en tout ce qu'elles*
« *n'ont pas de contraire aux principes de la civilisation*
« *française ; 2° la loi française en tout ce qui n'est pas*
« *prévu par la loi malgache et dans le cas où celle-ci*
« *serait contraire aux principes de la civilisation fran-*
« *çaise* » (**Art 116 du décret du 9 mai 1909**).

De ce texte il résulte que : 1° tout en donnant la
préférence aux lois et coutumes indigènes, le législateur
entend écarter toutes celles dont l'application serait, soit
en raison de l'absence d'éléments constitutifs d'une infraction dans le fait réprimé, soit en raison de la nature et de
la rigueur de la peine appliquée, contraire aux principes
de la civilisation française ; 2° la loi française doit être
appliquée lorsque les lois et coutumes indigènes, souvent
très imparfaites en matière pénale, ne prévoient pas ou ne
prévoient qu'insuffisamment l'infraction ou lorsque le juge
a dû les écarter comme contraires aux principes de la
civilisation française.

§ II. — Des lois indigènes répressives applicables

Les lois indigènes répressives sont contenues dans le Code de 1881. Elles sont résumées ci-après avec des observations se référant à leur application par rapport aux règles ci-dessus énoncées. Certaines de ces lois ont été abrogées depuis 1895 (*V. à la II° Partie le* **Code de 1881 annoté**).

A. — Lois répressives d'ordre général

1° **Révolte contre le gouvernement.** — Article 1er : peine de mort et confiscation des biens. Cette dernière peine doit être considérée comme n'étant plus applicable, étant contraire aux principes de la civilisation française. L'article 2 punit des fers à perpétuité la femme et les enfants du révolté qui ne dénoncent pas leurs parents : cet article, pour la même raison, doit être tenu pour abrogé.

2° **Homicide.** — Article 1er : peine de mort et confiscation des biens (sur cette dernière peine, voir ce qui est dit ci-dessus). — La peine de mort est excessive lorsqu'elle est appliquée à un simple meurtre (**Art. 295 du Code pénal**) ; dans ce cas, il y a lieu à application de l'article 304, § 3, du Code pénal. — L'article 1er doit être maintenu en ce qui concerne les crimes prévus par les articles 296, 299, 300, 301, 302, 303, 304, §§ 1er et 2, du Code pénal qui visent l'assassinat, le parricide, l'infanticide, l'empoisonnement et le meurtre précédé, accompagné ou suivi d'un autre crime ou ayant eu pour objet, soit de préparer, faciliter ou exécuter un délit, soit de favoriser la suite ou d'assurer l'impunité des auteurs ou complices de ce délit.

La tentative d'homicide est punie par l'article 4 de la peine de mort : cette peine ne doit être appliquée qu'en cas de tentative d'un des crimes énumérés aux articles 296, 299, 300, 301, 302, 303, 304, §§ 1er et 2, du Code pénal et non en cas de tentative de simple meurtre (**Art. 304, § 3, du Code pénal**).

L'article 3 punit des fers à perpétuité les personnes qui, découvrant ou apprenant de source certaine que des gens vont commettre un homicide, ne les dénoncent pas : cette disposition ne peut recevoir d'application que si un fait de complicité est établi à leur encontre. On doit observer, en outre, que la peine des fers est supprimée et remplacée comme il est dit à l'article 110 du décret du 9 mai 1909.

3° **Coups et blessures.** — L'article 6 ne prévoit et ne punit que dans un cas le délit de coups et blessures. Ce texte est absolument insuffisant. Il y a lieu de recourir à l'application des articles 309 et suivants du Code pénal.

4° **Fausse monnaie (Fabrication de).** — Article 9 : vingt ans de fers. Sur la peine des fers, voir ci-dessus. *En cas de conviction de conservation d'argent faux ou de fait tendant à écouler de l'argent faux dans la population,* application de l'article 162 : amende de dix bœufs et de dix piastres et deux ans de fers. L'amende de bœufs et supprimée et remplacée par une peine pécuniaire (**Art. 111 du décret du 9 mai 1909 et arrêté du 8 septembre 1909**).

5° **Faux en écritures et usage de faux (mangala-tsonia).** — Article 15 : dix ans de fers. Sur la peine des fers, voir ce qui est dit ci-dessus.

6° **Vols :**

A. — **Vols qualifiés.** — *Vol de personnes :* article 12 : vingt ans de fers et confiscation des biens. — *Vol commis dans un édifice public :* article 14 : vingt ans de fers. — *Vol dans les tombeaux :* article 17 : dix ans de fers et confiscation des biens. — *Vol avec effraction et escalade :* article 18 : dix ans de fers et confiscation des biens. — *Vol dans un édifice religieux :* article 26 : sept ans de fers.

B. — **Vols simples** — *Vol à la tire :* article 23 : six mois de fers. — *Vol de riz :* article 24 : un an de fers et, à défaut de restitution, deux ans de fers. — *Vol de pirogues :* article 25 : amende d'un bœuf et d'une piastre et obligation d'indemniser le propriétaire. — *Vol de bœufs :* article 27 : amende d'un bœuf et d'une piastre par animal volé et obligation d'indemniser le propriétaire. — *Vol de moutons, chèvres, porcs, chats, chiens :* article 29 : quinze jours de prison, obligation de restituer ; à défaut cinq mois de fers. — *Vol de dindons, oies, canards, poules :* article 30 : une semaine de prison ; obligation de restituer ; à défaut, deux mois de prison. — *Vol d'objet d'une valeur supérieure à 2 fr. 50 :* article 31 : un an de fers et obligation de restituer. — *Vol d'objet d'une valeur infé-*

rieure à 2 fr. 50 : article 32 : trois mois de fers et obligation de restituer. — *Vol de cannes à sucre, de manioc, etc., à moins que les choses volées l'aient été pour apaiser la faim et aient été mangées sur place :* article 33 : une semaine de prison.

Les peines des fers, de confiscation des biens et d'amende de bœufs ont déjà fait l'objet d'observations. — D'autre part, l'énumération ci-dessus démontre à l'évidence l'insuffisance, dans la plupart des cas, de la loi indigène et l'obligation de recourir, notamment pour les vols qualifiés, aux articles 381 et suivants du Code pénal. — Une circulaire du 5 décembre 1902 recommande l'application du Code pénal en matière de vols de bœufs : on peut souhaiter que les instructions qu'elle contient soient généralisées et appliquées à tous les vols.

7° **Abus de confiance.** — **Escroquerie.** — Articles 34 et 159 : amende du tiers de la valeur de la chose détournée, un an de fers. — Sur cette dernière peine, voir ce qui a été dit ci-dessus. — Les articles 34 et 159 ne visent que des cas spéciaux et n'atteignent que très imparfaitement les délits d'abus de confiance et d'escroquerie. — Il est vrai que la législation indigène confond ces délits avec le vol et les punit de la même peine

8° **Détournement d'impôts, de taxes.** — Articles 36, 37, 38 : amende égale au tiers des valeurs détournées : deux ans de fers. — Sur la peine des fers, voir ci-dessus.

9° **Association de malfaiteurs** (*Be hariva*). — Article 19 : dix ans de fers et confiscation des biens. Sur ces deux peines, voir ce qui a été dit ci-dessus. — L'article 19 ne peut être appliqué que s'il est relevé une véritable entente entre les individus dans le but de préparer ou commettre des attentats contre les personnes ou les propriétés (*V. ce qui est dit au chapitre Ier sur :* **La tentative**).

10° **Incendie volontaire des maisons.** — Article 16 : dix ans de fers et confiscation des biens. Sur ces deux peines, voir ce qui est dit ci-dessus. — *Incendie involontaire des maisons :* article 129 : amende de trois piastres et remise d'un bœuf. L'article 129 n'exige ni l'imprudence, ni la négligence de l'auteur de l'incendie ; à ce titre tout au moins, il est inapplicable et doit être remplacé par les dispositions de l'article 458 du Code pénal.

11° **Avortement.** — Articles 64, 65, 66 : deux ans de

prison dans les cas visés par les articles 64 et 65, un an de prison dans le cas visé par l'article 66.

12° **Poids et mesures.** — Articles 74, 75, 76, 77 et 78 : diverses pénalités suivant les cas.

13° **Tromperie sur la marchandise vendue.** — Article 133 : amende d'un bœuf et d'une piastre. — Sur l'amende d'un bœuf, voir ce qui a été dit ci-dessus.

14° **Fonctionnaires qui se laissent corrompre.** — Article 173 : amende de dix bœufs et de dix piastres. — Sur l'amende de dix bœufs, voir ci-dessus.

15° **Faux témoignage.** — Article 220 : amende de dix bœufs et de dix piastres. — Sur l'amende de dix bœufs, voir ci-dessus.

B. — Lois répressives d'ordre spécial

1° **Sceau officiel : faux et usage d'un sceau officiel dans un dessein autre que celui prescrit par l'autorité** (*Mangala-kase*). — Article 13 : vingt ans de fers. Pénalité excessive et ne pouvant être appliquée que très atténuée. Sur la peine des fers, voir ci-dessus.

2° **Omission de déclaration de naissances et décès.** — Articles 108 et 109 : amende d'un bœuf et d'une piastre. Sur l'amende d'un bœuf, voir ci-dessus.

3° **Viol de tombeaux.** — Article 17 : dix ans de fers et confiscation des biens. — Sur ces deux peines, voir ci-dessus.

4° **Polygamie.** — Article 50 : amende de dix bœufs et de dix piastres. Sur l'amende de dix bœufs, voir ci-dessus.

5° **Mariage avec une femme non encore libre vis-à-vis d'un premier mari.** — Article 57 : amende de cent piastres.

6° **Omission de porter à l'autorité les objets perdus.** — Article 35 : un mois de fers. — Sur cette peine, voir ce qui est dit ci-dessus.

7° **Inceste.** — Article 63 : huit mois et quatre mois de prison.

8° **Animaux.** — *Vente de viande corrompue :* article 69 : amende de trois bœufs et de trois piastres. — *Mauvais traitements sur les animaux :* article 70 : amende d'un bœuf et d'une piastre — *Abatage des vaches :* article 71 : amende d'un bœuf et d'une piastre. — *Abatage clandestin des bœufs :*

article 72 : amende de trois bœufs et de trois piastres.
— *Animaux qui paissent dans les plantations des particuliers :* article 130 : amende suivant l'animal. — *Animaux qui entrent dans le kijana d'un particulier :* article 131 : amende d'une piastre. — *Achat ou changement de bœufs avec la complicité du gardien :* article 132 : amende d'un bœuf et d'une piastre. — Sur l'amende de bœufs, voir ce qui a été dit ci-dessus.

9º **Fauteurs de désordre.** — *Faux bruits :* article 143 : amende de dix bœufs et de dix piastres. — *Calomnies contre des particuliers :* article 144 : un mois de prison. — *Écrits, livres et journaux excitant au désordre :* article 145 : amende de cent piastres. — *Écrits pornographiques :* article 146 : trois mois de prison. — *Réunions dans le but de faire du désordre :* article 147 : amende de dix bœufs et de dix piastres. — *Désordre dans un temple ou église :* article 168 : six mois de prison. — *Diffamation contre des particuliers :* article 148 : amende de dix bœufs et de dix piastres. — Sur l'amende de bœufs, voir ce qui a été dit ci-dessus.

10º **Fait de souiller les sources.** — Article 150 : trois mois de prison.

11º **Mauvaise conduite des voitures, des chevaux.** — Article 151 : amende d'un bœuf et d'une piastre. — Sur l'amende d'un bœuf, voir ce qui est dit ci-dessus.

12º **Bourjanes.** — *Défaut de tenir leurs engagements :* article 152 : peine de prison. — Cet article doit être tenu pour abrogé par la loi locale du 5 avril 1896.

13º **Refus de remettre un contrat ou un testament au gouvernement.** — Article 153 : amende de dix bœufs et de dix piastres. — *Refus de dire la vérité à un fonctionnaire du gouvernement :* article 221 : amende de dix bœufs et de dix piastres. — *Renseignements faux donnés à un fonctionnaire du gouvernement .* article 222 : amende de dix bœufs et de dix piastres. — (*V. les notes mises sous ces articles au Code de 1881, IIº Partie*). — Sur l'amende de dix bœufs, voir ci-dessus.

14º **Fait de conserver des écrits falsifiés.** — Article 154 : amende de dix bœufs et de dix piastres. — Sur l'amende de bœufs, voir ci-dessus.

15° **Secret des lettres (Violation du).** — Article 157 : amende de dix bœufs et de dix piastres. — Sur l'amende de bœufs, voir ci-dessus.

16° **Interprète qui dénature volontairement le sens des paroles.** — Article 158 : amende de dix bœufs et de dix piastres. — Sur l'amende de bœufs, voir ci-dessus.

17° **Taux de l'intérêt dépassant le taux fixé par l'article 161.** — Article 161 : amende de cinq bœufs et de cinq piastres. — (*V. note mise sous l'article 161 du Code de 1881, IIᵉ Partie*). — Sur l'amende de cinq bœufs, voir ci-dessus.

18° **Violences commises sur un individu surpris en contravention avec la loi.** — Article 172 : suivant les cas, amende d'un bœuf et d'une piastre, fers à perpétuité. — Sur l'amende d'un bœuf et la peine des fers, voir ci-dessus.

19° **Culture du pavot.** — Article 181 : amende de cent piastres.

20° **Secret des délibérations pour les assesseurs des tribunaux (Omission de garder le).** — Article 199 : dix jours de prison.

21° **Convocation devant les tribunaux indigènes. — Fraudes commises dans leur remise par les fonctionnaires.** — Article 204 : amende de dix bœufs et de dix piastres. — Sur l'amende de dix bœufs, voir ci-dessus.

22° **Vol d'un contrat. — Destruction d'un écrit.** — Article 254 : amende de dix bœufs et de dix piastres. — Sur l'amende de dix bœufs, voir ci-dessus.

23° **Simulation de folie** — Article 258 : amende de cinq bœufs et de cinq piastres. — Sur l'amende de cinq bœufs, voir ci-dessus.

24° **Alcool (Lois sur l').** — *Fabrication illégale de l'alcool :* article 302 : amende de dix bœufs et de dix piastres. — *Vente illégale d'alcool :* article 303 : amende de dix bœufs et de dix piastres. — *Ivresse :* article 304 : amende de sept bœufs et de sept piastres. — *Colportage illégal d'alcool :* article 305 : amende de cinq bœufs et de cinq piastres. — Sur l'amende des bœufs, voir ci-dessus. — *Sur l'application des articles 302, 303, 304, 305. V. le Code de 1881, IIᵉ Partie.*

C. — Lois répressives d'ordre spécial et qui ne s'appliquent qu'à des faits considérés comme des inexécutions d'obligations civiles et comme tels de la compétence de la juridiction civile (*Art. 58 du décret du 9 mai 1909*). — (*Se reporter au Code de 1881 annoté, II° Partie*).

1° Répudiation de la femme par le mari. — Article 56 : amende de 50 piastres.

2° Divorce par consentement mutuel des deux époux. — Article 56 : amende de cinquante piastres dont un tiers payé par la femme.

3° Adultère. — Article 58 : amende de cent piastres, dont un tiers payé par la femme.

4° Mitsoa-bato (Faire le). — Article 213 : amende de cent piastres.

5° Prétendre faussement qu'un différend a été tranché par l'autorité. — Article 214 : amende de cent piastres.

6° Heriny. — Article 218 : amende de dix bœufs et de dix piastres. — Sur l'amende des bœufs, voir ci-dessus.

7° Fausse accusation contre un tiers de s'être emparé de biens par violence. — Article 219 : amende de dix bœufs et de dix piastres. — Sur l'amende de dix bœufs, voir ci-dessus.

8° Revendication de terres patrimoniales ou d'héritage après la disparition des témoins et des parents. — Article 223 : amende de dix bœufs et de dix piastres. — Sur l'amende de dix bœufs, voir ci-dessus.

9° Revendication de terres après la mort du vendeur et de l'acheteur, alors qu'on a été présent à la vente. — Article 225 : amende de dix bœufs et de dix piastres. — Sur l'amende de dix bœufs, voir ci-dessus.

10° Enfant non adopté qui veut se faire passer pour héritier. — Article 236 : amende de cinq bœufs et de cinq piastres. — Sur l'amende de cinq bœufs, voir ci-dessus.

11° Fournir des garanties dont on n'est pas propriétaire. — Article 238 : amende de dix bœufs et de dix piastres. — Sur l'amende de dix bœufs, voir ci-dessus.

12° Enlèvement des bornes en cas de fehivavany. — Article 244 : amende d'un bœuf et d'une piastre. — Sur l'amende d'un bœuf, voir ci-dessus.

13° Fausse allégation qu'une vente à titre définitif n'a

été faite qu'à titre de fehivavany. — Article 245 : amende de cinq bœufs et de cinq piastres. — Sur l'amende de cinq bœufs, voir ci-dessus.

14ᵉ **Fausse allégation qu'un achat à titre de fehivavany a été fait à titre définitif.** — Article 246 : amende de cinq bœufs et de cinq piastres. — Sur l'amende de cinq bœufs, voir ci-dessus.

15° **Acheter des biens, prêter de l'argent à un enfant signalé comme dissipateur.** — Article 239 : amende de dix bœufs et de dix piastres. — Sur l'amende de dix bœufs, voir ci-dessus.

16° **Refus de communiquer en justice un contrat écrit.** — Article 235 : amende d'un bœuf et d'une piastre. — Sur l'amende d'un bœuf, voir ci-dessus.

17° **Refus absolu de répondre en justice.** — Article 257 : sept jours de prison.

§ III. — Des lois coutumières répressives applicables

L'utilité de l'application, en matière pénale, de lois coutumières ne semble pas exister en Imerina, où les lois écrites contenues dans le Code de 1881 et le Code pénal apparaissent suffisantes pour réprimer toutes les infractions. Il peut en être différemment, tout au moins dans des cas exceptionnels, dans les autres régions de l'île (1).

Si le juge croit devoir appliquer une loi coutumière répressive, il ne peut le faire légalement.

1° Que si elle vise un fait contraire à l'ordre social et constituant une véritable infraction ;

2° Que si elle est dûment établie dans la région et si elle représente une coutume générale et non locale et de village à village ;

3° Que si la peine édictée n'est pas contraire, soit par sa nature, soit par sa rigueur, aux principes de la civilisation française. Le juge, tout en appliquant la coutume, s'il le

---

(1) La Cour d'appel de Tananarive, statuant en matière indigène, a eu à connaître le 31 mai 1900 d'un jugement du tribunal du 2ᵉ degré d'Andovoranto, qui avait prononcé une condamnation de quinze mois d'emprisonnement par application de la coutume betsimisaraka qui punit l'outrage à un mort. — C'est le seul exemple d'application de loi coutumière en matière correctionnelle qui existe dans la jurisprudence de la Cour.

croit nécessaire, doit recourir à la loi française, en ce qui concerne la peine à appliquer. D'ailleurs, eu égard au caractère quelque peu arbitraire de toute décision de ce genre, la peine doit, en règle générale, être légère et correspondre aux peines de simple police ; -

4° Le jugement doit énoncer et préciser la loi coutumière répressive appliquée et renfermer tous les renseignements de droit et de fait susceptibles de justifier cette application.

CHAPITRE V

Des personnes soumises à la juridiction répressive indigène

« *Sont indigènes dans le sens du présent décret et* « *justiciables des juridictions indigènes les individus* « *originaires de Madagascar et Dépendances ou autres* « *possessions françaises ne possédant pas la qualité de* « *citoyen français ou une nationalité étrangère reconnue* » (**Art. 2 du décret du 9 mai 1909**).

Sont indigènes, aux termes de ce texte, tous les Malgaches et tous les habitants des possessions françaises « *ne possédant pas la qualité de citoyen français ou une* « *nationalité étrangère reconnue* ». En conséquence, les habitants des anciens Établissements de Sainte-Marie, Diego-Suarez et Nosy-Be, qu'une décision de jurisprudence (**CT. 13 juillet 1899**) avait rendus justiciables des tribunaux ordinaires, sont désormais soumis aux juridictions indigènes organisées par le décret du 9 mai 1909 (1). Ces juridictions constituent pour les indigènes, sauf les exceptions prévues à ce décret (2), les juridictions de droit commun.

Cette règle doit être appliquée aux indigènes des Comores (Mayotte, Grande-Comore, Anjouan, Mohéli) pour les infractions *commises par eux à Madagascar*. — Mais, en *ce qui concerne les infractions punies de peines correctionnelles par eux commises à Mayotte et Dépendances, la*

---

(1) Mais il semble de toute équité de leur faire l'application de la loi pénale française et non de la loi indigène, notamment du Code de 1881 qui ne leur a jamais été appliqué.

(2) Elles seront indiquées au chapitre qui traite : **Des juridictions répressives indigènes.**

Cour d'appel de Tananarive, saisie de l'appel des jugements rendus par le tribunal de 1ʳᵉ instance de Mayotte, doit en connaître comme statuant *en matière ordinaire* (*V. le décret du 5 novembre 1904, C. 745*).

CHAPITRE VI

De la police judiciaire. — Des agents de police judiciaire. — Des dénonciations et des plaintes. — De la recherche et de la constatation des infractions. — De la compétence des présidents des tribunaux indigènes. — Des actes d'information (Transport sur les lieux, expertise, perquisition, audition de témoins, etc.). — De l'arrestation et de la détention préventive. — Des mandats de justice. — De la liberté provisoire. — Des commissions rogatoires. — Du flagrant délit.

§ I. — Des agents de la police judiciaire

Les agents de la police judiciaire en matière répressive indigène sont les chefs de province ou de cercle, les chefs de district ou de secteur, les chefs de poste administratif et de surveillance, les agents de la police et les agents de la garde indigène, les gouverneurs principaux, les gouverneurs, les gouverneurs madinika, les fokonolona (**Arrêté du 15 juin 1904 et décret du 9 mars 1902 :** *IIIᵉ Partie*).
— Les assesseurs des tribunaux indigènes doivent également être considérés comme agents de la police judiciaire (**Décret du 9 mai 1909**).

§ II. — Des dénonciations et des plaintes

La loi commande à tout fonctionnaire indigène, à tout fokonolona de donner avis de tout crime ou délit dont ils ont connaissance (Art. 182 et suiv. du Code de 1881, arrêté du 15 juin 1904 et décret du 9 mars 1902). — Cette obligation n'a plus comme sanction actuellement que des pénalités disciplinaires. — Le Code de 1881 prévoit également dans certains cas des peines contre les particuliers qui ne dénoncent pas les infractions (*V. notamment l'article 3*).
— Ces dispositions doivent être tenues pour abrogées en

tant du moins qu'elles ont un caractère pénal de nature à soumettre à la compétence des juridictions répressives les faits qu'elles visent.

§ III. — De la recherche et de la constatation des infractions

« *Les présidents des tribunaux indigènes sont chargés,*
« *dans les limites de leur ressort, des informations et*
« *instructions lorsqu'il y a lieu. Ils les dirigent eux-mêmes*
« *où y font procéder sous leur surveillance par les fonc-*
« *tionnaires placés sous leurs ordres, ou par les assesseurs*
« *indigènes. Ils adressent toutes commissions rogatoires.*
« *Ils peuvent seuls décerner les mandats de justice* »
(Art. 66 du décret du 9 mai 1909).

C'est donc aux présidents des tribunaux indigènes qu'il incombe, en principe, de faire les actes *d'information et d'instruction*. — Les actes *d'information* sont ceux faits avant que l'inculpé ait été traduit devant la juridiction, les actes *d'instruction* sont ceux ordonnés par la juridiction saisie de la poursuite. Toutefois, ils peuvent y faire procéder par les fonctionnaires placés sous leurs ordres (français et indigènes) et les assesseurs indigènes.

L'article 66 du décret du 9 mai 1909 ne s'oppose pas à ce que tout agent de la police judiciaire procède, soit d'office, soit sur plainte, à une première information au sujet d'une infraction signalée. Le décret du 9 mars 1902 et l'arrêté du 15 juin 1904 font, au contraire, dans ce cas, une obligation aux agents indigènes et aux fokonolona d'agir d'office et immédiatement, sous réserve de rendre compte sans retard à l'autorité supérieure. L'article 68 du décret du 9 mai 1909 confirme indirectement ces dispositions.

§ IV. — De la compétence des présidents des tribunaux indigènes chargés de la recherche et de la constatation des infractions.

A. — De la compétence à raison du fait. — Le décret du 9 mai 1909 ne contient aucune indication à ce sujet. Pour résoudre la question, on doit s'en rapporter à la compétence de la juridiction de jugement et dire que le président du tribunal du 2ᵉ degré est compétent pour rechercher et constater les infractions qui constituent des crimes, puisque le tribunal du 2ᵉ degré connaît des infractions de cette nature ; et que le président du tribunal du 1ᵉʳ degré est compétent pour rechercher et constater les infractions qui constituent des délits et des contraventions, puisque le tribunal du 1ᵉʳ degré est compétent pour juger les délits et les contraventions (*V. ci-après chapitre VIII qui traite des :* Juridictions répressives indigènes). — Mais cette règle n'est qu'une règle de principe : étant donné l'étendue des subdivisions administratives et les difficultés des communications, il va de soi que, dans chaque district ou secteur, le président du tribunal du 1ᵉʳ degré est censé, à moins d'instruction contraire, avoir une délégation permanente du président du tribunal du 2ᵉ degré, chef de la province ou du cercle, et qu'à ce titre il est chargé de la police judiciaire, même lorsqu'il s'agit de crimes.

B. — De la compétence à raison de la personne. — On a dit au chapitre VI quelles sont les personnes soumises à la juridiction répressive indigène et, par là même, à la compétence des présidents des tribunaux indigènes chargés de la recherche et de la constatation des infractions : ce sont les indigènes originaires de Madagascar et Dépendances ou autres possessions françaises ne possédant pas la qualité de citoyen français ou une nationalité étrangère reconnue (**Art. 2 du décret du 9 mai 1909**).

Mais il peut arriver qu'un indigène échappe à cette compétence générale dans certains cas particuliers prévus au dit décret. Ces cas seront étudiés lorsque la question de la compétence des juridictions de jugement sera examinée (*V. ci-après chapitre VIII*).

C. — De la compétence à raison du lieu. — On ne peut que se référer, en cette matière, à défaut de toute disposition de la loi indigène ou de textes spéciaux, au Code d'instruction criminelle (Art. 21, 23, 63).

Pour les *contraventions*, la compétence est exclusivement celle du lieu de l'infraction et les agents de la police judiciaire, dans le ressort duquel elles ont été commises, ont seuls qualité pour agir.

Pour les *délits* et *crimes*, il existe, en principe, une triple compétence qui détermine celle de la juridiction de jugement : sont également compétents le président du tribunal indigène du lieu du délit, celui de la résidence du prévenu et celui du lieu où il peut être trouvé.

Mais la préférence doit être donnée sans hésiter au président du tribunal indigène du lieu du délit, et, dans l'intérêt de la bonne administration de la justice en matière répressive indigène, on doit, autant que possible, décider que l'instruction doit être faite là où l'infraction a été commise.

D. — De la connexité et de l'indivisibilité. — Les règles de compétence à raison du lieu peuvent être modifiées à raison de la *connexité* ou de l'*indivisibilité*. Il y a *connexité* lorsque plusieurs infractions distinctes commises, soit par la même personne, soit par des personnes différentes, sont unies par un certain lien qui rend nécessaire, ou tout au moins utile, une *jonction de procédure*. — Par exemple, une bande de voleurs se concerte pour aller dans des lieux différents commettre des vols et en rapporter le produit à tel endroit : elle met à exécution le plan convenu et opère tantôt à Tananarive, tantôt à Ankazobe, tantôt à Miarinarivo, réunissant tous les objets volés chez un receleur habitant Antsirabe. Il y a évidemment intérêt à ce que le même président du tribunal indigène dirige l'information et en condense tous les résultats. Il y a lieu, dans ce cas, à *jonction de procédure*, et le président qui dirige seul l'information jouit d'une *prorogation de compétence* motivée par la connexité des faits.

L'*indivisibilité* suppose une infraction unique commise par différentes personnes. Quel que soit le lieu où demeurent ces personnes ou le lieu où elles peuvent être trouvées, le président du tribunal indigène compétent pour instruire doit être unique et ce doit être, de préférence, celui du lieu de l'infraction.

La question de jonction de procédure résultant de la connexité ou de l'indivisibilité de plusieurs infractions doit être réglée d'après l'avis du Procureur Général (*argument tiré de l'art. 117 du décret du 9 mai 1909*).

E. — Des conflits de compétence. — La triple compétence à raison du lieu peut amener, en dehors du cas de connexité ou d'indivisibilité, des conflits entre les présidents des tribunaux indigènes. On doit les résoudre par cette règle de droit commun : qu'entre plusieurs magistrats également compétents pour connaître d'une même affaire, la préférence est due à celui qui a prévenu les autres. C'est donc au président qui a, le premier, délivré un mandat de justice que l'affaire doit rester — Au surplus, ces conflits sont évités si on décide qu'en règle générale, la compétence appartient au président du tribunal indigène du lieu de l'infraction.

§ V. — Des actes d'information

A. — Transport sur les lieux. — Le transport sur les lieux sert à constater les traces matérielles de l'infraction et à en déterminer les circonstances, le caractère et la gravité. Les résultats des constatations faites doivent être rapportés dans un procès-verbal signé du président ou des fonctionnaires par lui délégués. Lorsque ces fonctionnaires sont indigènes, ils doivent, autant que possible, être deux pour opérer le transport et faire les constatations utiles.

En ce qui concerne les frais de transport, *cons. l'arrêté du 8 septembre 1909, sur les frais de justice, III᷈ Partie.*

B. — Expertises. — Des connaissances spéciales sont souvent nécessaires pour se rendre compte de la nature et des circonstances d'une infraction. Le président peut, dans ce cas, commettre par ordonnance un ou plusieurs experts en leur précisant avec soin les points à étudier. Les experts doivent prêter serment « de faire leur rapport et donner leur avis en leur honneur et leur conscience ». Les experts doivent motiver leur opinion.

Pour les frais d'expertise, voir l'arrêté précité du 8 septembre 1909 et l'arrêté du 3 mai 1897 (*ce dernier arrêté au C. 571. — Pour les médecins experts, V. au C. et au CS. le titre :* **Médecine et pharmacie**).

C. — Perquisitions domiciliaires. — Des perquisitions domiciliaires peuvent être faites dans les conditions et formes prévues par l'article 165 du Code de 1881 : « *S'il est une maison dans laquelle on soupçonne que se cachent des gens ayant violé la loi, ou dans laquelle on fait des choses prohibées par la loi, ou qui renferme des objets volés ou perdus, les ant[?] pourront y faire une perquisition, après en avoir averti le propriétaire* ». Si le président ne fait pas

lui-même la perquisition, il doit y être procédé, autant
que faire se peut, par un fonctionnnaire français ; si des
fonctionnaires indigènes y procèdent, ils doivent être au
nombre de deux. — Les résultats de la perquisition doivent
être consignés dans un procès-verbal.

D. — Des saisies. — La saisie peut avoir pour but la
saisie de papiers, d'effets et généralement de tous objets
utiles à la manifestation de la vérité. Procès-verbal doit
être dressé de toute saisie opérée.

Une ordonnance du président est nécessaire dans le cas
de saisie, dans les bureaux de l'administration des postes,
de lettres dont la connaissance est présumée utile à l'instruction.

E. — De l'audition des témoins. — Toute personne dont
le témoignage paraît utile à la manifestation de la vérité
peut être entendue par le président chargé de l'instruction
ou par le fonctionnaire qu'il a délégué. L'article 75 de
l'arrêté du 8 septembre 1909 sur la procédure en matière civile, qui édicte certaines prohibitions de témoignages, ne paraît pas applicable en cas d'information. Les
dénonciateurs, les plaignants peuvent être entendus.

Les témoins doivent être avertis par la voie administrative d'avoir à comparaître.

Les témoins sont entendus séparément et hors la présence du prévenu.

« *Les témoins ne prêtent pas serment ; ils peuvent, néan-*
« *moins, être poursuivis, le cas échéant, pour faux témoi-*
« *gnage. Ils sont invités à dire toute la vérité et avertis*
« *qu'en cas de faux témoignage, ils encourent les peines*
« *prévues par la loi* » (**Art. 75 du décret du 9 mai 1909**).

Le président ou le fonctionnaire délégué demande aux
témoins leurs noms, prénoms, âge, état, profession, demeure, s'ils sont domestiques, parents ou alliés des parties
et à quel degré.

Ces déclarations reçues, il les écoute et les interroge. Il
est dressé procès-verbal de la déposition recueillie par le
président ou le fonctionnaire. Ce procès-verbal doit être
signé du président ou du fonctionnaire et du témoin, après
que lecture lui a été faite de sa déposition et qu'il a déclaré
y persister. Si le témoin ne veut ou ne peut signer, il doit
en être fait mention.

Chaque déposition doit être reçue en langue indigène.
Toutefois, elle peut être reçue en langue française si le
témoin déclare connaître cette langue, déclaration qui est
consignée dans le procès-verbal, ou si elle est recueillie
par un fonctionnaire français assisté d'un interprète asser-
menté.

Le décret du 9 mai 1909 ne prévoit aucune pénalité contre
le témoin qui, régulièrement averti et touché par la convocation, ne se présente pas. C'est une lacune qu'il est assez
difficile de combler par une analogie de texte. Mais il
n'est pas douteux que le président a le droit de contraindre
le témoin à se présenter et qu'à ces fins il peut décerner
contre lui un mandat d'amener (**Art. 80 du Code d'instruction criminelle**). Le président peut, par commission roga-
toire, faire entendre tout témoin demeurant en dehors de
sa circonscription administrative.

Pour la taxe des témoins, *consulter l'arrêté du 8 septembre 1909 sur les frais en matière répressive (IIIᵉ Partie).*

F. — De l'interrogatoire de l'inculpé. — On doit suivre,
pour l'interrogatoire de l'inculpé, les formes prescrites
pour l'audition des témoins. Mais l'inculpé n'a pas à être
invité à dire toute la vérité.

§ VI. — De l'arrestation et de la détention préven- tive. — Des mandats de justice

Les *mandats* sont les actes au moyen desquels, pour les
besoins de la recherche des infractions, il peut être fait
exception aux droits de liberté individuelle. En décernant
un mandat, le fonctionnaire compétent ordonne, soit la
comparution, soit l'arrestation d'un individu contre lequel
s'élèvent des soupçons de crime ou de délit.

**A. — Les présidents des tribunaux indigènes peuvent
seuls décerner les mandats de justice.** — « *Les présidents
« des tribunaux indigènes peuvent seuls décerner les mandats
« de justice* » (**Art. 66 du décret du 9 mai 1909**).

**B. — Les divers mandats ne peuvent être employés qu'en
cas de prévention de crime ou de délit.** — Les divers
mandats ne peuvent être employés qu'en cas de prévention
de crime ou délit. — En matière de contravention, il n'y a

jamais lieu, en raison du peu de gravité de l'infraction, à arrestation de l'inculpé.

C. — Les mandats de justice sont de deux espèces. — Les premiers ont pour but unique de faire comparaître l'inculpé devant le président, et, en règle générale, il doivent précéder les autres : ce sont le *mandat de comparution*, sorte d'assignation à comparaître, et le *mandat d'amener*, qui donne à l'agent chargé de l'exécuter le droit d'employer la force s'il est nécessaire : ces mandats n'entraînent pas la détention préventive. Les deux autres mandats, le *mandat de dépôt* et le *mandat d'arrêt* (1) entraînent la détention préventive de l'inculpé.

D. — Formes des mandats. — « *Le mandat doit énoncer le « nom de l'autorité qui l'a décerné, le nom de l'indigène « auquel il s'applique avec la désignation de sa filiation, « de son lieu de naissance et de son domicile, le motif « pour lequel il est décerné, l'autorité qui est chargée de « l'exécuter ; il est daté et signé* » (**Art. 67 du décret du 9 mai 1909**).

E. — Règles relatives aux mandats de justice. — « *Le « mandat de dépôt ne pourra être décerné qu'après que le « prévenu aura été interrogé sur les faits qui motivent la « poursuite. — Dans le cas de mandat d'amener, de com- « parution ou d'arrêt, le prévenu devra être interrogé « autant que possible de suite et au plus tard dans les « vingt-quatre heures de son arrivée au chef-lieu du tri- « bunal* » (**Art. 69 du décret du 9 mai 1909**).

« *Lorsqu'un délinquant est arrêté en dehors du chef-lieu, « il en est rendu compte dans le plus bref délai au pré- « sident du tribunal qui décerne sans aucun retard le « mandat nécessaire* » (**Art. 68 du décret du 9 mai 1909**).

F. — Autorités chargées d'exécuter les mandats de justice. — Tout agent de la police judiciaire, français ou indigène, peut être chargé de l'exécution des mandats de justice.

G. — Quand y a-t-il lieu à décerner des mandats motivant l'incarcération de l'inculpé ? — 1° Il y a lieu à décerner

---

(1) Les mandats d'arrêt et de dépôt, malgré des différences de forme et de nom, sont assimilés dans leurs effets. Dans la pratique, sauf dans le cas de fuite de l'inculpé, ou se sert du mandat de dépôt.

un mandat d'arrêt lorsque l'inculpé est en fuite ; 2° en dehors de ce cas, il y a lieu à décerner un mandat d'arrêt ou un mandat de dépôt lorsque les faits sont graves, les indices de culpabilité suffisants et qu'il est à craindre que l'inculpé ne cherche à se soustraire à la répression par la fuite (**Circ. du Procureur Général du 18 mars 1901**).

H. — Transcription du mandat de dépôt ou d'arrêt sur le registre d'écrou de la prison. — *En cas de condamnation, le mandat de dépôt ou d'arrêt fixe le point de départ de l'exécution de la peine.* — Le mandat de dépôt ou d'arrêt est transcrit sur le registre d'écrou de la prison où l'inculpé est incarcéré ; il est déposé ensuite au dossier. Le mandat de dépôt ou d'arrêt est indispensable pour régulariser la détention ; il sert, en outre, en cas de condamnation, à fixer le point de départ de l'exécution de la peine (Art. 24 du Code pénal modifié par la loi du 15 novembre 1892. — **Circ. du Procureur Général du 18 mars 1901**). Cette règle de justice ordinaire doit incontestablement être appliquée en matière répressive indigène, en tenant compte toutefois des dispositions de l'article 107 du décret du 9 mai 1909.

§ VII. — De la détention préventive. — De l'interdiction de communiquer. — De l'imputation de la détention préventive sur la durée de la condamnation.

La détention préventive doit être aussi restreinte que possible et dans ce but la procédure d'information doit être accélérée autant que faire se peut.

En ce qui concerne l'organisation de la détention préventive et le régime des prévenus, *cons. au C. et au CS. le titre :* **Prisons**.

Lorsqu'un prévenu a été incarcéré en vertu d'un mandat d'arrêt ou de dépôt, le président qui dirige l'information peut lui interdire toute communication, soit verbale, soit écrite. Il y a lieu de s'inspirer, en la matière, des dispositions de l'article 613 du Code d'instruction criminelle modifié par la loi du 14 juillet 1865 : « *Lorsque le juge* « *d'instruction croira devoir prescrire à l'égard d'un* « *inculpé une interdiction de communiquer, il ne pourra* « *le faire que par ordonnance qui sera transcrite sur le*

« *registre de la prison. Cette interdiction ne pourra*
« *s'étendre au delà de dix jours ; elle pourra toutefois être*
« *renouvelée. Il en sera rendu compte au Procureur*
« *Général* ».

Il a été déjà noté, lorsqu'il a été traité des mandats de
justice, que la durée de la détention préventive doit être
imputée sur la durée même de la condamnation, sous
réserve de tenir compte des dispositions de l'article 107 du
décret du 9 mai 1909. Le mandat de dépôt sert à fixer le
point de départ de l'exécution de la peine.

§ VIII. — De la liberté provisoire

La liberté provisoire d'un inculpé en état de détention
préventive est *une faveur* qu'il appartient au président
chargé de l'information d'accorder ou de refuser. Cette
mise en liberté peut être accordée avec ou sans caution.
Aux termes de l'article 117 du décret du 9 mai 1909 : « *En*
« *tout état de cause et en toute matière, le Procureur*
« *Général peut ordonner la mise en liberté provisoire* ».

§ IX. — Des commissions rogatoires

Il appartient aux présidents des tribunaux indigènes
chargés de la recherche des infractions de faire procéder,
par leurs collègues des autres circonscriptions administratives, aux actes d'information auxquels il ne peuvent
procéder, soit par eux-mêmes, soit par les fonctionnaires
sous leurs ordres, en raison de l'éloignement des lieux ou
des personnes. Les délégations envoyées à cet effet portent
le titre de *Commissions rogatoires* (**Art. 66 du décret du
9 mai 1909**).

§ X. — Du flagrant délit

Aux termes de l'article 72 du décret du 9 mai 1909 :
« *Dans le cas de flagrant délit et si l'affaire paraît en état*
« *d'être jugée, le prévenu peut être conduit immédiatement*
« *à la barre.* »

Il y a flagrant délit « *lorsque le délit se commet actuel-*
« *lement ou vient de se commettre ou lorsque le prévenu*
« *est poursuivi par la clameur publique ou lorsqu'il est*

« *trouvé saisi d'effets, armes, instruments ou papiers*
« *faisant présumer qu'il est auteur ou complice, pourvu*
« *que ce soit dans un temps voisin du délit* (Art. 41 du
Code d'instruction criminelle).

Le délit flagrant. — Le délit, dans ce cas, doit être pris
dans son énonciation strictement légale : infraction punie
de peines correctionnelles — n'a aucune influence sur la
pénalité, mais seulement sur le mode d'information. Dans
ce cas, en effet, le prévenu peut être immédiatement
conduit à la barre du tribunal pour y être jugé. Il n'est pas
nécessaire de procéder à une information préalable ni
même de l'interroger avant sa comparution. Mais il est
hors de doute que si, au cours des débats, la poursuite ne
semble pas suffisamment établie, le tribunal doit surseoir
afin qu'il soit procédé à tous actes d'instruction nécessaires.

Même en cas de délit flagrant, un ordre de comparaître
doit être donné au prévenu (*V. le chapitre VIII*).

CHAPITRE VII

Des juridictions indigènes répressives (Organisation générale. — Compétence. — Saisine. — Présence de la partie poursuivie. — Procédure. — Des preuves. — Du délibéré. — Des jugements. — Des tribunaux du 1er degré. — Des voies de recours. — De l'opposition. — De l'appel. — De l'homologation. — De l'annulation).

§ 1. — Organisation générale

Les juridictions répressives indigènes comprennent : les
tribunaux du 1er degré, qui connaissent en *premier et
dernier ressort* de toutes les *contraventions* et en *premier
ressort seulement* de tous les *délits* ; les *tribunaux du
2e degré* qui fonctionnent comme juges des *crimes* et comme
juges d'appel en matière de *délits* ; la *Cour d'appel* qui
est appelée à homologuer les jugements rendus en matière
criminelle par les tribunaux du 2e degré et qui, dans le cas
prévu par l'article 102 du décret du 9 mai 1909, peut avoir
à statuer sur des crimes. La Cour d'appel est, en outre,
chargée, aux termes de l'article 93 du même décret : « *de*

« *l'annulation, dans l'intérêt de la loi seulement, des juge-*
« *ments définitifs rendus en matière correctionnelle et*
« *de simple police par les tribunaux indigènes, qui lui sont*
« *dénoncés par le Procureur Général* ».

§ II. — De la compétence

A. — De la compétence à raison du fait. — Cette compétence varie avec la *gravité du fait punissable*. La
gravité du fait punissable se reconnaît à la *gravité de la
peine*.

Il y a des tribunaux chargés d'appliquer les peines
criminelles applicables aux crimes : ce sont les tribunaux
du 2° degré et, mais seulement dans le cas prévu par
l'article 102 du décret du 9 mai 1909, la Cour d'appel ; les
tribunaux du 1er degré sont chargés d'appliquer les peines
correctionnelles applicables aux délits et les peines de
simple police applicables aux contraventions (*V. les cha-
pitres II et III*). — *En résumé, on reconnaît quel ordre de
tribunaux il faut saisir en déterminant la peine qui est
prononcée par la loi contre l'infraction.*

L'*ordre de comparaître*, délivré au prévenu conformément à l'article 70 du décret du 9 mai 1909, est le *criterium*
qui permet au tribunal, saisi par cet ordre de comparaître,
d'apprécier sa compétence. Si cet ordre de comparaître
dénonce un fait puni de peines criminelles, c'est-à-dire un
crime, le tribunal du 2° degré est valablement saisi ; il doit
se dessaisir, au contraire, *aussitôt*, si le fait dénoncé est
puni simplement de peines correctionnelles ou de simple
police, c'est-à-dire ne constitue qu'un délit ou qu'une
contravention de la compétence du tribunal du 1er degré.
De même, si l'ordre de comparaître dénonce un fait puni
de peines correctionnelles ou de simple police, c'est-à-dire
un délit ou une contravention, le tribunal du 1er degré est
valablement saisi ; mais si cet ordre de comparaître lui
dénonce un fait puni de peines criminelles, c'est-à-dire un
crime, il doit se dessaisir aussitôt, puisque l'infraction est
de la compétence du tribunal du 2° degré.

Si l'ordre de comparaître saisit valablement le tribunal
compétent, *ne serait-ce qu'en apparence*, le tribunal saisi
ne peut se déclarer incompétent qu'après avoir examiné
l'affaire.

Si, *après l'examen de l'affaire*, le tribunal saisi modifie le caractère de l'infraction, tel que ce caractère résulte de l'ordre de comparaître, deux questions sont à examiner suivant que l'infraction se trouve être d'un degré plus élevé que l'ordre d'infraction qui, *ratione materiæ*, rentre dans sa compétence ordinaire ou suivant que l'infraction se trouve être au contraire d'un degré moins élevé. — Dans le premier cas, le tribunal du 1ᵉʳ degré — l'hypothèse ne peut se présenter que devant ce tribunal — doit se déclarer incompétent s'il est saisi d'un fait qui, *en réalité*, constitue un *crime*, puisqu'il n'est pas compétent pour juger les crimes ; mais, s'il est saisi d'un fait qualifié dans l'ordre de comparaître de contravention et qui, *en réalité*, constitue un *délit,* il est encore compétent pour statuer, puisqu'il a la connaissance, en premier ressort du moins, des délits. — Dans le deuxième cas, le tribunal du 2º degré est saisi d'un fait qualifié crime dans l'ordre de comparaître et qui, par suite de ce que les circonstances qui lui donnaient un caractère criminel sont écartées ou de ce que des causes d'excuse sont admises, se transforme en simple délit : le tribunal n'est plus compétent pour appliquer la peine, aucune disposition du décret du 9 mai 1909 ne lui permettant de le faire et l'organisation des voies de recours, telle qu'elle résulte de ce décret, s'y opposant ; il doit se dessaisir et renvoyer devant le tribunal du 1ᵉʳ degré, seul compétent pour juger les délits. S'il s'agit d'un fait qualifié de délit dans l'ordre de comparaître et que le tribunal du 1ᵉʳ degré saisi déclare que ce fait ne constitue qu'une simple contravention, il est bien évident qu'il reste compétent pour appliquer la peine, puisqu'il est juge en dernier ressort des contraventions.

B. — **De la compétence à raison de la personne.** — Les juridictions indigènes répressives sont compétentes pour connaître des infractions reprochées à *tous indigènes* (Art. 55 et 59 du décret du 9 mai 1909. — *V. le chapitre VI*). — Toutefois, certaines infractions commises par des indigènes échappent à la compétence des juridictions indigènes. Ces infractions sont examinées à la section IX du présent chapitre.

Aux termes de l'article 60 du décret du 9 mai 1909 : « *Les « tribunaux indigènes connaissent en outre des délits, ou*

« *crimes commis par les militaires indigènes de complicité*
« *avec d'autres indigènes non militaires* » (1).

C. — **De la compétence à raison du lieu** — De même
qu'en matière de poursuites, on peut envisager pour les
juridictions répressives indigènes une triple compétence :
celle du tribunal du lieu de l'infraction, celle du domicile
du prévenu et celle du tribunal du lieu de son arrestation.
Il est rationnel de dire qu'en tous cas la compétence pour
le jugement ne peut être différente de la compétence pour
la poursuite. Au surplus, ainsi qu'il a été dit au chapitre
VII, c'est de préférence au lieu de l'infraction que l'affaire
doit être instruite, et, par suite, c'est de préférence par le
tribunal du lieu de l'infraction qu'elle doit être jugée.

Les contraventions doivent toujours être jugées par le
tribunal du lieu où elles ont été commises.

§ III. — De la saisine

Aux termes des articles 70 et 71 du décret du 9 mai 1909 :
« *Les tribunaux indigènes du 1er et du 2e degré sont saisis*
« *par l'ordre de comparaître qui est délivré contre le pré-*
« *venu. — Il lui est remis à cet effet par voie adminis-*
« *trative un ordre écrit en langue indigène faisant*
« *connaître le jour de l'audience et les faits dont il a à*
« *répondre L'ordre est signé par le président du tribunal.*
« *L'original en langue française doit être déposé au*
« *dossier. Mention y est faite de la remise du double à*
« *l'intéressé* ».

On a déjà noté à la section II du président chapitre
l'importance de l'ordre de comparaître au point de vue de
la qualification des faits. L'ordre de comparaître doit être
donné même en cas de flagrant délit.

§ IV. — De la présence de la partie poursuivie

Le prévenu, poursuivi pour une simple contravention,
n'est jamais en état de détention préventive. S'il ne comparaît pas sur l'ordre de comparaître à lui donné, le
jugement est rendu par défaut et il a le droit d'y faire

---

(1) Cette disposition paraît en contradiction avec celle d'un précédent décret en date du 9 mars 1909 (*CS. 524*).

opposition. S'il comparaît, le jugement est réputé contradictoire : il n'a pas la faculté de déclarer qu'il entend
faire défaut (**Art. 82 du décret du 9 mai 1909**).

En matière correctionnelle, le prévenu peut être ou ne
pas être en détention préventive. Dans le premier cas, il
ne peut pas faire défaut ; dans le second cas, il peut ne
pas comparaître et le jugement rendu à son encontre est
par défaut et est susceptible d'opposition ; s'il comparaît,
il ne peut pas déclarer qu'il entend faire défaut (**Art. 82
précité**).

En matière criminelle, le prévenu est toujours en état
de détention. Le défaut est donc impossible, à moins toutefois que le prévenu ne soit en fuite.

§ V. — De la procédure

1° **Les débats sont publics.** — « *Les débats doivent être
publics* » (**Art. 73 du décret du 9 mai 1909**).

2° **L'instruction est orale.** — « *Le prévenu doit être inter-*
« *rogé ou entendu dans ses explications ou sa défense* »
(**Art. 73**). — « *Les témoins ne prêtent pas serment ; ils*
« *peuvent néanmoins être poursuivis, le cas échéant, pour*
« *faux témoignage. Ils sont invités à dire toute la vérité et*
« *avertis qu'en cas de faux témoignage, ils encourent les*
« *peines prévues par la loi* » (**Art. 75**).

Aucune prohibition de témoignage ne paraît exister
devant les juridictions indigènes répressives, contrairement
à ce qui a lieu en matière civile (*V. l'article 75 de l'arrêté
du 8 septembre 1909*).

L'ordre de l'instruction dépend du président du tribunal : dans la pratique, après l'appel de l'affaire, du ou des
inculpés, des témoins et des experts s'il y en a, il doit être
donné lecture des principaux procès-verbaux ou rapports
et l'on y ajoute, au besoin, celle de l'ordre de comparaître.
Les témoins reçoivent l'ordre de se retirer dans leur salle et
ils n'en sortent que tour à tour pour déposer séparément. —
Le prévenu est interrogé. Puis les témoins ou experts sont
entendus. — Les déclarations du prévenu doivent être
reçues une dernière fois.

3° **Le droit de défense devant les juridictions répressives**
est formulé dans l'article 74 du décret du 9 mai 1909 :
« *Les prévenus pourront se faire assister d'un défenseur*

« *européen ou indigène agréé par le président ; un défen-*
« *seur d'office européen ou indigène sera désigné à tout*
« *indigène accusé d'un crime* ». —Ainsi, devant le tribunal
du 2° degré saisi d'un crime, le prévenu doit être *nécessai-*
rement assisté d'un défenseur : de là obligation pour le
président de ce tribunal de lui en désigner un d'office s'il
n'en est pas pourvu.

§ VI. — Des preuves

Toutes les preuves doivent être admises devant les juridictions indigènes répressives, mais il n'y a pas de *preuves*
légales, c'est-à-dire de preuves précisant à l'avance la
valeur de chaque fait et dictant la décision du juge en
faisant abstraction de sa conviction. Telles sont les
preuves qui résultent, devant les juridictions ordinaires
répressives, de certains procès-verbaux faisant foi d'une
manière absolue. Devant les juridictions répressives indigènes, le juge forme sa conviction comme il l'entend : le
principe applicable est le principe des *preuves de conscience*.

§ VII. — Du délibéré

Bien que le décret du 9 mai 1909 ne contienne aucune
disposition précise à ce sujet, il est bien certain qu'avant
de rendre le jugement, le tribunal doit délibérer.

L'article 9 de ce décret énonce d'ailleurs que : « *Les*
« *assesseurs près les tribunaux indigènes n'ont que voix*
« *consultative : mais ils sont obligatoirement consultés :*
« *mention en est faite dans le jugement ou l'arrêt* ». — La
délibération doit avoir lieu *secrètement* en dehors du
tribunal ou à voix basse si c'est à l'audience (**Art. 369 du
Code d'instruction criminelle. — Loi du 8 août 1849. —
Décret du 22 mars 1852**).

§ VIII. — Des jugements

« *Les jugements sont motivés et rendus en audience*
« *publique, les assesseurs consultés : ils doivent constater*
« *l'énoncé sommaire des faits, l'interrogatoire du prévenu,*
« *ses conclusions et ses déclarations, les dépositions des*
« *témoins, la sentence, la loi appliquée, les noms des juges*

« *qui ont participé à la décision. Ces jugements sont*
« *transcrits à leur date sur un registre spécial coté et*
« *paraphé par le chef de la province* » (**Art. 79 du décret
du 9 mai 1909**).

« *Tout condamné en matière correctionnelle ou crimi-*
« *nelle doit recevoir aussitôt après l'audience un écrit en*
« *langue indigène signé du président et faisant connaître*
« *les motifs et la nature de la condamnation, les voies de*
« *recours et le délai pour en user, la procédure à suivre ;*
« *mention de l'accomplissement de cette formalité doit*
« *être faite à la suite du jugement* » (**Art. 80**).

On doit distinguer : 1º Les jugements *définitifs* et les
jugements *avant faire droit* : les premiers terminent le
procès, les seconds ordonnent une mesure d'instruction,
une expertise par exemple ; 2º les jugements *contradictoires* et les jugements *par défaut* : les premiers sont
rendus le prévenu étant présent, les seconds le prévenu
étant absent (*V. la section IV du présent chapitre*) ; 3º les
jugements *en premier ressort* et *en dernier ressort* : les
jugements en premier ressort sont susceptibles d'appel, les
jugements en dernier ressort n'en sont pas susceptibles. —
Comment doit-on spécifier les jugements rendus en matière
de crimes par les tribunaux du 2º degré ? Bien qu'ils ne
soient pas susceptibles d'appel, on les qualifiera de
jugements en premier ressort, puisque la Cour doit toujours
en connaître par la voie de l'homologation.

Les règles générales de validité des jugements sont relatives à la *publicité du jugement*, à la *composition de la
juridiction*, à l'*obligation de mentionner que les assesseurs
ont été consultés*, aux *motifs de la décision*, à *sa rédaction*.

Le jugement doit être rendu en audience publique.

La juridiction doit être légalement composée (*V. les
sections qui suivent*). — Le jugement doit mentionner que
les assesseurs ont été consultés.

Le jugement doit contenir l'énoncé sommaire des faits
et notamment l'ordre de comparaître, l'interrogatoire du
prévenu, ses déclarations, les dépositions des témoins, les
conclusions du défenseur du prévenu dans le cas où le
prévenu est assisté d'un défenseur. — La sentence doit
être motivée, sauf dans les jugements avant dire droit qui
ordonnent une mesure d'instruction. Ces jugements, d'ail-

leurs, peuvent ne contenir qu'un exposé très sommaire des faits.

Le jugement doit contenir le texte de la loi appliquée ou énoncer avec précision la coutume dont il a été fait application. — Le jugement doit être signé par le président de la juridiction ; aucune disposition du décret du 9 mai 1909 ou d'un arrêté complémentaire n'exige qu'il soit également signé par les assesseurs. — Enfin, mais à la suite du jugement, doit être portée la mention visée à l'article 80.

§ IX. — Des tribunaux du 1er degré

A. — **Composition** — « *Il est institué, au chef-lieu de* « *chaque district ou secteur, un tribunal indigène du* « *1er degré composé du chef du district ou secteur, prési-* « *dent, assisté de deux notables indigènes désignés par le* « *Gouverneur Général* » (**Art. 3 du décret du 9 mai 1909**).— « *En cas d'absence ou d'empêchement du président du* « *1er degré ou des assesseurs du 1er degré, le chef de la* « *province, délégué à cet effet par le Gouverneur Général,* « *désigne le fonctionnaire ou les assesseurs qui doivent les* « *remplacer* » (**Art. 5 du décret**). — « *Les fonctions de* « *greffier n'existent pas auprès des tribunaux indigènes.* « *Les présidents peuvent se faire assister, pour la* « *rédaction matérielle des jugements, la tenue des* « *registres nécessaires et des notes d'audience, la déli-* « *vrance des expéditions, d'un secrétaire de leur choix* « *pris parmi les fonctionnaires européens ou indigènes* « *placés sous leurs ordres* » (**Art. 12 du décret**). — *Les* « *présidents des tribunaux indigènes prêtent serment de* « *vive voix ou par écrit (avant que d'entrer en fonctions)* « *devant la Cour d'appel en audience civile ; les assesseurs* « *indigènes prêtent serment en audience publique devant* « *le président de la juridiction à laquelle ils sont attachés* » (**Art. 10 du décret**). — « *Les assesseurs près les tribunaux* « *indigènes n'ont que voix consultative. Ils sont obligatoi-* « *rement consultés ; mention en est faite dans le jugement* « *ou l'arrêt* » (**Art. 9 du décret**).

B. — **Compétence.** — Les tribunaux du 1er degré connaissent des *contraventions* et des *délits* commis par les indigènes. « *Les tribunaux du 1er degré connaissent : 1° en*

« *premier et dernier ressort, de toutes les contraventions,*
« *de quelque nature qu'elles soient, commises par les indi-*
« *gènes ; 2° en premier ressort seulement et à charge*
« *d'appel devant les tribunaux du 2ᵉ degré, de tous les*
« *délits commis par les indigènes* » (**Art.** 55 du décret du
9 mai 1909).

La règle que les tribunaux du 1ᵉʳ degré connaissent des
contraventions et délits commis par des indigènes reçoit
une triple exception :

1° « *Les tribunaux du 1ᵉʳ degré ne connaissent pas des*
« *délits commis par des indigènes au préjudice d'Européens*
« *ou assimilés* » (**Art.** 55 du décret). Les assimilés aux
Européens, ce sont tous les Asiatiques ou Africains (Hin-
dous, Chinois, Cafres, Zanzibarites, etc.) *étrangers ou
citoyens français ;* s'ils sont simplement *sujets français,*
ils doivent être considérés comme des *indigènes* (*V. le
chapitre VI*). Mais, *les délits commis par les indigènes
contre l'ordre public proprement dit restent de la compétence des tribunaux du 1ᵉʳ degré. Il en est de même des
délits commis par des indigènes contre l'État, la Colonie
ou une administration publique* (**Art.** 57 du décret). Ainsi,
les délits de détournement de deniers publics, d'usurpation
de fonctions publiques, de vagabondage, de vol au préjudice d'une administration publique, etc., restent de la
compétence des tribunaux indigènes du 1ᵉʳ degré. — Si un
délit est commis par un indigène au préjudice d'un autre
indigène, mais aussi au préjudice d'un Européen ou
assimilé, le tribunal indigène n'est plus compétent.

2° *Les tribunaux du 1ᵉʳ degré ne connaissent pas des
délits commis par des indigènes de complicité avec un
Européen ou assimilé* (**Art.** 55 du décret).

3° *Les tribunaux du 1ᵉʳ degré ne connaissent pas des
contraventions ou délits commis par des indigènes que des
lois spéciales soumettent à la compétence des tribunaux
ordinaires.* (*V. au C. et au CS. :* Alcools et boissons
alcooliques : décret du 20 août 1899) (1). — **Bois et forêts :**

---

(1) Il est vrai que pour les infractions à ce décret, la loi indigène
doit. en principe, être appliquée aux indigènes (**Art.** 38 du décret).
Mais il appartient et n'appartient qu'au service des contributions
indirectes de poursuivre (**Art.** 27 et 29 du décret), disposition qui rend
les tribunaux ordinaires seuls compétents, puisque les tribunaux indigènes ne peuvent être saisis que par les présidents.

décret du 10 février 1900 (**Art. 67 et suiv.**). — **Douanes, Mines :** décret du 23 mai 1907.

C. — Saisine. — Procédure. — Jugement. — Notification du jugement (*V. les sections qui précèdent*).

La notification du jugement, lorsqu'il s'agit d'un jugement statuant sur une contravention, n'a pas à faire connaître de voie de recours, puisqu'il n'en existe pas, à moins que le jugement ait statué par défaut, cas dans lequel l'opposition est ouverte.

D. — Voies de recours (*V. la section XII*).

§ X. — Des tribunaux du 2ᵉ degré

A. — Composition. — « *Il est institué, au chef-lieu de* « *chaque province ou cercle, un tribunal indigène du 2ᵉ* « *degré composé du chef de la province ou du comman-* « *dant du cercle, président, assisté de deux notables indi-* « *gènes désignés par le Gouverneur Général* » (**Art. 4 du décret du 9 mai 1909**). — « *Le Gouverneur Général désigne* « *l'administrateur qui doit remplacer le président du tri-* « *bunal du 2ᵉ degré en cas d'absence ou d'empêchement* » (**Art. 6 du décret**). — « *En cas d'absence ou d'empêche-* « *ment des assesseurs du 2ᵉ degré, le chef de la pro-* « *vince, délégué à cet effet par le Gouverneur Général, dé-* « *signe les assesseurs qui doivent les remplacer* » (**Art. 6 du décret**). — « *Aux tribunaux du 2ᵉ degré siégeant en ma-* « *tière criminelle, il est adjoint deux fonctionnaires dé-* « *signés par le Gouverneur Général et ayant voix délibé-* « *rative* (**Art. 61 du décret**). — « *En cas d'absence ou d'empê-* « *chement, le chef de la province, délégué à cet effet par le* « *Gouverneur Général, pourvoit au remplacement des* « *assesseurs désignés à l'article 61* » (**Art. 62 du décret**). — « *Les fonctions de greffier n'existent pas auprès des* « *tribunaux indigènes. Les présidents peuvent se faire assis-* « *ter, pour la rédaction matérielle des jugements, la tenue* « *des registres nécessaires et des notes d'audience, la déli-* « *vrance des expéditions, d'un secrétaire de leur choix* « *pris parmi les fonctionnaires européens ou indigènes* « *placés sous leurs ordres* » (**Art. 12 du décret**). — « *Les* « *présidents des tribunaux indigènes prêtent serment de* « *vive voix ou par écrit (avant que d'entrer en fonctions)*

« *devant la Cour d'appel en audience civile ; les assesseurs*
« *indigènes prêtent serment en audience publique devant le*
« *président de la juridiction à laquelle ils sont attachés* »
(**Art. 10 du décret**). — « *Les fonctionnaires siégeant en*
« *matière criminelle avec voix délibérative prêtent ser-*
« *ment en audience publique devant le président du tribu-*
« *nal du 2ᵉ degré* » (**Art. 61 du décret**). — « *Les assesseurs*
« *près les tribunaux indigènes n'ont que voix consultative :*
« *ils sont obligatoirement consultés ; mention en est faite*
« *dans le jugement ou l'arrêt* » (**Art. 9 du décret**).

B. — **Compétence.** — Les tribunaux du 2ᵉ degré connaissent des crimes commis par les indigènes. — « *Les*
« *tribunaux du 2ᵉ degré connaissent de tous les crimes*
« *commis par les indigènes sous les mêmes exceptions*
« *et réserves qu'aux articles 55 et 57* » (**Art. 59 du**
« **décret**).

La règle que les tribunaux du 2ᵉ degré connaissent des
crimes commis par des indigènes reçoit donc une double
exception :

1° Les tribunaux du 2ᵉ degré ne connaissent pas des
crimes commis par des indigènes au préjudice d'Européens
ou assimilés ;

2° Les tribunaux du 2ᵉ degré ne connaisssent pas des
crimes commis par des indigènes de complicité avec un
Européen ou assimilé.

C. — **Saisine.** — **Procédure.** — **Jugement.** — **Notification**
de jugement (*V. aux sections qui précèdent les dispositions*
desquelles résulte notamment que devant le tribunal du
2ᵉ degré statuant en matière criminelle, l'accusé doit
toujours avoir un défenseur). La notification d'un jugement rendu par un tribunal du 2ᵉ degré en matière
criminelle doit indiquer que le dossier de l'affaire et le
jugement rendu vont être soumis à la chambre d'homologation de la Cour d'appel et que le condamné peut adresser
à cette chambre tous mémoires utiles (*V. la section XII :*
Des voies de recours). — Si le jugement a été rendu par
défaut, la notification du jugement doit indiquer les délais
d'opposition (*V. cette même section*).

D. — **Voies de recours** (*V. la section XII*).

§ XI. — Des récusations

« *Les membres des tribunaux indigènes ne sont pas*
« *soumis à la récusation. Lorsque le président du tribunal*
« *est informé qu'il existe pour un assesseur des motifs*
« *d'abstention, il décide souverainement et sans appel si*
« *l'assesseur doit s'abstenir* » (**Art. 11 du décret du
9 mai 1909**).

§ XII. — Des voies de recours

1º De l'opposition

A. — **Jugement par défaut.** — « *Les jugements rendus par
défauts sont susceptibles d'opposition* » (**Art. 81 du décret du
9 mai 1909**). — Le jugement est rendu par défaut devant les
tribunaux du 1ᵉʳ et du 2ᵉ degré, lorsque le prévenu ne comparaît pas, soit, en matière de contravention et de délit,
parce que, non détenu, il ne s'est pas présenté sur l'ordre
de comparaître, soit, en matière de crime, parce qu'il est en
fuite. On a vu à la section IV que le prévenu, comparaissant devant le tribunal, n'a pas la faculté de déclarer qu'il
entend faire défaut.

B. — **Délais de l'opposition.** — « *La notification des juge-*
« *ments par défaut est faite à personne dans la forme*
« *prescrite à l'article 80. Le délai pour former opposition*
« *est de dix jours à compter de la notification, le jour de*
« *la notification n'y étant pas compris* » (**Art. 85 du décret**).
— « *Tout condamné en matière correctionnelle et crimi-*
« *nelle doit recevoir aussitôt après l'audience un écrit en*
« *langue indigène signé du président et faisant connaître*
« *les motifs et la nature de la condamnation et le délai*
« *pour en user, la procédure à suivre* » (**Art. 80 du décret**).
Quid si l'opposition est tardive ? — « *Les tribunaux ne*
« *sont pas saisis par une opposition tardive : la déclara-*
« *ration d'opposition sera néanmoins inscrite comme il a*
« *été dit aux articles précédents et portée, dans le plus*
« *bref délai, à la connaissance du Procureur Général qui*
« *avisera l'intéressé de l'irrecevabilité ou pourra, le cas*
« *échéant, si l'irrecevabilité est discutable, saisir le tribu-*
« *nal compétent qui statuera sur la recevabilité* » (**Art. 87
du décret**).

C. — Formes de l'opposition. — « *L'opposition est faite* « *par simple déclaration écrite ou verbale au président du* « *tribunal. Elle est inscrite à la suite ou en marge du* « *jugement* » (**Art. 86 du décret**).

D. — Effets de l'opposition. — « *L'affaire est jugée à* « *nouveau à l'une de plus prochaines audiences* » (**Art. 86 du décret**). — L'effet de l'opposition régulièrement formée est d'anéantir immédiatement le jugement rendu par défaut. La deuxième conséquence est de soumettre à nouveau l'affaire jugée par défaut au tribunal qui en a connu. A ces fins, un ordre de comparaître doit être donné à l'opposant pour une des plus prochaines audiences. — Si, à cette nouvelle audience, l'opposant comparaît, la condamnation par défaut est remise entièrement en question et le tribunal rend un nouveau jugement ; s'il ne comparaît pas, le tribunal n'a qu'à se référer au jugement par défaut rendu et à en ordonner l'exécution ; dans ce dernier cas, le jugement ne peut plus être attaqué par la voie de l'opposition et il ne semble pas qu'il soit susceptible d'appel, puisqu'aux termes de l'article 81 du décret du 9 mai 1909 : « *les jugements* « *contradictoires sont seuls susceptibles d'appel.* »

2° De l'appel

A. — Jugements susceptibles d'appel :

a) *Les jugements rendus par les tribunaux du 1ᵉʳ degré statuant sur des délits commis par des indigènes sont rendus en premier ressort et sont susceptibles d'appel.* — Les jugements rendus par ces tribunaux statuant sur des contraventions commises par des indigènes sont rendus en dernier ressort et ne sont pas susceptibles d'appel (**Art. 59 et 55 du décret du 9 mai 1909**). — Il a été déjà observé que les infractions prennent leur qualification dans la peine qui leur est légalement applicable et non dans celle qui leur est judiciairement appliquée (*V. chapitre II*). Ainsi, Ratsitokana, condamné avec le bénéfice de l'article 463 du Code pénal à une peine de simple police pour un délit de coups et blessures prévu et puni des peines correctionnelles de l'article 311 du même Code, n'en est pas moins condamné pour *délit* : il peut donc faire appel du jugement de condamnation. Si Ratsitokana, au contraire, poursuivi devant le tribunal du 1er degré pour un délit de coups et blessures, n'est reconnu coupable, après examen de l'affaire, que d'une *contravention* de violences légères prévue et punie de peines de simple police par le Code de Brumaire an IV, il n'est condamné que pour *contravention* et il ne peut pas faire appel du jugement de condamnation.

b) « *Les jugements rendus par les tribunaux du 1er degré* « *statuant sur des délits commis par des indigènes ne sont* « *susceptibles d'appel que s'ils sont contradictoires* » (**Art. 81 du décret**). — « *Un jugement est réputé contradictoire lors-* « *que le prévenu a comparu. Il n'a pas la faculté de déclarer,* « *lorsqu'il comparaît, qu'il entend faire défaut* » (**Art. 82**). — Si le jugement a été rendu par défaut, c'est la voie de l'opposition qui est ouverte.

c) *Les jugements contradictoires rendus par les tribu-* *naux du 1er degré statuant sur des délits commis par des* *indigènes ne sont susceptibles d'appel que s'ils sont défini-* *tifs.* Cette règle n'est pas énoncée dans le décret du 9 mai 1909 : elle doit être regardée comme constante. Un juge-ment *définitif* est celui qui termine l'instance devant le tribunal : à ce titre, un jugement par lequel le tribunal du 1er degré se déclare incompétent, parce que le fait à lui déféré constitue, non un délit ou une contravention, mais un crime, est susceptible d'appel. — Les jugements *avant dire droit*, tels ceux qui ordonnent une mesure d'ins-truction, ne sont pas, au contraire, susceptibles d'appel.

B. — Personnes qui peuvent appeler :

a) « *Le droit d'appel appartient au prévenu condamné* » (**Art. 83 et 84 du décret du 9 mai 1909**).

b) *Le droit d'appel appartient au chef de province ou de cercle.* — « *Les chefs de province peuvent faire appel* « *des décisions rendues en matière correctionnelle par* « *les tribunaux du 1er degré dans le mois qui suit le pro-* « *noncé du jugement* » (**Art. 91 du décret**). — « *Après chaque* « *audience, il sera envoyé au chef de la province un* « *extrait des jugements rendus en matière correctionnelle* « *par les tribunaux du 1er degré. Ces extraits doivent* « *contenir le résumé des indications mentionnées à l'ar-* « *ticle 79* » (**Art. 90**).

c) *Le droit d'appel appartient au Procureur Général.* — « *Le Procureur Général est investi du même droit d'appel*

« *que les chefs de province à l'égard des décisions rendues*
« *en matière correctionnelle par les tribunaux du 1er*
« *degré : le délai en ce qui le concerne est porté à deux*
« *mois à dater de la réception du relevé prévu à l'ar-*
« *ticle 90* » (**Art. 91**). — « *Après chaque audience, il sera*
« *envoyé au Procureur Général un extrait des jugements*
« *rendus en matière correctionnelle par les tribunaux du*
« *1er degré. Ces extraits doivent contenir le résumé des*
« *indications mentionnées à l'article 79* » (**Art. 90**).

C. — Délais d'appel. — a) *Appel du condamné.* — « *En*
« *matière correctionnelle, le président du tribunal du*
« *1er degré, aussitôt après le prononcé du jugement, est*
« *tenu de demander au condamné présent s'il entend*
« *interjeter appel. Celui-ci peut faire, séance tenante,*
« *sa déclaration d'appel qui est consignée à la suite et*
« *en marge du jugement* » (**Art. 83**). Cette formalité ne
doit pas se confondre avec celle prévue à l'article 80
(*V. section VIII*) qui exige la remise au condamné d'un
écrit. « *Si l'appel n'est pas interjeté à l'audience, il peut*
« *être fait par déclaration écrite ou verbale au prési-*
« *dent du tribunal du 1er degré dans les dix jours qui*
« *suivent. La déclaration est inscrite comme il a été*
« *dit à l'article précédent* » (**Art. 84**). *Quid* si l'appel du
condamné est tardif ? « *Les tribunaux ne sont pas saisis*
« *par un appel tardif : la déclaration d'appel sera néan-*
« *moins inscrite comme il a été dit aux articles précé-*
« *dents et portée, dans le plus bref délai, à la connais-*
« *sance du Procureur Général qui avisera l'intéressé de*
« *l'irrecevabilité ou pourra, le cas échéant, si l'irrece-*
« *vabilité est discutable, saisir le tribunal compétent qui*
« *statuera sur la recevabilité* » (**Art. 87**).

b) *Appel du chef de la province ou cercle.* — « *Les chefs*
« *de province peuvent faire appel des décisions rendues*
« *en matière correctionnelle par les tribunaux du 1er degré*
« *dans le mois qui suit le prononcé du jugement* » (**Art. 91**).
— « *Après chaque audience, il sera envoyé au chef de la*
« *province un extrait des jugements rendus en matière*
« *correctionnelle par les tribunaux du 1er degré. Ces*
« *extraits doivent contenir le résumé des indications*
« *mentionnées à l'article 79* » (**Art. 90**).

c) *Appel du Procureur Général.* — « *Le Procureur Géné-*

« *ral est investi du même droit d'appel que les chefs de*
« *province : le délai, en ce qui le concerne, est porté à*
« *deux mois à dater de la réception du relevé prévu à*
« *l'article 90* » (**Art. 91**).— « *Après chaque audience, il sera*
« *envoyé au Procureur Général un extrait des jugements*
« *rendus en matière correctionnelle par les tribunaux du*
« *1ᵉʳ degré. Ces extraits doivent contenir le résumé des*
« *indications mentionnées à l'article 79* » (**Art. 90**).

D. — Formes de l'appel. — a) *Appel du condamné.* — « *En*
« *matière correctionnelle, le président du tribunal du*
« *1ᵉʳ degré, aussitôt après le prononcé du jugement, est*
« *tenu de demander au condamné présent s'il entend*
« *interjeter appel. Celui-ci peut faire, séance tenante, sa*
« *déclaration d'appel qui est consignée à la suite ou*
« *en marge du jugement* » (**Art. 83**). — « *Si l'appel n'est*
« *pas interjeté à l'audience, il peut être fait par décla-*
« *ration écrite ou verbale au président du tribunal du*
« *1ᵉʳ degré dans les dix jours qui suivent. La déclaration*
« *est inscrite comme il a été dit à l'article précédent* »
« (**Art. 84**).

b) *Appel du chef de la province et du Procureur*
« *Général.* — *L'appel du Procureur Général et du chef de*
« *la province est formé par lettre adressée au président*
« *du tribunal du 1ᵉʳ degré : la date de la lettre est celle*
« *de l'appel. Mention de l'appel est faite à la suite ou*
« *en marge du jugement* » (**Art. 92**).

E. — Effets de l'appel. — *L'appel produit deux effets :*
l'un, c'est d'être *dévolutif*, c'est-à-dire de porter la connaissance du fond de l'affaire au tribunal supérieur ;
l'autre, c'est d'être *suspensif*, c'est-à-dire d'arrêter l'exécution de la sentence contre laquelle l'appel a été formé ou
peut être formé. L'article 203 du Code d'instruction
criminelle dit que « *pendant le délai d'appel et pendant*
« *l'instance d'appel, il sera sursis à l'exécution du juge-*
« *ment* ». Si les dispositions de cet article doivent être
considérées comme applicables en matière répressive
indigène, il en résulte que l'exécution du jugement
est suspendue, non seulement par l'appel, mais par le
délai d'appel accordé tant à la partie condamnée qu'au
chef de la province et au Procureur Général ; peut-être

convient-il de ne considérer l'exécution du jugement
suspendue que pendant le délai d'appel accordé à la partie
condamnée. Dans cette hypothèse, si un indigène, comparaissant libre devant un tribunal du 1ᵉʳ degré pour
délit, est condamné à une peine corporelle, il ne peut être
emprisonné qu'après l'expiration du délai à lui accordé
pour faire appel. S'il comparaît en état de détention
préventive, il est censé y rester tant que ce délai n'est pas
expiré, sous réserve d'ailleurs d'imputer la durée de la
détention préventive sur la durée de la condamnation. Il est
bien certain, d'autre part, que si l'indigène poursuivi
devant le tribunal du 1ᵉʳ degré pour un délit et comparaissant
en état de détention préventive, est acquitté, il doit être
mis en liberté sans attendre l'expiration des délais d'appel
accordés au chef de la province et au Procureur Général.

F. — **Devant quel tribunal l'appel est porté ?** — L'appel
est porté devant le tribunal du 2ᵉ degré de la province ou
cercle d'où ressort le tribunal du 1ᵉʳ degré qui a rendu le
jugement (**Art. 59 du décret**).

G. — **Composition de ce tribunal statuant en appel.** — La
composition de ce tribunal statuant en appel est celle
indiquée à l'article 4 du décret du 9 mai 1909 : le chef de
la province ou le commandant de cercle, président, assisté
de deux notables indigènes. Ce n'est que lorsque le tribunal du 2ᵉ degré statue en *matière criminelle* qu'il lui est
adjoint deux fonctionnaires (**Art. 61 du décret**). Toutefois,
il importe de mentionner l'article 7 du décret : « *Lorsque*
« *le tribunal du 2ᵉ degré juge comme tribunal d'appel, il*
« *est toujours présidé par le chef de la province ou du*
« *cercle et, à défaut, et dans les cas urgents seulement, par*
« *l'administrateur le plus élevé en grade après lui* ». Un
arrêté du 13 décembre 1906 autorise les chefs de province
ou de cercle à se faire remplacer, en cas d'empêchement
momentané, dans leurs fonctions de président du tribunal
du 2ᵉ degré, par leurs adjoints : c'est probablement cette
substitution que vise l'article 7 sus-énoncé.

H. — **Saisine. — Instruction. — Jugement.** — Le tribunal
du 2ᵉ degré est saisi par l'appel du condamné. Cet appel
doit être transmis, avec les pièces du dossier et la copie du
jugement, au tribunal du 2ᵉ degré. « *Lorsque l'appelant*
« *est détenu, il doit être transféré au chef-lieu de la pro-*

« *vince avec les pièces du procès et la copie du jugement* »
(**Art. 88**).

Les débat ont lieu comme devant le tribunal du 1er degré,
en audience publique. L'appelant est interrogé après
lecture des pièces du dossier jugées utiles. L'audition des
témoins en personne est facultative et le tribunal est souverain pour refuser d'entendre des témoins dont l'audition
est réclamée, soit qu'ils aient été entendus en première
instance, soit qu'ils ne l'aient pas encore été.

Le tribunal du 2o degré ordonne, au surplus, toutes les
mesures d'instruction qu'il juge nécessaires.

Les règles relatives à la rédaction et aux formes des
jugements des tribunaux du 1er degré s'appliquent aux
jugements des tribunaux du 2o degré statuant sur appel.
Il doit seulement y être mentionné que le tribunal du
2o degré statue comme tribunal d'appel.

Le jugement rendu doit être notifié à l'appelant comme
il est prescrit à l'article 80, sauf qu'il n'y a pas à indiquer
les voies de recours et le délai pour en user. Cependant, si
le jugement d'appel est rendu par défaut, la notification
doit indiquer que le délai pour former opposition est de
dix jours (**Art. 85 et 86**).

I. — Amende d'appel. — « *L'appelant qui succombe peut
être condamné à une* « *amende de 150 francs* » (**Art. 89**).
Il est à peine besoin de faire remarquer que l'appelant n'a
pas à consigner cette amende lorsqu'il fait appel.

J. — Voies de recours. — On ne peut supposer une voie
de recours contre le jugement rendu en appel par le
tribunal du 2o degré que si ce jugement est rendu par
défaut (**Art. 81**). On a vu ci-dessus quand un jugement
est rendu par défaut. — Pour la voie de recours de l'opposition dans ce cas, consulter ce qui est dit plus haut.

3o De l'homologation

A. — Les jugements rendus en matière criminelle par
les tribunaux du 2e degré sont soumis à l'homologation de
la Cour d'appel (Art. 93 du décret) :

*1o Seuls les jugements rendus en matière criminelle
par les tribunaux du 2e degré sont soumis à l'homologation.*
Les jugements rendus par ces tribunaux comme *juges*

d'appel des jugements rendus par les tribunaux du
1er degré en *matière correctionnelle* ne sont pas soumis
à l'homologation.

2° *Seuls les jugements contradictoires rendus en
matière criminelle par les tribunaux du 2° degré sont
soumis à l'homologation.* La voie de l'homologation ne
doit s'exercer que lorsque la compétence de juridiction du
tribunal du 2° degré est *complètement épuisée* : or, elle
n'est pas épuisée tant que la voie de *l'opposition* n'a pas
été employée par le condamné défaillant (*V. ci-dessus :*
De l'opposition).

3° *Seuls les jugements définitifs rendus en matière
criminelle par les tribunaux du 2° degré sont soumis à
l'homologation.* — Les jugements *avant dire droit* ne sont
pas soumis à l'homologation car, après eux, la compétence
de juridiction du tribunal du 2° degré reste entière. — On
a déjà dit que le jugement *définitif* est celui qui termine
l'affaire devant la juridiction saisie : un jugement par
lequel un tribunal du 2° degré se déclare incompétent
pour juger un fait qualifié crime, et cela parce que ce fait
ne constituerait qu'un délit, est incontestablement un
jugement définitif et, comme tel, est soumis à l'homologation.

B. — De la Cour d'appel statuant en homologation. —
« *Il est institué au chef-lieu de la Cour d'appel une
« chambre d'homologation chargée de statuer sur l'homo-
« logation des jugements rendus en matière criminelle par
« les tribunaux du 2° degré* (**Art. 93 du décret**). — *Cette
« chambre se compose : 1° de trois magistrats de la cour
« désignés au commencement de l'année par le président
« après avis du Procureur Général ; 2° de deux fonction-
« naires désignés à la même époque par le Gouverneur
« Général ; 3° de deux assesseurs indigènes désignés par le
« Gouverneur Général et n'ayant que voix consultative.
« Deux autres assesseurs sont désignés pour les remplacer
« en cas d'absence ou d'empêchement. Elle est présidée
« par un magistrat désigné à cet effet au commencement
« de l'année par le président de la Cour, après avis du
« Procureur Général. Le président de la Cour peut la
« présider lui-même. — La présence du ministère public
« n'est pas obligatoire ; les fonctions en sont exercées, le*

« *cas échéant, par le Procureur Général, l'Avocat Général*
« *ou le conseiller auditeur.* — *Les fonctions de secrétaire*
« *sont remplies par un commis-greffier, ainsi qu'il a été*
« *dit à l'article 12* » (**Art. 94**).

« *En cas d'absence ou d'empêchement de l'un des fonc-*
« *tionnaires faisant partie de la chambre, le Gouverneur*
« *Général désigne un autre fonctionnaire pour le rempla-*
« *cer ; il est pourvu par le président de la Cour au*
« *remplacement des magistrats empêchés* » (**Art. 95**).

C. — Des récusations devant la Cour d'appel statuant en
homologation. — « *Les dispositions de l'article 11, en ce*
« *qui concerne la récusation, s'appliquent également à la*
« *chambre d'homologation* » (**Art. 96**). — (*V. la section XI*
du présent chapitre).

D. — De la saisine de la chambre d'homologation. — « *La*
« *chambre d'homologation est saisie par le Procureur*
« *Général dans la quinzaine de la réception du dossier qui*
« *aura été transmis à ce magistrat par le président du*
« *tribunal du 2ᵉ degré.* — *Ce dossier devra comprendre,*
« *outre les pièces de la procédure, une copie du jugement*
« *et être accompagné d'un rapport dans lequel le prési-*
« *dent du tribunal du 2ᵉ degré relatera les faits du procès,*
« *les incidents qui ont pu se produire à l'audience et toutes*
« *les circonstances propres à éclairer la religion de la*
« *chambre* » (**Art. 97**).

De ce texte, il résulte que dans tous les cas, le jugement
rendu en matière criminelle par le tribunal du 2ᵒ degré
doit être soumis, d'office en quelque sorte, à la chambre
d'homologation.

E. — **Effets de l'homologation.** — L'homologation a,
comme l'appel, un effet *dévolutif* et un effet *suspensif*. —
Un effet *dévolutif*, en ce sens que la chambre d'homologation est souveraine aux fins d'apprécier, en droit et en
fait, si le jugement doit être maintenu ou anéanti, homologué ou annulé. — « *Il n'existe pas de nullité en matière*
« *répressive indigène. La chambre d'homologation est*
« *armée d'un pouvoir souverain d'appréciation* » (**Art. 106**) ;
un effet *suspensif*, en ce sens que : « *L'exécution des juge-*
« *ments des tribunaux indigènes est suspendue pendant*
« *la durée de la procédure d'homologation; la peine courra*

« *néanmoins du jour de la détention préventive, à moins*
« *que le juge n'ait ordonné, par disposition spéciale et*
« *motivée, que cette imputation n'aura pas lieu ou n'aura*
« *lieu que pour partie* » (Art. 107).

F. — Procédure de l'homologation. — « *La chambre*
« *d'homologation statue dans le mois sur le rapport d'un*
« *de ses membres, le ministère public entendu lorsqu'il est*
« *représenté* » (Art. 98). — « *Les débats ont lieu et l'arrêt*
« *est rendu en audience publique ; les parties ne sont pas*
« *présentes ni représentées, elles peuvent produire tous*
« *mémoires utiles* » (Art. 99). — « *La chambre d'homolo-*
« *gation ordonne tous les compléments d'instruction qui*
« *lui paraîtront nécessaires ; elle y fait procéder par*
« *l'un de ses membres, les présidents des tribunaux indi-*
« *gènes ou toutes autres autorités judiciaires* » (Art. 100).

L'article 104 vise un cas spécial où la chambre d'homologation peut annuler dès le premier examen des pièces :
c'est celui où le tribunal du 2ᵉ degré a manifestement
excédé sa compétence en connaissant d'une affaire relevant
des tribunaux français.

G. — Arrêt. — L'arrêt doit être rendu dans le mois, à
partir du moment où la chambre d'homologation a été
saisie par le Procureur Général (Art. 98). — L'arrêt doit
être rendu en audience publique (Art. 99).

L'arrêt d'homologation confère au jugement soumis à
l'homologation un caractère définitif et irrévocable. —
L'arrêt d'annulation anéantit au contraire ce jugement et
soumet à nouveau l'affaire au tribunal désigné comme
tribunal de renvoi.

H. — Procédure après arrêt d'annulation. — « *Lorsque*
« *la chambre annule, elle renvoie l'affaire devant le*
« *tribunal (du 2ᵉ degré) qui en aura connu ou un tri-*
« *bunal voisin du lieu du crime, en indiquant par arrêt*
« *motivé les points insuffisamment établis ou reconnus*
« *erronés sur lesquels devra porter le nouvel examen des*
« *juges. Les tribunaux saisis après arrêt de la chambre*
« *sont tenus de se conformer, sur les points de droit, aux*
« *indications de l'arrêt* » (Art. 101). — Dans le cas spécial
de l'article 101 ci-dessus visé, « *la chambre d'homologation*
« *renvoie l'affaire devant la juridiction compétente. Si le*

« *condamné est détenu ou en fuite sous le coup d'un*
« *mandat d'arrêt, elle ordonne le maintien du mandat de*
« *dépôt ou d'arrêt* » (**Art. 104**).

Le tribunal de renvoi, qui ne peut être qu'un tribunal
du 2ᵉ degré, puisque seul un tribunal de cet ordre est compétent en matière criminelle, doit examiner l'affaire et la
juger comme si elle n'avait jamais été soumise à la juridiction répressive. Les débats doivent être aussi complets
qui si l'affaire venait pour la première fois. Le jugement
doit toutefois mentionner, dans l'énoncé sommaire des
faits, les conditions dans lesquelles l'affaire est jugée.

« *Lorsque le tribunal du 2ᵉ degré, après de nouveaux*
« *débats, a rendu son jugement, le dossier est renvoyé à*
« *la chambre d'homologation qui peut, soit homologuer,*
« *soit annuler à nouveau et, dans ce dernier cas, évoquer*
« *l'affaire et statuer au fond* » (**Art. 102**).

I. — **Procédure après un deuxième arrêt d'annulation.** —
Dans ce cas, il n'y a pas lieu à renvoi et la chambre d'homologation évoque le fond. « *Lorsqu'elle évoque l'affaire,*
« *la chambre d'homologation peut ordonner, si elle le*
« *juge utile, la comparution des parties et des témoins.*
« *La présence du ministère public, en cas d'évocation,*
« *est obligatoire et l'accusé peut se faire assister ou*
« *représenter par un avocat-défenseur : en cas d'évoca-*
« *tion, un défenseur d'office est toujours désigné à l'ac-*
« *cusé* » (**Art. 103**).

J. — **Exécution des arrêts de la chambre d'homologation.** — « *Tous les arrêts rendus par la chambre d'homo-*
« *logation sont exécutés à la diligence du Procureur*
« *Général* » (**Art. 105**).

4° De l'annulation

L'annulation est une voie de recours toute spéciale
ouverte seulement au Procureur Général et uniquement
dans l'intérêt de la loi : « *Il est institué au chef-lieu de la*
« *Cour d'appel une chambre d'homologation chargée de*
« *statuer sur l'homologation des jugements rendus en*
« *matière criminelle par les tribunaux du 2ᵉ degré et de*
« *l'annulation, dans l'intérêt de la loi seulement, des*
« *jugements définitifs rendus en matière correctionnelle*

« *et de simple police par les tribunaux indigènes qui lui*
« *sont dénoncés par le Procureur Général* » (**Art. 93**). Le
pourvoi en annulation formé dans ces conditions par le
Procureur Général laisse au jugement attaqué toute l'autorité de la chose jugée : il se borne à rectifier *théoriquement*
les erreurs qu'il renferme. La seule sanction de l'annulation dans ce cas consiste dans la transcription de l'arrêt
d'annulation sur les registres de la juridiction dont la
décision a été annulée. *La partie condamnée ne peut se*
prévaloir de l'annulation.

Le recours en annulation dans l'intérêt de la loi a pour
objet de maintenir l'exacte interprétation de la loi.

La procédure à suivre est celle de la procédure d'homologation. — La chambre d'homologation est saisie par
le Procureur Général et elle statue après rapport d'un de
ses membres. — L'arrêt d'annulation est transcrit, à la
diligence du Procureur Général, sur les registres de la
juridiction qui a rendu la décision annulée.

IIe PARTIE

Législation antérieure à 1895

(Sakaizambohitra (1878).—Code de 1881.—Instructions aux gouverneurs (1889)

Instructions aux Sakaizambohitra (1878)[1,2]

ARTICLE 28

Quand un décès se produit, les héritiers doivent se présenter à vous, afin que vous inscriviez le nom de celui qui fait le partage, ainsi que la façon dont la répartition est faite et le nombre des héritiers; ceux qui ne se présenteront pas à vous pour l'accomplissement de cette formalité ne seront pas considérés comme héritiers, fussent-ils les enfants du défunt. Ces inscriptions sont reconnues nécessaires, parce que là est l'origine de tous vos différends.

1. Obligation de l'enregistrement des partages. Obligation maintenue depuis l'occupation française à peine de nullité des actes *(Arrêté du 13 juin 1910)*.

ARTICLE 34

Vous relèverez aussi le nombre des naissances, en indiquant le jour où elles ont eu lieu; vous indiquerez les noms des père et mère et spécifierez le sexe des enfants; ceux dont la naissance ne sera pas inscrite ne seront pas acceptés par le gouvernement comme enfants légitimes.

1. Obligation de l'enregistrement des naissances *(V. l'art. 108 du Code de 1881 et l'arrêté du 13 juin 1910)*.

ARTICLE 35

Si des *lolobohitra* sont donnés, enregistrez-les dans vos livres

---

(1) ......«Attendu que les instructions aux Sakaizambohitra ont été remplacées le 1er Alakarabo 1881 par le Code des 305 articles; *mais que les dispositions de ces Instructions, non contraires à l'esprit et au texte de la nouvelle législation, furent maintenues, ainsi que cela résulte de l'article 263 du Code de 1881.* » (CT. **11 juin 1908**).

(2) Les articles rapportés sont ceux devant être considérés comme étant toujours en vigueur, du moins dans les principes qui y sont énoncés.

en présence de la famille du donateur ; si l'inscription n'en a pas été faite, le *tolobohitra* n'est pas valable.

1. Obligation de l'enregistrement des donations (*V. l'arrêté du 13 juin 1910*).

ARTICLE 36

Quand des mariages seront contractés, vous inscrirez dans vos registres les noms des époux et leur pays d'origine, ainsi que la date de leur union et les noms de leurs père et mère présents au mariage. Les mariages non inscrits dans vos livres ne seront pas réguliers.

1. Obligation de l'enregistrement des mariages (*V. l'art. 53 du Code de 1881, les art. 11 et 12 des Instructions aux gouverneurs et l'arrêté du 10 décembre 1904*).

ARTICLE 38

La polygamie n'est pas tolérée dans mon royaume.

1. Interdiction de la polygamie (*V. l'art. 50 du Code de 1881*).

ARTICLE 40

Si une personne confie purement et simplement de l'argent à une autre, ou que cet argent ait pour objet une association commerciale entre les deux, l'arrangement, s'il ne vous est pas communiqué pour l'enregistrement, est nul.

1. Obligation de l'enregistrement des associations commerciales, mais *V. l'article 138 de l'arrêté du 8 septembre 1909 sur la procédure en matière civile*.

ARTICLE 45

Si quelqu'un renvoie sa femme, conduisez les deux époux à *Avara-dRova*.

1. Prohibition de la répudiation de la femme par le mari (*V. l'art. 56 du Code de 1881*).

ARTICLE 46

Si des adoptions ou des rejets d'enfants ont lieu, enregistrez-les dans vos livres ; sans quoi ces adoptions ou rejets ne seront pas valables.

1. Obligation de l'enregistrement des actes d'adoption et de rejet (*V. les art. 229 et 236 du Code de 1881 et l'arrêté du 13 juin 1910*).

ARTICLE 48

Lorsque des décès se produiront parmi mes sujets, vous les inscrirez.

1. Obligation de l'enregistrement des actes de décès (*V. l'article 109 du Code de 1881 et l'arrêté du 13 juin 1910*).

ARTICLES 56 et 57

Si des personnes font usage de mesures différentes pour la vente et pour l'achat, saisissez ces deux sortes de mesures et apportez-les à Tananarive, en même temps que vous y conduirez les délinquants.

Si des personnes font usage de faux poids ou fraudent sur les pesées, apportez à Tananarive leurs poids et leurs balances, en même temps que vous y conduirez les délinquants.

1. *V. les articles 74 et suivants du Code de 1881.*

ARTICLE 60

Si un Malgache détourne de ses devoirs la femme d'un autre, et que les complices soient pris en flagrant délit par le mari légitime, vous garrotterez le coupable et l'amènerez avec sa complice à Tananarive pour y verser l'amende prévue par la loi, même au cas où les deux hommes ne voudraient pas donner suite à l'affaire.

1. *V., au sujet de l'adultère, l'article 58 du Code de 1881.*

ARTICLE 66

Si des ventes ou des donations de terres sont faites, même entre membres d'une même famille, elles ne peuvent avoir lieu que si le fokonolona et vous y assistez ; vous devez les transcrire dans vos livres. Si vous ne les avez pas enregistrées, ces ventes ou donations seront sans effet.

1. Obligation de l'enregistrement des ventes ou des donations de terres (*V. l'arrêté du 13 juin 1910*).

ARTICLE 67

Si des locations de terres ou des ventes *fehi-vavan-tany* sont faites entre Malgaches, elles doivent être conclues en présence du fokonolona et de vous, *Sakaizambohitra*. Vous devrez les transcrire dans vos livres, sans quoi elles ne seront pas valables.

1. Obligation de l'enregistrement des locations de terres ou des ventes fehi-vavan-tany (*V. l'arrêté du 13 juin 1910*).

ARTICLE 68

Toutes conventions commerciales autres que celles comportant un payement au comptant doivent être rédigées en votre présence et conformément aux stipulations des deux contractants ; si vous n'avez pas procédé à la rédaction de ces stipulations, la convention est nulle.

1. Obligation de l'enregistrement des conventions commerciales, mais *V. l'article 138 de l'arrêté du 8 septembre 1909 sur la procédure en matière civile.*

ARTICLES 69, 70, 71

Si des personnes se font des prêts d'argent ne rapportant pas d'intérêts, il faudra que leurs stipulations à ce sujet soient enregistrées dans vos livres.

Si des personnes placent de l'argent à intérêt, elles doivent vous présenter, pour être enregistrées dans vos livres, les stipulations de leur contrat. Si elles ne remplissent pas cette formalité, le contrat sera nul.

Si des personnes se prêtent de l'argent avec ou sans intérêt, et qu'à l'échéance, cet argent n'étant pas rendu, le créancier réclame la garantie fournie en alléguant que le capital n'est le prix de cette dernière, leur contrat sera de nulle valeur, à moins qu'il ne vous ait été au préalable présenté pour être transcrit dans les termes arrêtés par les deux parties.

1. Obligation de l'enregistrement des prêts d'argent (*V. l'art. 161 du Code de 1881 et l'arrêté du 13 juin 1910. — V. les art. 16 et suiv. des Instructions aux gouverneurs*).

ARTICLE 72

Si des personnes s'empruntent réciproquement de l'argent, se le prêtent à intérêt, le confient simplement à d'autres ou le leur donnent pour le faire fructifier et en partager les bénéfices, et que lesdites personnes se présentent à vous pour l'enregistrement, avertissez-les que : lorsque le capital qui a été soit prêté, confié ou engagé dans une opération en compte à demi, soit placé à intérêt, est restitué, les deux parties contractantes doivent en faire ensemble la déclaration aux *Sakaizambohitra*, afin que le contrat soit annulé, faute de quoi la restitution du capital sera considérée comme non effectuée.

1. Obligation de l'enregistrement des annulations d'actes d'emprunt (*V. l'arrêté du 13 juin 1910*).

2. L'article 72 des Instructions aux Sakaizambohitra doit être considéré comme toujours en vigueur, ses dispositions ayant été consacrées par les divers textes publiés depuis l'occupation (**CT. 11 juin 1908**).

ARTICLE 74

Si des personnes testent et vous présentent leurs volontés écrites, prenez-en charge ; si, au contraire, leurs dispositions sont verbales, enregistrez-les dans vos livres et faites-en lecture à la famille réunie. Si des oppositions s'élèvent, n'acceptez ni n'enregistrez le testament, mais conduisez à Tananarive les deux parties.

1. Sur les testaments, *V. l'article 232 du Code de 1881 et les articles 6 et suivants des Instructions aux gouverneurs.*

Code des 305 articles de 1881 [1]

ARTICLE 1ᵉʳ

Les douze espèces de crimes punis de mort, et entraînant la confiscation des biens pour les hommes comme pour les femmes, sont :

Fabriquer ou faire usage de sortilèges pour tuer le souverain.

Porter le peuple à se révolter.

Etre complice des rebelles pour se révolter.

Encourager le peuple à se révolter.

Exciter les intelligents et entraîner les sots à se révolter.

Proclamer un autre prince pour causer la révolte.

Dénigrer le gouvernement pour causer la révolte.

Méditer l'assassinat de personnes pour amener la révolte.

Escalader l'enceinte du Palais dans un but de révolte.

Porter et fabriquer des sagaies courtes (*lefom-pohy*) dans un but de révolte.

Pour de l'argent et des richesses, accepter de se révolter.

L'homicide.

Tels sont les douze crimes emportant la peine capitale. Quiconque se rendra coupable, ne fut-ce que de l'un d'entre eux, sera mis à mort et tous ses biens seront confisqués, quelles que soient les personnes à qui le coupable les aurait légués.

1. La plupart des paragraphes de cet article doivent être considérés comme abrogés. Seuls, les paragraphes visant les faits de révolte et l'homicide peuvent être retenus comme toujours en vigueur.

2. La peine de mort est excessive lorsqu'elle est appliquée à un simple meurtre (*art. 295 du Code pénal*) ; dans ce cas, il y a lieu à application de l'article 304, § 3, du Code pénal. Cette peine doit être maintenue en ce qui concerne les crimes punis par les articles 296, 299, 300, 301, 302, 303, 304, §§ 1ᵉʳ et 2, du Code pénal. — La loi malgache ne prévoit pas l'homicide par imprudence.

3. La peine de la confiscation des biens n'est plus applicable. Cette peine doit être considérée comme contraire aux principes de la civilisation française (*V. l'art. 116 du décret du 9 mai 1909*, IIIᵉ Partie).

---

(1) La traduction rapportée est celle de M. l'administrateur Julien, déclarée officielle par arrêté du 1ᵉʳ décembre 1900.

4. L'article 463 du Code pénal est toujours applicable en matière répressive indigène (*V. l'art. 76 du décret ci-dessus*).

ARTICLE 2

La femme et les enfants de révoltés qui ne dénoncent pas leur parent, alors qu'ils sont au courant de ce qui se passe, seront punis des fers à perpétuité.

1. Cet article doit être considéré comme abrogé. Les principes de la civilisation française s'opposent à son application (*V. l'art. 116 du décret du 9 mai 1909, III*e *Partie*).

ARTICLE 3

Les personnes qui, découvrant ou apprenant de source certaine que des gens se révoltent ou vont commettre un homicide, ne les dénonceront pas, seront punies des fers à perpétuité.

1. La pénalité prévue à l'article 3 est contraire aux principes de la civilisation française. Elle ne saurait donc être appliquée à moins qu'un fait de complicité (*V. les art. 59, 60, 61, 62 du Code pénal*) ne soit relevé.
2. En ce qui concerne la peine des fers, *cons. l'article 110 du décret du 9 mai 1909* (IIIe Partie).
3. L'article 463 du Code pénal est toujours applicable en matière répressive indigène (art. 76 du décret du 9 mai 1909).

ARTICLE 4

De l'homicide

Si une personne en frappe volontairement une autre avec un objet tranchant ayant le caractère d'une arme, elle sera mise à mort, même au cas où sa victime ne succomberait pas.

1. Cet article prévoit et punit la tentative d'homicide ; la peine de mort édictée ne doit être appliquée qu'en cas de tentative d'un des crimes énumérés aux articles 296, 299, 300, 301, 302, 303, 304, §§ 1er et 2, du Code pénal et non en cas de tentative de simple meurtre (art. 304, § 3, du Code pénal). (*V. note mise sous l'art. 1*er).

ARTICLE 5

Si une personne se laisse gagner par une autre ou se fait payer pour commettre un homicide, toutes deux seront mises à mort.

1. *V. l'article 1*er *et les notes mises sous cet article.* — L'article 463 du Code pénal est toujours applicable en matière répressive indigène (art. 76 du décret du 9 mai 1909).

ARTICLE 6

Si une personne en frappe une autre avec un instrument en fer, sans toutefois la tuer, elle sera mise aux fers pendant un an.

1. La loi malgache ne prévoit que très imparfaitement dans l'article 6 les coups et blessures volontaires. Il y a donc lieu à application des articles 309 et suivants du Code pénal (art. 116 du décret du 9 mai 1909). — La loi malgache ne prévoit pas les coups et blessures par imprudence.

2. Sur la peine des fers, dans le cas où il serait fait application de l'article 6, *V. l'article 110 du décret du 9 mai 1909* (IIIᵉ Partie).

ARTICLE 7

De la majesté du souverain

Si une personne manque d'égards envers la majesté du souverain, elle payera 100 francs à titre de *vidin-doha* et 150 francs de *tovotr' Andriana* ; si elle ne peut payer, elle sera mise aux fers pendant cinq ans.

1. Article devant être considéré comme abrogé.

ARTICLE 8

Ceux qui introduisent dans l'île des Mozambiques ou d'autres personnes originaires du dehors pour les vendre ou les réduire à l'esclavage ou qui exportent des personnes au delà des mers, seront mis aux fers à perpétuité et leurs biens seront confisqués.

1. Article qui doit être considéré comme abrogé (*V. l'arrêté du 26 septembre 1896 qui proclame l'abolition de l'esclavage,* IIIᵉ Partie).

ARTICLE 9

Ceux qui extraient de l'or, de l'argent, des diamants ou battent monnaie seront mis aux fers pendant vingt ans.

1. L'article 9 doit être considéré comme abrogé en ce qui concerne l'extraction de l'or, de l'argent et des diamants et comme remplacé par les dispositions de la législation minière (*V.* **Mines,** *C. 895, CS. 333*).

2. Par le fait de *battre monnaie*, il faut entendre tout fait de contrefaçon ou d'altération de monnaies ayant cours légal (*V. l'art. 162*).

3. En ce qui concerne la peine des fers, *cons. l'article 110 du décret du 9 mai 1909.*

4. L'article 463 du Code pénal est toujours applicable en matière répressive indigène (art. 76 du même décret).

ARTICLE 10

Les minéraux (or, argent, cuivre, plomb, fer, pierres précieuses, diamant, charbon, etc.) ne peuvent être extraits ni des terres louées, ni de celles qui ne le sont pas ; si des personnes font cela, elles seront mises aux fers pendant vingt ans.

1. Article qui doit être considéré comme abrogé et comme remplacé par les dispositions de la législation minière. (V. **Mines**, *C. 895, CS. 333*).

ARTICLE 11

Ceux qui fabriquent des sortilèges et font ainsi revivre les pratiques d'autrefois seront mis aux fers pendant vingt ans.

1. Article qui doit être considéré comme abrogé (*Cons. l'art. 479, § 7, du Code pénal*).

ARTICLE 12

Ceux qui volent des personnes seront mis aux fers pendant vingt ans et leurs biens seront confisqués.

1. L'article 12 prévoit le vol de personnes dans le but de les réduire en esclavage, *Cons. l'arrêté du 26 septembre 1896 qui proclame l'abolition de l'esclavage* (IIIᵉ Partie).
2. Sur la peine des fers, *V. l'article 110 du décret du 9 mai 1909* (IIIᵉ Partie).
3. La peine de la confiscation des biens ne doit plus être appliquée, elle doit être considérée comme contraire aux principes de la civilisation française (art. 116 du décret du 9 mai 1909).
4. L'article 463 du Code pénal est toujours applicable en matière répressive indigène (art. 76 du décret du 9 mai 1909).

ARTICLE 13

Ceux qui volent un sceau officiel seront mis aux fers pendant vingt ans.

1. L'article 13 prévoit et punit le fait de se servir d'un sceau imitant le timbre ou sceau officiel afin de donner à un écrit un caractère d'authenticité *(mangala-kase)*. Le fait de se servir sans autorisation d'un sceau officiel dans un but autre que celui prescrit par l'autorité constitue également le *mangala-kase*.
2. Sur la peine de fers, *cons. l'article 110 du décret du 9 mai 1909* (IIIᵉ Partie).
3. L'article 463 du Code pénal est toujours applicable en matière répressive indigène (art. 76 du décret du 9 mai 1909).

ARTICLE 14

Ceux qui volent dans le palais seront mis aux fers pendant vingt ans.

1. L'article 14 prévoit tout vol commis dans un édifice public. Pour les autres vols, V. *les articles 17, 18, 22 et suivants.*
2. Sur la peine des fers, cons. *l'article 110 du décret du 9 mai 1909* (III⁰ Partie).
3. L'article 463 du Code pénal est toujours applicable en matière répressive indigène (art. 76 du décret du 9 mai 1909).

ARTICLE 15

Ceux qui font des faux en écritures seront mis aux fers pendant dix ans.

1. L'article 15 prévoit et punit le faux en écriture et l'usage de faux *(mangala-tsonia).*
2. Sur la peine des fers, cons. *l'article 110 du décret du 9 mai 1909* (III⁰ Partie).
3. L'article 463 du Code pénal est toujours applicable en matière répressive indigène (art. 76 du décret du 9 mai 1909).

ARTICLE 16

Ceux qui incendient volontairement des maisons seront mis aux fers pendant dix ans et leurs biens seront confisqués.

1. L'incendie involontaire est prévu et puni par l'article 129. En ce qui concerne l'incendie des forêts, cons. *les articles 101 et suivants.*
2. Sur la peine des fers, V. *l'article 110 du décret du 9 mai 1909* (III⁰ Partie).
3. Sur la peine de la confiscation des biens, cons. *la note mise sous les articles 1er et 12.*
4. L'article 463 du Code pénal est toujours applicable en matière répressive indigène (art. 76 du décret du 9 mai 1909).

ARTICLE 17

Ceux qui violent les tombeaux seront mis aux fers pendant dix ans et leurs biens seront confisqués.

1. L'article 17 prévoit et punit le fait de violer les tombeaux, que ce fait soit accompagné ou non de vol.
2. Sur la peine des fers, cons. *l'article 110 du décret du 9 mai 1909* (III⁰ Partie).
3. Sur la peine de la confiscation des biens, cons. *la note mise sous les articles 1er et 12.*
4. L'article 463 du Code pénal est toujours applicable en matière répressive indigène (art. 76 du décret du 9 mai 1909).

ARTICLE 18

Ceux qui, par effraction, pénètrent dans une maison, seront mis aux fers pendant dix ans et leurs biens seront confisqués.

1. L'article 18 prévoit et punit tout vol avec effraction et escalade commis dans une maison. Le mot *effraction* doit aussi comprendre le fait de percer un trou dans le mur d'une maison pour y pénétrer (*tami-trano*).
2. Sur la peine des fers. *cons. l'article 110 du décret du 9 mai 1909* (IIIᵉ Partie).
3. Sur la peine de la confiscation des biens, *V. la note mise sous les articles 1ᵉʳ et 12.*
4. L'article 463 du Code pénal est toujours applicable en matière répressive indigène (art. 76 du décret du 9 mai 1909).

ARTICLE 19

Ceux qui se réunissent par bandes, le soir, dans un mauvais dessein, seront mis aux fers pendant dix ans et leurs biens seront confisqués.

1. L'article 19 prévoit et punit les associations de malfaiteurs, les réunions de vagabonds et gens sans aveu trouvés le soir dans des circonstances suspectes (*be-hariva*). Cet article ne peut être appliqué que si le fait d'entente entre les personnes, aux fins de commettre des attentats, est établi.
2. Sur la peine des fers, *cons. l'article 110 du décret du 9 mai 1909* (IIIᵉ Partie).
3. Sur la peine de la confiscation des biens, *cons. la note mise sous les articles 1ᵉʳ et 12.*
4. L'application de l'article 463 du Code pénal est toujours autorisée en matière répressive indigène (art. 76 du décret du 9 mai 1909).

ARTICLE 20

Ceux qui gardent par devers eux de la poudre autre que celle distribuée sur l'ordre de la Reine par Rainilaiarivony, premier ministre et commandant en chef, seront punis de dix ans de fers.

1. L'article 20 doit être tenu pour abrogé (*Cons. au C. et au CS. la législation mise sous les titres :* **Armes et munitions. — Explosifs**).

ARTICLE 21

Ceux qui achètent de la poudre ou en vendent, bien que non munis de l'autorisation de Rainilaiarivony, premier ministre et commandant en chef, seront punis de dix ans de fers.

1. Article qui doit être considéré comme abrogé (*Cons. au C. et au CS. la législation mise sous le titre :* **Armes et munitions.** *— Cons. aussi au CS. la législation mise sous le titre :* **Explosifs**).

ARTICLE 22

Du vol (1)

Si des personnes sont désignées comme coupables de vol, elles ne peuvent être jugées que par les tribunaux ; ceux qui règlent les affaires de vol en faisant restituer ou compenser les choses volées seront punis chacun d'une amende de cinq bœufs et de cinq piastres ; s'ils ne peuvent payer, il seront emprisonnés à raison d'un *sikajy* par jour jusqu'à concurrence du montant de l'amende.

1. En ce qui concerne l'amende de cinq bœufs, *cons. l'article 111 du décret du 9 mai 1909 et l'arrêté du 8 septembre 1909, transformant cette amende en une peine pécuniaire* (IIIe Partie).

2. Sur la contrainte par corps à raison d'un *sikajy* par jour, *cons. l'arrêté du 8 septembre 1909 sur la contrainte par corps en matière indigène* (IIIe Partie).

ARTICLE 23

Ceux qui, au marché, coupent le pan des *lamba* pour voler la bourse qu'il contient seront mis aux fers pendant six mois.

1. Dans la pratique les dispositions de l'article 23 doivent être appliquées à quiconque, au marché ou ailleurs, vole de l'argent, soit en fouillant dans les poches, soit en coupant le coin de lamba où il est renfermé.

2. Sur la peine des fers, *cons. l'article 110 du décret du 9 mai 1909* (IIIe Partie).

3. L'article 463 du Code pénal est applicable en matière répressive indigène (art. 76 du décret du 9 mai 1909).

4. La restitution de l'argent volé doit toujours être ordonnée d'office (art. 64 du décret du 9 mai 1909) ; si la restitution n'a pas lieu, la contrainte par corps doit être exercée *comme en matière répressive* (arrêté du 8 septembre 1909 sur la contrainte, IIIe Partie).

ARTICLE 24

Ceux qui volent le riz en le moissonnant de nuit dans la campagne ou en l'extrayant des silos seront mis aux fers pendant un an ; le riz volé devra être restitué. La peine des fers sera portée à deux ans si la restitution ne peut être faite.

---

(1) V. les articles 14, 17, 18 et 19.

1. Tous les vols de riz, quels que soient les circonstances et les moyens employés, sont punis par le même article.
2. Sur la peine des fers, *cons. l'article 110 du décret du 9 mai 1909* (IIIe Partie).
3. L'article 463 du Code pénal est toujours applicable en matière répressive indigène (art. 76 du décret du 9 mai 1909).
4. La restitution du riz volé doit être ordonnée d'office (art. 64 du décret du 9 mai 1909). Si la restitution n'a pas lieu, la contrainte à raison de deux ans de prison doit être poursuivie comme en matière répressive (arrêté du 8 septembre 1909, IIIe Partie).

Article 25

Ceux qui volent des pirogues seront punis d'une amende d'un bœuf et d'une piastre et indemniseront le propriétaire de la valeur des pirogues, à raison de 15 francs, si elles sont petites, de 25 francs, si elles sont de moyennes dimensions, et de 40 francs, si elles sont de grandes dimensions ; s'ils ne peuvent ni indemniser le propriétaire ni payer l'amende, ils seront mis aux fers à raison d'un *sikajy* par jour jusqu'à concurrence du montant de l'amende et de la valeur des pirogues.

1. Sur l'amende d'un bœuf, *cons. l'article 111 du décret du 9 mai 1909 et l'arrêté du 8 septembre 1909 pris en exécution de cet article* (IIIe Partie).
2. L'indemnité au propriétaire doit être allouée d'office par le tribunal (art. 64 du décret du 9 mai 1909).
3. Sur la contrainte par corps à raison d'un sikajy par jour, *cons. l'arrêté du 8 septembre 1909 sur la contrainte.* Dans le cas de l'article 25, la contrainte doit s'exercer pour le tout comme en matière répressive.

Article 26

Ceux qui volent des objets dans un édifice religieux seront mis aux fers pendant sept ans.

1. Sur la peine des fers, *cons. l'article 110 du décret du 9 mai 1909* (IIIe Partie).
2. L'article 463 du Code pénal est toujours applicable en matière répressive indigène (art. 76 du décret du 9 mai 1909).

Article 27

Ceux qui volent des bœufs seront punis d'une amende d'un bœuf et d'une piastre par animal volé ; ils rembourseront, en outre, ces animaux, à raison de 15 francs les vaches, 25 francs les bœufs coupés, et 40 francs les bœufs engraissés ; s'ils ne peuvent ni rembourser la valeur des animaux ni payer l'amende, ils seront mis aux fers un an par tête d'animal volé. Si c'est

l'amende qu'ils ne peuvent payer, ils seront mis en prison
à raison d'un *sikajy* par jour jusqu'à concurrence du montant
de l'amende.

1. *Cons. la circulaire du 5 décembre 1902* (IIIe Partie) *qui, en
matière de vols de bœufs, recommande l'application des
articles 379 et suivants du Code pénal.*

2. La restitution de la valeur des animaux volés doit être prononcée d'office par le tribunal (art. 64 du décret du 9 mai
1909).

3. La contrainte doit être appliquée pour le tout suivant les
formes de la contrainte en matière répresssive (arrêté du 8
septembre 1909, IIIe Partie).

ARTICLE 28

Si un propriétaire de bœufs volés les retrouve, il reprend
ses animaux et conduit le voleur à l'autorité pour lui faire payer
l'amende d'un bœuf et d'une piastre par animal volé ; si le propriétaire des bœufs ne ramène pas le voleur, il devra, à sa place,
payer l'amende. Si, au contraire, c'est le voleur qui ne peut
payer l'amende, celui-ci sera mis aux fers à raison d'un *sikajy*
par jour jusqu'à concurrence du montant de cette amende.

1. L'application de l'article 28 contre le propriétaire des bœufs
volés ne doit avoir lieu que dans des circonstences très
exceptionnelles. En ce qui concerne le voleur des bœufs,
V. l'article 27 et la note.

ARTICLE 29

Ceux qui volent des moutons, des chèvres, des porcs, des
chats ou des chiens seront mis en prison pendant quinze jours.
Les animaux volés devront être restitués à leur propriétaire,
faute de quoi les voleurs seront mis aux fers pendant cinq mois.

1. La restitution des animaux volés ou de leur voleur doit être
prononcée d'office par les tribunaux (art. 64 du décret du
9 mai 1909, IIIe Partie).

2. La contrainte, à défaut de restitution, à raison de cinq mois
de prison (Sur la peine des fers, *V. l'art. 110 du décret du
9 mai 1909*), doit être exécutée dans les mêmes conditions
que la contrainte en matière répressive (arrêté du 8 septembre
1909, IIIe Partie).

ARTICLE 30

Ceux qui volent des dindons, des oies, des canards musqués,
des canards ordinaires ou des poules seront mis en prison
pendant une semaine. Les animaux volés devront être restitués
à leur propriétaire, faute de quoi les voleurs seront mis en
prison pendant deux mois.

1. *Cons. l'article 29 et la note.*

ARTICLE 31

Ceux qui, au marché, volent de l'argent pour une valeur de 2 fr. 50 et au-dessus ou des objets d'une valeur de 2 fr. 50 et au-dessus seront mis aux fers pendant un an et devront restituer au propriétaire l'argent ou les objets volés, faute de quoi ils seront laissés aux fers, même après expiration de la première année, à raison d'un *sikajy* par jour et jusqu'à concurrence de la valeur dérobée.

1. Les dispositions de cet article, visant les vols d'une valeur supérieure à 2 fr. 50 commis *au marché, sont applicables à tous les délits de même nature, quel que soit le lieu où ils ont été commis,* exception faite des vols visés aux articles 14, 17, 18 et 23.
2. Sur la peine des fers, *cons. l'article 110 du décret du 9 mai 1909* (IIIe Partie).
3. Sur la restitution des choses volées et la contrainte par corps en cas de non-restitution, *V. les notes mises sous les articles précédents.*

ARTICLE 32

Ceux qui, au marché, volent de l'argent pour une valeur de 2 fr. 50 et au-dessous ou des objets d'une valeur de 2 fr. 50 et au-dessous, seront mis aux fers pendant trois mois et l'argent ou les objets volés devront être restitués au propriétaire ; si les voleurs ne peuvent opérer cette restitution, la durée de leur mise aux fers sera portée à cinq mois.

1. *Cons. l'article 31 et la note.*

ARTICLE 33

Ceux qui volent de la canne à sucre, du manioc, des patates, des pommes de terre, du maïs, des haricots, des arachides, des courges, des bananes, des citrons, des raisins, des mangues, des bibasses, des légumes, des nasses, et toutes choses de peu de valeur, soit dans la ville, soit à la campagne, seront mis en prison pendant une semaine ; ils devront, en outre, indemniser le propriétaire de la valeur des choses volées ; toutefois, s'ils n'ont pas fait des choses volées une provision destinée à être emportée chez eux, mais se sont bornés à n'en prendre que juste pour apaiser leur faim, et les ont mangées sur place, ils ne seront pas en faute.

1. *Cons. l'article 31 et la note.*
2. Le paragraphe final de l'article 33 est un exemple de contrainte physique admise par la législation malgache comme faisant disparaître l'infraction.

ARTICLE 34

Ceux qui, par fraude, s'emparent des biens de particuliers, en prétendant agir au nom de la reine, au nom d'un chef ou de toute autre personne, seront punis d'une amende égale au tiers de la valeur de la chose spoliée, laquelle ils devront restituer à son propriétaire ; s'ils ne peuvent opérer la restitution, ils seront mis aux fers à raison d'un *sikajy* par jour jusqu'à concurrence de la valeur spoliée augmentée du montant de l'amende.

1. Cet article vise certains faits d'escroquerie. Il ne peut atteindre que très imparfaitement le délit d'escroquerie en général ; il est vrai que, dans la législation malgache, l'escroquerie et l'abus de confiance se confondent avec le vol et sont punissables des mêmes peines.
2. *Cons. les articles précédents et les notes mises sous ces articles en ce qui concerne la peine des fers, l'obligation de restituer et la contrainte par corps.*

ARTICLE 35

Ceux qui trouvent des objets perdus doivent les porter à l'autorité la plus proche ; le cinquième de la valeur des objets ainsi retrouvés est prélevé et partagé par moitié entre le gouvernement et ceux qui les ont retrouvés. Ceux qui, trouvant des objets perdus, ne les rapportent pas, seront mis aux fers pendant un mois ; ces objets retrouvés seront rendus à leur propriétaire, et, si ceux qui les ont retrouvés ne les restituent pas, ils seront mis aux fers à raison d'un *sikajy* par jour jusqu'à concurrence de la valeur ainsi détournée.

1. Cet article ne peut être considéré comme étant toujours en vigueur qu'en ce qui concerne l'obligation pour celui qui trouve un objet de le porter à l'autorité.
2. Sur la peine des fers, *cons. l'article 110 du décret du 9 mai 1909.*

ARTICLE 36

Si des personnes dérobent des biens ou valeurs appartenant à la reine ou devant revenir à l'Etat, elles seront punies d'une amende égale au tiers des valeurs détournées qu'elles devront restituer ; si elles ne peuvent opérer la restitution et qu'elles ne puissent payer l'amende, elles seront mises aux fers à raison d'un *sikajy* par jour jusqu'à concurrence du montant de l'amende et de la valeur du détournement.

1. Cet article vise, moins spécialement toutefois que les articles 37 et 38, le détournement des impôts, des taxes revenant à l'Etat.
2. Sur la peine des fers, l'obligation de restituer et la contrainte par corps, *cons. les notes mises sous les articles précédents.*

ARTICLE 37

Si des personnes détournent les droits *tongoamihonkon-drazana*, c'est-à-dire la taxe *isam-pangady*, les biens dits *mati-momba* ou en déshérence, et la redevance du *vodi-hena*, elles seront mises aux fers pendant deux ans, la valeur des droits *tongoamihonkon-drazana* détournés sera prélevée sur leurs biens, et si ceux-ci ne suffisent pas à assurer la compensation des droits, les coupables seront mis aux fers à raison d'un *sikajy* par jour jusqu'à concurrence de la différence.

1. *V. la note mise sous l'article 36.*
2. Les droits *tongoamihonkon-drazana* ont été remplacés par les divers impôts directs et indirects (*V. au C. et au CS. les titres* : **Impôts directs.** — **Impôts indirects**, et au mot: **Abattoirs** les *taxes d'abatage qui ont remplacé la redevance du* vodi-hena. En ce qui concerne les biens *mati-momba*, *cons. au C. et au CS. le titre* : **Curatelle aux successions et biens vacants indigènes**).
3. Sur les fers et la contrainte par corps à raison d'un *sikajy* par jour, *cons. les notes précédemment mises.*

ARTICLE 38

Si des personnes dissipent le produit des *hasina* de la souveraine, elles seront mises aux fers pendant deux ans.

1. *V. la note mise sous l'article 36.*
2. Les droits de *hasina* ont été remplacés par les droits d'enregistrement (*V. à la IIIe Partie les divers textes concernant les droits d'enregistrement*).
3. Sur la peine des fers, *cons. les notes précédemment mises.*

ARTICLES 39 A 49

Des esclaves

Tous ces articles relatifs aux esclaves doivent être considérés comme abrogés par l'arrêté du 26 septembre 1896 prononçant l'abolition de l'esclavage (*V. le texte de cet arrêté à la IIIe Partie*).

ARTICLE 50

Du mariage

La polygamie n'est pas tolérée dans le royaume ; ceux qui s'y livreront seront punis d'une amende de dix bœufs et de dix piastres ; s'ils ne peuvent payer, ils seront mis en prison à raison d'un *sikajy* par jour jusqu'à concurrence du montant de l'amende.

1. Cet article prévoit et punit le fait de *polygamie*, c'est-à-dire le fait d'un homme vivant avec plusieurs femmes avec lesquelles, en trompant l'autorité, il a pu se marier légalement. Ne pas confondre ce cas avec celui de l'article 57.

2. Sur l'amende de dix bœufs, *cons. l'arrêté du 8 septembre 1909* (IIIᵉ Partie) *transformant cette amende en une amende pécuniaire*. L'article 463 du Code pénal est toujours applicable en matière répressive indigène (art. 76 du décret du 9 mai 1909, IIIᵉ Partie).

3. Sur la contrainte par corps à raison d'un *sikajy* par jour, *cons. l'arrêté du 8 septembre 1909 sur la contrainte en matière indigène* (IIIᵉ Partie.)

ARTICLE 51

Le mariage ne pourra plus être le résultat de fiançailles forcées qui ne seraient pas au gré des futurs époux.

1. Les fiançailles existent dans la coutume malgache. La promesse de fiançailles ne constitue qu'une obligation morale et la violation de cette promesse ne peut être sanctionnée par une condamnation à des dommages-intérêts ; toutefois, cette violation est cause d'une réelle déconsidération pour celui qui la commet. L'article 51 édicte que les fiançailles consenties par des parents pour le compte de leurs enfants mineurs, autrefois très en usage, ne peuvent produire aucun effet contre le gré des enfants.

ARTICLE 52

Les mariages ne peuvent plus être forcés entre beaux-frères et belles-sœurs, si telle n'est pas la volonté des intéressés.

1. Abrogation de la coutume dite *entin-doloha* qui portait obligation pour la veuve d'épouser le frère de son mari décédé.

ARTICLE 53

Le mariage n'est pas valable s'il n'est enregistré dans les livres officiels, et la femme, dans ce cas, n'est qu'une *vazo* (maîtresse entretenue).

1. Sous l'empire du Code de 1881, l'article 53 n'a pas eu et ne pouvait avoir pour effet d'annuler les mariages non enregistrés et simplement contractés d'après la coutume. Cette disposition avait simplement pour but de rendre plus facile l'administration de la preuve du mariage (**CT. 5 mars 1897**).

2. D'après la coutume, le mariage, après l'accomplissement de certaines formalités, devenait parfait et définitif par la donation et l'acceptation du *vodi-ondry* par les parents de la fiancée. L'article 53 n'a jamais été appliqué sous l'ancien gouvernement malgache et il est constant qu'à cette époque les trois quarts des unions n'étaient pas enregistrées ; elles n'en étaient pas moins considérées comme régulières (**CT. 23 mars 1899**).

3. Aujourd'hui l'enregistrement des mariages est absolument obligatoire. La remise du *vodi-ondry* n'est plus qu'une cérémonie accessoire **(CT. 27 mars 1908).**

ARTICLE 54

Si des biens, quelle qu'en soit la nature, sont donnés à une maîtresse ou achetés pour elle, ces biens sont dissipés et ne peuvent plus être réclamés. Si des personnes revendiquent de pareils biens, elles seront punies d'une amende égale au montant de leurs revendications, et, si elles ne peuvent payer, elles seront mises en prison à raison d'un *sikajy* par jour jusqu'à concurrence de la valeur de l'amende.

1. L'application de cet article doit être restreinte à son premier paragraphe. Il tend, ainsi que les articles 53 et 55, à empêcher le concubinage et à pousser aux unions légitimes ; il constitue une sanction contre celui qui dissipe ses biens avec une maîtresse.

ARTICLE 55

Ceux qui prennent une jeune fille pour la faire cohabiter avec eux, sans toutefois l'élever au rang d'épouse, seront punis d'une amende de cinquante piastres. S'ils ne peuvent payer, ils seront mis en prison à raison d'un *sikajy* par jour jusqu'à concurrence du montant de l'amende.

1. Cet article, comme les deux qui le précèdent, a pour but de pousser aux unions légitimes. Ses dispositions, qui en fait n'ont jamais été appliquées, doivent être tenues pour abrogées.

ARTICLE 56

Il n'est pas permis de renvoyer sa femme. S'il existe des motifs graves pour que la séparation ait lieu, le mari, comme la femme, pourront se plaindre à l'autorité. Si des personnes mariées se séparent sans en aviser l'autorité, elles seront punies d'une amende de cinquante piastres, dont le tiers sera payé par la femme. Si l'un des deux époux ne peut payer, il sera mis en prison à raison d'un *sikajy* par jour jusqu'à concurrence du montant de sa part ; cependant le mariage n'en sera pour cela nullement dissous.

1. Il appartient à la juridiction civile d'appliquer les pénalités prévues à l'article 56 (*V. l'art. 58 du décret du 9 mai 1909 sur la justice indigène*, IIIᵉ Partie). — L'amende prévue à l'article 56 peut être appliquée d'une façon atténuée. Sur la contrainte par corps, *cons. l'article 136 de l'arrêté du 8 septembre 1909 sur la procédure en matière indigène et l'arrêté du 8 septembre 1909 sur la contrainte par corps* (IIIᵉ Partie).

2. Aux termes de l'article 56, le divorce doit être prononcé pour *motifs graves*. L'ivrognerie et la mauvaise conduite habituelles doivent être considérées comme des motifs graves justifiant le divorce. Si des motifs graves de divorce existent, les juges doivent le prononcer, à moins que l'époux demandeur renonce à sa demande et consente à reprendre la vie commune (**CT. 29 mars 1900**).

3. Le divorce ne peut être prononcé que sur la demande d'un des époux et non d'office par le tribunal. Viole la loi indigène le tribunal qui, saisi et seulement saisi d'une plainte en adultère, prononce le divorce (**CT. 17 avril 1902**).

4. Constitue un motif grave autorisant la femme à demander le divorce le fait par le mari de ne pas subvenir, depuis de nombreuses années, à son entretien et de ne fournir, pour l'entretien de son enfant, que des subsides dérisoires et absolument insuffisants (**CT. 8 décembre 1904, 31 mai 1906**).

5. L'incompatibilité d'humeur ne saurait être retenue comme constituant un motif légitime de divorce. Les allégations émises par l'un des époux contre l'autre au cours d'un procès ne sauraient non plus être retenues comme constituant un motif grave (**CT. 9 octobre 1905**).

6. Le fait d'adultère est incontestablement considéré par la loi indigène comme constituant un motif grave de divorce. Il y a obligation, en principe, pour les juges, de prononcer le divorce lorsqu'il est demandé et qu'un motif légitime existe (**CT. 14 juin 1906, 7 novembre 1907**).

7. Le fait par le mari marié en 1906 de ne pas habiter avec sa femme, de la laisser sans ressources et cela jusqu'en février 1908, époque à laquelle la femme a introduit une demande en divorce, constitue, s'il est établi, un motif grave de divorce aux termes de l'article 56 (**CT. 27 mars 1908, 2 avril 1908**).

8. Le fait par la femme de faire le *misintaka*, c'est-à-dire de quitter le domicile conjugal, ne constitue pas un motif de divorce, même lorsque cet abandon du domicile n'est pas justifié. Le *misintaka* ne dégénère en abus permettant au mari de demander le divorce que lorsque, après des invitations et au besoin des sommations par lui faites, invitations et sommations d'après la loi coutumière avant toute action en justice, la femme se refuse sans raison, ce que la justice a à apprécier, à réintégrer le domicile de son époux et à reprendre la vie commune (**CT. 30 avril 1908**).

9. L'article 56 prohibe et punit, ainsi que cela résulte des termes malgaches employés, *ny misaobady*, la répudiation de la femme par le mari, autrefois très en usage dans les mœurs malgaches ; en second lieu *ny misaraka* sans l'intervention de l'autorité, c'est-à-dire le divorce par consentement mutuel des époux. Mais il n'a jamais été dans l'esprit du législateur de punir la simple séparation de fait des deux époux (**CT. 14 mai 1908**).

ARTICLE 57

Celui qui épousera une femme non encore libre vis-à-vis d'un premier mari sera puni d'une amende de cent piastres, et la femme retournera avec son époux légitime. Ceux qui auront fait le mariage et conduit la femme seront aussi punis d'une amende de cent piastres ; ceux qui ne pourront payer seront mis en prison à raison d'un *sikajy* par jour jusqu'à concurrence du montant de l'amende.

1. Le fait prévu par l'article 57 est celui d'épouser une femme encore mariée ; il diffère de celui prévu à l'article 50 qui punit la polygamie.
2. L'article 463 du Code pénal peut toujours, aux termes de l'article 76 du décret du 9 mai 1909 sur la justice indigène (IIIᵉ Partie), être appliqué en matière répressive.
3. Sur la contrainte par corps à raison d'un *sikajy* par jour, cons. *l'arrêté du 8 septembre 1909 sur la contrainte par corps en matière indigène.*
4. Par les mots : *ceux qui auront fait le mariage et conduit la femme*, il faut entendre ses parents ou les personnes en tenant lieu qui auront assisté au mariage.

ARTICLE 58

Lorsqu'un adultère sera commis, les coupables seront punis d'une amende de cent piastres, dont le tiers devra être payé par la femme et les deux tiers par l'homme ; s'ils ne peuvent payer l'amende, ils seront mis aux fers pendant un an. S'il s'agit d'une femme dont le mari est parti en expédition ou pour accompagner les troupes, et que ce dernier soit mort pendant son absence, les deux complices seront mis aux fers à perpétuité et leurs biens seront confisqués.

1. En droit malgache, l'adultère constitue une sorte de délit civil dont la répression appartient à la juridiction civile. (*V. l'art. 58 du décret du 9 mai 1909 sur la justice indigène,* IIIᵉ Partie).
2. Le paragraphe 2 de l'article 58 doit être tenu pour abrogé.
3. Il peut être fait une application très atténuée de l'amende prévue à l'article 58 (art. 76 du décret du 9 mai 1909).
4. Sur les fers et la contrainte, *cons. la note précédemment mise.*
5. En droit malgache, l'adultère constitue une sorte de délit civil de la compétence du tribunal indigène statuant en matière civile, même lorsque la plainte pour adultère n'est pas accompagnée d'une demande de divorce. Il peut être fait une application très atténuée de l'article 58 (**CT. 15 décembre 1898, 14 juin 1906**).

ARTICLES 59, 60, 61, 62

1. Ces articles, dont les dispositions sont relatives aux prohibitions de mariage entre gens de castes différentes, ont été abrogés par *l'arrêté du 15 juin 1898* (IIIᵉ Partie).

ARTICLE 63

Ceux qui auront des relations coupables dans d'autres castes ou commettront l'inceste seront punis, les hommes de huit mois de prison et les femmes de quatre mois de la même peine ; ils seront, en outre, passibles des peines édictées par les usages des ancêtres.

1. Les dispositions de l'article 63 ne doivent être considérées comme maintenues qu'en ce qui concerne la répression de l'inceste et la peine de huit mois et de quatre mois de prison édictée à ce sujet.

ARTICLE 64

Des avortements volontaires

Si une femme enceinte se fait avorter, elle sera mise en prison pendant deux ans.

1. L'article 463 du Code pénal est applicable en matière répressive indigène *(art. 76 du décret du 9 mai 1909)*.
2. *Cons. l'arrêté du 15 juin 1898* (IIIᵉ Partie).

ARTICLE 65

Si une personne est payée par une autre pour faire un avortement, alors qu'il ne serait pas rendu nécessaire pour sauver l'existence de la mère, elle sera mise en prison pendant deux ans.

1. *Cons. la note mise sous l'article 64.*

ARTICLE 66

Si une personne, en frappant ou maltraitant une femme enceinte, provoque son avortement, elle sera mise en prison pendant un an. Si l'avortement coïncide avec le moment où la femme ressent les premières douleurs de l'enfantement, le coupable sera mis en prison pendant deux ans.

1. *Cons. la note mise sous l'article 64.*

ARTICLES 67 et 68

Des lépreux et des varioleux

1. Ces articles doivent être considérés comme abrogés (*V. au C. et au CS. les titres* : **Assistance médicale. — Etablissements de bienfaisance. — Hôpitaux. — Léproseries**).

ARTICLE 69

Des bouchers

Si un boucher vend une viande malade, ou qu'un marchand d'animaux destinés à la consommation vende des bêtes également malades, le coupable sera puni d'une amende de trois bœufs et de trois piastres, et, s'il ne peut payer, sera mis en prison à raison d'un *sikajy* par jour jusqu'à concurrence du montant de l'amende.

1. Sur l'amende de trois bœufs, *cons. l'article 111 du décret du 9 mai 1909 et l'arrêté du 8 septembre 1909 pris en exécution de cet article* (IIIᵉ Partie).
2. L'article 463 du Code pénal est applicable en matière répressive indigène.
3. Sur la contrainte par corps à raison d'un *sikajy* par jour, *cons. l'arrêté du 8 septembre 1909 sur la contrainte* (IIIᵉ Partie).

ARTICLE 70

Si des personnes maltraitent des animaux destinés à la consommation, elles seront punies d'une amende d'un bœuf et d'une piastre, et, si elles ne peuvent payer, elles seront mises en prison à raison d'un *sikajy* par jour jusqu'à concurrence du montant de l'amende.

1. *Cons. les notes 1, 2, 3 mises sous l'article 69.*

ARTICLE 71

Les vaches ne peuvent pas être abattues pour être vendues ; ceux qui abattront des vaches seront punis d'une amende d'un bœuf et d'une piastre. S'ils ne peuvent payer, ils seront mis en prison à raison d'un *sikajy* par jour jusqu'à concurrence du montant de l'amende.

1. *Cons. les notes 1, 2, 3 mises sous l'article 69.*
2. *Cons. au C., au mot :* **Abatage d'animaux,** *l'arrêté du 22 janvier 1897 et la circulaire du 17 mars 1898.*

ARTICLE 72

Les bœufs ne peuvent être abattus ni la nuit ni clandestinement ; ceux qui les abattront ainsi seront punis d'une amende de trois bœufs et de trois piastres, et, s'ils ne peuvent payer, ils seront mis en prison à raison d'un *sikajy* par jour jusqu'à concurrence du montant de l'amende.

1. *Cons. les notes 1, 2, 3 mises sous l'article 69.*
2. *Cons. au C., sous le mot :* **Abatage d'animaux,** *la circulaire du 17 mars 1898.*

ARTICLE 73

Les animaux de consommation morts de maladie ne peuvent être vendus ; ceux qui les vendront seront punis d'une amende d'un bœuf et d'une piastre, et, s'ils ne peuvent payer, seront mis en prison à raison d'un *sikajy* par jour jusqu'à concurrence du montant de l'amende.

1. *Cons. les notes 1, 2, 3 mises sous l'article 69.*

ARTICLE 74

Des mesures de capacité, de poids et de longueur

Si des personnes se servent de *vata* différentes de la *vata menalefona* du gouvernement, et si, surtout, elles ont deux mesures différentes, l'une pour la vente et l'autre pour l'achat, ces mesures seront détruites, et les propriétaires seront punis d'une amende de cinq bœufs et de cinq piastres ; s'ils ne peuvent payer, ils seront mis aux fers pendant un an.

1. *Cons. au C., au mot :* **Poids et mesures,** *l'arrêté du 4 mars 1897 appliquant le système métrique aux poids et mesures à Madagascar et maintenant, quant aux peines, les articles 74 et suivants.*

2. *Sur l'amende de cinq bœufs, cons. l'article III du décret du 9 mai 1909 pris en exécution de cet article (IIIᵉ Partie). — Sur la peine des fers, V. l'article 110 du décret du 9 mai 1909.*

3. *Sur la contrainte par corps, V. l'arrêté du 8 septembre 1909 sur la contrainte (IIIᵉ Partie).*

ARTICLE 75

Si des personnes fabriquent ou font usage de balances fausses ou de poids faux, non conformes aux modèles fournis par le gouvernement, elles seront punies d'une amende de cinq bœufs et de cinq piastres, et, si elles ne peuvent payer, seront mises aux fers pendant un an.

1. *V. les notes mises sous l'article 74.*

ARTICLE 76

Ceux qui vendent des balances et des poids faux seront punis d'une amende de cinq bœufs et de cinq piastres ; s'ils ne peuvent payer, ils seront mis aux fers pendant un an.

1. *V. les notes mises sous l'article 74.*

ARTICLE 77

Les détenteurs de balances et de poids faux seront punis d'une amende de cinq bœufs et de cinq piastres ; s'ils ne peuvent payer, ils seront mis aux fers pendant un an.

1. *V. les notes mises sous l'article 74.*

ARTICLE 78

Ceux qui trompent sur les pesées seront punis d'une amende de cinq bœufs et de cinq piastres ; s'ils ne peuvent payer, ils seront mis aux fers pendant un an.

1. *V. les notes mises sous l'article 74.*

ARTICLE 79

La brasse acceptée par le gouvernement pour servir à mesurer les longueurs est de sept pieds ; les marchands et ceux qui ont pour occupation de mesurer devront se présenter au gouvernement, afin de prendre un modèle de la mesure arrêtée par lui comme exacte.

1. *V. la note 1 mise sous l'article 74.* — L'article 79 doit être considéré comme abrogé.

ARTICLE 80

De l'heure

Le gouvernement ne reconnaît comme donnant l'heure exacte que l'horloge du palais de Manjakamiadana.

1. Cet article doit être considéré comme abrogé (*Cons. au CS. le titre :* **Heure légale**).

ARTICLES 81 à 84

Des grandes routes et des petits chemins

1. Les dispositions de ces divers articles sont abrogées et remplacées par les divers règlements de voirie (*Cons. le mot :* **Voirie : I. Voirie urbaine ; II. Police du roulage** *au C. et au CS.* — *V. notamment au C.* (1387) *l'arrêté du gouverneur général de* l'Avaradrano *du 6 juillet 1896*).

ARTICLE 85

Des ventes et locations de terres

Les terres à Madagascar ne peuvent être vendues ou données en garantie de capitaux prêtés, à qui que ce soit, *sauf entre sujets du gouvernement de Madagascar ;* celui qui vendrait ou donnerait en garantie une terre à un sujet étranger serait puni des fers à perpétuité. Le prix versé par l'acheteur ou le capital prêté ne pourrait plus être revendiqué et la terre retournerait à l'Etat.

1. L'article 85 doit être considéré comme abrogé; mais il est à retenir comme consacrant, déjà sous la législation malgache, le droit de propriété individuelle des indigènes (*V. sur ce droit, à cette époque et à l'époque présente, l'exposé de droit civil au chapitre:* **De la propriété foncière**). — Le décret du 16 juillet 1897 sur la propriété foncière (*C. 1136*) proclame, dans l'article 14, le droit pour les indigènes de vendre à quiconque leurs terres, mais l'immatriculation dans ce cas est obligatoire.

ARTICLE 86

Toute personne qui, donnant une terre en location, négligera de présenter son contrat à l'autorité, afin qu'il reçoive l'approbation du gouvernement et soit revêtu du sceau officiel, puis recopié dans les registres du gouvernement, aura fait un contrat nul.

1. L'obligation de l'enregistrement des actes sur les livres des gouverneurs, à peine de la nullité des actes, a été maintenue depuis l'occupation française. — (*Cons. à la III° Partie les divers textes relatifs à l'enregistrement des actes entre indigènes. — V. ce qui est dit à l'exposé de droit civil sur cet enregistrement au titre:* **Des contrats**. *— V. le répertoire de jurisprudence* (IV° Partie) *au mot:* **Enregistrement**).

ARTICLE 87

A l'expiration de la durée d'un contrat, les plantes et les constructions resteront attachées au fonds ; quant aux choses qui ont été scellées à la maison, on en disposera conformément aux stipulations écrites des deux contractants.

ARTICLE 88

Si, à l'expiration d'un contrat, les deux parties sont d'accord pour le renouveler, elles devront, conformément aux présentes dispositions, passer par devant l'autorité un nouveau contrat.

1. *Cons. la note mise sous l'article 86.*

ARTICLE 89

Les locations de terres sont soumises à un droit de 5 p. 0/0 au profit de l'Etat.

1. *V. à la III° Partie l'arrêté du 13 juin 1910, portant coordination des droits d'enregistrement à percevoir sur les actes entre indigènes.*

ARTICLE 90

Si des personnes donnent secrètement des terres en location et ne se conforment pas aux termes de l'article 86, elles seront mises aux fers pendant vingt ans ; le prix qui leur aura été versé pour la location sera acquis à l'Etat et le contrat sera nul.

1. Cet article doit être considéré comme abrogé. Mais le défaut de déclaration du contrat de location le rend nul (*V. la note mise sous l'article 86).*

ARTICLE 91

Les grandes forêts et toutes les terres libres appartiennent à l'Etat ; personne donc ne peut les donner en location ni les vendre, sans le consentement du gouvernement ; ceux qui en disposeront autrement seront mis aux fers pendant vingt ans.

1. *V. au C. et au CS. les titres :* **Domaine public. — Domaine privé. — Bois et forêts.** *— V. à l'exposé de droit civil ce qui est dit au titre II :* **Des biens.**
2. L'article 91 doit être tenu pour abrogé dans sa partie finale.

ARTICLE 92

Des maisons données en location

Lorsqu'une personne donne une maison, elle doit, de même que le locataire, se rendre auprès du représentant de l'autorité pour faire légaliser le contrat intervenu.

1. *Cons. la note mise sous l'article 86.*

ARTICLE 93

Les loyers des maisons sont soumis à un droit d'un *sikajy* par piastre et par mois au profit de l'Etat.

1. Article abrogé. — *Cons. à la IIIᵉ Partie l'arrêté du 13 juin 1910, portant coordination des droits d'enregistrement sur les actes entre indigènes.*

ARTICLE 94

Si le locataire d'une maison ou d'un fonds fait, dans cette maison ou sur ce fonds, des choses que les lois du gouvernement interdisent d'y faire, il pourra en être chassé, alors même que le délai de son contrat ne serait pas expiré.

ARTICLE 95

Si des locations sont faites clandestinement, elles seront nulles, et les locataires en auront purement et simplement perdu le prix. Le propriétaire sera puni d'une amende de dix bœufs et de dix piastres, et, s'il ne peut payer, sera mis en prison à raison d'un *sikajy* par jour jusqu'à concurrence du montant de l'amende.

1. Article qui doit être tenu pour abrogé en ce qui concerne ses dispositions finales, mais l'enregistrement des contrats de location est toujours de rigueur à peine de nullité (*V. la note mise sous l'art. 86*).

ARTICLE 96

Si ceux qui passent un contrat de location pour une maison ne font pas des stipulations précises à ce sujet, et que le feu prenne à la maison, le locataire devra continuer à en payer le loyer jusqu'à expiration du contrat.

ARTICLE 97

Si ceux qui passent un contrat de location pour une maison ne font pas des stipulations précises à ce sujet, et que la maison subisse des détériorations, le propriétaire ne pourra pas mettre le locataire en demeure d'assurer les réparations.

ARTICLE 98

Lorsqu'il aura été stipulé dans un contrat que le propriétaire de la maison doit faire les réparations, et qu'il ne s'y conformera pas, le locataire aura le droit d'y pourvoir lui-même et déduira sur le prix du loyer le montant des dépenses engagées de ce fait.

ARTICLE 99

Les locataires de maisons qui payent dix piastres de loyer et au-dessus ne peuvent quitter ces maisons qu'à la condition d'avertir les propriétaires trois mois à l'avance ; les propriétaires, de leur côté, ne peuvent congédier leurs locataires qu'à la condition de les avertir trois mois à l'avance.

ARTICLE 100

Si le locataire d'une maison ou d'un fonds néglige de payer ses loyers, le montant de ceux-ci sera prélevé sur la valeur de ses biens. Si la valeur de ces biens ne suffit pas pour rembourser le propriétaire, le locataire sera mis en prison à raison d'un *sikajy* par jour jusqu'à concurrence des loyers dus par lui.

1. L'article 100 doit être considéré comme abrogé et remplacé par les règles de droit commun qui exigent que des poursuites judiciaires soient régulièrement exercées contre le locataire débiteur de loyers.

Articles 101 à 106

Des forêts

1. Ces articles doivent être tenus pour abrogés et remplacés par les divers textes de la législation forestière (*V. au C. et au CS. le mot :* **Bois et forêts**).

Article 107

Des sujets libres

Les sujets libres ne peuvent plus être réduits en esclavage.

1. *Cons. sur le statut des indigènes malgaches depuis l'occupation française (1895) et l'abolition de l'esclavage (1896) ce qui est dit à l'exposé de droit civil au titre Ier.*

Article 108

La déclaration des naissances doit être faite à l'autorité dans les huit jours qui suivent l'accouchement, afin que la date en soit portée sur les registres du gouvernement, de même que le nom du père et celui de la mère et l'indication de leur domicile ; les parents qui ne rempliront pas cette formalité seront punis d'une amende d'un bœuf et d'une piastre, et, s'ils ne peuvent payer, ils seront mis en prison à raison d'un *sikajy* par jour jusqu'à concurrence du montant de l'amende. Les parents du nouveau-né versent au profit de l'Etat un droit de vingt centimes.

1. *V. la circulaire du 5 juin 1897 sur l'enregistrement des actes de l'état civil* (IIIe Partie).
2. Par le terme *parents* il faut entendre le père, la mère et, à défaut, les proches du nouveau-né.
3. Le gouverneur compétent est le gouverneur madinika du lieu de la naissance (sauf à Tananarive : *arrêté du 15 décembre 1900*).
4. Sur l'amende d'un bœuf, *cons. l'article 111 du décret du 9 mai 1909 et l'arrêté du 8 septembre 1909 pris en vertu de cet article* (IIIe Partie).
5. L'article 463 du Code pénal est applicable en matière répressive indigène.
6. Sur la contrainte par corps à raison d'un *sikajy* par jour, *cons. l'arrêté du 8 septembre 1909 sur la contrainte* (IIIe Partie).
7. La disposition pénale de l'article 108 est abrogée (*V. l'arrêté du 13 juin 1910* (IIIe Partie).

Article 109

La déclaration des décès doit être faite à l'autorité dans les huit jours qui suivent, afin que l'inscription en soit faite dans les registres du gouvernement. Si la déclaration n'a pas eu lieu, les intéressés seront punis d'une amende d'un bœuf et d'une piastre et le décès sera enregistré d'office ; s'ils ne peuvent payer, ils seront mis en prison à raison d'un *sikajy* par jour jusqu'à concurrence du montant de l'amende. Les parents du défunt versent au profit de l'Etat un droit de vingt centimes pour l'enregistrement du décès.

1. *Cons. les notes mises sous l'article 108.*

ARTICLE 110

Les parents, lorsqu'ils sont pauvres, âgés et incapables de travailler pour se nourrir, doivent être pourvus par leurs enfants de nourriture et de vêtements. Si un enfant ne remplit pas ces obligations, le gouvernement opérera sur ses biens un prélèvement destiné à subvenir aux besoins de ses père et mère.

1. En vertu des dispositions de cet article, les enfants sont tenus de vêtir et nourrir leurs père, mère et ascendants (*ray aman-dreny*) si ces derniers sont dans l'indigence ou si la vieillesse les met hors d'état de gagner leur vie.

ARTICLE 111

Les parents doivent, dans des conditions convenables, pourvoir à la nourriture et à l'habillement des enfants malheureux dont la mère, décédée ou divorcée, ne vit plus sous le toit paternel. S'ils ne remplissent pas ce devoir, le gouvernement opérera sur leurs biens un prélèvement afin d'y pourvoir lui-même.

1. Les dispositions de l'article 111 sont à retenir en ce qu'elles édictent l'obligation générale pour les parents de pourvoir à la nourriture et à l'habillement de leurs enfants malheureux. Si la mère est morte, le père est tenu de cette obligation, que les enfants soient ou non avec lui ; si la mère est divorcée, le père n'est tenu de cette obligation que si les enfants ne sont pas avec leur mère.

2. La femme qui obtient le divorce ne peut réclamer une redevance au père pour entretenir l'enfant né pendant le mariage. Ce serait contraire à la coutume et l'article 111 ne peut s'appliquer dans ce cas (**CT. 31 mai 1906**). En sens contraire : **Tribunal du 2ᵉ degré de Tananarive, 24 février 1906, 11 janvier 1907**.

ARTICLE 112

Si un individu pauvre vient à mourir, qu'il soit étranger au pays ou qu'il en soit originaire, s'il ne laisse personne pour l'enterrer, les membres du *fokonolona* le plus voisin devront l'ensevelir.

1. *Cons. le décret du 9 mars 1902 sur les fokonolona* (IIIe Partie).

ARTICLES 113 à 127

1. Ces articles, relatifs aux rapports entre esclaves et hommes libres, entre civils et militaires, entre gens de caste et roturiers, entre chefs de menakely et sujets menakely, doivent être tenus pour abrogés (*V. à l'exposé de droit civil ce qui est dit au titre Ier sur le statut actuel des Malgaches*).

ARTICLE 128

Des propriétés

Les *tamboho* sur lesquels sont bâtis des tombeaux ne peuvent être vendus par les héritiers, ceux-ci eussent-ils les mêmes droits à la succession ; la propriété en restera à celui ou ceux qui n'auront pas consenti à la vente ; celui qui a fait ériger le tombeau peut, toutefois, le vendre, s'il le désire.

1. Les *tamboho* sont des terrains clôturés sur lesquels sont édifiés des tombeaux.

2. Le dernier paragraphe de l'article 128 vise le cas d'un tombeau récemment construit et dans lequel aucune inhumation n'a été faite.

3. *Cons. le répertoire de jurisprudence* (IVe Partie) *au mot :* **Tombeaux.** — *V. l'exposé de droit civil au chapitre :* **De la propriété** (De la propriété des tombeaux).

ARTICLE 129

Dans tout village de cinq toits et au-dessus, quand des maisons brûlent, le propriétaire de la maison où l'incendie a pris naissance doit payer, au profit de la reine et sans qu'il puisse en obtenir rémission, une amende de trois piastres ; il doit, en outre, donner un jeune bœuf comme indemnité de balayage.

1. Cet article doit être considéré comme abrogé et remplacé par les dispositions de l'article 458 du Code pénal qui exigent, dans tous les cas d'incendie involontaire, une certaine imprudence ou négligence. — En ce qui concerne l'incendie volontaire, *cons. l'article 16.* — En ce qui concerne l'incendie des forêts, *cons. les articles 104 et suivants.*

ARTICLE 130

Si des bœufs paissent dans les plantations des particuliers, leurs propriétaires verseront 1 fr. 65 par animal ; s'il s'agit de porcs, ils verseront 0 fr. 20, 0 fr. 10 pour des moutons ou des chèvres, 0 fr. 035 pour des canards ou des poules. Les deux tiers de ces sommes appartiendront aux particuliers lésés et l'autre tiers à l'Etat. Ceux qui tueront ces animaux, qu'ils soient ou non propriétaires des cultures endommagées, devront les remplacer, et, s'ils ne le peuvent, seront mis en prison à raison d'un *sikajy* par jour jusqu'à concurrence du prix d'estimation des animaux tués par eux.

1. Les dispositions de cet article ne semblent devoir être retenues que pour servir de base à l'indemnité à allouer au propriétaire de plantations lésé par le passage de bestiaux ; quant à la contravention elle-même de passage de bestiaux sur le terrain d'autrui, il y a lieu de faire application de l'article 471, § 14, du Code pénal.

ARTICLE 131

Si vous faites entrer vos bœufs dans le *kijana* d'un particulier sans en demander l'autorisation à celui-ci, vous bornant pour cela à gagner ou payer le gardien, mais, surtout, si vous recourez à la violence et que, la disposition du *kijana* vous étant refusée par le propriétaire, vous passiez outre et persistiez à y laisser vos animaux, vous serez puni d'une amende d'une piastre pour chaque bœuf que vous aurez fait entrer dans le *kijana*, ou, si vous ne pouvez payer, mis en prison à raison d'un *sikajy* par jour jusqu'à concurrence du montant de l'amende.

1. Les *kijana* sont de vastes étendues de pâturages dans les régions désertes de l'île. Ces pâturages, quoique non clôturés, sont considérés comme étant des propriétés privées.

2. Sur la contrainte à raison d'un *sikajy* par jour, *cons. les notes précédemment mises.*

ARTICLE 132

Si des individus, marchands ou non, opèrent en cachette, avec la complicité du gardien d'un troupeau, pour acheter ou changer des bœufs, ils seront punis d'une amende d'un bœuf et d'une piastre par bœuf ainsi acheté ou changé, et ils devront, en outre, rendre ces animaux à leur propriétaire ; quant à leur argent ou à leurs bœufs, ils seront purement et simplement perdus ; si les coupables ne peuvent opérer la restitution, ils seront mis en prison à raison d'un *sikajy* par jour jusqu'à concurrence du montant de l'amende et de la valeur des bœufs changés.

1. Sur l'amende d'un bœuf et la contrainte à raison d'un *sikajy* par jour, *cons. les notes mises sous les articles précédents.*

ARTICLE 133

Si vous vendez des *lambamena*, et que vous les disiez de *landy* alors qu'ils n'en sont pas, ou bien, quoique en *landy* et étant tramés avec une autre matière, vous les prétendiez entièrement en *landy*, vous serez puni d'une amende d'un bœuf et d'une piastre, car c'est là de la supercherie, et vous devrez restituer son argent à l'acheteur ; si vous ne pouvez ni restituer l'argent ni payer l'amende, vous serez mis en prison à raison d'un *sikajy* par jour jusqu'à concurrence des deux sommes. Toutefois, si vous avertissez l'acheteur que le *lamba* que vous lui vendez n'est pas entièrement en *landy*, cela ne saurait constituer pour vous une faute.

1. L'article 133 prévoit et punit un cas de tromperie sur la marchandise vendue.
2. Sur l'amende d'un bœuf et la contrainte par corps, *cons. les annotations précédentes.*

ARTICLES 134 à 142

Des condamnés

1. Ces articles doivent être considérés comme abrogés et remplacés par les dispositions réglementaires concernant les prisons (*V. le mot :* **Prisons** *au C. et au CS.*). — En ce qui concerne l'évasion des détenus et le recèlement des criminels, il y a lieu de faire application des articles 237 et suivants du Code pénal.

ARTICLE 143

Des fauteurs de désordre

Si des personnes font courir des faux bruits de nature à émouvoir vainement la population, affirmant que le gouvernement commet tel ou tel acte, alors que c'est inexact, elles seront punies d'une amende de dix bœufs et de dix piastres, et, si elles ne peuvent payer, seront mises en prison à raison d'un *sikajy* par jour jusqu'à concurrence du montant de l'amende.

1. Sur l'amende de dix bœufs, *cons. l'article 111 du décret du 9 mai 1909 et l'arrêté du 8 mai 1909 pris en exécution* (IIIᵉ Partie).
2. Sur la contrainte par corps, *cons. l'arrêté du 8 septembre 1909 sur la contrainte* (IIIᵉ Partie).
3. L'article 463 du Code pénal est toujours applicable en matière répressive indigène.

ARTICLE 144

Ceux qui calomnieront des personnes en les accusant d'avoir tenu vis-à-vis du gouvernement des propos injurieux ou malveillants, seront mises en prison pendant un mois.

ARTICLE 145

Si des personnes font des écrits, des livres, des journaux de nature à susciter la révolte ou le désordre, ou qui imputent au gouvernement des actes qu'il n'a pas commis, elles seront punies d'une amende de cent piastres et devront, en plus, verser vingt piastres de *vidin-doha* ; si elles ne peuvent payer, elles seront mises en prison à raison d'un *sikajy* par jour jusqu'à concurrence du montant des amendes.

1. L'amende de cent piastres paraît seule applicable dans le cas de contravention à l'article 145.
2. Sur la contrainte par corps à raison d'un *sikajy* par jour, cons. *l'arrêté du 8 septembre 1909 sur la contrainte* (III⁰ Partie).

ARTICLE 146

Si des personnes produisent des écrits pornographiques, les font imprimer dans le but de les répandre ou dessinent des choses obscènes, elles seront mises en prison pendant trois mois.

ARTICLE 147

Si des personnes se réunissent dans l'unique but de jeter la perturbation dans le royaume ou de provoquer le désordre dans la population, elles seront punies chacune d'une amende de dix bœufs et de dix piastres, et celles qui n'auront pu payer seront mises en prison à raison d'un *sikajy* par jour jusqu'à concurrence du montant de l'amende.

1. *V. les notes mises sous l'article 143.*

ARTICLE 148

Si des personnes écrivent ou publient des journaux et diffament les particuliers en les accusant de choses qu'ils n'ont pas faites, elles seront punies d'une amende de dix bœufs et de dix piastres, et, si elles ne peuvent payer, seront mises en prison à raison d'un *sikajy* par jour jusqu'à concurrence du montant de l'amende.

1. *V. les notes mises sous l'article 143.*

ARTICLE 149

Lois diverses

Si des individus mal intentionnés vous attaquent, vous barrent le chemin ou s'introduisent chez vous par effraction, et

que vous vous défendiez contre l'agresseur, vous ne serez pas
en faute, alors même que vous l'auriez frappé.

1. Cet article envisage le cas de *légitime défense* (*V. ce qui est
dit au chapitre I*er *du droit pénal).*

ARTICLE 150

Si des personnes souillent des sources servant de fontaines,
elles seront mises en prison pendant trois mois.

ARTICLE 151

Si des personnes conduisent des voitures, montent des
chevaux ou les mènent par la bride ou se font porter au galop
en *filanjana*, et que, pressant leur allure, elles causent des
accidents de personnes, elles seront punies d'une amende d'un
bœuf et d'une piastre ou mises en prison à raison d'un *sikajy*
par jour, jusqu'à concurrence du montant de cette amende, si
elles n'ont pu la payer. Si ce sont les porteurs du *filanjana* qui,
se refusant à modérer leur marche, causent, en galopant, des
accidents, ils seront mis en prison pendant huit jours. Toutefois,
s'il y a eu avertissement et que le passant ne se soit pas garé,
il n'y aura pas délit, le passant eût-il été blessé.

1. Sur l'amende d'un bœuf et la contrainte par corps à raison
d'un *sikajy* par jour, *cons. les notes mises sous l'article
143.*

ARTICLE 152

Si des hommes libres ou des esclaves s'engagent à la solde
d'un particulier, soit pour le transporter dans une localité, soit
pour y transporter des objets quelconques, et qu'ils ne tiennent
pas leurs engagements, alors qu'ils n'en auront pas été empêchés par la maladie, ils seront mis en prison pendant un mois
et perdront leur salaire ; s'ils perdent les objets dont ils étaient
porteurs, ils seront mis aux fers pendant deux ans. Au cas
où ces mêmes engagés s'étant exactement acquittés de leur
tâche, vous profiteriez de ce que les objets transportés sont sur
le point d'arriver ou de ce que l'expiration du contrat ou l'achèvement de la tâche pour laquelle ils sont engagés est proche,
pour leur chercher querelle, dans le but de ne pas les payer, ils
conserveront leurs droits au paiement des journées pendant
lesquelles ils auront travaillé.

1. Cet article doit être tenu pour abrogé et remplacé par la loi
locale du 5 avril 1896 (*V. au C. 207 le mot* : **Bourjanes**).

ARTICLE 153

Si un testament ou un contrat écrits sont, pour des motifs quelconques, demandés par le gouvernement, et que vous ne les livriez pas, vous serez puni d'une amende de dix bœufs et de dix piastres, et, si vous ne pouvez payer, serez mis en prison à raison d'un *sikajy* par jour jusqu'à concurrence du montant de l'amende.

1. Sur l'amende de dix bœufs et la contrainte à raison d'un *sikajy* par jour, *cons. les notes mises sous l'article 143*.
2. L'application de cet article semble devoir être restreinte à des cas exceptionnels.

ARTICLE 154

Quiconque conservera des écrits falsifiés et n'en avisera pas le gouvernement sera puni d'une amende de dix bœufs et de dix piastres, et, s'il ne peut payer, sera mis en prison à raison d'un *sikajy* par jour jusqu'à concurrence du montant de l'amende.

1. Sur l'amende de dix bœufs et la contrainte à raison d'un *sikajy*, *cons. les notes mises sous l'article 143*.
2. *V. la note 2 mise sous l'article 153*.

ARTICLE 155

S'il est un enfant dont la conduite est déréglée, et qu'il s'agisse de le mettre à la raison en l'attachant, les père et mère ou les plus proches parents pourront le faire, mais devront en aviser l'autorité.

1. Droit de correction des parents sur leurs enfants.

ARTICLE 156

Les enfants de dix ans et au-dessous ne sont pas passibles des peines édictées par les lois du gouvernement, parce qu'ils n'ont pas encore l'âge de raison.

1. Cet article ne semble viser que la responsabilité *pénale* et non la responsabilité *civile*. Sur la responsabilité pénale, *cons. l'article 78 du décret du 9 mai 1909, réorganisant la justice indigène* (III⁶ Partie). — En ce qui concerne la majorité civile, la loi ni la coutume ne fixent aucun âge, cette fixation est laissée, en cas de difficulté, à l'appréciation du juge.
2. De l'article 156, article qui ne fait que consacrer la coutume, il résulte que les enfants de dix ans et au-dessous ne sont pas considérés comme ayant atteint l'âge de raison. Ils ne peuvent donc être témoins dans un acte (**CT. 9 juillet 1903**).

ARTICLE 157

Celui qui lira un écrit appartenant à un particulier, alors que l'intéressé n'aurait pas sollicité cette lecture, sera puni d'une amende de dix bœufs et de dix piastres, et, s'il ne peut payer, sera mis en prison à raison d'un *sikajy* par jour jusqu'à concurrence du montant de l'amende.

1. Sur l'amende de dix bœufs et la contrainte par corps à raison d'un *sikajy* par jour, *cons. les notes 1 et 2 mises sous l'article 143.*

ARTICLE 158

Si un interprète dénature volontairement le sens des paroles qu'il traduit ou que, sachant sa traduction inexacte, il continue quand même d'interpréter, il sera puni d'une amende de dix bœufs et de dix piastres, et, s'il ne peut payer, mis en prison à raison d'un *sikajy* par jour jusqu'à concurrence du montant de l'amende.

1. Sur l'amende de dix bœufs et la contrainte à raison d'un *sikajy* par jour, *cons. les notes 1 et 2 mises sous l'article 143.*

ARTICLE 159

Si une personne prend livraison d'objets appartenant à une autre et destinés à être vendus, qu'elle les emporte sous le prétexte, soit de les acheter elle-même, soit de les faire acheter par un tiers, et qu'ensuite elle n'en verse pas le prix ou ne les rende pas, elle sera punie d'un an de fers et devra restituer au propriétaire, soit le prix des objets, soit les objets eux-mêmes, faute de quoi sa peine des fers sera portée à deux ans.

1. L'article 159 se réfère à un cas d'abus de confiance (*V. la note mise sous l'article 34*).

2. Sur la peine des fers et la contrainte par corps, *V. les notes précédemment mises.*

ARTICLE 160

Cet article, relatif au taux des piastres alors en cours à Madagascar, doit être tenu pour abrogé.

ARTICLE 161

Si une personne fait un placement d'argent, le taux doit être de 0 fr. 10 d'intérêt par piastre, 1 franc par dix piastres ou 10 francs par cent piastres et par mois; l'accord intervenu à ce sujet devra être transcrit par l'autorité qui prélèvera pour le compte de l'Etat le douzième des intérêts; si des personnes prêtent de l'argent à un taux plus élevé, le capital sera confisqué au profit de l'Etat, et celui qui l'aura pris à intérêts sera puni d'une amende de cinq bœufs et de cinq piastres, ou, s'il ne peut payer, sera mis en prison à raison d'un *loso* par jour jusqu'à concurrence du montant de l'amende. Les sommes qui ont été placées antérieurement à la présente loi devront, en ce qui concerne les intérêts, être assujetties aux nouvelles dispositions ; si des personnes exigeaient un taux supérieur en prétextant que leur argent était placé avant la promulgation du kabary de la reine, ou en se basant sur ce que leurs conditions de placement ont été enregistrées par les *Sakaizambohitra* et ne se conformaient pas au tarif que je viens d'établir, elles perdraient leur capital.

1. Sur l'obligation de l'enregistrement des prêts d'argent, *cons. la note mise sous l'article 86.*

2. L'article 161 fixe l'intérêt *conventionnel* permis entre indigènes. A-t-il été dérogé à cet article par l'arrêté du 25 avril 1906 (*C. 1321*) qui énonce que l'intérêt conventionnel est libre ? Sur cette question, *V. le Répertoire de jurisprudence au mot :* Intérêts (IV⁰ Partie).

3. L'intérêt légal entre indigènes, à défaut de convention, est celui fixé par l'arrêté du 25 avril 1906.

4. La sanction qui frappe l'emprunteur doit être seule considérée comme maintenue.

5. Sur l'amende de cinq bœufs et la contrainte, *cons. les notes précédemment mises.*

ARTICLE 162

Ceux qui conserveront volontairement de l'argent faux ou chercheront à l'écouler dans la population seront punis d'une amende de dix bœufs et de dix piastres et mis aux fers pendant deux ans ; s'ils ne peuvent payer l'amende, leur peine sera portée à quatre ans de fers.

1. Pour la fabrication de fausse monnaie, *V. l'article 9.*

2. Sur l'amende de dix bœufs et la peine des fers, *V. les annotations précédentes.*

ARTICLES 163 à 167

Des Antily

1. Ces articles, concernant les fonctions des *Antily*, doivent être tenus pour abrogés et remplacés par les divers textes réglementant le fonctionnement de l'administration indigène, notamment par les arrêtés des 15 juin 1904 et 31 décembre 1904 (III⁰ Partie).

ARTICLE 168

Si des personnes mettent le désordre ou causent du scandale dans une réunion religieuse, au temple ou à l'église, elles seront mises en prison pendant six mois.

ARTICLE 169

Les *fokonolona* qui surprendront quelqu'un en contravention avec les lois du gouvernement pourront l'arrêter et le conduire aux *Antily* ; les *fokonolona* qui, témoins d'un méfait, n'en arrêteront pas l'auteur, seront punis d'une amende de cinq bœufs et de cinq piastres.

1. Article qui doit être considéré comme abrogé et remplacé par les dispositions du décret du 9 mars 1902 (IIIe Partie).

ARTICLES 170 et 171

1. Ces articles, concernant les convocations à adresser aux militaires et l'arrestation des militaires, doivent être considérés comme abrogés.

ARTICLE 172

Si un individu est surpris en contravention avec la loi, soit au marché ou en quelque lieu que ce soit, il ne devra pas être mis à mort, mais il sera conduit à la justice pour y être jugé ; si des personnes le maltraitent, elles seront punies d'une amende d'un bœuf et d'une piastre ; celles qui auront poussé les autres à frapper seront, si le voleur a succombé aux mauvais traitements, mises aux fers à perpétuité, et punies seulement d'une amende de cinq bœufs et de cinq piastres dans le cas contraire ; si les coupables ne peuvent payer, ils seront mis en prison à raison d'un *sikajy* par jour jusqu'à concurrence du montant de l'amende.

1. L'article 172 tend à réprimer les violences souvent commises sur les individus surpris en contravention avec la loi, notamment sur les voleurs.
2. Sur l'amende d'un bœuf, sur la peine des fers, sur la contrainte par corps à raison d'un *sikajy* par jour, *cons. les notes précédemment mises.*
3. L'article 463 du Code pénal est toujours applicable en matière répressive indigène.

ARTICLE 173

Si un *Antily* s'est laissé gagner par des dons en argent ou en nature, ou que, sous l'influence de la crainte, par ménagement pour ceux auxquels il est attaché, ou par simple respect humain, il néglige d'arrêter un individu reconnu dangereux, ou relâche celui mis par lui en état d'arrestation ou qui lui a été livré, il sera puni d'une amende de dix bœufs et de dix piastres, et, s'il ne peut payer, mis aux fers pendant un an.

1. L'article 173 doit être maintenu vis-à-vis des fonctionnaires qui se laissent corrompre. L'article 177 du Code pénal, par la peine qu'il édicte, est impuissant à réprimer ce genre de délit.

2. Sur l'amende de dix bœufs et la contrainte par corps, *V. les notes mises précédemment.*

ARTICLES 174 à 180

Des médicaments

1. Ces articles doivent être considérés comme abrogés et remplacés par les dispositions édictées depuis l'occupation française et concernant la médecine et la pharmacie (*V. le titre :* **Médecine et pharmacie** *au C. et au CS.*).

ARTICLE 181

Le pavot (dont on extrait l'opium) ne doit pas être cultivé sur la terre de Madagascar ; ceux qui cultiveront cette plante seront punis d'une amende de cent piastres et leurs cultures de pavots seront détruites ; s'ils ne peuvent effectuer le versement de l'amende, les délinquants seront mis aux fers à raison d'un *sikajy* par jour jusqu'à concurrence du montant de sa valeur.

1. Sur les fers et la contrainte par corps, *cons. les notes précédemment mises.*

ARTICLES 182 à 188

Des fonctionnaires du gouvernement

1. Ces articles, relatifs aux devoirs des fonctionnaires et aux obligations pénales qui peuvent en résulter à leur encontre, doivent être considérés comme abrogés (*Cons. au C. et au CS. les divers textes concernant l'administration indigène*). (*V. à la III° Partie les arrêtés des 15 juin 1904 et 31 décembre 1904*). — En ce qui concerne les délits de coups sur la personne d'un fonctionnaire, de corruption de fonctionnaires publics, d'usurpation de titres ou fonctions, visés indirectement et imparfaitement dans les articles 185, 186, 187 et 188, il y a lieu de faire l'application des dispositions du Code pénal, sous réserve des dispositions de l'article 173 du Code de 1881 (*V. cet article et la note*).

ARTICLES 189 à 203

Lois concernant les procès et la procédure.
Des magistrats

1. Ces articles doivent être considérés comme abrogés, depuis l'organisation judiciaire édictée après l'occupation française. *V. à la IIIᵉ Partie le décret du 9 mai 1909, portant réorganisation de la justice indigène, et les arrêtés du 8 septembre 1909.*

Toutefois l'article 199 :

« Ceux, parmi ces magistrats, qui, avant le prononcé du « jugement, feront connaître au dehors la décision prise par « le tribunal, seront mis en prison pendant dix jours ou verseront « une amende de dix piastres par jour de prison »,

doit être considéré comme maintenu dans le cas prévu par l'article 41 de l'arrêté du 8 septembre 1909 sur la procédure en matière civile : « Le délibéré est secret. Tout assesseur « qui se rendra coupable de divulgation du secret des « délibérations sera passible des peines prévues à l'article « 199 du Code de 1881 ».

ARTICLE 204

Tout délégué des magistrats, envoyé pour faire une assignation ou recueillir les biens perdus dans un procès par la partie succombante, doit être muni par les juges d'un ordre portant le sceau de l'Etat et spécifiant le caractère de sa mission. Si de tels envoyés changent la nature des instructions dont ils sont porteurs, et si, surtout, ils se laissent corrompre, ils seront punis chacun d'une amende de dix bœufs et de dix piastres, et, s'ils ne peuvent payer, mis en prison à raison d'un *kirobo* par jour jusqu'à concurrence du montant de l'amende.

1. Cet article doit être considéré comme maintenu dans le cas visé par l'article 9 du décret du 9 mai 1909 sur la justice indigène : « Toute fraude commise par un fonctionnaire « indigène dans la remise d'une convocation est punie des « peines portées à l'article 204 du Code de 1881 ».

2. Sur l'amende de dix bœufs et la contrainte par corps. *V. les notes mises précédemment.*

ARTICLES 205 à 212

1. Même observation, pour ces articles relatifs aux devoirs des magistrats, que celle mise sous l'article 189.

ARTICLE 213

Les affaires réglées une première fois, et qui n'ont plus été revisées sous Andrianampoinimerina, Lehidama (Radama Iᵉʳ),

Rabodonandrianampoinimerina (Ranavalona Iʳᵉ), Radama II et Rasohcrimanjaka, doivent être considérées comme *ambadikinimanareza*, c'est-à-dire comme définitivement solutionnées ; les personnes qui les agiteront de nouveau et, surtout, agiteront des affaires réglées sous mon règne, seront punies d'une amende de cent piastres, et, si elles ne peuvent payer, mises aux fers pendant cinq ans, car elles violent la sentence rendue (*mitsoabato*). Si elles ne paient qu'une partie de l'amende, parce que leurs biens ne suffisent pas à en couvrir la totalité, elles seront mises aux fers, en proportion de la différence non versée, vingt piastres comptant pour une année ; leur peine sera supérieure ou inférieure à une année, selon qu'il restera plus ou moins de vingt piastres à payer.

1. L'expression *ambadikimanareza*, corruption de *ambadiky ny Mananareza*, c'est-à-dire au delà du Mananareza (rivière coulant au sud de la ville de Tamatave), viendrait de ce qu'au cours d'un de ses voyages sur la côte Est, Radama Iᵉʳ intervint comme arbitre dans certaines questions litigieuses qui divisaient les indigènes de Tamatave ; tous ceux qui avaient des doléances à exprimer furent invités à profiter de la présence du souverain de l'Imerina, après quoi il serait trop tard pour les formuler, Radama devant repartir au delà du Mananareza (*ambadiky ny Mananareza*). Cette expression fut adoptée pour désigner toutes les affaires qui, ayant été l'objet d'un premier règlement, sont remises en cause, alors qu'il n'en est plus temps ou que la suite qu'elles comportaient leur a été donnée.

2. L'expression *mitsoabato* désigne tout acte tendant à violer une décision, une sentence, un engagement.

3. C'est à la juridiction civile qu'il appartient de faire l'application de l'article 213 (art. 58 du décret du 9 mai 1909).

4. Sur la peine des fers, *cons. la note 3 mise sous l'article 3*. Il appartient incontestablement aux juges de faire une application très atténuée de l'article 213 (*V. art. 240*). — Sur la contrainte par corps en matière indigène, *cons. l'arrêté du 8 septembre 1909 (art. 136) sur la procédure en matière civile et l'arrêté du 8 septembre 1909 sur la contrainte par corps*.

5. L'application de l'article 213 doit être restreinte au cas où la mauvaise foi de celui qui agite une affaire déjà solutionnée est évidente (**CT. 2 mai 1901, 16 octobre 1902**).

6. L'article 213 ne vise que les affaires déjà solutionnées *en justice* (**CT. 13 novembre 1902**).

ARTICLE 214

Si, à l'occasion d'un différend, une des parties prétend que la question a été tranchée par l'autorité, alors que ce n'est pas exact, elle sera punie d'une amende de cent piastres ou mise aux fers pendant cinq ans ; si elle ne peut payer la totalité de l'amende, la peine de fers sera diminuée en proportion de la somme versée et à raison de vingt piastres pour une année de fers.

1. Article aujourd'hui inapplicable quant à la pénalité corporelle qu'il édicte.

2. La bonne foi des plaideurs autorise à ne pas appliquer l'amende prévue par l'article 214 (**CT. 17 juillet 1897**).

3. C'est à la juridiction civile qu'il appartient, le cas échéant, de faire l'application de l'article 214 (art. 58 du décret du 9 mai 1909).

ARTICLES 215, 216, 217

1. Articles aujourd'hui sans application par suite de la suppression des menakelys (*vodivona*) (arrêté du 17 avril 1897, IIIᵉ Partie).

ARTICLE 218

Si un individu s'empare par la violence de biens dont il revendique la propriété, sans attendre la confrontation devant la justice, il devra restituer les biens pris de force à leur premier détenteur et sera puni d'une amende de dix bœufs et de dix piastres....... S'il ne peut payer l'amende ou n'en verse qu'une partie, il sera mis aux fers à raison d'un *sikajy* par jour jusqu'à concurrence de la somme totale.

1. Sur l'amende de dix bœufs, *cons. l'arrêté du 8 septembre 1909 qui transforme cette amende en une peine pécuniaire* (IIIᵉ Partie). — Sur la contrainte par corps à raison d'un *sikajy* par jour, *cons. l'arrêté du 8 septembre 1909 sur la contrainte en matière indigène* (IIIᵉ Partie). — Le juge peut faire une application atténuée de la peine prévue à l'article 218.

2. C'est à la juridiction civile saisie du litige qu'il appartient de faire application de l'article 218 (art. 58 du décret du 9 mai 1909).

3. Les faits d'*heriny* sont toujours de la compétence des tribunaux civils (**CT. (correct.) 15 février 1904**).

ARTICLE 219

Si une personne en accuse faussement une autre de s'être emparée de biens par la violence, et qu'il soit prouvé que la personne ainsi accusée a eu, de tout temps, la possession de ces biens prétendus spoliés, l'accusateur à faux sera puni d'une amende de dix bœufs et de dix piastres, avant qu'il puisse intenter une action en justice. S'il ne peut payer l'amende ou n'en verse qu'une partie, l'accusateur sera mis aux fers à raison d'un *sikajy* par jour jusqu'à concurrence de la somme totale.

1. Sur l'amende de dix bœufs et la contrainte par corps à raison d'un *sikajy* par jour, *cons. les notes mises précédemment.*

2. C'est à la juridiction civile qu'il appartient de faire application de l'article 219 (art. 58 du décret du 9 mai 1909).

ARTICLE 220

Les faux témoins seront punis d'une amende de dix bœufs et de dix piastres et ceux qui ne pourront payer seront mis aux fers pendant un an.

1. Sur l'amende de dix bœufs et la contrainte, *cons. les notes mises précédemment.*

2. Sur le faux témoignage, *cons. les articles 30 et 75 du décret du 9 mai 1909 sur la justice indigène et l'article 71 de l'arrêté du 8 septembre 1909 sur la procédure en matière civile* (III° Partie).

ARTICLE 221

Si une personne est invitée à dire la vérité par un fonctionnaire du gouvernement, et qu'elle s'y refuse, elle sera punie d'une amende de dix bœufs et de dix piastres, et, si elle ne peut payer, mise en prison à raison d'un *sikajy* par jour jusqu'à concurrence du montant de l'amende.

1. Cet article ne saurait être considéré comme maintenu qu'en cas de mutisme absolu gardé à l'égard d'un fonctionnaire qui demande des renseignements. Ce mutisme constitue une sorte d'outrage (*Cons. les notes mises sous les articles 222 et 257*).

2. Sur l'amende de dix bœufs et la contrainte à raison d'un *sikajy* par jour, *cons. les notes mises précédemment.*

ARTICLE 222

Si une personne, invitée à dire la vérité par un fonctionnaire du gouvernement, répond par un mensonge, elle sera punie d'une amende de dix bœufs et de dix piastres, et, si elle ne peut payer, mise en prison à raison d'un *sikajy* par jour jusqu'à concurrence du montant de l'amende.

1. Les dispositions de l'article 222 ne visent ni les faux témoins, auxquels l'article 220 est seul applicable, ni les parties en cause qui, dans la perte de leur procès, trouvent la juste punition des déclarations inexactes ou mensongères qu'elles ont pu faire devant les juges. — L'article 222 a été expressément et uniquement édicté à l'égard de toutes personnes auxquelles les fonctionnaires du gouvernement de tous les services sont en droit de demander des renseignements. Si les renseignements fournis sont sciemment inexacts et de nature à induire en erreur, leur auteur peut être puni de l'amende prévue audit article (CT. 23 novembre 1899).

2. Sur l'amende de dix bœufs et la contrainte par corps, *V. les notes mises précédemment.*

ARTICLE 223

Si vous revendiquez soit la propriété de terres patrimoniales ou un héritage, et que vous reveniez sur les volontés des ancêtres, attendant, pour élever vos contestations, la disparition des derniers témoins, alors que, du vivant des grands-pères et grand'mères, des pères et mères, vous n'aurez rien dit, en agissant ainsi, vous n'aurez droit à rien, votre procès sera perdu, et vous serez, en outre, condamné à une amende de dix bœufs et de dix piastres. Celui qui ne pourra payer l'amende ou n'en versera qu'une partie sera mis aux fers à raison d'un *sikajy* par jour jusqu'à concurrence de la somme totale.

1. Il appartient à la juridiction civile d'appliquer les peines prévues à l'article 223 (art. 58 du décret du 9 mai 1909).

2. Sur l'amende de dix bœufs, *cons. l'article 111 du décret du 8 mai 1909 et l'arrêté du 8 septembre 1909 fixant en remplacement de cette amende une peine pécuniaire* (IIIᵉ Partie).

3. Sur la contrainte par corps à raison d'un *sikajy* par jour, *cons. l'article 136 de l'arrêté du 8 septembre 1909 sur la procédure civile indigène et l'arrêté du 8 septembre 1909 sur la contrainte par corps en matière indigène* (IIIᵉ Partie).

4. L'article 223 ne peut trouver son application lorsqu'il s'agit d'un litige relatif à un prêt d'argent; il ne s'applique qu'à un litige concernant des biens immobiliers (**CT. 15 septembre 1898, 18 avril 1907**).

5. C'est au grand-père et à la grand'mère, père et mère, de la personne à qui le procès est intenté que l'article 223 fait allusion (**CT. 5 septembre 1901**).

6. Les prescriptions de l'article 223 intéressent en quelque sorte l'ordre public. Elles doivent être considérées comme étant et ayant toujours été en vigueur à Vohemar. La production de témoins vagues et imprécis ne saurait faire obstacle à leur application (**CT. 31 décembre 1903**,.

7. Les déchéances édictées par l'article 223 ne paraissent viser que les litiges entre héritiers relatifs à des biens immeubles patrimoniaux ou provenant d'héritages (**CT. 21 décembre 1905**).

ARTICLE 224

S'il s'agit de *kodrazana* établis par les ascendants, sous les règnes d'Andrianampoinimerina, de Lehidama (Radama Iᵉʳ), de Rabodonandrianampoinimerina (Ranavalona Iʳᵉ), de Radama II ou de Rasoberimanjaka, et par lesquels il a été spécifié que la jouissance des biens appartiendrait successivement aux plus âgés des ayants droit, s'il s'élève des contestations, le procès

pourra avoir lieu ; mais, si vous revendiquez comme ayant été
stipulés des avantages qui ne l'auront pas été, et, que voyant
un parent riche ou influent, vous prétendiez avoir des droits sur
une partie de ses biens, en la disant *kodrazana*, alors que ni la
tribu, ni la caste, ni la famille, ni le seigneur *tompombodivona*
ne pouvant attester vos droits, il sera établi que vous avez
menti, vous aurez perdu votre procès et serez puni d'une amende
de cinq bœufs et de cinq piastres. Si le coupable ne peut
payer ou ne verse qu'une partie de l'amende, il sera mis aux
fers à raison d'un *sikajy* par jour jusqu'à concurrence de la
somme totale.

1. Sur les biens *kodrazana*, cons. *ce qui est dit au Droit civil au
   titre :* **Des testaments.**
2. Les dispositions pénales de l'article 224 doivent être considérées comme sans application aujourd'hui.

Article 225

Si on vend une terre, soit rizière, soit marais, soit coteau,
soit vallée, et que, témoin de la vente, vous ne formuliez en
présence de l'acheteur aucune réserve ni revendication, mais
qu'ayant attendu la mort du vendeur et celle de l'acheteur,
vous veniez dire : « Cette terre était notre *hetra* ou notre *lohombin-tany* », en agissant ainsi, vous serez débouté de vos revendications, parce que, avant de les émettre, vous aurez attendu la
disparition des seuls témoins capables de vous réfuter ; vous
serez, en outre, puni d'une amende de dix bœufs et de dix
piastres, et, si vous ne pouvez la payer ou n'en versez qu'une
partie, mis aux fers à raison d'un *sikajy* par jour jusqu'à concurrence de la somme totale.

1. Le mot *tampon-tanety*, traduit par coteau, est la partie intermédiaire des montagnes où les indigènes pratiquent leurs
   cultures de manioc, patates, arachides, haricots, courges et
   installent aussi leurs vergers ; le coteau ou *tampon-tanety*
   n'est ni le sommet de la montagne, ni la partie immédiatement voisine des rizières et qu'on appelle *loha-saha*.
2. Le mot *loha-saha* (litt. : tête de vallée) sert à désigner la partie
   du terrain non utilisable pour la rizière, mais suffisamment
   humide pour la culture des arums, des orangers, pample-
   mousses, etc... Les terrains de cultures pourraient, en un
   mot, être échelonnés comme suit, en partant du bas :
   marais ou heniheny, rizières ou tanimbary, *loha-saha*, *tampon-tanety* ; le sommet, stérile la plupart du temps, des
   montagnes porte le nom de *tendrom-bohitra*.
3. On désignait sous le nom de *hetra* toutes les rizières provenant de la répartition primitive des terres faite par Andrianampoinimerina et soumises à une redevance en riz de
   lapa-bary, c'est-à-dire trois mesures par an. Par la suite,
   cette redevance, au lieu d'être versée en nature, le fut en

argent à raison de 0 fr. 80 les trois mesures. Les mot *hetra*, par extension, est devenu aujourd'hui le synonyme de taxe, impôt, etc.....

4. Les *lohombin-tany* étaient des terrains donnés par le souverain en récompense de services rendus.

5. La juridiction civile est compétente pour appliquer les peines prévues à l'article 225 (art. 58 du décret du 9 mai 1909).

6. Du texte de l'article 225 il résulte que ce texte s'applique au cas où un tiers, témoin d'une vente, attend la mort des parties contractantes pour revendiquer comme sienne la chose vendue (**CT. 13 juillet 1899**).

Article 226

Quand des personnes sont associées dans un commerce, ou sont héritières de la même succession, et que, l'une d'elles soulevant un procès en revendication, l'autre laisse faire et ne parle pas de poursuivre, mais attend que la première ait obtenu gain de cause pour venir dire à son tour : « L'héritage nous était commun, nous étions associés dans la même affaire », cette dernière, n'ayant pas intenté l'action, n'aura droit à rien.

1. L'article 226 ne doit recevoir son application que lorsque le jugement est devenu définitif, c'est-à-dire a suivi tous les degrés de juridiction. Cette interprétation résulte clairement des termes employés par le législateur : *qui aura attendu le gain d'un procès* (**CT. 25 août 1898**).

2. Il résulte de l'esprit et de la lettre de l'article 226 que la déchéance qu'il édicte n'est encourue que tout autant que les autres cohéritiers ont été mis en demeure, par une mise en demeure régulière, de prendre part à l'instance (**CT. 3 novembre 1898**).

3. Une mise en demeure par lettre recommandée satisfait aux exigences de l'article 226. Une intervention qui, sur une mise en demeure régulièrement faite, ne se produit que lorsqu'un arrêt définitif a été rendu sur la contestation, est tardive et doit être rejetée (**CT. 30 novembre 1899**).

4. De l'article 226 il résulte que quand des personnes sont héritières de la même succession et que, l'une d'elles soulevant un procès en revendication, l'autre, bien qu'invitée à se joindre à la demande, la laisse faire et ne parle pas de poursuivre, mais attend que la première ait obtenu gain de cause pour venir dire à son tour : « L'héritage nous était commun », cette dernière n'aura droit à rien (**CT. 28 mars 1901**).

5. L'article 226 ne peut être appliqué que lorsque le cohéritier a refusé, après une mise en demeure à lui adressée, de prendre part au procès et qu'il a attendu le jugement définitif pour réclamer ses droits (**CT. 23 avril 1908**).

Articles 227 et 228

1. Articles devant être considérés comme sans application actuellement et en conséquence comme abrogés.

ARTICLE 229

Si des personnes adoptent ou rejettent un enfant, l'enregistrement devra en être fait dans les livres du gouvernement, et les intéressés payeront, après transcription, la somme d'un *kirobo* pour le compte de l'État ; si cet enregistrement n'a pas été fait, l'enfant n'est, selon le cas, ni adopté ni rejeté.

1. *V. le Répertoire de jurisprudence* (IVᵉ Partie) *aux mots :* Adoption. — Rejet.

2. Sur les droits d'enregistrement des actes d'adoption et de rejet, cons. *l'arrêté du 13 juin 1910.*

ARTICLE 230

Quand un procès aura eu pour objet la revendication de biens, la partie gagnante devra verser à l'État un droit d'un *kirobo* par dix piastres de valeur estimative des biens, la partie perdante devra verser une valeur égale au cinquième de ces mêmes biens au profit de l'État et comme compensation due à la partie gagnante ; si la partie succombante ne peut payer cette valeur ou n'en verse qu'une fraction, elle sera mise en prison à raison d'un *sikajy* par jour jusqu'à concurrence de la totalité de l'amende.

1. Cet article doit être considéré comme abrogé. L'arrêté du 8 septembre 1909 sur les droits et frais de justice ne reproduit aucune de ses dispositions (*V. cet arrêté à la IIIᵉ Partie*).

ARTICLE 231

Si, dans un procès ayant eu pour objet la revendication de biens, la partie succombante ne peut, dans les délais fixés par les juges, opérer la remise de ces biens à la partie gagnante, leur valeur sera prélevée sur les biens lui appartenant en propre, et, au cas où ceux-ci seraient insuffisants, la partie succombante sera mise aux fers à raison d'un *sikajy* par jour jusqu'à concurrence de la différence entre la valeur de ses biens et celle de ceux à parfaire.

1. Cet article, qui établit la contrainte par corps en matière civile, est un principe fondamental de la jurisprudence malgache.

2. *Cons. l'arrêté du 8 septembre 1909* (IIIᵉ Partie) *qui fixe de nouvelles règles en matière de contrainte par corps, tant en matière civile que répressive.*

ARTICLE 232

Les dispositions testamentaires, après qu'elles ont été prises en présence des membres de la famille, des membres du *foko-*

nolona, ou que le seigneur *tompom-bodivona* en a été témoin, doivent être transcrites sur un papier, lequel est remis à l'autorité ; si le testateur veut laisser connaître ses dispositions, celles-ci seront enregistrées dans les livres du gouvernement ; si, au contraire, il tient à les garder secrètes, l'original de son testament sera conservé au gouvernement ; ce testament, même au cas où il aurait été déposé en original, s'il aliène des biens n'appartenant pas au testateur, pourra être l'objet de poursuites de la part des intéressés lésés. Quelles que soient les dispositions prises dans un testament, le testateur restera libre de modifier ou de révoquer à sa guise les attributions qu'il aura faites de ses biens.

1. *Cons. le Répertoire de jurisprudence* (IVᵉ Partie) *au mot :* **Testaments.** — *V. l'exposé de Droit civil au titre :* **Des testaments.**

2. L'arrêt du 26 décembre 1907 (*V. le Répertoire de jurispr.*) constate que le texte malgache de l'article 232 exige la présence « de la famille ou du fokonolona » et non des deux en même temps.

ARTICLE 233

Les enfants, qu'ils soient issus de leurs père et mère ou simplement adoptés par eux, s'ils ne se conduisent pas en enfants affectueux, leurs parents restent libres de disposer de leur fortune ainsi qu'ils l'entendent, même au cas où ils auraient pris des dispositions testamentaires en faveur de ces mêmes enfants. Si ces enfants sont des orphelins recueillis par leurs grands-parents, ou qu'ils soient les fils d'une mère défunte ou divorcée, et vivent sous le toit de leur père remarié, ils pourront être rejetés, s'ils ne se conduisent pas, vis-à-vis de ceux qui leur tiennent lieu de père et mère, en enfants affectueux ; si, au contraire, ces mêmes enfants se montrent aimants, ils ne pourront être rejetés ni dépouillés de leur part d'héritage, telle qu'elle a été réglée du vivant de leurs père et mère.

1. Les lois malgaches ne prévoient aucune réserve en faveur des enfants dans la succession de leurs père et mère : l'article 233 reconnaît aux parents le droit de deshériter leurs enfants même sans motif et déclare que leur volonté est sacrée *(masi-mandidy)* (**CT.** 10 juin 1897).

2. Au sujet de la validité des donations faites aux enfants du vivant de leurs père et mère, *cons. ce qui est dit au Droit civil au titre :* **Des donations.**

3. L'article 233 semble limiter la faculté de « rejet » lorsque cette faculté est exercée par les grands-parents ou le père remarié (*V. le Droit civil au chapitre :* **Du rejet d'enfant**).

ARTICLE 234

Si des personnes meurent *intestat*, le partage de la succession devra être fait par portions égales entre les héritiers, et les *tolo-bohitra* qu'elles auront pu faire resteront acquis aux bénéficiaires.

1. On appelle *tolo-bohitra* tous biens donnés en dotation aux enfants, garçons ou filles, avant le partage définitif. Un étranger peut être l'objet d'un *tolo-bohitra* ; c'est alors une sorte de donation.

2. *Cons. le Répertoire de jurisprudence* (IV° Partie) *au mot :* **Successions.** — *Cons. l'exposé de Droit civil au titre :* **Des successions.** — **Des donations.**

3. Cet article a pour effet de supprimer la coutume du *tombondahy* (*V. toutefois le Droit civil au titre :* **Des successions**).

ARTICLE 235

Lorsque des personnes adoptent ou rejettent des enfants et que, moins d'une semaine après, elles viennent à mourir, ces adoptions ou rejets seront nuls pour avoir été faits *an-dohariana.*

1. *An-dohariana* veut dire : au bord de la chute ou de la cascade, c'est-à-dire au moment où l'on n'a plus sa raison.

2. L'article 235 ne s'applique qu'aux adoptions et rejets et non aux testaments (**CT. 16 avril 1908**).

ARTICLE 236

Lorsque l'enfant d'une personne parente a été recueilli par charité en raison de son indigence, et que l'adoption n'a pas été faite par le versement soit du *vola tsy vaky* soit du *sikajy isandrain-jaza*, ou bien encore qu'elle aura été faite hors la présence du *fokonolona* ou de celle du seigneur *tompom-bodivona*, et, qu'en outre, elle n'aura pas été enregistrée au gouvernement, si l'enfant ainsi recueilli par charité revendique sa qualité d'héritier, il sera, faute de preuves, puni d'une amende de cinq bœufs et de cinq piastres et déclaré non héritier. S'il ne peut payer, il sera mis en prison à raison d'un *sikajy* par jour jusqu'à concurrence du montant de l'amende non versée.

1. *Cons. le mot adoption au Répertoire de jurisprudence* (IV° Partie). *Voir l'exposé de Droit civil au chapitre :* **De l'adoption.**

2. La juridiction civile est compétente pour appliquer la peine prévue à l'article 236 (art. 58 du décret du 9 mai 1909).

3. Sur l'amende de cinq bœufs et la contrainte, *cons. les notes mises précédemment.*

ARTICLE 237

Si un enfant joue ou parie et qu'il engage soit les biens de ses père et mère, soit ceux de personnes parentes, il sera coupable et mis en prison pendant un mois ; celui qui aura gagné l'enjeu ou le montant du pari devra le restituer à son propriétaire et l'enfant joueur ne pourra plus être poursuivi en remboursement de la créance provenant de ce fait. Si vous conservez par devers vous les biens d'une tierce personne gagnés au jeu ou dans un pari, vous serez aussi coupable et mis aux fers pendant un an. Si, à l'expiration de ce délai, vous ne restituez pas les choses gagnées, l'équivalent en sera prélevé sur vos propres biens et, lorsqu'il sera constaté que votre avoir est épuisé, alors seulement vous serez libéré. Les terres ne peuvent pas être engagées au jeu ni dans les paris.

1. L'article 237 doit être considéré comme abrogé quant à ses dispositions pénales. — V. *toutefois ce qui est dit, quant à la peine corporelle pouvant être appliquée à l'enfant dissipateur, au chapitre IX du Droit civil :* **De l'interdiction.**

ARTICLE 238

Si des personnes empruntent de l'argent et qu'elles offrent en garantie les biens de leurs père et mère, ceux de personnes parentes ou non parentes, ou des biens possédés en copropriété, et que ces garanties ne correspondent pas à la part dont elles peuvent disposer, on ne devra pas les accepter, à moins que les propriétaires intéressés ne soient présents et consentants. Celui qui aura fourni de telles garanties sera puni d'une amende de dix bœufs et de dix piastres, et, s'il ne peut payer, mis en prison à raison d'un *sikajy* par jour jusqu'à concurrence du montant de l'amende. Si une partie de la garantie est entre les mains du propriétaire de l'argent prêté, elle devra être restituée à celui à qui elle appartient. Quant au capital prêté, il sera purement et simplement perdu pour son propriétaire. Si le fonctionnaire chargé de faire l'enregistrement au gouvernement a négligé de s'informer exactement auprès du prêteur et de l'emprunteur, et s'est borné à faire l'inscription des biens hors la présence des propriétaires intéressés, c'est lui qui devra restituer le capital emprunté ; s'il ne peut en effectuer le versement, il ne sera laissé libre que lorsqu'il sera bien constaté qu'il ne possède plus rien.

1. L'article 238 exige la présence du propriétaire du gage à l'acte de prêt d'argent, lorsque cet acte porte constitution d'un gage n'appartenant pas à l'emprunteur (**CT. 3 novembre 1898**).

2. Les dispositions pénales de l'article 238 sont de la compétence de la juridiction civile (art. 58 du décret du 9 mai 1909). Elles doivent être restreintes à l'amende de dix bœufs et de dix piastres édictée contre celui qui fournit des gages dont il n'est pas propriétaire.

3. Sur l'amende de dix bœufs. *V. les notes précédemment mises.*

ARTICLE 239

Si un enfant a été signalé au gouvernement comme dissipateur, et qu'il vende des biens appartenant à ses père et mère ou à des parents, qu'il emprunte de l'argent et donne des biens en garantie, votre argent sera dépensé en pure perte si vous lui achetez ces biens ou lui consentez des prêts. Le coupable sera, en outre, tenu de restituer intégralement la valeur des biens engagés par le dissipateur et puni d'une amende de dix bœufs et de dix piastres ; s'il ne peut payer, il sera mis en prison à raison d'un *sikajy* par jour jusqu'à concurrence de la valeur de l'amende non versée.

1. *V. les notes 2 et 3 mises sous l'article 238.*

ARTICLE 240

Celui qui réclamera faussement une créance qu'il ne possède pas devra payer à son prétendu débiteur une somme égale à celle qu'il lui a injustement réclamée ; s'il ne peut payer, il sera mis en prison à raison d'un *sikajy* par jour jusqu'à concurrence de cette même somme.

1. La juridiction civile est compétente pour appliquer la peine prévue à l'article 240 (art. 58 du décret du 9 mai 1909). — Sur la contrainte par corps à raison d'un *sikajy* par jour, *V. la note mise précédemment.*

2. En édictant l'article 240, le législateur a manifestement voulu empêcher l'introduction devant les juridictions des demandes injustifiées et sans base sérieuse. Aussi cet article ne saurait recevoir son application que dans des cas exceptionnels et il ne doit être considéré que comme une pénalité encourue par le demandeur engageant de mauvaise foi un procès vexatoire (**CT. 5 mars 1897**).

3. Le juge a incontestablement le droit, si les faits de la cause, la situation des parties ou des raisons de saine équité paraissent devoir le comporter, d'adoucir ce que l'application stricte et littérale des textes de la loi malgache, notamment de l'article 240, aurait de trop rigoureux ou d'excessif (**Trib.** 2e degré Tananarive, 11 août 1900).

4. Il n'y a pas lieu de faire l'application de l'article 240 à des demandeurs inexpérimentés dont la mauvaise foi n'est pas établie (**CT. 11 octobre 1900**).

5. L'article 240 ne s'applique que dans le cas de réclamation de créance ; dans le cas de revendication de biens, il y a lieu application de l'article 230 (**CT. 28 mars 1901**).

Article 241

Si une personne, ayant emprunté une somme d'argent avec ou sans intérêt, n'en restitue pas le montant, l'équivalent en sera prélevé sur ses propres biens ; si ceux-ci sont insuffisants, le débiteur sera quitte envers son créancier, dès qu'il sera constaté qu'il ne possède plus rien. Toutefois, si, possédant encore des biens, le débiteur les dissimule, en les confiant soit à d'autres personnes, à des parents, à des amis, à ses enfants ou à ses père et mère, ces biens seront saisis et serviront à rembourser le créancier ; l'excédent, s'il y en a, sera, en outre, saisi au profit de l'Etat. Si les biens ainsi dissimulés ne suffisent pas à rembourser le créancier, ce sont les parents, amis, enfants, père et mère ou toutes autres personnes complices du débiteur, dont les biens devront parfaire la différence ; ces personnes seront aussi mises en prison pendant trois mois. Le premier créancier qui déposera une réclamation devant l'autorité aura sa créance prélevée avant toute autre sur les biens du débiteur.'

1. L'article 241 doit être considéré comme inapplicable aujourd'hui en ce qui concerne *l'excédent saisi au profit de l'Etat* et la peine corporelle encourue par les complices du débiteur qui dissimule ses biens. — En ce qui concerne le débiteur lui-même, *cons. l'article 35 du décret du 9 mai 1909 sur la justice indigène* (IIIᵉ Partie).

2. *Cons. l'arrêté du 8 septembre 1909 sur la contrainte par corps en matière indigène* (IIIᵉ Partie).

3. Entre plusieurs créanciers, le créancier devant être soldé le premier est celui qui le premier a déposé une réclamation en justice (**CT. 13 janvier 1898**).

4. L'article 241, aux termes duquel « le débiteur sera quitte envers son créancier dès qu'il sera constaté qu'il ne possède plus rien », ne peut s'appliquer qu'en matière de contestations de deniers ou d'emprunts. C'est en vain que cet article est invoqué par un tiers condamné à payer une somme de 3.221 francs à la suite d'un procès intéressant une contestation de biens et qui a abandonné tous ses biens à ses créanciers. Le jugement de condamnation peut toujours, dans ce cas, être exécuté conformément à l'article 231, c'est-à-dire par la voie de la contrainte par corps (**CT. 9 novembre 1899**). — (*Cons. l'arrêté du 8 septembre 1909 qui établit de nouvelles règles en matière de contrainte par corps*).

6. Aux termes de l'article 241, « c'est celui des créanciers qui porte plainte le premier au gouvernement qui doit être payé intégralement sur l'avoir du débiteur ». Il est conforme au bon sens, à l'équité et à l'usage de subordonner l'application de cette règle à la reconnaissance directe ou indirecte

et dans une forme régulière par l'autorité compétente du bien-fondé d'une réclamation ainsi introduite (**CT. 23 novembre 1899**).

6. En droit malgache, la distribution du prix entre les créanciers d'un même débiteur est réglée par l'article 241 *in fine* du Code de 1881, aux termes duquel *le premier créancier qui dépose une réclamation en justice est payé intégralement sur les biens du débiteur*. Il résulte des énonciations claires et précises de ce texte que le droit de préférence sur le prix est exercé par le créancier qui, le premier, a saisi les tribunaux de sa demande. La date de cette demande détermine le rang de la créance indépendamment de la date de tout jugement postérieur (**CT. 13 septembre 1900**).

7. L'article 241, en édictant *in fine* « que le premier créancier « qui déposera une réclamation devant l'autorité aura sa « créance prélevée avant toute autre sur les biens du débiteur », a entendu parler de l'autorité susceptible d'ordonner les poursuites nécessaires et de condamner au payement, c'est-à-dire l'autorité judiciaire (**CT. 6 décembre 1900**).

8. L'article 241 *in fine* du Code de 1881 suppose avant tout une créance régulièrement enregistrée. En faire l'application au cas d'une créance non enregistrée ou irrégulièrement enregistrée serait violer la règle de principe que l'enregistrement régulier de tout contrat sur les livres du gouvernement est absolument obligatoire pour qu'un contrat puisse avoir un effet juridique (**CT. 9 avril 1903**).

9. Si deux créances sont enregistrées le même jour, aucune préférence n'existe en faveur de l'une d'elles, quand bien même du numéro d'ordre qu'elles portent résulterait une différence d'heure dans leur inscription. Si ces deux créances donnent lieu à un litige, il y a lieu de faire l'application de l'article 241 *in fine* (**CT. 17 décembre 1903**).

ARTICLE 242

Si une personne contracte un emprunt, et que les témoins, parents ou autres, déclarent comme lui appartenant les biens donnés en garantie, et que cela soit inexact, les biens de ces mêmes personnes, parents ou autres, serviront au remboursement de la créance au cas où ceux de l'emprunteur n'y suffiraient pas. Enfin, si ces biens sont eux-mêmes insuffisants, ces personnes, coupables d'une fausse déclaration, seront mises en prison à raison d'un *sikajy* par jour jusqu'à concurrence de la valeur restant à verser.

1. Sur la contrainte par corps en matière indigène, *cons. l'arrêté du 8 septembre 1909* (IIIe Partie).

ARTICLE 243

Si, pour le recouvrement d'une créance, une personne est obligée de recourir à l'intervention de l'autorité, le capital à restituer, s'il ne rapportait pas d'intérêts, augmentera de la moitié de sa valeur ; si, au contraire, il avait été placé à intérêts, le capital sera doublé, et il ne sera tenu aucun compte des intérêts gros ou petits. Quant aux intérêts qui auront été versés au propriétaire du capital avant le dépôt de la plainte, ce dernier n'aura pas à les restituer.

1. Dans le cas où un tiers est condamné à restituer un prêt d'argent fait sans intérêts, il y a lieu d'appliquer le paragraphe 1er de l'article 243, c'est-à-dire de condamner le débiteur à payer le capital simplement augmenté de la moitié (**CT. 14 avril 1898**).

2. L'article 243 ne saurait être appliqué à des tiers qui, au moment où leur auteur a contracté l'obligation dont ils sont débiteurs, étaient en bas âge (**CT. 15 septembre 1898, 16 mai 1907**).

3. L'article 243 peut ne pas recevoir son application lorsqu'il s'agit d'un procès en remboursement de dette s'agitant entre parents. Dans ce cas, il peut être simplement décidé que le débiteur sera condamné à payer les intérêts de la somme due du jour de la demande en justice (**CT. 30 mars 1899**).

4. Un contrat de prêt d'argent, dans lequel il est stipulé un gage immobilier, forme une convention particulière qui est régie par l'article 21 des Instructions aux gouverneurs de l'Imerina et non par l'article 243 du Code de 1881 (**CT. 18 septembre 1902**). — (*V. Instructions aux gouverneurs de l'Imerina* (IIe Partie).

5. Mais dans un contrat de cette nature l'article 243 peut être appliqué si le débiteur nie la dette ou si le gage a disparu. (**CT. 18 juin 1903**).

6. Aux termes de l'article 243, en cas de réclamation en justice d'un capital placé à intérêts, la condamnation doit être du montant du capital augmenté d'une somme égale. Il ne doit être tenu aucun compte ni des intérêts payés ni des intérêts dus (**CT. 30 juin 1904**).

7. Il n'y a pas lieu à application de l'article 243 lorsque l'action intentée et solutionnée est en réalité une action en règlement de compte (**CT. 3 novembre 1904**).

Article 244

Si une personne consent une cession de terre dite *fehivavany*, la terre qui en fera l'objet devra être exactement mesurée ; ses dimensions, ainsi que la durée de l'aliénation, devront être spécifiées sur les livres du gouvernement. Le détenteur provisoire qui fera disparaître les bornes des terres ainsi cédées, de façon à confondre celles-ci avec ses propriétés, sera puni d'une amende d'un bœuf et d'une piastre. Lorsque le propriétaire du sol se libérera, en versant l'argent emprunté sur sa terre, celle-ci lui fera retour, de même que toutes celles dont les bornes, ayant été enlevées, se confondront avec la sienne. Ceux qui donneront, par ce moyen, des terres en *fehi-vavany* et recourront à l'enregistrement dans les livres officiels, devront payer pour le compte de l'Etat un droit de 0 fr. 10 par piastre sur le montant du prix du *fehi-vavany*.

1. Sur le droit dû en cas de *fehi-vavany*, cons. *l'arrêté du 13 juin 1910* (IIIᵉ Partie).
2. Sur le *fehi-vavany*, cons. *l'exposé de Droit civil au chapitre :* **Des contrats.**
3. Sur l'amende d'un bœuf, *cons. les notes mises précédemment.*
4. La juridiction civile est compétente pour appliquer les dispositions pénales de l'article 244 (art. 58 du décret du 9 mai 1909 (IIIᵉ Partie).

ARTICLE 245

Si vous avez opéré la vente d'un objet à titre définitif et que, voyant cet objet acquérir une plus-value, vous prétendiez qu'il n'a été cédé qu'à titre provisoire (*fehi-vavany*), il restera définitivement acquis à son possesseur. Quant à vous, qui aurez menti, vous serez puni d'une amende de cinq bœufs et de cinq piastres, et, si vous ne pouvez payer, vous serez mis en prison à raison d'un *sikajy* par jour jusqu'à concurrence du montant de l'amende.

1. Il appartient à la juridiction civile d'appliquer les dispositions pénales de l'article 245 (art. 58 du décret du 9 mai 1909).
2. Sur l'amende de cinq bœufs et la contrainte à raison d'un *sikajy* par jour, *V. les notes mises précédemment.*

ARTICLE 246

Si, ayant fait un achat à titre provisoire (*fehi-vavany*), vous prétendez, parce que vous désirez la possession définitive de la chose, que la vente a été faite à titre définitif, il vous sera fait retour de la somme que vous aurez consacrée à l'achat, et l'objet de la vente sera rendu à son premier propriétaire. Quant à vous, vous serez puni d'une amende de cinq bœufs et de cinq piastres, et, si vous ne pouvez payer, mis en prison à raison d'un *sikajy* par jour jusqu'à concurrence du montant de l'amende.

1. *V. la note mise sous l'article 245.*

ARTICLE 247

Si, après avoir acheté un objet, profitant de ce que vous êtes aimé de la reine, que vous êtes puissant, éloquent, beau parleur, seigneur influent ou prince, vous abusez de votre situation pour payer la moitié de la valeur de l'objet ou le tiers, puis négligez d'en effectuer le paiement intégral, l'argent que vous aurez versé comme acompte sera perdu pour vous, et vous devrez, à nouveau, payer au propriétaire le prix total, tel qu'il a été primitivement arrêté. Si vous ne pouvez effectuer le paiement, vous serez mis en prison à raison d'un *sikajy* par jour jusqu'à concurrence de la valeur totale de l'objet.

1. Les dispositions pénales de cet article ne doivent être appliquées que si le fait renferme les éléments de l'escroquerie.

ARTICLES 248 à 250

1. Ces articles, relatifs aux contrats entre esclaves et aux transactions en présence des *fokonolona* et des seigneurs *tompom-bodivona*, doivent être considérés comme abrogés. Le décret du 9 mai 1909 sur la justice indigène ne reproduit pas les dispositions de l'article 12 du décret du 9 mars 1902 (*V. ces textes à la IIIe Partie*).

ARTICLE 251

Dans les degrés de la parenté, les membres les plus proches sont les cousins issus de personnes sœurs, ceux issus de frères et ceux issus de personnes frères et sœurs; s'il s'élève parmi eux des différends à propos de biens, les parents peuvent intervenir pour les arranger, si toutefois les parties intéressées acceptent cette intervention ; elles devront alors communiquer à l'autorité les conditions de l'arrangement intervenu, afin qu'elles soient enregistrées dans les livres officiels ; faute de quoi, chacun des membres ayant participé à la conclusion de l'accord sera puni d'une amende d'un bœuf et d'une piastre et l'entente écrite devra être quand même livrée ; si les contrevenants ne peuvent payer l'amende, ils seront mis en prison à raison d'un *sikajy* par jour jusqu'à concurrence de sa valeur. Les parties intéressées dans l'arrangement devront payer chacune la somme de *loso* pour le compte de l'Etat.

1. L'article 251 ne doit être appliqué qu'en ce qui concerne ses dispositions civiles (*V. la note mise sous l'article 86*).

ARTICLE 252

Si une personne pauvre a un procès à soutenir, et que sa situation d'indigence soit telle que le *fokonolona* dont elle fait partie puisse attester son incapacité de payer les frais de justice, le droit de *fampitsarana* ou les amendes qu'elle peut encourir, le gouvernement lui fera l'avance des fonds nécessaires, et si elle gagne le procès, se remboursera sur les biens ayant fait l'objet de sa revendication. Si, au contraire, son procès est perdu, elle sera astreinte à travailler pour le compte de l'Etat, le rendement de son labeur sera calculé sur la base de 0 fr. 60 par jour, jusqu'à libération complète de sa dette.

1. L'article 252 doit être considéré comme abrogé et remplacé par les dispositions de l'arrêté du 8 septembre 1909 sur la procédure en matière civile relatives à l'exonération des frais de justice (IIIᵉ Partie).

ARTICLE 253

1. Cet article, relatif au droit d'appel en matière indigène, doit être considéré comme entièrement abrogé et remplacé par les dispositions du décret du 9 mai 1909 reorganisant la justice indigène (IIIᵉ Partie).

ARTICLE 254

Quiconque volera le texte écrit d'un contrat, l'abîmera ou le détruira, que ce contrat appartienne à un particulier ou qu'il soit déposé au service judiciaire, l'auteur sera puni d'une amende de dix bœufs et de dix piastres, et, s'il ne peut payer, mis en prison à raison d'un *sikajy* par jour jusqu'à concurrence de la valeur totale de cette amende.

1. Sur l'amende de dix bœufs et la contrainte par corps à raison d'un *sikajy* par jour, *cons. les notes précédemment mises.*

ARTICLE 255

Si un contrat écrit est déposé chez vous, et que vous refusiez de le livrer aux fonctionnaires du gouvernement qui vous inviteront à le leur communiquer, vous serez puni d'une amende d'un bœuf et d'une piastre, et, si vous ne pouvez payer, mis en prison à raison d'un *sikajy* par jour jusqu'à concurrence de sa valeur totale ; le contrat devra, quand même, être livré aux fonctionnaires du gouvernement pour qu'ils l'examinent.

1. Les dispositions pénales de cet article ne doivent être appliquées que dans des circonstances exceptionnelles.
2. Il appartient à la juridiction civile d'en faire l'application (art. 58 du décret du 9 mai 1909 ; art. 136 de l'arrêté du 8 septembre 1909. — *V. IIIᵉ Partie*).
3. Sur l'amende d'un bœuf et la contrainte à raison d'un *sikajy* par jour, *cons. les notes précédemment mises.*

ARTICLE 256

Si une personne ayant un procès sollicite un délai à son arrivée devant le tribunal, les magistrats pourront le lui accorder après qu'elle aura versé une garantie à titre de cautionnement. Si, ensuite, elle ne se présente pas à la date fixée, son cautionnement sera confisqué au profit de l'Etat.

1. L'article 256, dont les dispositions n'ont pas été reproduites dans le décret du 9 mai 1909 réorganisant la justice indigène et l'arrêté du 8 septembre 1909 sur la procédure en matière civile (III⁴ Partie), doit être considéré comme abrogé.

ARTICLE 257

Si une personne est interrogée dans un tribunal par des juges au sujet d'une affaire judiciaire, et qu'elle refuse de répondre, elle sera mise en prison pendant sept jours.

1. La pénalité prévue à l'article 257 ne doit être appliquée que dans des cas exceptionnels. Le refus de répondre doit s'entendre dans le refus absolu de déclarer quoi que ce soit aux magistrats ; ce mutisme complet constitue une sorte d'outrage à la justice (*V. la note mise sous l'article 220*).

2. La juridiction civile apparaît compétente pour statuer lorsqu'il s'agit d'un refus de répondre se produisant à l'occasion d'une instance civile.

ARTICLE 258

Si une personne supposée atteinte d'aliénation mentale est sous le coup d'une accusation et sur le point de passer en jugement, les juges devront d'abord la faire examiner par un médecin afin de savoir si, réellement, elle est aliénée ou non ; si son état de folie est constaté, on abandonnera les poursuites, mais, si c'est une feinte de sa part, elle sera punie d'une amende de cinq bœufs et de cinq piastres avant qu'elle puisse répondre à l'accusation ; si elle ne peut payer l'amende, elle sera mise en prison à raison d'un *sikajy* par jour jusqu'à concurrence du montant de cette amende.

1. L'article 258 est l'application de cette règle de droit naturel que *l'intelligence et la volonté* sont les éléments essentiels de l'infraction.

2. Sur l'amende de cinq bœufs et la contrainte par corps à raison d'un *sikajy* par jour, *cons. les notes mises précédemment.*

ARTICLE 259

Si un vieillard, une personne malade ou un impotent ont un procès et ne peuvent, en raison de leur état, se présenter au tribunal, les magistrats ont le pouvoir d'envoyer auprès d'eux un délégué pour prendre connaissance des arguments à opposer à la partie adverse. Ces arguments, pris par écrit, seront signés de l'intéressé, et, si ce dernier ne sait pas écrire, il en sera fait mention également écrite sur la même feuille en présence de témoins qui devront assister aux déclarations destinées à être remises aux juges.

1. Le cas visé à l'article 259 a été prévu au décret du 9 mai 1909 réorganisant la justice indigène (art. 20) et à l'arrêté du 8 septembre 1909 sur la procédure en matière civile (art. 19) (*V. ces textes à la III⁰ Partie*).

ARTICLE 260

Si, au cours d'un procès, la mort frappe le demandeur ou le défendeur avant le prononcé de la sentence, et que le défunt laisse des enfants ou des héritiers pour continuer le procès, ceux-ci seront libres de poursuivre l'affaire.

1. Les dispositions de cet article sont reproduites dans l'article 80 de l'arrêté du 8 septembre 1909 sur la procédure en matière civile indigène (III⁰ Partie).

2. Quand un appelant vient à décéder au cours d'une instance d'appel et qu'aucun de ses héritiers ne se présente pour reprendre l'instance, il y a lieu d'annuler l'appel formé (**CT. 7 juillet 1898**).

3. L'article 260 dispose formellement que les héritiers de la personne décédée au cours d'un procès seront libres de poursuivre l'affaire, que leur auteur soit demandeur ou défendeur ; c'est par suite à bon droit, qu'à la suite d'une constatation faite par le juge du refus par les héritiers de telle personne de continuer le procès à elle intenté par telle autre personne, la mise hors de cause des dits héritiers est prononcée (**CT. 22 août 1907**).

ARTICLE 261

Les parties en cause doivent être présentes aux débats du procès, à moins qu'il n'y ait un motif grave les en empêchant.

1. Ces dispositions sont reproduites, pour les débats de première instance, dans le décret du 9 mai 1909 réorganisant la justice indigène et l'arrêté du 8 septembre 1909 sur la procédure en matière civile (*V. III⁰ Partie*).

ARTICLE 262

1. Cet article, relatif au respect des traités passés avec les puissances étrangères, est aujourd'hui sans application.

ARTICLE 263

Les lois et les coutumes anciennes, et jusqu'à ce jour observées, alors même qu'elles ne figureraient pas parmi les présentes, restent en vigueur, et doivent être appliquées à l'égal des lois écrites réunies dans le présent Code.

1. Il résulte de l'article 263 que le Code de 1881 n'est que la codification des coutumes. La pensée du législateur est de donner une consécration nouvelle à celles qu'il reproduit et de maintenir leur force à celles qu'il ne reproduit pas (**CT. 5 mars 1897**).

2. De l'article 263 il résulte que toutes les coutumes non insérées dans le Code conservent force de loi (**CT. 30 avril 1903**).

3. Mais pour qu'une coutume ait force de loi, il faut qu'il s'agisse d'une coutume réellement établie et générale, *larga, invete-rata consuetudo* (**CT. 17 décembre 1903, 27 décembre 1906**).

ARTICLES 264 et 265

1. Ces articles concernent les prières à Dieu et les lettres adressées au premier ministre.

ARTICLES 266 à 301

Des lois concernant les écoles (Des écoles. — De la mise des jeunes enfants à l'école. — Des examens. — Des instituteurs).

1. Ces divers textes doivent être considérés comme abrogés et remplacés par la réglementation édictée depuis l'occupation française sur l'enseignement (*V. au C. et au CS. le titre :* **Enseignement**). — Il importe toutefois de retenir de ces articles l'obligation pour les parents de donner l'instruction à leurs enfants (art. 273).

ARTICLE 302

Lois sur l'alcool

Depuis Analamazaotra en allant vers l'ouest, depuis la rive gauche de la Sahasarotra en allant vers le sud, depuis Ambohibalala en allant vers l'est, et depuis Ambodifiakarana en allant vers le nord, la fabrication de l'alcool fort est interdite ; ceux qui fabriqueront de l'alcool dans l'intérieur de ces limites seront punis d'une amende de dix bœufs et de dix piastres, l'alcool fabriqué par eux sera répandu et leurs appareils de distillation détruits ; si les délinquants ne peuvent payer, ils seront mis en prison à raison d'un *sikajy* par jour jusqu'à concurrence du montant de l'amende.

1. La fabrication de l'alcool, autrement que dans les conditions prévues par la loi, est aujourd'hui interdite dans toute l'île par le décret du 20 août 1899 (*V. au C. et au CS. le titre :* **Alcools et boissons alcooliques**). — Mais les contrevenants indigènes sont passibles, en règle générale, non des pénalités prévues au décret susvisé, mais de celles prévues aux articles 302 et suivants (art. 38 *in fine* du décret du 20 août 1899).

2. Sur l'amende de dix bœufs et la contrainte par corps à raison d'un *sikajy* par jour, *V. les notes précédemment mises.*

ARTICLE 303

Si des personnes vendent ou conservent de l'alcool fort dans l'intérieur de ces mêmes limites, elles seront punies d'une amende de dix bœufs et de dix piastres et leur alcool sera répandu ; si elles ne peuvent payer, elles seront mises en prison à raison d'un *sikajy* par jour jusqu'à concurrence du montant de l'amende.

1. *V. la note mise sous l'article précédent.* — *Cons. au C. et au CS. les titres* : **Alcools et boissons alcooliques.** — **Cafés et débits de boissons.**

2. Sur l'amende de dix bœufs et la contrainte à raison d'un *sikajy* par jour, *cons. les notes mises précédemment.*

ARTICLE 304

Si, dans l'intérieur des limites susvisées, des personnes s'enivrent d'alcool, elles seront punies d'une amende de sept bœufs et de sept piastres, et, si elles ne peuvent payer, mises en prison à raison d'un *sikajy* par jour jusqu'à concurrence du montant de l'amende.

1 En dehors des limites indiquées à l'article 302, l'ivresse doit être publique (condition qui n'est pas exigée par l'article 304) et elle doit être réprimée par la loi du 23 janvier 1873 sur l'ivresse.

2. Sur l'amende de sept bœufs et la contrainte à raison d'un *sikajy* par jour, *V. les notes mises précédemment.*

ARTICLE 305

Si des personnes colportent de l'alcool fort, ou consentent à en transporter dans l'intérieur de ces limites, quel que soit celui qui en aura ordonné le transport, ces personnes seront punies d'une amende de cinq bœufs et de cinq piastres, et, si elles ne peuvent payer, mises en prison à raison d'un *sikajy* par jour jusqu'à concurrence du montant de l'amende.

1. Sur la circulation de l'alcool en dehors des conditions prévues par la loi, *cons. le décret du 20 août 1899* (*V. au C. le titre* : **Alcools et boissons alcooliques**). — *V. la note mise sous l'article 302*).

2. Sur la peine de cinq bœufs et la contrainte par corps à raison d'un *sikajy* par jour, *cons. les notes mises précédemment.*

Instructions aux Gouverneurs (1889) [1, 2, 3, 4]

Conventions à enregistrer [5]

1

Quand des personnes contractent des obligations et que leur arrangement doit être enregistré dans vos livres, vous en faites la lecture en présence des parties intéressées si cet arrangement est préalablement rédigé dans sa forme définitive, après quoi vous le transcrivez dans les livres officiels et toujours en présence des parties; si l'acte ne vous est pas présenté tout rédigé, rédigez-le vous-mêmes dans le sens que vous indiqueront les contractants et faites-en la transcription en leur présence dans les livres officiels. Les contractants, soit qu'ils vous aient apporté leurs actes rédigés à l'avance, soit que vous en ayez rédigé vous-mêmes les termes, devront être munis chacun d'une copie au propre faite sur une feuille de papier portant le sceau dont vous avez le dépôt; cette pièce devra être remise aux intéressés le jour même où ils se seront présentés, et vous ne devrez, pour la leur livrer, solliciter d'eux aucun délai.

2

Si des personnes qui ont conclu un arrangement viennent auprès de vous en requérir l'enregistrement, puis qu'un malentendu surgisse lorsqu'elles se trouveront en votre présence, renvoyez-les en les invitant à se représenter lorsqu'elles seront de nouveau tombées d'accord, mais évitez d'intervenir pour arranger les conditions de leur entente.

---

(1) La traduction est celle de M. l'administrateur Julien parue dans le *Bulletin* de l'Académie Malgache en 1902.

(2) Il est rappelé qu'aux termes des arrêtés des 15 juin et 31 décembre 1904 (*V. III Partie*), ce ne sont plus les gouverneurs madinika, mais les *gouverneurs de circonscription* qui sont chargés de l'enregistrement des actes et contrats *relatifs aux biens*. Les gouverneurs madinika restent chargés de l'enregistrement des *actes de l'état civil*.

(3) Plusieurs articles des *Instructions* sont aujourd'hui sans application : seuls les articles pouvant être considérés comme toujours en vigueur ont été reproduits.

(4) Les dispositions pénales insérées dans les *Instructions* contre les gouverneurs qui ne se conforment pas aux prescriptions de la loi, doivent être tenues pour abrogées. Des peines disciplinaires peuvent seules leur être appliquées.

(5) *V. la circulaire du 20 juillet 1897 et l'arrêté du 13 juin 1910* (III Partie).

3

Si un contrat a été transcrit dans vos livres et que les parties intéressées veuillent en modifier les clauses, le contrat pourra être modifié ; toutefois, lorsqu'il s'agira de modifier ou d'annuler un acte, faites-vous remettre les copies revêtues du sceau de l'Etat qui ont été précédemment délivrées aux intéressés et faites-en l'incinération en leur présence.

4

Si des personnes sont d'accord pour vous demander l'enregistrement d'un acte et que, bien que le sachant contraire aux lois du royaume, vous en fassiez la transcription, ceux de vous qui aurez agi ainsi serez punis conformément aux lois du royaume et le contrat sera nul de ce même fait.

Des adoptions et des rejets d'enfants

5

Si une adoption, un rejet d'enfant sont demandés et qu'une personne y fasse opposition, ajournez la perception du hasina(1) de même que la rédaction de l'acte, et dites ceci à la personne qui fait opposition : « Il vous est donné un délai d'une semaine pour réfléchir ; à l'expiration de ce délai, vous devrez revenir ici, vous ou une personne vous représentant, de même que celle à qui vous faites opposition ou à défaut son mandataire ; si alors vous persistez dans votre refus, nous vous délivrerons une pièce que vous présenterez aux juges, car une opposition ne saurait durer indéfiniment, les autres causes de retard que l'on peut subir étant nombreuses ; si, d'autre part, vous ne vous représentez pas, il en sera déduit que vous cessez toute opposition et, dès lors, l'acte devra être transcrit dans les livres officiels » (2).

Des testaments (3)

6

Si des personnes viennent vous dire : « Voici le testament de X..... enregistrez-le », vous ne devrez pas l'enregistrer

---

(1) Le droit de *hasina* est remplacé par le droit d'enregistrement (*V. arrêté du 13 juin 1910*).

(2) Le principe de l'article 5 doit être étendu à tous les cas d'opposition et quels que soient les actes visés.— *V. l'article 59 des Instructions.— Cons. également par analogie l'article 64 de l'arrêté du 8 septembre 1907 sur la procédure en matière civile* (IIIᵉ Partie). — Mais le gouverneur n'a plus à délivrer de pièce à la partie opposante : c'est à cette partie à faire valider son opposition ou à la partie adverse à en demander en justice la mainlevée.

(3) *V. ce qui est dit au Droit civil* (Iʳᵉ Partie) *au titre :* **Des Testaments.**

si la personne que l'on vous désigne ne se présente pas elle-même ; si elle est dans l'impossibilité de se présenter, envoyez auprès d'elle quelques-uns de vos collègues et des membres du fokonolona, afin de l'interroger et faire en sa présence la lecture de l'acte, de façon à savoir exactement si ce sont bien ses volontés ou non.

7

Si une personne ayant à vous demander l'enregistrement de dispositions testamentaires est gravement malade et qu'elle vous fasse prévenir de l'impossibilité où elle se trouve de se présenter à vous, vous dépêcherez immédiatement auprès d'elle un nombre de vos collègues non inférieur à trois, lesquels, lorsqu'ils prendront livraison du testament, devront être assistés de quatre membres au moins du fokonolona. Ces fokonolona devront, au retour, accompagner vos collègues, afin qu'ils vous apportent leur témoignage, de même que toutes personnes que le testateur aurait pu choisir et déléguer pour assister à l'enregistrement que vous ferez dans les livres officiels.

8

Si une personne a un enregistrement à vous faire faire, ni vous, gouverneurs, ni vos collègues, ne devez déléguer quelqu'un auprès d'elle, pas plus qu'elle ne peut vous inviter à y venir pour opérer cet enregistrement ; c'est au testateur à se déplacer et à venir vous trouver dans l'immeuble que vous a assigné le gouvernement comme local administratif : exception est faite pour les personnes dangereusement malades qu'on ne peut transporter, et auprès de qui vous enverrez prendre leurs dispositions par écrit, afin de les transcrire ensuite dans les livres officiels dont vous avez la garde.

9

Si une personne vient vous dire : « X..... est décédé ; voici ses dispositions testamentaires », alors que des cohéritiers nieront l'authenticité de cette assertion, évitez d'en faire l'enregistrement, car il ne s'agit plus alors d'un testament à transcrire, mais bien d'un différend entre cohéritiers. Si vous faites quand même des enregistrements de cette nature, les actes que vous aurez dressés seront tenus pour nuls.

10

Si un décès survient et que les membres de la famille vous en informent, ce n'est pas à vous, gouverneurs, à leur demander :

« Quels sont ses héritiers ; dites-nous comment le défunt a
« disposé de ses biens, afin que nous opérions l'enregistrement
« de ses volontés » ; vous vous bornerez, au contraire, à enregistrer le décès, là se limitant votre rôle. Vous ne pouvez, en
effet, contraindre les intéressés à demander un enregistrement
qu'ils ne sont peut-être pas encore décidés à faire faire.

Des mariages à enregistrer (1)

11

Vous, qui êtes maintenant les gouverneurs, ne devrez enregistrer les mariages que si les deux futurs comparaissent devant
vous, de même que leurs père et mère ou les personnes en
tenant lieu.

12

Si un mariage doit avoir lieu, c'est au gouverneur du district où habite le futur que l'inscription sera faite. Si, dans la
semaine qui suit la cérémonie de remise du *vody-ondry*, l'enregistrement du mariage n'a pas été demandé, les deux conjoints
seront punis d'une amende de cent piastres, dont le tiers versé
par la femme.

Personnes séparées de leur conjoint qui veulent
contracter un nouveau mariage

13

Si un homme a obtenu de divorcer, ou une femme obtenu
de se séparer de son mari, et que l'un d'eux vienne vous
demander l'enregistrement d'un nouveau mariage, adressez-leur
l'invitation suivante : « Montrez le jugement qui a prononcé la
dissolution de votre premier mariage afin que nous en prenions
connaissance et sachions ce qui a motivé votre séparation avec
votre premier conjoint ; si nous ne voyons pas ce document,
nous n'enregistrerons pas le second acte ».

Du choix des témoins

15

Vous, gouverneurs, n'avez point qualité pour être les
témoins d'actes entre particuliers dont l'enregistrement est fait
par devant vous ; il faut donc recourir à d'autres personnes, et

---

(1) *V. ce qui est dit au Droit civil* (Iʳᵉ Partie) *au chapitre* : **Du mariage**
(titre Iᵉʳ). — Sur la pénalité insérée à l'article 12, *V. ce qui est dit au Droit
civil au chapitre* : **Des actes de l'état civil** (*titre Iᵉʳ*).

vos noms, de même que ceux des témoins, devront tous être mentionnés à l'acte ; quant à ceux qui savent écrire, ils seront tenus de signer de leur main.

Des emprunts à intérêts (1)

16

Si une personne ayant emprunté de l'argent veut le restituer à son créancier et, dans ce but, se présente pour faire annuler l'enregistrement de sa dette, puis qu'au lieu de procéder, en présence des parties intéressées, à l'annulation requise, vous alléguiez des prétextes et ne donniez pas satisfaction, vous serez punis.

17

Si une personne emprunte de l'argent à une autre, l'enregistrement de la créance sera fait par le gouverneur de la circonscription où se trouve le réel domicile de l'emprunteur, et si les biens donnés en garantie par ce dernier se trouvent dans la circonscription d'un autre gouverneur, vous aviserez celui-ci.

18

Si une personne ayant emprunté de l'argent à intérêts veut, bien que le délai fixé pour la restitution du capital ne soit pas échu, rembourser son créancier et, dans ce but, vient auprès de vous qui avez enregistré son emprunt, vous enverrez quérir le créancier ou son représentant, afin qu'il reprenne le capital et cela sans qu'il puisse s'y refuser, sous prétexte d'attendre jusqu'à l'échéance ; les intérêts devront, en outre, être calculés et arrêtés au jour de la restitution du capital prêté.

19

Si une personne dont les père et mère sont encore vivants emprunte de l'argent hors la présence de ceux-ci, le gouverneur de la circonscription habitée par ces père et mère ne devra procéder à l'enregistrement définitif de la créance que lorsqu'il sera nettement établi que les biens donnés en garantie sont la propriété de l'emprunteur, que les père et mère de celui-ci auront déclaré qu'ils ne leur appartiennent pas et que, d'autre part, aucune opposition n'aura été formulée par ailleurs.

20 (2)

La réserve ainsi formulée : *Ny tsy ampy ampiana, ny tsy*

(1, 2) V. ce qui est dit au *Droit civil* (Ire Partie) *sur les prêts d'argent et notamment sur les prêts avec gage* (Titre V : **Des obligations**). — V. le *Répertoire de jurisprudence* (IVe Partie) *au mot :* **Prêts d'argent.**

omby analana (1) devra recevoir son exécution en ce qui concerne les biens donnés en garantie, mais, d'autre part, l'engagement qui dit : *Raha tsy lasa amin' izao dia tapaka ho vidiny* (2) ne pourra plus être usité ; lorsqu'à l'échéance, le débiteur ne peut payer l'intégralité de la somme qui lui été prêtée, vous devrez procéder à l'estimation exacte des biens donnés en garantie, de façon à ne prélever sur eux que l'équivalent du reliquat à parfaire.

21 (3)

Si une personne fixe une date pour rembourser son créancier et que, le moment venu, elle disparaisse ou que, présente, elle oppose des atermoiments dans le but de ne pas payer, vous, gouverneurs, procéderez, assisté du créancier et et en présence du fokonolona et des parents du débiteur en fuite, à la saisie des biens constituant la garantie de la créance.

22

Dès que l'échéance pour le remboursement d'une créance est arrivé, le créancier et le débiteur ou, à défaut, leurs représentants, doivent se rendre chez le gouverneur qui a fait l'enregistrement ; c'est en sa présence que le remboursement devra être fait ou bien que l'accord pour remettre l'échéance à une date ultérieure devra être conclu.

Des cohéritiers

33

Si des cohéritiers sont en procès pour des rizières ou des terrains de culture mis en rapport par la personne défunte et que, le procès n'étant pas terminé, vienne l'époque des travaux agricoles, distribuez ces terres par lots égaux entre tous les membres des parties en cause, afin qu'ils puissent, s'ils le veulent, tirer chacun profit du sol, plutôt que de le laisser inculte ; toutefois, le procès terminé, celle qui aura succombé devra restituer à la partie gagnante la demi-valeur de la récolte qu'elle aura obtenue ; dans ce but, vous devrez assister, lorsque aura lieu la moisson, à l'évaluation du rendement.

---

(1) Litt. : s'il y a insuffisance, on complètera ; s'il y a excédent, on défalquera.

(2) Litt. : si le remboursement n'est pas effectué à cette date, l'argent prêté tiendra lieu du prix d'achat de la garantie (pour être dès lors acquise au créancier).

(3) La saisie des biens ne peut actuellement être faite sans un jugement préalable.

34

Lorsque le procès de personnes cohéritières a pour objet une récolte sur pied au moment du décès du propriétaire et que, ce procès n'étant pas terminé, survienne le moment de la moisson, si les cohéritiers refusent de s'entendre pour en partager les fruits, invitez-les à vendre cette récolte, en ayant soin de déléguer quelqu'un pour y assister, et vous garderez en dépôt le produit de la vente jusqu'à la fin du procès, moment où vous le verserez à la partie qui vous sera désignée par le tribunal comme ayant gagné la cause.

37

Ceux qui, ayant la charge de dépôts d'argent, tels que ceux visés à l'article 34, les auront perdus, devront les rembourser.

Des terres vendues ou données à bail (1)

58

Si des ventes ou des locations de terres sont faites entre sujets malgaches, l'inscription devra en être effectuée chez les gouverneurs des circonscriptions où se trouvent ces terres.

Des ventes ou locations de terre contre lesquelles des oppositions sont formées

59

Si une personne vend un esclave, une terre, ou donne une terre en location et que des oppositions soient formulées à ce sujet, conformez-vous aux stipulations de l'article 5.

---

(1) Obligation de l'enregistrement des ventes ou des locations de terre V. *la circulaire du 20 juillet 1897 et l'arrêté du 13 juin 1910*).

IIIe PARTIE

Législation postérieure à 1895

TRAITÉ DE LA JUSTICE INDIGÈNE A MADAGASCAR

IIIᵉ Partie. — Législation postérieure à 1895 [1]

ANNÉE 1895

Traité de paix intervenu le 1ᵉʳ octobre 1895 entre la France et le royaume de Madagascar.

Décret du 11 décembre 1895 rattachant Madagascar au ministère des colonies (*V. le texte au C. 777*).

Décret du 11 décembre 1895 relatif aux pouvoirs du Résident Général à Madagascar (*V. le texte au C. 619*).

ANNÉE 1896

Déclarations de la reine de Madagascar du 18 janvier 1896 au sujet de la prise de possession de l'île de Madagascar par le gouvernement de la République française.

Décret du 28 janvier 1896 rattachant à Madagascar les établissements de *Diego-Suarez*, de *Nosy-Be* et de *Sainte-Marie* (*V. le texte au C. 777*).

Loi locale du 9 mars 1896 sur la propriété foncière.

ART. 1ᵉʳ. — Le sol du royaume appartient à l'Etat, sauf les réserves contenues dans les articles 2, 4 et 6 ci-après.

ART. 2. — Les habitants continueront à jouir des parcelles sur lesquelles ils ont bâti et de celles qu'ils ont eu l'habitude de cultiver jusqu'à ce jour [2].

ART. 3. — Il est institué à Tananarive une conservation de la propriété foncière à Madagascar. — Le conservateur de la propriété foncière est chargé, dans les formes qui seront déterminées par une loi ultérieure [3] : 1° de l'immatriculation des

---

(1) Sont rapportés ci-après tous les textes mentionnés dans la Iʳᵉ partie (Droit civil. — Droit pénal). — Les textes intéressant le plus directement la justice indigène sont rapportés *in extenso*.

(2) *V. le Droit civil au titre II*: Des Biens. — De la **propriété foncière**.

(3) *V. le décret du 16 juillet 1897.*

immeubles ; 2° de la constitution des titres de propriété ; 3° de la conservation des actes relatifs aux immeubles immatriculés ; 4° de l'inscription des droits et charges sur ces immeubles.

ART. 4. — Il est institué à Tananarive un service topographique chargé de mesurer les terres et de dresser les plans qui doivent accompagner les titres de propriété.

ART. 5. — Les habitants qui voudront acquérir des titres de propriété réguliers sur les parcelles qu'ils ont bâties ou qu'ils ont eu jusqu'à ce jour l'habitude de cultiver, pourront le faire sans autre dépense que les frais de constitution du plan par le service topographique et des titres par le conservateur de la propriété foncière. — Ils adresseront, dans ce but, une demande au directeur de la conservation foncière en consignant à l'avance entre ses mains les frais présumés de l'opération. Le directeur de la conservation foncière fera procéder à l'immatriculation et, après que les droits des demandeurs auront été établis, il fera établir gratuitement un acte de propriété en leur faveur au nom de la reine.

Les parcelles dont la jouissance est garantie aux habitants par l'article 2 ne pourront être désormais vendues ou louées pour plus de trois ans qu'autant qu'elles auront été immatriculées (1).

ART. 6. — Toute propriété immatriculée est inviolable. — Le propriétaire ne peut être dépossédé de la moindre portion que pour une cause d'utilité publique légalement constatée et moyennant une juste et préalable indemnité.

RANAVALOMANJAKA III.

Vu pour exécution :
LAROCHE.

Loi locale du 5 avril 1896 sur les transports par bourjanes (*V. le texte au C. 207*).

Ordonnance royale du 23 avril 1896 au sujet de la conservation des signaux géodésiques et topographiques et des bornes d'immatriculation (*V. le texte au C. 1270*).

Loi locale du 27 avril 1896 sur les acquisitions amiables et les expropriations d'immeubles dans un but d'utilité publique (*V. le texte au C. 537*).

Décret du 9 juin 1896 organisant la justice à Madagascar (*V. le texte au C. 721*). — (*L'article 16, § 1er, du décret du 9 juin 1896, relatif à l'organisation de la justice indigène, a été abrogé d'abord par le décret du 24 novembre 1898, puis par le décret du 9 mai 1909, mais le paragraphe 2 de cet article doit être considéré comme toujours en vigueur*).

_____

(1) Ce paragraphe a été abrogé par un arrêté du 25 septembre 1896.

Loi du 6 août 1896 (1) déclarant Madagascar et les îles qui en dépendent colonie française.

ARTICLE UNIQUE. — Est déclarée colonie française l'île de Madagascar et les îles qui en dépendent.

FÉLIX FAURE.

AG. 26 septembre 1896 proclamant l'abolition de l'esclavage.

Le Résident Général, dépositaire des pouvoirs de la République française,

En conformité des instructions du ministre des colonies du 14 septembre 1896,

Arrête et proclame :

ART. 1ᵉʳ. — Tous les habitants de Madagascar sont personnes libres.

ART. 2. — Le commerce des personnes est interdit. Tout contrat, de quelque forme qu'il soit, écrit ou verbal, stipulant vente ou achat de personnes, est nul, et ses auteurs seront punis d'une amende de 500 à 2.000 francs et d'un emprisonnement de deux mois à deux ans. En cas de récidive, ces peines seront triplées. — Elles s'appliqueront également à l'officier public convaincu d'avoir enregistré le contrat ou prêté son concours pour en faciliter l'exécution.

ART. 3. — Le maximum des mêmes peines frappera toute personne qui aura usé de contrainte pour en entraîner une autre hors de sa province, en vue de la vendre, et l'officier public qui, informé de cette contrainte, n'aura pas usé de son pouvoir pour y faire obstacle.

ART. 4. — Les personnes rendues libres par le bienfait de la présente loi, mais qui se trouvaient auparavant dans la condition d'esclaves, conservent la légitime propriété des biens meubles ou immeubles qu'elles ont acquis de leurs deniers ou par héritage. Les immeubles et les meubles subsistant en nature, qu'elles tenaient des libéralités de leurs anciens maîtres, pourront être repris par ces derniers.

ART. 5. — Les personnes rendues libres par le bienfait de la présente loi, mais qui se trouvaient auparavant dans la condition d'esclaves auprès de maîtres dont elles désirent ne pas se séparer, pourront demeurer chez ces anciens maîtres, s'il y a consentement réciproque.

---

(1) **Exposé des motifs qui précède la loi du 6 août 1896** :

« ..... En présence des faits acquis et consommés, le gouvernement, considérant les grands sacrifices faits par la France pour la conquête de l'île, vous propose de déclarer par une loi que l'île de Madagascar et les îlots qui en dépendent sont désormais une colonie française. Cette disposition n'implique, dans notre pensée, aucune modification en ce qui concerne la méthode à appliquer dans le gouvernement et l'administration intérieure de l'île. Le gouvernement n'entend nullement porter atteinte au statut individuel des habitants de l'île, aux lois, aux usages, aux institutions locales. Selon le régime de droit commun en matière coloniale, les lois françaises s'étendront désormais à l'île de Madagascar ; mais, modifiées ou non, elles n'y entreront en application qu'au fur et à mesure qu'elles y auront fait l'objet d'une promulgation spéciale..... ».

Art. 6. — La France s'interdit de frapper sur le peuple de Madagascar aucune contribution extraordinaire de guerre. Des secours, sous forme de concessions territoriales, pourront être accordés aux propriétaires dépossédés qui seraient reconnus dans le besoin.

H. LAROCHE.

AG. 20 novembre 1896 relatif à l'obligation de l'enregistrement des actes entre indigènes (*Remplacé par l'arrêté
   du 10 décembre 1904 et enfin par celui du 13 juin
   1910*).

AG. 21 novembre 1896 au sujet de l'occupation temporaire
   de terrains pour cause d'utilité publique (*V. le texte
   au C. 961*).

ANNÉE 1897

AG. 25 janvier 1897 au sujet de la libération conditionnelle
   pouvant être accordée aux condamnés de la Colonie
   (*L'arrêté du 25 janvier 1897 a été remplacé par l'arrêté
   du 20 février 1909. — V. la circ. du 20 avril 1904*).

AG. 28 février 1897 (1) abolissant la royauté en Imerina.

Art. 1er. — La royauté est abolie en Imerina.

Art. 2. — Les fonctions de premier ministre sont supprimées et la province de l'Imerina est désormais administrée, sous le haut contrôle de l'autorité française, par un gouverneur général qui prend le titre de gouverneur général de l'Imerina.

GALLIENI.

AG. 28 février 1897 maintenant les lois indigènes en
   Imerina et édictant que les jugements rendus par les
   autorités indigènes le seront désormais au nom de la
   République française (*V. le décret du 9 mai 1909*).

Art. 1er. — Les lois indigènes de l'Imerina sont maintenues dans celles de leurs dispositions qui n'ont pas été abrogées.

Art. 2. — Les jugements rendus par les autorités indigènes seront désormais rendus au nom de la République française.

GALLIENI.

---

(1) **Cablogramme du Ministre des colonies au Résident Général**
inséré dans JO. 20 avril 1897 :

« *Paris, le 4 avril 1897.* — Je suis heureux de vous annoncer et je vous prie de publier que la Chambre des Députés a voté hier, à l'unanimité, après une courte discussion, un ordre du jour approuvant la politique suivie à Madagascar et adressant à l'armée, qui assure la pacification de cette nouvelle terre française, ses patriotiques félicitations. »

AG. 4 mars 1897 appliquant le système métrique aux poids et mesures à Madagascar (*V. le texte au C. 989*).

AG. 5 mars 1897 remplaçant la fête du Bain par la fête du 14 juillet (*V. le texte au C. 543*).

AG. 22 mars 1897 interdisant l'emploi du tanghin (*V. le texte au C. 1318*).

AG. 17 avril 1897 supprimant l'institution des vodivona ainsi que les droits et privilèges des tompomenakely.

Art. 1er. — L'institution du vodivona, ainsi que les droits et privilèges des tompomenakely sur la terre du vodivona et vis-à-vis des habitants, sont supprimés.

Art. 2. — A partir du jour de l'insertion du présent arrêté au *Journal Officiel*, les terres dites *menakely* deviendront des terres *menabe* et seront soumises au droit qui régit ces dernières.

Art. 3. — Des concessions de terres pourront être accordées à ceux des tompomenakely qui auraient rendu des services à la France, par décision du Résident Général, sur la proposition des résidents locaux et des commandants de cercle.

GALLIENI.

Circ. G. 5 juin 1897 au sujet de l'inscription des actes de l'état civil des indigènes.

Mon attention a été appelée à diverses reprises sur la nécessité de régulariser et d'achever de généraliser en Imerina l'inscription des actes de l'état civil et divers contrats dont la rédaction et l'enregistrement incombent aux gouverneurs de village.

Cet enregistrement et ces diverses inscriptions ont été réglementées, en 1878, dans les instructions aux « Amis des villages », en 1881 dans la loi des 305 articles, en 1889 dans les « Ordres aux gouverneurs généraux de l'Imerina ».

Les dispositions, ainsi familières aux gouverneurs depuis longtemps, n'ont subi que des modifications de détail destinées à assurer aux actes une plus complète authenticité ou à mettre leur enregistrement en harmonie avec la nouvelle organisation fiscale et administrative.

Leur inscription, facilitée par les instructions et les modèles joints aux registres que je vous envoie, peut donc être considérée comme demeurant à la portée des gouverneurs de village. Les sous-gouverneurs, guidés par les autorités françaises, pourront facilement, au besoin, mettre, par leurs explications, chacun de leurs subordonnés indigènes en état de tenir ses registres d'une façon satisfaisante.

Les registres étaient et demeureront tenus par les gouverneurs I (governora madinika voalohany). Ils en ont la garde et la responsabilité. Sauf l'exception prévue pour certains testaments, c'est chez lui que se transportent les parties et que se font les inscriptions.

Avant d'être remis aux gouverneurs, les registres seront cotés et paraphés par les commandants de cercle.

Lorsqu'un registre sera terminé, les gouverneurs le renverront au chef-lieu par la voie hiérarchique, pour être conservé dans les archives du cercle. Il leur sera immédiatement retourné un registre du même modèle.

Les registres des gouverneurs étaient autrefois au nombre de cinq et affectés aux inscriptions suivantes : 1° naissances, mariages, décès ; 2° emprunts et ventes fermes ; 3° emprunts et ventes provisoires ou locations ; 4° affaires « relatives aux personnes » ; 5° affaires journalières.

Ce dernier registre servait à noter les incidents, événements ou affaires diverses ressortissant à l'administration générale. Parfois aussi, mais à tort, les gouverneurs y inscrivaient des contrats destinés à figurer sur un autre registre. Il a semblé qu'un registre spécial, d'un modèle officiel, n'était pas nécessaire pour l'inscription de faits appartenant à la correspondance ordinaire des gouverneurs et que, en outre, la simplification résultant de la suppression de ce registre éliminait une cause d'erreurs assez fréquentes.

Les mêmes considérations s'appliquent au registre des « affaires personnelles ». On y trouvait surtout des ventes d'esclaves. Les adoptions et rejets trouvent naturellement leur place dans les registres de l'état civil.

Les trois premiers registres ont donc paru suffire avec de légères modifications.

L'existence des terrains à « hetra » autrefois inaliénables, la fréquence des emprunts ont généralisé en Imerina la pratique des locations de terres et des ventes provisoires ou à réméré. La coutume, et plus tard l'administration, ont toujours distingué les ventes définitives des aliénations provisoires, d'où l'institution de deux registres distincts correspondant à ces modes de contracter.

La pratique indigène mérite d'être conservée, car l'inscription à part des aliénations mobilières définitives ne peut que faciliter le contrôle des mutations dont il y aura chaque année à tenir compte dans la répartition de l'impôt foncier. L'ancien livre des « ventes de terres » devient ainsi le registre des aliénations immobilières définitives, quel que soit le mode d'acquisition.

Un autre registre remplaçant le registre des « emprunts et des ventes provisoires », servira, d'une façon générale, à l'inscription de tous actes ou contrats relatifs aux biens meubles ou immeubles et ne portant pas aliénation immobilière définitive.

Enfin, le troisième registre demeure, comme auparavant, exclusivement consacré aux actes de l'état civil et servira désormais à inscrire les adoptions, rejets et les jugements de divorce, outre les naissances, mariages et décès.

L'inscription de ces actes a été réglementée sous l'ancienne administration malgache par les articles 34, 36, 46 des instructions de 1878 aux Sakaizambohitra, par les articles 52, 108 et 109 de la loi de 1881, par les articles 5, 11, 12 et 13 de l'ordonnance aux gouverneurs de l'Imerina de 1889.

L'arrêté du 20 novembre 1896, fixant les droits perçus pour l'inscription des actes par les autorités indigènes, ne contenait pas de dispositions explicites relativement aux actes de l'état civil.

Après avis de M. le directeur du contrôle et des finances, les dispositions suivantes ont été adoptées et seront prochainement sanctionnées par un arrêté :

1° Les droits anciennement perçus par les gouverneurs de village pour l'inscription des naissances, décès et mariages sont et demeurent supprimés ;

2° Les transcriptions de jugements de divorce, les actes d'adoption et de rejet seront soumis au droit fixe de 1 fr. 50.

La déclaration de la naissance incombe au « ray amandreny », c'est-à-dire aux auteurs ou ascendants du nouveau-né (Code de 1881, art. 108).

L'article 34 des Instructions de 1878 aux Sakaizambohitra fait dépendre la légitimité de l'enfant de son inscription régulière sur le registre des naissances.

Cette disposition est excessive en ce qu'elle supprime tous autres moyens d'établir la filiation. Elle ne paraît pas d'ailleurs avoir été invoquée ou appliquée et ne demeure que comme matière à instruction.

L'article précité de la loi de 1881 édicte d'ailleurs une sanction plus immédiate, en punissant le défaut de déclaration dans le délai légal d'une amende d'un bœuf et d'une piastre.

Vous voudrez bien rappeler, si besoin était, aux gouverneurs que la circulaire du 19 décembre 1896, sur l'état civil des affranchis, autorise, vu l'absence de leurs droits civils antérieurement, l'inscription rétroactive de leur mariage et de leurs enfants, même âgés.

Dans ces deux cas, la déclaration des intéressés, appuyée du témoignage du fokonolona, suffira à provoquer l'inscription.

Sur les anciens registres malgaches, les naissances, comme les mariages et décès, étaient simplement énumérés sous forme d'états nominatifs. Ces indications étaient insuffisantes, étant données surtout la synonymie fréquente des noms propres, l'absence de noms patronymiques et l'habitude si répandue des changements de nom.

Il a donc paru nécessaire de substituer au tracé par états des anciens registres des modèles très simples, mais contenant cependant les mentions indispensables à la pleine signification du contenu des actes et à leur authenticité. La présence de témoins et la mention de cette présence sont, dans les contrats relatifs aux biens, d'une pratique courante et qui peut être étendue aux actes de l'état civil.

Par conséquent, pour les inscriptions de naissances, les gouverneurs auront à mentionner le nom, le sexe, la date de la naissance de l'enfant, le nom et le domicile du père et de la mère, le nom et la présence des témoins au nombre de deux.

L'usage du prénom est assez répandu, quoique à un degré différent, dans les diverses parties chrétiennes de la population. Lorsqu'en outre du nom malgache, un enfant aura reçu un prénom, les gouverneurs devront l'inscrire aussi.

Dans la pratique actuelle, les gouverneurs inscrivent couramment, comme père et mère légitimes, les époux dont le mariage a été simplement célébré suivant la coutume. Le nombre de ces mariages, malgré les prescriptions de la loi, est encore supérieur à celui des mariages régulièrement enregistrés. Nos efforts doivent tendre à modifier ces états de choses, mais, en attendant, il y a intérêt supérieur à accepter, conformément aux errements anciens, les déclarations de paternité.

En ce qui concerne les décès, les gouverneurs mentionneront le nom, l'âge, le domicile, le nom du père et de la mère du décédé, la date du décès, le nom des témoins au nombre de deux. Le décès sera inscrit dans la localité où il aura eu lieu.

La loi malgache (Code de 1881, art. 108) fait de la déclaration du décès une obligation générale sans spécifier à qui elle incombe. D'après la coutume et la pratique, elle doit être faite par les parents ou proches du décédé. En cas de décès d'un étranger ou d'un inconnu, le fokonolona chargé de subvenir aux frais des funérailles doit prévenir les mpiadidy, sur la déclaration desquels le gouverneur procède aux inscriptions nécessaires. Le défaut de déclaration est puni d'une amende d'un bœuf et d'une piastre, amende solidairement due par les déliquants.

D'après la loi malgache (Ordres aux gouverneurs de village de 1889, art. 12 , le mariage est inscrit au domicile de l'époux. Le gouverneur qui manque à cette règle est passible d'une amende de cinq bœufs et de cinq piastres.

Les gouverneurs ne peuvent inscrire un mariage qu'en présence des deux époux et de leurs parents ou des représentants de ceux-ci, à peine d'une amende de cinq bœufs et de cinq piastres (Art. 11 de la même ordonnance).

Les modèles et les instructions ci-jointes prévoient, dans l'inscription des mariages, les mentions suivantes : nom, âge, domicile des époux, nom et domicile de leurs père et mère, nom des témoins. Les deux époux doivent signer l'acte, ou mention doit être faite qu'ils n'ont pas signé, ne sachant.

Aux termes de la loi malgache (Code de 1881, art. 53) le mariage est nul s'il n'est inscrit. Cette disposition a été quelquefois invoquée à propos de mariages uniquement célébrés suivant la coutume. Les juges ont été obligés de se conformer au texte écrit, quelque intéressantes que fussent la situation ou la bonne foi de la partie contre laquelle il était produit.

Vos autorités indigènes pourront donc s'inspirer de cette loi et de ces exemples pour amener à l'avenir, autant que possible, les intéressés à assurer la constatation légale de leur union.

Préalablement à l'union civile ou religieuse, les mariages indigènes sont tous célébrés suivant la coutume (Fandefasana vodi-ondry). L'article 12 des « Ordres aux gouverneurs de village » accorde, pour l'inscription du mariage ainsi célébré, un délai d'une semaine, à l'expiration duquel les deux époux, faute le mariage d'être inscrit, sont passibles d'une amende de 500 francs, dont le tiers est payable par l'épouse. D'inspiration évidemment étrangère, cette pénalité était excessive étant donnée sa gravité, la classe de délinquants qu'elle frapperait habituellement et leur nombre. Elle était inapplicable et n'a pas été appliquée.

Si vos juges indigènes étaient amenés à se prononcer sur de tels défauts de déclaration, vous ne laisseriez, par analogie, appliquer que la peine prévue pour la non-déclaration des naissances et des décès, soit l'amende d'un bœuf et d'une piastre.

Aux termes de l'article, dans le cas où, après répudiation ou divorce, l'époux séparé veut de nouveau contracter mariage dans le district d'un gouverneur, celui-ci doit se faire présenter le jugement autorisant le divorce, ou sa reproduction dans la gazette ou toute autre justification valable de la séparation. Si le gouverneur inscrit le mariage sans cette vérification préalable, il est passible d'une amende de trois bœufs et de trois piastres.

Cette disposition étant de nature à entraver dans une certaine mesure les répudiations illégales, il y aura intérêt à la rappeler aux gouverneurs.

L'article 56 du Code de 1881 a interdit le « misao-bady », c'est-à-dire la faculté pour le mari de répudier sa femme suivant la coutume, par déclaration portée, suivant certaines formes, à la connaissance des familles et du fokonolona.

Aux termes du même article, en cas de motifs graves de dissolution du mariage, l'époux ou l'épouse peuvent en appeler au gouvernement. Si les époux se séparent en dehors de l'intervention officielle, ils sont possibles d'une amende de 250 francs dont le tiers est payable par la femme..... et le mariage subsiste.

Cette loi a reçu une certaine application et, aidée de l'action morale des missions, a produit des résultats indéniables quoique incomplets. Elle a fortement diminué le nombre des répudiations, l'un des fléaux anciens de la famille malgache.

Il ne vous échappera pas toutefois que le montant de l'amende peut se trouver dans quelques cas tout à fait hors de proportion avec la situation de fortune des délinquants, et vous aurez toute latitude pour la faire réduire dans telles proportions que l'espèce comportera.

L'arrêté 56, tout en substituant le divorce officiel à la répudiation coutumière, n'avait pas indiqué ou n'indiquait qu'en termes très généraux la procédure du divorce. Toutes les plaintes en divorce devaient être transmises à Tananarive. Quelquefois, le premier ministre statuait directement. Dans la très grande majorité des cas, l'affaire était instruite et jugée par l'un des tribunaux de Tananarive, dans la forme ordinaire des procès civils. Les jugements étaient insérés plus ou moins régulièrement dans la gazette officielle.

Dans l'état actuel des juridictions indigènes, les instances en divorce ressortiront au tribunal indigène du sous-gouvernement, à charge d'appel devant le tribunal du chef-lieu du cercle.

Les gouverneurs transcriront le jugement autorisant le divorce sur les livres de la localité où aura été célébré le mariage, et ce à la diligence du tribunal qui aura prononcé le divorce. Mention devra être faite du divorce aux archives du cercle, en marge de l'acte de mariage primitif.

L'inscription des adoptions ou rejets d'enfants est obligatoire, et ce à peine de nullité (Art. 46 des Instructions aux Sakaizambohitra 1878 ; Code de 1881, art. 229).

Ces actes, qui créent ou annulent le droit à succéder, sont faits à divers titres, mais souvent dans un but intéressé. Si l'adoption offre aux Malgaches privés d'enfant le moyen légal de satisfaire leur ardent désir de postérité et d'assurer le soutien de leur vieillesse, elle ne constitue dans d'autres cas qu'un moyen d'éteindre une dette, de reconnaître un service ; on l'a vu couvrir des aliénations ou donations fictives ; elle est quelquefois le résultat de manœuvres captieuses au détriment des héritiers naturels.

Aussi ces actes ont-ils toujours été la source d'assez nombreuses contestations. A ces titres, il importerait qu'ils fussent entourés de garanties particulières.

La coutume considérait comme nulles le rejet ou l'adoption survenus quinze jours avant le décès de l'adoptant ou du rejetant.

La loi de 1881 a repris cette disposition en réduisant le délai à une semaine (Art. 235).

Si tel cas se présente, sans avoir à se prononcer sur la validité des droits ainsi créés ou annulés, décision qui revient aux tribunaux, les gouverneurs auront à mentionner, en marge de l'acte d'adoption ou de rejet, le décès survenu dans la semaine.

L'article 5 des « Ordres aux gouverneurs de village » de 1889 a prévu les oppositions à adoption ou rejet.

Si une opposition est formulée, le gouverneur doit surseoir à l'inscription et renvoyer les parties à huitaine. Faute par l'opposant de se présenter à cette deuxième comparution, son opposition est considérée comme nulle et non avenue ; s'il se présente de nouveau et la maintient, le gouverneur doit renvoyer les parties devant la juridiction compétente.

Ces prescriptions sont obligatoires pour les gouverneurs, à peine d'une amende de dix bœufs et de dix piastres.

Aux termes de ce même article, les juges sont, dans ce cas, saisis par la lettre adressée d'office par le gouverneur.

La coutume exigeait l'intervention du fokonolona dans les adoptions et rejets. Elle est encore généralement suivie, et par analogie, d'ailleurs, avec les prescriptions relatives aux testaments, il a paru nécessaire de préciser, dans ces instructions, la forme sous laquelle les fokonolona, c'est-à-dire les témoins locaux, seront appelés à figurer dans ces actes. Ainsi, indépendamment des indications habituelles : nom, âge, domicile des intéressés, les gouverneurs devront mentionner la présence, comme témoins, d'au moins quatre membres du fokonolona de l'adoptant ou du rejetant.

En cas de rejet, il sera fait mention du rejet en marge de l'acte de naissance ou de l'acte d'adoption du rejeté.

Par délégation :
BOUGUIÉ.

Décret du 16 juillet 1897 portant règlement sur la propriété foncière à Madagascar *(V. le texte au C. 1136).*

Circ. G. 20 juillet 1897 sur l'enregistrement des actes relatifs aux biens passés entre indigènes.

J'ai l'honneur de vous adresser des exemplaires de chacun des deux registres destinés à l'inscription des actes « relatifs aux biens ».

Le premier est exclusivement réservé à l'inscription des transactions ou mutations immobilières à titre définitif : ventes, partages, donations définitives, livraisons de gages immobiliers, prises de possession en exécution de ventes provisoires ou à réméré non suivies de remboursement, etc.

Le second est destiné à l'inscription de tous les autres contrats ou actes relatifs aux biens, qu'ils portent soit sur des biens meubles, soit sur des biens immeubles provisoirement aliénés, prêts d'argent avec ou sans intérêt, apports d'argent en association, contrats d'association, locations de terres ou de maisons, baux de fermage, constitution et radiation d'hypothèques ou de gages mobiliers, testaments, ventes provisoires, donations éventuelles, etc.

Depuis l'organisation de l'enregistrement, les indigènes ont l'habitude de constater, par une indication écrite portée en travers du contrat primitif, les libérations consécutives aux prêts, parfois les versements d'intérêts, les rachats suivant les ventes provisoires ou la livraison définitive de l'objet de ces ventes à défaut de remboursement, les annulations de contrats à l'amiable, l'expiration des contrats de fermage, en un mot, les mentions relatives à l'annulation ou à l'exécution des contrats inscrits.

Conformément à l'article 10 de l'arrêté du 20 novembre 1896, ces diverses mentions devront, à l'avenir, être enregistrées à leur date, au simple droit fixe, et reportées, sous forme d'indication sommaire, en marge du contrat primitif.

L'inscription des divers contrats ou actes était autrefois exigée, à peine de nullité des conventions ou obligations, et notamment en ce qui concerne les donations familiales, les ventes ou locations de terres, les obligations contractées pour ventes non soldées comptant, les prêts d'argent avec intérêt, les prêts sur gage avec ou sans intérêt, les remboursements ou versements consécutifs aux prêts, les locations d'immeubles.

Ces prescriptions, provoquées par les difficultés et les inconvénients reconnus de la preuve testimoniale chez les indigènes, ont été reprises par l'article 8 de l'arrêté du 20 novembre, déclarant nuls de plein droit, même à l'égard des parties contractantes, les contrats non inscrits. Il y aura lieu de rappeler aux populations indigènes, par l'intermédiaire des autorités locales, une disposition conforme, d'ailleurs, à leurs habitudes et destinée à sauvegarder au mieux leurs propres intérêts.

Les gouverneurs ne peuvent procéder aux inscriptions qu'après avoir perçu les droits correspondants (Art. 13 de l'arrêté du 26 novembre 1896).

Comme pour les actes de l'état civil, ils ne peuvent servir de témoins dans les contrats qu'ils inscrivent.

Ils doivent inscrire les conventions des parties telles qu'elles sont libellées, si les contractants leur présentent un projet écrit, ou bien telles qu'elles sont formulées verbalement en leur présence.

Ils doivent renvoyer les parties si l'accord n'est pas complètement établi, ne procéder à l'inscription que lorsqu'il est définitif, et il leur est interdit de s'immiscer dans les discussions préliminaires ou dans la rédaction des conventions.

Ils ne doivent inscrire aucun contrat dont les conventions seraient contraires à la loi à peine de poursuites (Ordres aux gouverneurs de l'Imerina de 1889). Dans ce dernier cas, ils devront rendre compte, sans délai, à leur sous-gouverneur des motifs de leur refus.

Cette dernière disposition vise particulièrement les prêts usuraires (Art. 161 du Code de 1881), les ventes de forêts, terres vacantes ou domaniales (Art. 91).

Aux termes de l'article 11 de l'arrêté du 26 novembre, les contrats concernant les propriétés sont enregistrés dans les circonscriptions où sont situés les biens. S'il arrive qu'un gouverneur ait à enregistrer des contrats relatifs à des biens situés dans une autre circonscription, il devra d'abord demander au gouverneur de cette circonscription si les biens sont libres et, après rédaction, s'il y a lieu, du contrat, en enverra copie à son collègue de la circonscription où sont situés les biens, qui l'inscrira sur son registre, en indiquant en marge la circonscription où le droit a été perçu.

Par suite de l'absence encore fréquente de titres de propriété et de l'état d'indivision où restent fréquemment les successions malgaches, les ventes d'immeubles ont toujours été l'objet de précautions spéciales ; elles se font généralement devant de nombreux témoins, dont la présence assure la constatation des conventions et aussi garantit, en quelque sorte, les droits de la partie qui aliène. Il y a lieu de conserver cette coutume et, indépendamment de deux témoins habituels, ces contrats seront passés en présence d'au moins deux des membres du fokonolona de la localité où sont situés les biens.

Les remises de gages de créance ou les cessions définitives à la suite de ventes à réméré étaient, le plus souvent, faites par simple accord des parties en présence du fokonolona et des gouverneurs, qui portaient mention de la remise ou de la cession en travers de l'acte primitif.

Ces remises ou cessions devront être inscrites à leur date, au simple droit fixe, avec les mêmes formalités que la vente, et mention en sera faite en regard du contrat primitif.

En cas de contestation, le litige est porté devant les tribunaux et, dans ce cas, mention du jugement serait faite lors de la remise.

Le gage doit être l'objet d'une estimation au moment du reglement et la différence entre le montant de l'estimation et la valeur de la créance compensée ; l'article 20 des « Ordres aux gouverneurs de village » défend les conventions portant remise de gages immobiliers ; elles ont lieu en présence des mêmes témoins que les ventes.

Lorsqu'un emprunteur constitue un gage, s'il ne le fait sur des biens personnels, les gouverneurs ne peuvent inscrire la constitution du gage qu'en présence du propriétaire du gage, à peine d'être rendus personnellement responsables du montant de la créance (Art. 238 du Code de 1881).

Le cas est le même s'il s'agit des parents de l'emprunteur.

Les testaments présentés aux gouverneurs pour être inscrits doivent l'être en présence du testateur, de sa famille, des témoins et des membres du fokonolona au nombre d'au moins quatre personnes ; au cas où le testateur ne pourrait se présenter, les gouverneurs doivent envoyer un des leurs chez lui demander si telle est bien l'expression de sa volonté, avant de l'inscrire suivant les formalités ordinaires.

Les testaments sont parfois remis aux gouverneurs pour être conservés en dépôt, sans être transcrits si le testateur veut le tenir secret. Dans ce cas, le gouverneur en délivrera un reçu.

Lorsqu'un testament est présenté au gouverneur après décès du testateur, s'il se produit une opposition parmi les cohéritiers, les gouverneurs doivent refuser l'inscription et renvoyer les intéressés devant les tribunaux (Ordres aux gouverneurs de village, art. 9).

Aux termes de l'article 8 de l'arrêté du 20 novembre, les partages doivent être inscrits comme par le passé.

Ils seront inscrits au lieu de l'héritage principal et inventoriés sur le livre des aliénations définitives, quelle que soit la composition des biens à partager. Suivant les dispositions de l'article 11, le gouverneur de la localité où se fait l'inscription préviendra les gouverneurs des localités autres où pourraient se trouver des immeubles compris dans le partage.

Les donations familiales, qui sont la forme presque exclusive des donations en pays malgache, demeurent, d'après la coutume, révocables à la volonté du donateur et, de ce fait, sont dites éventuelles.

Elles seront donc inscrites sur le registre des ventes provisoires.

La coutume, fixée d'ailleurs par une disposition écrite, exige que les donations et leur inscription aient lieu en présence de la famille des intéressés. Celle-ci devra donc y assister, indépendamment des témoins ordinaires et de deux membres du fokonolona.

GALLIENI.

AG. 3 août 1897 relatif à la profession de commandeur de bourjanes (*V. le texte au C. 207*).

ANNÉE 1898

AG. 15 juin 1898 relatif à l'enregistrement des mariages, à l'application des lois malgaches punissant la répudiation et l'avortement, abrogeant les lois interdisant les mariages entre les diverses castes, déclarant applicable la règle de droit coutumier malgache attribuant à l'Etat en pleine propriété les biens des individus décédés sans héritiers directs, engendrés ou adoptés (*V. sur ce dernier point le Droit civil au chapitre :* **Des successions**) *et le décret du 5 novembre 1909.*

ART. 1er. — Les divers représentants de l'autorité publique en Emyrne veilleront, chacun suivant ses attributions, à l'application des lois relatives à la constatation régulière des mariages entre indigènes. — L'enregistrement des mariages aura lieu conformément aux dispositions de la loi de 1881, rappelées dans la circulaire du 5 juin 1897. — Il devra être facilité le plus possible par les autorités compétentes. — Les ministres des divers cultes prêteront leur concours à ces mesures en exigeant, conformément aux lois métropolitaines, le certificat d'enregistrement avant de procéder au mariage religieux.

ART. 2. — Les représentants de l'autorité publique veilleront à l'application des lois malgaches abolissant et punissant la répudiation, lesquelles demeurent en vigueur. — Ils veilleront également à l'application des dispositions punissant l'avortement et les voies de fait aux femmes enceintes (Art. 56, 64, 65. Lois de 1881).

ART. 3. — Les lois interdisant les mariages entre les divers castes, tombées actuellement en désuétude, sont et demeurent caduques en fait et en droit, notamment en ce qui concerne les articles 59 à 63.

Art. 4. — La règle de droit coutumier malgache relative
aux biens des individus décédés sans héritiers directs, engendrés
ou adoptés, est et demeure applicable.

En conséquence, les dits biens seront attribués à l'Etat en
pleine propriété.

. . . .
. . . .

                                        GALLIENI.

Instructions 15 juin 1898 relatives à l'application de l'arrêté
du 15 juin 1898.

Mesures légales. — En Europe, on considère comme un fait
complètement établi que la mortalité des enfants nés hors du
mariage est plus considérable que la mortalité des enfants
légitimes.

Partant de là, on peut chercher les moyens propres à assurer
en Imerina la régularité des unions. La loi malgache de 1881
a édicté dans ce but des articles d'une extrême sévérité ; ils
ont, d'ailleurs, été fort mal observés. L'article 53, notamment,
déclarait nul tout mariage non enregistré. Près des neuf dixièmes
des unions sont cependant conclues encore suivant les simples
formes de la coutume, ainsi qu'il résulte des études si intéressantes sur le droit traditionnel des différentes provinces de l'île
que nous ont fournies nos administrateurs civils et militaires.

Les missions religeuses des diverses confessions existant
à Madagascar, qui mettent tous leurs efforts à moraliser les
indigènes de la Grande Ile, ne trouveront certainement pas
mauvais que, pour favoriser la légitimité des unions, nous les
astreignions à ne procéder au mariage religieux de leurs adhérents
que sur le vu du certificat d'enregistrement. Cette mesure est
conforme, d'ailleurs, à notre législation française et ne pourra
que renforcer la solidité du lien matrimonial. Il est même
permis d'espérer que l'habitude du mariage régulier, répandue
seulement dans la classe aisée, s'étendra peu à peu aux autres
groupes de la population.

La loi malgache défend les répudiations à peine de 250
francs d'amende. C'est une loi essentiellement protectrice de la
femme et des jeunes enfants. Pour la raison déjà énoncée ci-
dessus, il y a tout intérêt à en prescrire la stricte observation.

D'autre part, depuis l'abolition de l'esclavage à Madagascar,
et conformément aux principes d'égalité qui doivent subsister
désormais entre les différentes classes de la population indigène,
il semble bon de faire disparaître les anciennes lois malgaches
qui s'opposaient aux mariages d'individus de castes différentes.

Bien que ces lois soient légèrement oubliées et que la distinction des castes ne soit plus qu'un trait de mœurs qui va
chaque jour s'affaiblissant, il a paru utile de les abolir par un
acte formel, qui n'a été pris, d'ailleurs, qu'après avoir consulté
les principaux fonctionnaires indigènes de l'Emyrne, appartenant eux-mêmes à des castes diverses. Il est à présumer que la
levée de ces interdictions pourra faciliter et multiplier le
nombre des unions entre indigènes et, par suite, augmenter la
natalité, ce qui est toujours le but à atteindre.

Mais, de l'avis des autorités indigènes de l'Emyrne et même
des anciens colons européens ayant habité le plateau central, la

mesure qui a le plus contribué à l'accroissement de la population hova est certainement le règle du droit coutumier malgache qui attribue à l'Etat les biens des individus décédés sans héritiers directs, engendrés ou adoptés. Cette coutume, malgré l'apparence insolite qu'elle peut avoir pour des Européens, doit donc conserver toute sa vigueur. Elle est très familière à la population et a été, je le répète, l'une des principales raisons de l'accroissement de la population hova depuis le commencement de ce siècle.

Enfin, les autorités indigènes devront faire observer avec rigueur les lois relatives à l'avortement. Inconnues autrefois, les pratiques abortives paraissent avoir pénétré en Emyrne en même temps que la civilisation. Elles deviennent de plus en plus fréquentes à mesure que se développe une hypocrisie que n'accompagne pas un progrès réel dans les mœurs, et ce mouvement ne peut manquer de s'accentuer en raison du changement que la libération des esclaves, l'augmentation des charges et la cherté des produits alimentaires apportent dans les conditions de l'existence matérielle des Hova.

Les peines prévues (deux ans de prison) sont suffisantes et l'application stricte des lois sur la matière devra être rappelée aux autorités de l'Emyrne.

. . . .
. . . .

GALLIENI.

Circ. 15 juin 1898 au sujet de l'application de l'arrêté du 15 juin 1898.

Comme suite à mes instructions du 15 juin 1898, j'ai l'honneur de vous adresser les indications complémentaires suivantes sur quelques-unes des prescriptions contenues dans le document précité et dans l'arrêté N° 1889, du même jour :

1° Je vous prie de vouloir bien donner sans retard des ordres précis aux autorités malgaches pour la délivrance des certificats prévus à l'article 1er de cet acte. Je tiens essentiellement à ce que la formalité dont l'accomplissement est rendu obligatoire avant la célébration du mariage religieux, ne soit pas une occasion de réclamations par suite du retard ou de la négligence des fonctionnaires indigènes.

En vue d'augmenter la stabilité des unions conclues entre Malgaches, j'ai cru utile de demander une observation plus stricte des dispositions qui interdisent la répudiation et, d'une façon plus générale, la séparation des époux en dehors de la procédure du divorce, dispositions formulées dans l'article 56 de la loi de 1881, qui punit les délinquants d'une amende de 250 francs dont le tiers est payable par l'épouse.

Ma circulaire du 5 juin 1897 laissait aux autorités toute latitude pour réduire cette amende dans une proportion équitable, au cas où elle paraîtrait hors de proportion avec la situation de fortune des condamnés. Il ne me semble pas nécessaire de revenir sur cette atténuation, légitimée par ce fait que l'infraction prévue sera sans doute assez fréquemment poursuivie dans les classes relativement peu aisées et peu instruites de la population. Mais, cette réserve faite, j'insiste sur la nécessité d'user des moyens que la loi met à notre disposition pour atteindre le but que nous nous proposons.

L'application de la loi 56 portera aussi bien sur les mariages simplement célébrés suivant la coutume, qui sont encore de beaucoup les plus nombreux, que sur les mariages régulièrement inscrits.

Je crois inutile d'ajouter qu'il résulte de l'interprétation du texte que l'époux abandonné qui intente une action régulière en divorce ou avise l'autorité n'encourt aucune responsabilité du fait de la séparation survenue.

Pour éviter de provoquer un trouble dans la population et ne pas remettre en cause les situations qui ont pu s'établir à la suite de désunions antérieures, vous n'avez pas à vous préoccuper des faits passés et ne poursuivrez que les séparations illégales qui se produiraient à l'avenir.

2° La loi malgache attribue au gouvernement les biens des personnes décédées sans descendants directs ou enfants adoptifs. La tradition accordait un privilège aux cinq premières castes nobles et aux serfs royaux (Tsierondahy) en supprimant, au profit des héritiers collatéraux, le droit du gouvernement à la succession. La modification des anciennes institutions indigènes, le progrès de l'esprit égalitaire parmi les Malgaches rendent de telles distinctions inutiles ; la loi relative aux biens en déshérence pourra être appliquée d'une manière uniforme à toutes les classes de la population (1).

3° L'accroissement des avortements criminels avait, depuis longtemps, frappé les anciennes autorités indigènes, et, dans la loi de 1881, se trouvent formulés deux articles nouveaux (63 et 64) pour punir ce crime, dont la répression ne paraît pas être actuellement en rapport avec la fréquence qu'il présenterait suivant des renseignements certains. Il est nécessaire de s'attacher à atteindre de telles pratiques, quelles que soient les difficultés spéciales de la découverte et de la constatation de cette infraction. Indépendamment des poursuites judiciaires que vous ferez exercer, le cas échéant, vous aurez un moyen d'action efficace dans la surveillance des praticiens ou des matrones indigènes connus pour se prêter d'ordinaire aux manœuvres coupables dont il s'agit.

4° Je n'ai pas à insister sur les indications que je vous ai données au sujet de l'attribution de terrains aux indigènes qui n'ont pas de propriété ou ne possèdent que des biens insuffisants pour l'entretien d'une famille. Vous aurez toute latitude pour leur distribuer des terres vacantes, sans autres formalités que celles nécessaires pour éviter les contestations possibles, un enregistrement sommaire sur état particulier, par exemple.

La propriété sera définitivement reconnue aux bénéficiaires après trois ans de culture ininterrompue.

Je vous ai fait connaître l'importance essentielle que j'attache à ce que les parcelles dévolues aux indigènes soient prises en dehors des terrains susceptibles d'être utilisés par la colonisation.

Une interprétation erronée des dispositions relatives à ces concessions pourrait amener certains indigènes à élever des réclamations dont il s'est déjà produit quelques exemples, réclamations tendant à une nouvelle répartition, soit des

---

(1) V. le *Droit civil* au chapitre : **Des successions.**

terrains dits de « fokonolona », déjà mis en culture, soit des rizières attribuées lors du lotissement primitif aux diverses fractions de tribus et dites rizières à « hetra ». Vous écarteriez, si besoin était, de telles prétentions, conformément au principe dont s'est inspirée la loi foncière du 9 mars 1896, et en vertu duquel les indigènes sont considérés comme propriétaires des terres qu'ils ont cultivées.

5° L'article 304 du Code de 1881, qui fait partie des lois sur l'ivresse, a été, dans certaines régions de l'Emyrne, notamment à Tananarive, l'objet d'une modification sanctionnée peu à peu par la jurisprudence indigène et qui a fait réduire à 70 francs l'amende primitivement fixée à 105 francs (sept bœufs et sept piastres). Cette atténuation ne fait que favoriser un vice qu'il importe de punir avec sévérité et j'estime qu'il y a lieu d'appliquer en la matière le texte exact de la loi.

....
....

GALLIENI.

Décret du 9 juillet 1898 fixant les conditions de transformation en contrats de vente définitive des baux emphytéotiques consentis par l'ancien gouvernement malgache ou par des indigènes (*V. le texte au C. 1166*).

Décret du 24 novembre 1898 organisant la justice indigène à Madagascar (*V. le texte au C. 753*). *Le décret du 24 novembre 1898 a été abrogé et remplacé par le décret du 9 mai 1909.*

AG. 30 décembre 1898 relatif à l'obligation de l'enregistrement des actes (*Remplacé par l'arrêté du 13 juin 1910*).

ANNÉE 1899

AG. 10 février 1899 réglementant l'attribution des concessions des terres du domaine privé de l'Etat (*V. le texte au C. 290*).

ANNÉE 1900

AG. 6 février 1900 portant réglementation des successions et biens vacants indigènes.

Art. 1er. — Les successions et biens vacants indigènes sont et demeurent régis exclusivement par la législation et les coutumes malgaches et sont exceptés de l'administration des curateurs aux biens vacants, réglementée par les décrets des 27 janvier 1855 et 14 mars 1890.

ART. 2. — M. le Secrétaire Général, etc., etc.

PENNEQUIN.

Circ. G. 9 février 1900 aux administrateurs et commandants de cercle, au sujet de l'application de l'arrêté du 6 février 1900 (*V. la circulaire du 15 avril 1901*).

J'ai l'honneur de vous notifier, par la présente circulaire, un arrêté du 6 février courant, aux termes duquel « les « successions et biens vacants indigènes sont et demeurent régis « exclusivement par la législation et les coutumes malgaches, « et sont exceptés de l'administration des curateurs aux biens « vacants, réglementée par les décrets des 27 janvier 1855 et « 14 mars 1890 ».

J'ai été amené à prendre cette décision en vue de faire cesser certaines difficultés qui s'étaient élevées à l'occasion de l'exercice de la curatelle aux successions vacantes indigènes en ce qui concerne la législation qui leur est applicable.

Des divergences d'appréciation avaient été provoquées par une fausse application des décrets des 27 janvier 1855 et 14 mars 1890.

Il résulte de l'arrêté du 6 février, qu'à l'avenir, les fonctionnaires du service des domaines, curateurs aux biens vacants, devront s'abstenir d'appréhender les successions vacantes indigènes et de procéder à leur liquidation. Ces opérations devront être effectuées, comme par le passé, suivant les coutumes locales et dans les formes habituelles, par les soins des fokonolona et des autorités indigènes, sous votre surveillance et votre contrôle.

M. le chef du service des domaines a été invité à prescrire aux curateurs de se dessaisir, sans retard, des successions qu'ils ont appréhendées et dont ils n'ont pas encore terminé le règlement et d'en opérer la remise aux chefs de province intéressés. — Il appartiendra à ces derniers de prendre les mesures nécessaires en vue d'assurer leur liquidation définitive.

PENNEQUIN.

Décret du 10 février 1900 déterminant le régime des bois et forêts à Madagascar. — Droits d'usage des indigènes (*V. le texte au C. 186. — V. l'arrêté du 20 septembre 1907*).

AG. 1er décembre 1900 déclarant seul texte officiel le Code des 305 articles des lois malgaches traduit par M. G. Julien, administrateur des colonies (1).

ART. 1er. — Le Code des 305 articles des lois malgaches promulguées le 29 mars 1881, traduit par M. G. Julien, administrateur des colonies, ancien interprète principal du Gouverneur

_____

(1) *V. la circulaire du 24 septembre 1902.*

Général de Madagascar, édité et publié le 1er décembre 1900, par l'Imprimerie officielle de Tananarive, sera considéré, à compter de ce jour, comme étant le seul texte officiel des dites lois. Ce caractère officiel est conféré au texte du Code lui-même et non aux annotations.

Art. 2. — Ce texte devra, à l'exclusion de tous autres, être usité devant les cours et tribunaux et dans les administrations de la Colonie.

A. Munic. Tananarive 15 décembre 1900 au sujet de l'enregistrement des actes entre indigènes à Tananarive. Articles 5, 6, 7.

. . . .

Art. 5. — Les chefs d'arrondissement conserveront les attributions conférées aux gouverneurs madinika par les règlements et coutumes en vigueur, à l'exception toutefois de celles relatives aux actes d'état civil et de l'enregistrement des contrats. — En ce qui concerne ces deux catégories d'actes, un bureau unique d'enregistrement des contrats indigènes et un bureau unique d'état civil sont institués et placés sous la direction du sous-gouverneur de Tananarive, qui sera chargé de l'exécution des formalités qui s'y rattachent.

Art. 6. — Le service de chacun de ces bureaux sera assuré par un des assesseurs des tribunaux indigènes, assisté de deux écrivains auxiliaires.

Art. 7. — A partir du 1er janvier 1901, les actes relatifs à l'état civil et à l'enregistrement des contrats auront lieu exclusivement aux bureaux précités, situés à Antsahondra.

Les actes ne seront dressés qu'à la condition, pour les intéressés, d'être accompagnés de leur gouverneur ou mpiadidy, ou de produire une attestation émanant de ces autorités, constatant leur identité et leur capacité.

. . . .

ESTÈBE.

Approuvé : GALLIENI.

ANNÉE 1901

Circ. G. 15 avril 1901 aux administrateurs et commandants de cercle, au sujet des successions indigènes en déshérence.

Le règlement des successions indigènes en déshérence a soulevé, dans certaines provinces, des difficultés et des complications dont il importe d'éviter le retour.

J'ai, en conséquence, l'honneur de vous donner ci-après quelques instructions qui vous permettront de procéder régulièrement et avec méthode dans tous les cas de l'espèce.

Le chef de la circonscription dans laquelle s'est ouverte une succession en déshérence est de droit liquidateur de la succession.

En cette qualité, il doit, tout d'abord et le plus rapidement possible, prévenir ses collègues des territoires dans lesquels le défunt posséderait des biens.

L'administrateur d'une autre province où sont situés des biens dépendant de la dite succession a qualité pour décider quelle est des deux solutions suivantes : conservation en nature ou vente aux enchères de ces biens, celle qu'il convient d'adopter dans l'intérêt de l'Etat.

Dans le cas où il s'arrêterait à la seconde, il lui appartient de faire procéder à l'adjudication. Il arrivera souvent que des immeubles dépendant d'une succession en déshérence, ouverte dans une province autre que celle de la situation de ces biens, soient frappés d'opposition à la garantie de créances. Si le chef de la circonscription estime que l'Etat aurait intérêt à conserver les dits immeubles, l'existence des oppositions ne devra pas le déterminer à la mise en vente aux enchères avant d'en avoir référé à l'administrateur liquidateur. Ce dernier peut, en effet, disposer de fonds successoraux permettant de rembourser les créances inscrites. Au surplus, même en l'absence de ceux-ci, et si la conservation des biens s'imposait, les créanciers pourraient être désintéressés au moyen des deniers de l'Etat.

Ces principes posés, l'administrateur chef d'une province dans laquelle sont déposés ou situés des biens mobiliers ou immobiliers dépendant d'une succession indigène en déshérence ouverte dans une autre circonscription, doit, s'il estime que l'Etat n'a aucun intérêt à conserver ces biens en nature, les faire vendre aux enchères publiques et payer avec le produit de l'aliénation, et dans l'ordre des dates, les créances passives conservées par des oppositions régulièrement effectuées sur les biens adjugés. Toutefois, il ne doit rembourser à l'aide de cet argent que les créances inscrites sur les immeubles vendus et ne payer les dites créances qu'au moyen des fonds provenant de la vente des biens qu'elles affectent. Les créances conservées par des oppositions, et non venues en ordre utile, suivent le sort de toutes les dettes de la succession non spécialement garanties, et que le liquidateur remboursera au marc le franc ou intégralement, suivant les ressources de la succession.

Il appartient ensuite à l'administrateur chef de la province :

1° De verser à son collègue liquidateur, avec compte à l'appui, le reliquat du produit des aliénations qu'il aurait consenties, ainsi que tous fonds encaissés à tout autre titre (remboursement de créances dues à la succession par des personnes domiciliées dans la circonscription) ;

2° De porter à la connaisance de ce dernier :

a) La désignation des immeubles et objets mobiliers laissés par le défunt dans la province, et dont la conservation en nature semblerait être de l'intérêt de l'Etat ;

b) L'énumération des créances qui seraient dues à la succession par des personnes domiciliées dans la circonscription ;

c) L'énonciation des créances passives non encore remboursées, conservées par des oppositions régulièrement effectuées sur les immeubles du défunt situés dans la province, et, pour chacune d'elles, la désignation des biens affectés ;

d) L'énumération des créances passives non spécialement

garanties dues à des personnes domiciliées dans la circonscription, et que le liquidateur seul a qualité pour rembourser.

En possession de ces renseignements, le liquidateur ferait connaître, le cas échéant, à son collègue, s'il dispose de fonds successoraux permettant de rembourser les créances qui seraient inscrites sur des immeubles qu'il y aurait intérêt à conserver en nature et, dans l'affirmative, lui adresserait la somme nécessaire. Dans la négative, et si la conservation en nature ne s'imposait pas impérieusement, le chef de la province vendrait les biens intéressés aux enchères, et après paiement total ou partiel, à l'aide du produit de l'aliénation des dettes inscrites, rendrait compte à son collègue chargé de la liquidation des opérations effectuées et, s'il y avait lieu, lui adresserait le reliquat de son compte.

Ce dernier rembourserait alors les créances non spécialement garanties, soit intégralement, soit au marc le franc, suivant le cas. Il dresserait ensuite un compte général des opérations de liquidation et, le cas échéant, verserait au trésor le reliquat actif de la succession.

Dans le cas où le défunt n'aurait pas eu de domicile déterminé, l'administrateur chef de la province dans laquelle il aurait eu son principal établissement serait liquidateur de la succession.

GALLIENI.

Circ. G. 30 avril 1901 aux administrateurs et commandants de cercle, au sujet de l'organisation du service de l'état civil indigène.

Le moment me paraît venu de réaliser de nouveaux progrès dans l'organisation du service de l'état civil indigène, qui existe déjà à l'état élémentaire dans plusieurs circonscriptions de l'ile.

Il ne s'agit pas évidemment de constituer à Madagascar un état civil semblable à celui qui fonctionne dans la Métropole, mais seulement, par une série de mesures, d'amener les indigènes à déclarer aux autorités tous les actes de leur vie civile, d'assurer l'inscription régulière de ces actes et de préparer ainsi les voies à la réglementation de l'avenir.

La circulaire du 5 juin 1897 a déjà fixé certaines règles qui eussent été suffisantes, si elles avaient été strictement appliquées dans toutes les provinces ou cercles de la Colonie, pour nous amener en peu de temps au but que nous cherchons à atteindre.

Je me bornerai donc à reprendre les instructions déjà données par cette circulaire en ce qui concerne les actes de l'état civil, en les modifiant ou les complétant selon les besoins actuels et selon les régions où elles devront être appliquées.

L'obstacle qui s'oppose, en ce moment, à toute constitution définitive de l'état civil indigène par l'attribution d'un nom patronymique, est la coutume qu'ont les Malgaches de changer de nom dans certaines occasions.

Il faudra nécessairement que nous arrivions un jour à faire disparaître une semblable coutume ; mais, en cette matière, il convient de n'agir que progressivement et avec prudence.

Le choix d'un nouveau nom a lieu ordinairement, pour le père, après la naissance d'un enfant. Mais, parfois, il a simplement pour cause le désir de dissimuler l'identité dans une inten-

tion délictueuse ; il constitue alors un fait répréhensible qu'i
est nécessaire de punir sévèrement.

L'article 7 du Code de l'indigénat vous permet d'atteindre
les coupables, et je ne saurais trop vous recommander de vous
montrer rigoureux dans la répression des actes de ce genre

La circulaire précitée du 5 juin 1897 s'était contentée
de substituer aux anciens états indicatifs malgaches un seu
registre, sur lequel étaient portés, sous une forme très laconi-
que, les actes de naissance, décès, mariage, adoption et rejet (1)

Ces dispositions, qui convenaient alors, me semblent actuel
lement insuffisantes pour *l'Imerina et le Betsileo*, où les agent
indigènes possèdent déjà certaines connaissances administra
tives, où il est, par conséquent, possible de leur imposer un
travail plus complet.

Dans les provinces de Tananarive, Miarinarivo, Betafo
Ankazobe, Manjakandriana, Ambositra et Fianarantsoa, i
devra donc y avoir, à l'avenir, un registre distinct pour chaqu
catégorie d'actes : naissances, décès, mariages, divorces, adop
tions et rejets.

Les formules de chacun de ces actes sont très simples, ains
que vous pourrez vous en convaincre par l'examen des modèle
mis à votre disposition ; mais elles contiennent, en même temps
toutes les indications pouvant présenter quelque utilité.

Il n'a pas été prévu de formule spéciale pour le registre de
divorces, qui est laissé en blanc. On y inscrira en entier l
jugement de divorce et mention en sera faite en marge d
l'acte de mariage.

Les registres seront tenus en double expédition. — Ils seron
fournis par l'administration et envoyés dans *chaque centr*
d'état civil indigène avant le 1er janvier de chaque année.

A cet effet, chaque administrateur chef de province devr
faire parvenir, fin août au plus tard, au Gouvernement Généra
la commande de registres qui lui seront nécessaires pour l'anné
suivante. Il se basera pour cela sur le nombre d'actes de chaqu
catégorie enregistrés pendant l'année précédente. *Il aura soi*
d'indiquer ce nombre dans sa commande. Pour la présent
année 1901, vous voudrez bien m'adresser votre command
d'urgence.

Les registres seront cotés et paraphés sur chaque feuil
par le chef du district, président du tribunal indigène du 1
degré.

Les actes de l'état civil y seront inscrit au moment de l
déclaration, et signés par le fonctionnaire chargé de la tenu
des registres, par les comparants et les témoins. Mention ser
faite des causes qui empêcheront les témoins et les comparan
de signer.

La présence de deux témoins a déjà été prévue pour le
déclarations de naissance et de décès. Ces témoins pourro
être de l'un ou l'autre sexe, parents ou autres, et choisis par le
personnes intéressées.

Pour les mariages, les témoins seront au nombre de quatr
deux pour chaque époux. Les parents devront être présen
lors de la déclaration du mariage, ou se faire représenter pa

---

(1) Le Code de l'indigénat ne punit plus actuellement ces contravention
Elles doivent être poursuivies devant le tribunal répressif du 1er deg
(*V. à la I*re *Partie le* **Droit pénal**).

un fondé de pouvoir muni d'une procuration, ou encore donner leur consentement par écrit.

Pour les adoptions et rejets, les règles actuellement suivies continueront à être observées.

Dans le courant du mois de janvier de chaque année, il sera fait à la fin des registres une table alphabétique des actes y contenus ; puis un des doubles sera adressé au chef du district, président du tribunal du 1ᵉʳ degré, pour vérification.

Ce fonctionnaire dressera un procès-verbal sommaire de sa vérification, qui sera annexé à chacun des registres, et il expédiera ensuite le registre au chef-lieu pour y être conservé dans les archives.

Au cours des tournées qu'il effectuera ensuite dans chaque centre d'état civil, il montrera aux fonctionnaires indigènes les erreurs relevées, leur indiquera les moyens de les éviter à l'avenir et fera, en résumé, leur éducation sur ce point particulier.

Le second double des registres, auquel aura été également annexé le procès-verbal de vérification, demeurera dans les archives du centre d'état civil sous la responsabilité du fonctionnaire chargé de leur tenue.

Afin de mettre les actes à l'abri de toute détérioration, vous devrez vous préoccuper de faire confectionner dans chaque centre une armoire spéciale pour les y renfermer.

L'article 1ᵉʳ du Code de l'indigénat impose aux indigènes l'obligation de déclarer aux autorités, sous peine d'amende, les naissances et les décès (1).

Les déclarations de naissance devront se faire dans les huit jours de l'accouchement, par le père, la mère ou, à défaut, par les ascendants, et, lorsque la mère aura accouché hors de son domicile, par la personne chez qui elle aura accouché.

Celle des décès devra se faire également dans les huit jours par les deux plus proches parents ou voisins, et, si la personne est décédée hors de son domicile, par la personne chez qui a eu lieu le décès, assistée d'un parent ou voisin.

Le Code malgache de 1881 ne considère le mariage comme valable que s'il a été enregistré dans les livres officiels. La déclaration en sera faite par les époux au fonctionnaire de l'état civil du domicile du mari, dans les huit jours qui suivront la cérémonie.

Dans toutes les autres régions de l'île où l'organisation administrative est moins avancée que dans l'Imerina et le Betsileo, où les populations indigènes sont moins rapprochées de nous, et où il est difficile de recruter des fonctionnaires ayant déjà une instruction professionnelle suffisante, la réglementation qui vient d'être exposée risquerait d'être d'une application difficile.

J'estime donc que, dans ces circonscriptions, il suffit d'étendre les dispositions édictées par la circulaire du 5 juin 1897, sans y apporter aucun changement.

Un seul registre, conforme au modèle ci-joint, sera donc tenu dans chacun des centres d'état civil indigène, et tous les actes y seront portés au moyen des formules qui y sont contenues.

---

(1) Le Code de l'indigénat ne punit plus actuellement ces contraventions. Elles doivent être poursuivies devant le tribunal répressif du 1ᵉʳ degré (*V. à la 1ʳᵉ Partie le* **Droit pénal**).

Il vous appartient d'organiser dans vos provinces ou cercles respectifs les centres d'état civil indigène et de désigner les fonctionnaires qui seront chargés de l'inscription des actes.

Telles sont les instructions que je crcis utile de vous donner au sujet de l'organisation d'un service dont l'importance, à tous les points de vue, ne vous a certainement pas échappé.

Mais, si nous voulons que cette réglementation porte ses fruits, il est nécessaire que vous teniez fermement la main à ce que toutes les déclarations soient régulièrement faites. Ce doit être là votre première et principale préoccupation.

Par de fréquents kabary, par des instructions écrites que vous ferez afficher dans les villages, vous devez y habituer les indigènes, et, s'il n'est pas possible encore de leur faire comprendre tout l'intérêt qu'ils peuvent en retirer eux-mêmes, il faut que vous les persuadiez que l'administration leur fait de ces déclarations une obligation rigoureuse, qu'elle n'hésitera pas, le cas échéant, à sanctionner par des mesures coercitives.

A l'appui de votre rapport politique et administratif trimestriel, vous devez m'adresser, ainsi que l'a prescrit la circulaire du 8 février dernier (Etat des pièces à fournir), un relevé, conforme au modèle ci-joint, des actes ou déclarations d'état civil faits dans votre province ou cercle.

GALLIENI.

AG. 8 juin 1901 relatif à la propriété des édifices religieux (*V. le texte au C. 449*).

Circ. G. 10 août 1901 au sujet des demandes de remise de peine.

Plusieurs d'entre vous m'ont soumis, à l'occasion de la fête nationale du 14 juillet, des propositions tendant à accorder des remises partielles ou totales de peine aux condamnés qui se sont particulièrement signalés par leur bonne conduite.

J'estime avec M. le Procureur Général, chef du service judiciaire, que ceux d'entre eux qui ont accompli plus de la moitié de leur peine sont seuls susceptibles de bénéficier de la libération conditionnelle. Il y a donc lieu de procéder à leur égard conformément aux dispositions de l'arreté du 25 janvier 1897 (1) et de la loi du 14 août 1885. — Dans ce cas, c'est à vous qu'il appartient d'agir par décision spéciale que vous soumettrez à mon approbation (Arrêté du 25 janvier 1897, art. 3).

Par contre, le Chef de l'Etat a seul qualité pour adopter telle décision gracieuse qu'il jugera équitable en faveur des condamnés qui n'ont pas encore accompli la moitié de leur peine.

Par application de ce principe, et en vue de fournir à la commission des grâces les renseignements qui doivent éclairer son examen, il me paraît nécessaire qu'il soit établi, pour chaque condamné faisant l'objet d'une demande de grâce ou de réduction de peine, une notice dans la forme du modèle ci-joint.

Il vous appartiendra de remplir ces notices et d'émettre votre avis sur la mesure à prendre en faveur des intéressés.

_____

(1) L'arrêté du 25 janvier 1897 a été remplacé par l'arrêté du 20 février 1909 (*V. la circulaire du 20 avril 1904*).

Elles me seront ensuite transmises pour qu'à son tour M. le Procureur Général puisse formuler son avis et préparer la transmission des dossiers au département.

Par délégation :
LEPREUX.

ANNÉE 1902

Décret du 9 mars 1902, portant organisation de l'administration indigène de l'*Imerina*. — Du fokonolona. — De ses attributions. — De ses droits. — Des conventions de fokonolona. — De la responsabilité collective des fokonolona.

DISPOSITIONS GÉNÉRALES

ART. 1er. — L'organisation de l'administration indigène des provinces de l'Imerina comprend des gouvernements principaux, des gouvernements, des gouvernements madinika ou faritany ; des quartiers ou fokontany.

ART. 2. — Chaque province comprend un ou plusieurs gouvernements principaux.

Le gouvernement principal se subdivise en gouvernements ; le gouvernement en gouvernements madinika ou faritany ; le gouvernement madinika en quartiers ou fokontany.

ART. 3. — Le personnel des gouverneurs principaux, gouverneurs et gouverneurs madinika est organisé par arrêtés du Gouverneur Général et placé sous les ordres des administrateurs chefs de province. Les gouverneurs madinika conservent leurs attributions actuelles en ce qui concerne l'état civil, l'enregistrement des actes et contrats (1), l'établissement des rôles et la perception des impôts indigènes. Leurs autres attributions et celles des gouverneurs principaux et gouverneurs sont fixées par arrêtés du Gouverneur Général.

Du quartier ou fokontany

DU FOKONOLONA

I. — *Organisation*

ART. 4. — Au quartier ou fokontany, qui représente l'unité de circonscription administrative indigène, correspond le fokonolona, qui comprend l'ensemble de la population habitant le quartier ou fokontany.

Chaque village constitue en principe un fokontany; toutefois, deux ou plusieurs villages peu importants peuvent être réunis

---

(1) Les arrêtés du 15 juin 1904 et du 31 décembre 1904 chargent les gouverneurs, et non les gouverneurs madinika, de l'enregistrement des actes et contrats. Les gouverneurs madinika restent seulement chargés de l'enregistrement des actes de l'état civil.

en un seul fokontany ; de même, une localité à forte population peut être divisée en plusieurs fokontany distincts.

Plusieurs familles d'un fokontany pourront être autorisées à constituer un nouveau fokontany dans telle région qu'elles auront choisie ou qui leur sera désignée par l'administrateur chef de la province, où des terrains de culture leur seront délimités.

ART. 5. — Tous les indigènes d'un fokontany, sans distinction de sexe ou d'âge, constituent le fokonolona et sont inscrits sur la liste de recensement de ce fokonolona.

Tout indigène fait obligatoirement partie du fokonolona de la localité ou il réside habituellement ; tout indigène doit pouvoir justifier, à toute réquisition de l'autorité, du fokonolona dont il fait partie.

En dehors du fokonolona sur la liste duquel il est inscrit, tout indigène peut participer aux actes de tous les fokonolona des localités où il possède des biens.

II. — *Du mpiadidy ou chef du fokontany. — Des notables.*
Des relations du fokonolona avec les autorités

ART. 6. — Le chef du fokontany ou mpiadidy est désigné par la majorité des membres du fokonolona. Chaque désignation porte sur trois candidats parmi lesquels l'administrateur chef de province choisit le titulaire définitif, qui n'est nommé que pour une période de trois ans. Toutefois, l'administrateur peut exceptionnellement, et pour des raisons de police générale, désigner d'office un mpiadidy à titre temporaire et sous réserve de l'approbation du Gouverneur Général.

Le mpiadidy est rémunéré au moyen d'une remise sur le produit des impôts indigènes et dont le taux est fixé par arrêté du Gouverneur Général. Le mpiadidy peut se faire aider dans l'exercice de ses fonctions par des mpikarakara, également désignés par le fokonolona dans les mêmes conditions que le mpiadididy.

ART. 7. — Les nominations, licenciements, révocations, acceptations de démission des mpiadidy sont faits ou prononcés par décisions de l'administrateur chef de province, délégué du Gouverneur Général.

ART. 8. — Conformément aux coutumes malgaches, les anciens et notables du fokonolona (ray aman-dreny) peuvent éventuellement représenter le fokonolona auprès du mpiadidy et des autres autorités administratives françaises ou indigènes de la province.

Le fokonolona a néanmoins la faculté de s'adresser en corps directement, quand il le juge nécessaire, à toutes les autorités indigènes, qui doivent obligatoirement rendre compte aux autorités françaises de la province de ses réclamations, démarches, plaintes, requêtes, pétitions.

Le fokonolona a également le droit de s'adresser au Gouverneur Général par l'intermédiaire de l'administrateur.

Attributions et obligations des fokonolona

ART. 9. — Les attributions et obligations des fokonolona restent telles qu'elles sont déterminées par la législation locale actuellement en vigueur, notamment en ce qui concerne les matières rappelées dans les articles 10 à 14 ci-après.

ART. 10. — En matière de police générale, administrative et judiciaire, les membres d'un fokonolona, témoins d'une transgression aux lois, règlements, arrêtés et décisions en vigueur dans la Colonie, doivent en arrêter l'auteur et le livrer aux autorités, conformément à l'article 169 de la loi malgache de 1881.

Conformément à l'article 4 de loi de 1878, à l'article 159 de la loi de 1881 et aux ordres royaux de 1885, les membres des fokonolona peuvent désigner et arrêter les auteurs de délits constants et délinquants habituels. Ils peuvent, conformément à la coutume, les rejeter du fokonolona ; dans ce cas, l'administrateur chef de la province peut, par mesure administrative, assigner à ces expulsés telle résidence qu'il juge convenable.

L'autorité du fokonolona, en matière de police, s'exerce sur tous les habitants du fokontany, y compris les indigènes de passage, quelle que soit leur qualité.

Dans tous les cas où les membres du fokonolona procèdent à une arrestation (criminels, délinquants, déserteurs, prisonniers évadés, etc.), ils doivent immédiatement conduire l'individu arrêté au mpiadidy, qui le livre sans retard aux autorités.

Dans l'intervalle, les membres du fokonolona doivent veiller à la nourriture de l'inculpé et éviter qu'il ne soit l'objet d'aucun mauvais traitement.

Conformément à l'ordonnance royale du 9 mars 1896, les fokonolona doivent assurer la garde de nuit dans les villages.

Les membres du fokonolona doivent satisfaire à toute réquisition des autorités pour assurer, dans les cas urgents, la remise des convocations et le transport des correspondances administratives et judiciaires.

Ils doivent empêcher les rixes et les disputes, ainsi que tout tumulte dans les lieux d'assemblée publique.

Ils doivent maintenir l'ordre et prêter leur concours en cas d'accidents, d'événements calamiteux ou de danger, tels que incendies, inondations, ruptures de digues, vol accompagné de violence ou tenté par des bandes de tontakely, invasions de sauterelles et de criquets, etc.

ART. 11. — En matière de police rurale, les membres du fokonolona doivent veiller à la protection des cultures, des plantations et des récoltes, en empêchant notamment qu'elles ne soient abîmées ou détruites par les animaux appartenant à autrui, à ce que les feux allumés dans les champs ne propagent pas l'incendie dans les cultures, à ce que les animaux ne divaguent pas sur les terrains de culture d'autrui ou sur les grandes routes, notamment dans la traversée des villages ou sur des digues susceptibles de dégradation.

Le fokonolona veille à la conservation des clôtures, haies, bornes, piquets délimitant les propriétés, des signaux géodésiques, des poteaux télégraphiques, des poteaux kilométriques et plaques indicatrices ; il peut être rendu responsable de la disparition des bornes et piquets dont les auteurs restent inconnus.

ART. 12. — En matière de justice civile, en conformité des coutumes générales et des articles 24 de la loi de 1878, 215 et 252 de la loi de 1881, les fokonolona peuvent servir d'arbitres et statuer en dernier ressort dans les affaires qui leur sont volontairement soumises par des membres du fokonolona.

A la diligence des parties ou, d'office, à celle du mpiadidy, les décisions arbitrales sont inscrites sur un registre *ad hoc* tenu par le gouverneur madinika (1).

Art. 13. — En matière de voirie, le fokonolona assure la conservation et le bon entretien des chemins et sentiers du fokontany, ainsi que des plantations d'arbres faites sur toutes les voies de communication qui traversent le fokontany. Il peut être rendu responsable des dégâts occasionnés à ces plantations et dont les auteurs restent inconnus ; il veille à la sûreté et à la commodité du passage dans les rues et ruelles des villages, à l'enlèvement de tout ce qui peut encombrer la voie publique ; il assure le nettoiement des rues, ruelles, cours et marchés, fossés et caniveaux.

Le fokonolona est chargé de la construction, conservation, entretien et réparation des digues et des canaux d'irrigation, des rizières, de l'entretien et de l'aménagement des prises d'eau, des puits et fontaines publiques.

Art. 14. — En matière de salubrité, le fokonolona doit signaler immédiatement au mpiadidy ou autres autorités les cas de maladies contagieuses telles que la variole et la lèpre, et il doit contribuer aux mesures à prendre pour assurer l'isolement des malades et les désinfections nécessaires ; il doit surveiller l'abatage des bestiaux et signaler les animaux morts ou abattus à la suite d'une affection contagieuse telle que la morve et le charbon ou toute autre épizootie.

Art. 15. — En matière d'assistance publique, il doit, soit en leur fournissant du travail, soit par des dons en argent ou en nature, procurer des moyens de subsistance aux vieillards, infirmes, veuves, orphelins ou malades indigents.

Les membres du fokonolona doivent obligatoirement pourvoir aux funérailles des indigents, même étrangers, décédés dans le village (art. 112 de la loi malgache de 1881) ou des personnes mortes sans héritiers.

Art. 16. — Les fokonolona remplissent les attributions et obligations ci-dessus à la diligence et sous la direction des mpiadidy et mpikarakara.

Les mpiadidy rendent compte à leur chef hiérarchique de tous les faits intéressant leur fokontany, provoquent les mesures nécessaires et en assurent l'exécution.

Droits et prérogatives des fokonolona

Art. 17. — Le fokonolona peut, avec l'autorisation de l'administrateur chef de province, construire, dans un but d'intérêt commun, la maison d'école officielle, la salle des consultations médicales gratuites, la magnanerie locale, le bureau du mpiadidy, la maison des passagers, tous bâtiments dont la propriété lui est reconnue.

Il ne peut changer l'affectation donnée à ces immeubles ni les aliéner sans l'autorisation préalable de l'administrateur.

---

(1) L'article 12 doit être tenu pour abrogé. Les dispositions de cet article ne sont pas reproduites dans le décret du 9 mai 1909.

Art. 18. — Le fokonolona peut se charger, suivant conventions librement passées avec l'administrateur, pour le compte des services locaux et moyennant juste rétribution, de l'exécution de travaux publics, tels que fourniture de matériaux, construction de bâtiments, ouverture, réparation ou empierrement de voies de grande communication, etc.

Art. 19. — Il peut également être chargé de mettre en culture les rizières domaniales et autres terrains domaniaux moyennant rétribution en nature ou en espèces. Conformément aux dispositions de l'arrêté local du 7 mai 1901, les mûraies créées par les fokonolona sur les terres du domaine leur sont attribuées en toute propriété. Il ne peut changer l'affectation des terrains de mûraies ou les aliéner sans l'autorisation du Gouverneur Général.

Art. 20. — Les fokonolona continueront à user, sur les terres du domaine non affectées à la colonisation et sous réserve de l'autorisation préalable de l'administrateur chef de province, du droit de parcours pour leurs troupeaux, du droit de récolte des roseaux, joncs, zozoro et herana, du droit de pêche dans les lacs, marais et cours d'eau, du droit de faire, dans ces lacs, marais et cours d'eau, des semis de riz et d'y élever des oiseaux aquatiques, du droit d'élever des vers à soie dans les bois de tapia et de tsitoavina, du droit de ramasser le bois mort et les fruits dans les forêts, du droit de couper le bozaka ou paille à brûler.

En ces divers cas, le fokonolona ne possède qu'un droit d'usage essentiellement révocable par l'administrateur chef de province, si les circonstances l'exigent, et sous réserve de l'approbation du Gouverneur Général.

Art. 21. — Le fokonolona, en temps que personne morale, est représenté, dans tous les actes de la vie civile, par l'administrateur chef de la province.

Des conventions des fokonolona

Art. 22. — Conformément à la coutume, les fokonolona peuvent établir des conventions ayant pour but d'édicter toutes mesures locales que les habitants croient, de concert entre eux, pouvoir prendre pour assurer la sécurité, l'édilité, la salubrité et la bonne administration du fokontany, sauvegarder l'intérêt public, notamment en ce qui concerne le respect des bonnes mœurs et des coutumes, le pacage en commun des troupeaux, les réunions du fokonolona et leur bon ordre, empêcher les jeux ou combats d'animaux, les fumeries de chanvre ou d'opium et enfin réglementer l'assistance mutuelle (travaux divers, funérailles, etc.) dans les circonstances où la coutume le prévoit.

Art. 23. — Les conventions des fokonolona sont adoptées sur l'avis de la majorité des membres du fokonolona.

Elles ne peuvent, en aucun cas, modifier les lois, décrets, arrêtés, règlements ou tous autres actes émanant de l'autorité supérieure. Elles doivent être obligatoirement soumises à l'approbation de l'administrateur chef de la province avant toute mise en vigueur.

Art. 24. — Conformément à la coutume et aux dispositions des anciennes conventions, le fokonolona peut sanctionner par une amende les infractions à la convention locale.

L'infraction à laquelle s'applique l'amende, ainsi que le montant de celle-ci, sont déterminés facultativement par les fokonolona lors de l'élaboration de la convention.

Il ne peut être appliqué qu'une seule amende pour chaque infraction. Elle ne peut être supérieure à 2 fr. 50 et peut être acquittée soit en espèces, soit en journées de travail, selon un tarif homologué par l'administrateur.

Les amendes sont infligées par le mpiadidy d'accord avec les notables, soit d'office, soit sur la plainte d'un ou plusieurs membres du fokonolona. Il peut être fait appel de ces décisions devant l'administrateur. En cas d'appel injustifié, l'amende est doublée.

Les amendes sont inscrites sur un registre à souche tenu par les mpiadidy, et récépissé du paiement est donné à l'intéressé.

Le produit des amendes est distribué aux malheureux par le mpiadidy sous le contrôle des ray aman-dreny.

De la responsabilité collective des fokonolona

ART. 25. — Les membres du fokonolona peuvent être rendus collectivement et pécuniairement responsables, par l'administrateur chef de province, lorsque les véritables coupables ne peuvent être découverts, des crimes, délits et des infractions, négligence ou mauvaise volonté constatés dans l'exécution des obligations qui leur incombent et qui sont déterminés par le présent décret.

Dans ce cas, l'administrateur chef de la province peut infliger administrativement au fokonolona, sous réserve de l'approbation du Gouverneur Général, une amende collective qui ne pourra excéder une somme calculée à raison de 5 francs par membre du fokonolona, perçue au profit du budget local.

En cas de non-paiement, la contrainte par corps sera exercée, soit contre les récalcitrants si ceux-ci sont la minorité, soit contre les ray aman-dreny du fokonolona.

DISPOSITIONS DIVERSES

ART. 26. — Dans les centres urbains ou érigés en communes, le Gouverneur Général peut, par voie d'arrêtés, restreindre les obligations, attributions, droits et prérogatives des fokonolona.

ART. 27. — L'institution des tompon-jato et des tompon' arivo (chefs de cent et de mille) est supprimée.

EMILE LOUBET.

Circ. G. 24 septembre 1902 au sujet de l'erreur qui s'est glissée à l'article 23 de la traduction officielle du Code de 1881.

J'ai l'honneur de vous adresser ci-joint une ampliation d'un erratum paru au *Journal Officiel* du 27 septembre dernier, rectifiant une erreur matérielle qui s'est glissée dans l'article 23 de la nouvelle édition du Code des 305 articles, dont la traduction a été rendue officielle par arrêté du 1er décembre 1900. Le texte indiqué doit en effet être modifié ainsi qu'il suit :

Art. 23. — *Au lieu de :*

Le vol au marché dit « mandidy lamba » sera puni de *dix ans de fers.*

Il faut lire :

Le vol au marché dit « mandidy lamba » sera puni de *six mois de fers.*

Vous voudrez bien annexer le présent erratum à l'exemplaire du recueil des lois malgaches de 1881 que vous possédez dans vos archives et corriger l'erreur signalée sur la page même de l'original.

LEPREUX.

Décret du 25 septembre 1902 relatif au domaine public à Madagascar (*V. le texte au C. 383*).

Décret du 15 octobre 1902 fixant les langues dans lesquelles doivent être tenus les livres de commerce à Madagascar (*V. le texte au C. 773*).

Circ. G. 5 décembre 1902 au sujet de l'application devant les tribunaux indigènes du Code pénal français en matière de vols de bœufs.

L'examen des jugements prononcés par les administrateurs ou commandants de cercle en matière indigène m'a permis de constater que les vols de bœufs prenaient depuis quelque temps des proportions véritablement inquiétantes. Appelés à juger dans les provinces d'élevage ce délit si grave qui donne lieu à des associations de malfaiteurs pour l'écoulement des produits du vol, quelques administrateurs se sont très justement préoccupés de la nécessité d'en enrayer les progrès et, constatant que, dans les circonstances actuelles, l'article 27 du Code des 305 articles manquait de sévérité, ils m'ont demandé s'il ne serait pas possible de faire application aux inculpés des articles 379 et suivants du Code pénal.

J'ai l'honneur de vous faire connaître que, d'accord avec M. le Procureur Général, j'estime que les administrateurs ou fonctionnaires investis de pouvoirs judiciaires peuvent indifféremment appliquer, en matière de vols de bœufs, soit l'article 26 du Code pénal, qui réprime les vols de bétail dans les champs, ou toute autre disposition du Code français, suivant les circonstances qui entourent le vol.

Il vous appartiendra donc de choisir entre les dispositions de ces différents textes celle dont l'application vous paraîtra la plus efficace et la plus appropriée aux cas qui vous seront soumis. Vous devrez, en toute circonstance, vous inspirer de cette considération que les vols de bœufs, dans un pays d'élevage comme Madagascar, constituent un danger d'ordre public et qu'il importe, à ce titre, d'appliquer aux coupables toutes les rigueurs de la loi.

GALLIENI.

ANNÉE 1903

Instructions du 5 mai 1903 au sujet des mesures à prendre en cas de maladies pestilentielles. — Logements insalubres (*V. le texte au C. 1041*).

Décret du 6 mai 1903 réglementant l'émigration indigène de Madagascar (*V. le texte au C. 464. — V. l'arrêté du 23 janvier 1907*).

Circ. du 20 juin 1903 au sujet de l'application du décret du 6 mai 1903 (*V. le texte au C. 460*).

ANNÉE 1904

Décret du 4 février 1904 relatif à la protection de la santé publique (*V. le texte au C. 1067*)

Décret du 7 mars 1904 portant règlement de la médecine indigène et de l'exercice de la profession de sage-femme indigène à Madagascar (*V. le texte au C. 884*).

Décret du 7 mars 1904 sur l'exercice de la pharmacie à Madagascar (*Certaines dispositions de ce décret intéressent l'exercice de la médecine indigène. — V. le texte au C. 887*).

Circ. G. 20 avril 1904 au sujet de la libération conditionnelle.

J'ai été frappé de la facilité avec laquelle la libération conditionnelle était accordée. Il a été fait une application si fréquente des dispositions bienveillantes de la loi du 14 août 1885, que les indigènes ont été amenés à croire que la mise en liberté conditionnelle constituait pour eux un droit acquis et qu'en fait, ils n'étaient astreints à subir que la moitié de la peine à laquelle ils ont été condamnés.

Cet état de choses est des plus préjudiciables à l'autorité qui doit s'attacher, dans l'esprit des indigènes, aux décisions rendues par les différentes juridictions de la Colonie.

En outre, j'estime qu'en présence de la recrudescence croissante de la criminalité, l'œuvre de répression, sous peine d'être inefficace, ne doit recevoir, en principe, aucun tempérament. Il ne faut pas perdre de vue, en effet, que les caractères généraux des mesures de clémence échappent, en général, à la compréhension des Malgaches, qui n'y voient de notre part qu'un acte de faiblesse.

Il importe d'apporter la plus grande circonspection dans l'application de la loi du 14 août 1885. La libération conditionnelle ne devra être accordée qu'à titre tout à fait exceptionnel : ne pourront, en principe, en bénéficier que les condamnés qui,

par leur conduite et par leur travail, se seront rendus vraiment
dignes de cette faveur et dont le délit, d'autre part, ne compor-
terait pas une répression exemplaire dans l'intérêt de l'ordre
public. Les décisions soumises à mon approbation devront donc
énoncer sommairement les motifs de la condamnation ; et, d'ores
et déjà, je dois vous faire connaître que je refuserai toujours
mon assentiment à l'élargissement des auteurs de certains délits
tels que : vols de bœufs, tontakely, détournement ou vol au
préjudice de l'Etat, de la Colonie, etc.

GALLIENI.

Instructions du 14 juin 1904 sur l'organisation et l'administration du pays sakalava. (V. *le texte au C. 940*).

AG. 15 juin 1904 fixant les attributions des fonctionnaires
de l'administration française et de l'administration
indigène dans les provinces de l'Imerina centrale, de
l'Imerina du Nord, de l'Angavo-Mangoro, du Vakinankaratra et de l'Itasy (1).

TITRE Iᵉʳ

Dispositions générales

CHAPITRE Iᵉʳ

Art. 1ᵉʳ. — L'administration territoriale française est
constituée par des provinces.
Chaque province se subdivise en districts.
Certains districts peuvent posséder des postes administratifs
et des postes de surveillance.

TITRE II

Fonctionnaires de l'administration française

CHAPITRE II

CHEF DE LA PROVINCE

Art. 2. — Le chef de la province assure l'administration
et la justice dans sa circonscription, conformément aux
règlements généraux en vigueur et aux instructions spéciales
du Gouverneur Général.
Il choisit les chefs de district, de poste administratif et de
poste de surveillance, parmi les fonctionnaires et agents mis à
sa disposition. Ses décisions portant nomination à ces fonctions
sont soumises à l'approbation du Gouverneur Général.
Art. 3. — Il est responsable, devant le Gouverneur Général,
de l'ordre public, de la sécurité générale des personnes et des
biens et du fonctionnement de tous les services relevant de son
autorité dans la province.

---

(1) Ces provinces sont actuellement les provinces de Tananarive, du
Vakinankaratra (Antsirabe), de l'Itasy (Miarinarivo) et le district autonome
d'Ankazobe.

Art. 4. — Tout en assurant avec zèle et dévouement la gestion des affaires locales, il ne doit pas perdre de vue 'les intérêts généraux de la Colonie engagés dans sa circonscription.

Art. 5. — Le chef de la province est, à la fois, le représentant direct du Gouverneur Général vis-à-vis de la population malgache et le mandataire des indigènes auprès de l'administration centrale de la Colonie.

Art. 6. — Il lui est exclusivement réservé de traiter, avec l'aide de ses chefs de district, et suivant les instructions qu'il leur donne, les affaires intéressant la colonisation et celles dans lesquelles des Européens ou assimilés, des Asiatiques et Africains d'une part, et des Malgaches d'autre part, ont des intérêts communs. Il lui est expressément prescrit de donner tous ses soins à la prompte solution des questions qui, dans cet ordre de faits, motivent son intervention.

Art. 7. — Il veille à ce que les chefs de district se servent, autant que possible, pour l'administration de la population indigène, des fonctionnaires indigènes.

Art. 8. — Il s'assure que la population indigène a toute liberté pour faire entendre ses desiderata ou ses doléances, tant directement que par l'intermédiaire de ses chefs et représentants naturels.

Art. 9. — Il se préoccupe tout particulièrement de tout ce qui peut améliorer la situation matérielle, l'état intellectuel et moral des indigènes et contribuer au progrès général de sa circonscription, tant par l'initiative des indigènes que par celle des colons : travaux d'intérêt communal, provincial ou général ; main-d'œuvre pour les entreprises agricoles, commerciales ou industrielles ; enseignement, assistance médicale ; entreprises à créer ; état et développement des cultures, de l'élevage, de l'industrie, etc.

Art. 10. — Il veille au recouvrement régulier des impôts et il en étudie la répercussion sur la situation politique et économique ; il assure autant que possible le recouvrement de la taxe personnelle dans le courant du premier semestre ; il détermine les conditions et les époques de perception, de façon à tenir compte des ressources des diverses catégories de contribuables et à éviter toute mesure susceptible d'aggraver, pour les populations, leurs obligations fiscales, sans occasionner toutefois de moins-values budgétaires.

Art. 11. — Il assure aux indigènes une bonne et prompte justice, tant par lui-même que par ses chefs de district.

Art. 12. — Il contrôle également la répartition des services personnels imposés aux indigènes par les fokonolona pour les travaux des fokontany. Il s'assure qu'aucun travail de quelque importance prévu par le décret sus-visé du 9 mars 1902 n'est entrepris sans son autorisation.

Art. 13. — Il veille à l'exact accomplissement, par les fonctionnaires européens et par les agents indigènes, des devoirs qui leur incombent. Il doit, notamment, dans ce but, effectuer de fréquentes tournées, de façon à visiter, une fois par an au moins, chaque gouvernement madinika de sa province.

Art. 14. — Il centralise tous les rapports et statistiques émanant des chefs de district et des gouverneurs principaux pour l'établissement des rapports et statistiques à présenter au Gouvernement Général.

ART. 15. — Il adresse au Gouverneur Général, trimestriellement, un rapport sur la situation financière, dont une copie est directement envoyée au directeur du contrôle et, semestriellement, un rapport d'ensemble sur la situation politique, administrative, financière et économique de la province. Les questions importantes doivent faire l'objet de rapports spéciaux.

ART. 16. — Il observe la conduite, la moralité et les relations des fonctionnaires indigènes placés sous ses ordres. Il veille à la tenue exacte des contrôles du personnel par subdivisions et tient lui-même ces contrôles pour l'ensemble de sa province.

CHAPITRE III

CHEF DE DISTRICT

ART. 17. — Le chef de district assure l'administration et rend la justice dans sa circonscription, conformément aux règlements généraux en vigueur et aux instructions spéciales du chef de la province.

ART. 18. — Il est responsable, devant le chef de la province, de l'ordre public et de la sécurité générale des personnes et des biens dans son district.

ART. 19. — Il a seul, sous la direction et suivant les instructions du chef de la province, à l'exclusion des fonctionnaires indigènes, des relations de service avec les non indigènes.

ART. 20. — Il se sert, pour l'administration de la population malgache, des fonctionnaires indigènes qu'il dirige, conseille et contrôle. A ce titre, il se préoccupe tout particulièrement de l'état d'esprit de la population, du maintien du bon ordre et de la sécurité des personnes et des biens ; du bon fonctionnement de l'assistance médicale et des hôpitaux ; de l'hygiène publique et de l'état sanitaire de la population ; de la situation des cultures et du bétail, et, en général, de l'état économique de son district ; de l'enseignement ; du recouvrement des impôts ; de l'exécution des travaux incombant aux fokonolona par application du décret du 9 mars 1902 et présentant un caractère communal ou intercommunal.

ART. 21. — En ce qui concerne spécialement les impôts, il s'efforce d'en déterminer la répercussion sur la situation politique et économique, les mesures susceptibles d'en alléger le poids sans occasionner de moins-values budgétaires, et, dans cet ordre d'idées, les conditions et époques de recouvrement les plus favorables.

ART. 22. — Il vérifie les quittanciers à souche des gouverneurs madinika et gouverneurs ; il opère, le plus souvent possible, des rapprochements entre les quittanciers d'une part, et, d'autre part, les rôles, ainsi que les quittances dont sont détenteurs les contribuables.

ART. 23. — Il doit, autant que possible, assister aux assemblées périodiques que tiennent les autorités indigènes et il convoque, au moins une fois par trimestre, le conseil des notables du district, lequel est formé de six à neuf membres appartenant aux divers gouvernements et désignés par décision du chef de la province.

Il prend l'avis de ce conseil et s'enquiert auprès de lui sur toutes les questions intéressant la situation matérielle et morale de la population indigène ; il établit le procès-verbal sommaire de ces réunions et en rend compte au chef de la province.

Il est également tenu d'assister, chaque fois qu'il le peut, aux élections des mpiadidy et mpikarakara.

Art. 24. — Le chef de district assure aux indigènes une bonne et prompte justice, et tient, à cet effet, aux lieux et dates fixés par le chef de la province, les audiences ordinaires et foraines du tribunal du 1er degré.

Art. 25. — Le chef de district se tient en contact avec la population indigène. Il s'applique à se bien faire connaître d'elle et à être accessible à tous, en tout temps, de façon que chacun puisse, librement et avec confiance, lui présenter ses desiderata et ses doléances. A cet effet, il est tenu de faire de fréquentes tournées et de visiter au moins trois fois par an les diverses parties de son district.

Art. 26. — Il s'efforce de développer à la fois l'esprit d'union des communautés indigènes ; il évite, autant que possible, d'intervenir directement dans l'administration intérieure des fokontany. Il doit, toutefois, s'assurer de l'équitable répartition des services personnels imposés par le fokonolona à ses membres pour l'exécution des diverses obligations incombant aux communautés indigènes : police du fokonolona, gardes de nuit ; réquisitions soit pour le service de la justice, soit en cas d'accidents ou d'événements calamiteux ; conservation et réparation des chemins, sentiers, digues ; plantations d'arbres et mûraies du fokontany ; construction et entretien des immeubles bâtis du fokonolona (maison d'école, maison des passagers, bureau du mpiadidy, magnanerie, lieu de réunion).

Art. 27. — Il s'assure qu'aucun travail de quelque importance prévu par le décret du 9 mars 1902 n'est entrepris sans l'autorisation du chef de la province.

Art. 28. — Il cote et paraphe les registres tenus par les gouverneurs principaux ; il s'assure que les registres tenus par les gouverneurs et les gouverneurs madinika et les carnets à souches délivrés ont été cotés et paraphés ou numérotés, suivant le cas, par le gouverneur principal.

Il y appose son visa.

Il vérifie les rôles, registres, carnets, statistiques et tous documents, états ou pièces, que doivent tenir et produire les fonctionnaires indigènes. Il centralise les rapports et documents émanant de ces derniers et les transmet, avec ses observations, au chef de la province.

Art. 29. — Il établit trimestriellement, pour le chef de province, un rapport sur la situation politique, administrative, financière et économique de son district. Ce rapport doit être rédigé dans une forme concise et constituer un exposé clair et précis des faits survenus et des constatations effectuées dans la circonscription au cours du trimestre.

Art. 30. — Il observe la conduite, la moralité et les relations des fonctionnaires indigènes de son district. Il veille à ce que le contrôle de ce personnel soit exactement tenu dans chaque gouvernement principal et gouvernement ; il le tient lui-même pour l'ensemble de son district.

CHAPITRE IV

CHEF DE POSTE ADMINISTRATIF

ART. 31. -- Le chef de poste administratif représente le chef du district dans les régions où la surveillance de ce dernier ne peut s'exercer d'une façon constante ; il est à la fois un agent d'information, de contrôle et d'exécution, mais ne dispose d'aucun pouvoir judiciaire.

ART. 32. — Il assure la police du territoire et se conforme, à cet égard, aux règlements généraux et aux instructions spéciales de ses chefs. Il est tenu de faire des tournées fréquentes dans la région relevant de son poste, et, au cours de ses tournées, de s'assurer notamment de la bonne tenue des villages, de recueillir tous les renseignements possibles, de rendre compte au chef du district de ses constatations, ainsi que de tous les faits contraires à l'ordre public, à l'équité, aux règlements en vigueur, aux légitimes intérêts des populations. Il établit sur un registre *ad hoc* le compte rendu journalier succinct de l'exécution de son service.

CHAPITRE V

CHEF DE POSTE DE SURVEILLANCE

ART. 33. — Le chef de poste de surveillance est un agent de renseignements et de surveillance. Il lui est interdit, sauf le cas de force majeure ne lui permettant pas d'en référer au chef de district, de donner des ordres aux fonctionnaires indigènes.

TITRE III

Fonctionnaires de l'administration indigène

CHAPITRE VI

GOUVERNEUR MADINIKA

ART. 34. — Le gouverneur madinika est le chef du faritany, lequel comprend plusieurs fokontany.

ART. 35. — Il relève du gouverneur, à qui il doit signaler toutes les affaires dont la solution excède ses pouvoirs ou ne rentre pas dans ses attributions.

ART. 36. — Il est responsable devant le gouverneur du bon fonctionnement du service dans son faritany.

ART. 37. — Ses attributions se classent sous les rubriques suivantes :

I.   — Attributions extra-administratives ;
II. — Attributions administratives proprement dites ;
III. — Attributions financières ;
IV. — Attributions de police et de sûreté ;
V.   -- Attributions économiques.

§ 1er. — Attributions extra-administratives

ART. 38. -- *1° Etablissement des actes de l'état civil.* — Le gouverneur madinika dresse et enregistre les actes de l'état civil indigène. Il tient, à cet effet, en double exemplaire, les registres conformes aux modèles N°s 1, 2, 3, 4. Ces registres lui sont délivrés par le gouverneur principal, qui les cote et les paraphe. Ils sont vérifiés, arrêtés et clos en fin d'année par le gouverneur principal et le chef du district : un exemplaire est déposé aux archives du gouverneur principal, l'autre est conservé dans celles du gouverneur madinika.

Art. 39. — *2° Administration de la curatelle aux successions et biens vacants.* — Le gouverneur madinika est tenu de signaler au gouverneur, dès qu'elles se produisent, les successions vacantes. Il exécute les ordres qui lui sont donnés par le gouverneur, en vue de la recherche des héritiers et de l'établissement de l'inventaire de l'actif et du passif de la succession. Il veille à la conservation et, le cas échéant, à l'exploitation des biens immobiliers, dans les conditions qui lui sont indiquées par le gouverneur.

Art. 40. — *3° Admininistration des biens fonciers domaniaux.* — Le gouverneur madinika remplit, pour l'administration des biens domaniaux, le même rôle que pour celle des successions et biens vacants.

Art. 41. — *4° Enregistrement des décisions arbitrales des fokonolona.* — Le registre de ces décisions, tenu en double exemplaire, conformément au modèle N° 5, coté et paraphé, arrêté et clos par le gouverneur principal, est déposé, après clôture, aux archives du gouvernement madinika et du gouverment principal (1).

Art. 42. — Il fournit au gouverneur tous les renseignements nécessaires pour que celui-ci puisse établir le contrôle nominatif des anciens militaires et anciens miliciens.

§ 2. — *Attributions administratives proprement dites*

Art. 43 — *1° Voirie communale.* — Le gouverneur madinika veille à l'exécution des travaux qui incombent aux fokonolona ; conservation et bon entretien des chemins et sentiers des fokontany ; plantation d'arbres sur les voies de communication qui traversent le fokontany ; sûreté et commodité du passage dans les rues et ruelles ; enlèvement de tout ce qui, du fait des indigènes, peut encombrer la voie publique ; nettoiement des rues, ruelles, cours et marchés, fossés et caniveaux (Art. 13 du décret du 9 mars 1902).

Art. 44. — *2° Travaux publics communaux.* — Il s'assure que les fokonolona s'acquittent, dans de bonnes conditions, des travaux dont ils sont chargés pour la construction, la conservation des digues et des canaux d'irrigation des rizières, l'entretien et l'aménagement des prises d'eau et fontaines publiques. Il veille également à ce que les édifices communaux construits volontairement par le fokonolona, dans les conditions prévues par l'article 17 du décret du 9 mars 1902, soient maintenus en bon état d'entretien et ne soient pas détournés de leur destination.

Aucun travail de quelque importance, concernant soit la voirie communale, soit les travaux publics communaux, prévus par le décret sus-visé du 9 mars 1902, ne peut être entrepris sans l'autorisation du chef de la province.

---

(1) V. la note mise sous l'article 12 du décret du 9 mars 1902.

Lorsqu'il lui paraît utile d'entreprendre certains travaux intéressant plusieurs fokontany de son faritany, le gouverneur madinika provoque l'entente des villages intéressés, conformément aux instructions de 1878, en rend compte au gouverneur et, si le projet est approuvé, dirige l'exécution des travaux.

ART. 45. — *3° Services personnels des membres des fokonolona.* — Le gouverneur madinika veille à l'équitable répartition des services personnels imposés par le fokonolona à ses membres pour travaux divers, garde de nuit, réquisitions, etc. Il rend compte au gouverneur des exigences injustifiées ou des abus de pouvoir commis à ce titre par les mpiadidy, mpikarakara ou ray aman-dreny du fokonolona.

ART. 46. — *4° Salubrité, hygiène et assistance publiques.* — Le gouverneur madinika s'assure que les fokonolona et les mpiadidy s'acquittent des obligations qui leur sont imposées par le décret du 9 mars 1902, en matière de salubrité, d'hygiène et d'assistance publiques ; il rend compte au gouverneur immédiatement, si les circonstances l'exigent, et à l'occasion des assemblées périodiques en tout autre cas, des négligences ou infractions commises à ce titre par les communautés des villages ou leurs agents.

Lorsqu'il en est informé par le bruit public ou de toute autre façon, il doit immédiatement prendre l'initiative de faire les enquêtes nécessaires sur les faits et événements de nature à compromettre l'hygiène et la santé publiques, tels que maladies contagieuses, épidémies, cas de lèpre, etc. ; il en rend compte immédiatement au gouverneur.

Il veille aussi à ce que les enfants soient présentés, en temps utile, à la vaccination ou à la revaccination, et il mentionne sur le registre de ses rapports périodiques les résultats obtenus à cet égard.

ART. 47. — *5° Enseignement.* — Le gouverneur madinika fournit au gouverneur tous les renseignements utiles pour la tenue des statistiques des écoles (fréquentation, personnel enseignant).

ART. 48. — *6° Recensement et élection des mpiadidy et mpikarakara.* — Le gouverneur madinika s'assure que le recensement des membres des fokonolona prescrit par le décret du 9 mars 1902 (art. 5) est tenu à jour par les mpiadidy.

Il dirige dans le faritany les opérations de recensement prescrites par l'autorité supérieure. Il tient à jour la liste nominative des habitants du faritany, conformément au modèle annexé (N° 6), et adresse en fin d'année au gouverneur, d'après cette liste, le recensement de la population de sa circonscription.

Sans intervenir dans les élections des mpiadidy et des mpikarakara, le gouverneur madinika doit, autant que possible, assister à ces opérations et s'assurer qu'elles se font régulièrement (art. 6 du décret du 9 mars 1902) ; il en rend compte au gouverneur.

. . . .
. . . .

§ 4. — *Attributions de police et de sûreté*

ART. 57. — Il surveille les indigènes astreints à la résidence fixe par mesure de sûreté générale, qui habitent dans son faritany.

Art. 58. — Le gouverneur madinika veille à ce que les fokonolona s'acquittent exactement et régulièrement des obligations qui leur sont imposées en matière de police générale et de police rurale par le décret du 9 mars 1902 (art. 10 et 11) en ce qui concerne notamment les troubles apportés à la sécurité et à l'ordre publics, la recherche des crimes et délits.

Il veille à ce que les armes et munitions remises aux fokonolona soient toujours maintenues en bon état d'entretien et de conservation.

Art. 59. — Il procède, en cas de crimes et de délits, à une instruction sommaire.

En cas d'arrestation opérée par les fokonolona par application du décret précité, soit spontanément, soit sur l'initiative du gouverneur madinika, ce dernier s'assure qu'il est pourvu à l'entretien et à la garde du prisonnier, pendant la durée de son incarcération, par les soins du fokonolona sur le territoire duquel l'arrestation a été opérée. Il est expressément prescrit au gouverneur madinika de faire conduire le prisonnier au gouverneur dans les vingt-quatre heures qui suivent l'arrestation.

Art. 60. — En cas d'accidents, incendies, inondations, ruptures de digues, etc., et d'événements calamiteux ou d'accidents susceptibles de troubler l'ordre général ou la sécurité, le gouverneur madinika prévient immédiatement son gouverneur et les gouverneurs madinika voisins ; il se concerte avec eux sur les mesures à prendre sans délai pour y remédier, dans les cas d'urgence extrême.

. . . .
. . . .

CHAPITRE V

GOUVERNEUR

Art. 66. — Le gouverneur est le chef de l'administration indigène dans sa circonscription.

Art. 67. — Il relève directement du gouverneur principal, à qui il doit signaler tous les faits et événements importants qui surviennent dans son gouvernement, toutes les questions dont la solution excède ses pouvoirs ou ne rentre pas dans ses attributions.

Art. 68. — Il est responsable, devant le gouverneur principal et le chef du district, du bon fonctionnement du service, du maintien du bon ordre, de la sécurité des personnes et des biens dans son gouvernement.

Art. 69. — Ses attributions se classent sous les rubriques suivantes :

I. — Attributions extra-administratives.
II. — Attributions administratives proprement dites.
III. — Attributions financières.
IV. — Attributions de police et de sûreté.
V. — Attributions économiques.

§ 1er. — Attributions extra-administratives

Art. 70. — 1° *Enregistrement des actes et contrats.* — Le gouverneur rédige les actes et contrats, à la requête des parties, lorsque celles-ci ne savent le faire et que des indigènes seuls sont en cause. Tous les actes et contrats entre indigènes doivent être enregistrés par ses soins. Il tient, à cet effet, des registres en double exemplaire, conformes aux modèles Nos 23 et 24. Ces registres sont cotés et paraphés par le gouverneur principal et, après clôture, déposés aux archives du gouvernement principal et du gouvernement.

Art. 71. — *2° Administration de la curatelle aux successions et biens vacants.* — Le gouverneur reçoit du gouverneur madinika l'indication des successions vacantes, dès qu'elles se produisent. Il procède, conformément à la coutume, aux enquêtes nécessaires pour déterminer la vacance ou la déshérence.

Il procède à l'inventaire des biens meubles et immeubles et le soumet au gouverneur principal ; il procède, le cas échéant, à la vente aux enchères des dits biens, à la date fixée par ce dernier ; s'il y a lieu, il veille à la conservation et à l'exploitation des biens immobiliers vacants, conformément aux instructions qui lui sont données par le gouverneur principal.

Art. 72. — *3° Administration des biens fonciers domaniaux.* — Le gouverneur se préoccupe de rechercher les biens fonciers domaniaux, de veiller à leur conservation et d'en obtenir un juste revenu. Il soumet, à ce sujet, ses propositions au gouverneur principal et assure l'exécution des ordres qui lui sont donnés par ce dernier pour l'exploitation ou la bonne utilisation des dits biens.

Il tient, pour son gouvernement, le contrôle des biens domaniaux (modèle N° 25).

Art. 73. — 4° Il tient le contrôle des indigènes anciens militaires et anciens miliciens ou agents de la garde régionale susceptibles d'être armés comme partisans en cas de mobilisation (modèle N° 26).

§ 2. — Attributions administratives proprement dites

Art. 74. — Le gouverneur dirige, surveille et contrôle l'administration et les actes des gouverneurs madinika et fokonolona de son gouvernement. Son attention se porte particulièrement sur les points suivants :

Art. 75. — *1° État d'esprit de la population et relations des communautés indigènes avec leurs mpiadidy et gouverneurs madinika.* — Le gouverneur observe l'état d'esprit de la population ; il s'efforce, en toutes circonstances, de faire comprendre à ses administrés l'utilité et l'avantage des institutions établies ; il veille à ce que les mpiadidy et les gouverneurs madinika traitent la population avec bienveillance et justice. Sans intervenir, autant que possible, directement dans les affaires intérieures du fokonolona, il veille à ce qu'il ne s'y commette ni vexations ni abus de pouvoir à l'encontre de certains membres de la communauté.

Art. 76. — *2° Travaux publics.* — Le gouverneur contrôle les conditions d'exécution des travaux incombant aux fokonolona. Il prend l'initiative des projets de travaux d'intérêt public concernant son gouvernement, tels que construction de digues, de canaux d'irrigation, de chemins et sentiers, dessèchement de marais, création de mûraies et de magnaneries de fokonolona, etc. Il soumet au gouverneur principal ses propositions, tant sur l'utilité de ces travaux que sur les voies et moyens d'exécution.

Il tient le contrôle des immeubles bâtis des fokonolona (modèle N° 27).

Il veille au bon entretien des marchés et signale au gouverneur principal les améliorations à effectuer pour assurer le bon fonctionnement de ces établissements.

Aucun travail de quelque importance, prévu par le décret du 9 mars 1902, ne peut être entrepris sans l'autorisation du chef de la province.

ART. 77. — *3° Salubrité, hygiène et assistance publiques.* — Le gouverneur contrôle le service des consultations gratuites et des vaccinations et revaccinations. Il s'assure que ses subordonnés s'acquittent des obligations qui leur incombent pour la salubrité et l'hygiène publiques, l'entretien des indigents. Il leur prescrit, le cas échéant, les mesures qu'ils auraient omis ou négligé de prendre.

ART. 78. — *4° Enseignement.* — Il observe le fonctionnement des écoles officielles et s'efforce d'encourager la population indigène à les fréquenter. Il signale, le cas échéant, au gouverneur principal les besoins de ces établissements et lui soumet ses propositions sur les mesures à prendre pour y satisfaire (matériel, entretien, réparations, etc.).

ART. 79 — *5° Recensement.* — *Élections.* — Il dirige, dans son gouvernement, les opérations de recensement prescrites par l'autorité supérieure et établit, en fin d'année, l'état de ce recensement, qu'il adresse au gouverneur principal.

Il veille à ce que les élections des mpiadidy et mpikarakara s'effectuent régulièrement et, à cet effet, il assiste, autant que possible, à ces opérations.

....
....

§ 4. — *Attributions de police et de sûreté*

ART. 85. — Le gouverneur rend compte immédiatement au gouverneur principal des faits troublant la tranquillité et l'ordre publics, la sécurité des personnes ou des biens, ou susceptibles d'y porter atteinte dans sa circonscription.

ART. 86. — ....
....

ART. 87. — Il tient, le cas échéant, le contrôle (modèle n° 40) des indigènes astreints à la résidence fixe par mesure de sûreté générale.

ART. 88. — Il prend, le cas échéant, l'initiative de la recherche des crimes et délits et il continue les instructions commencées par les gouverneurs madinika.

ART. 89. — Il prend, en cas d'urgence, sous sa responsabilité et sous réserve d'approbation ultérieure, qu'il doit immédiatement solliciter, les mesures qu'il juge indispensables pour le maintien ou le rétablissement de la tranquillité et de l'ordre publics.

ART. 90. — En cas de contraventions relevées à l'encontre d'indigènes engagés au service d'Européens, il rend compte d'urgence au gouverneur principal, en lui faisant connaître les

nom, profession, domicile ou résidence et engagiste du
délinquant et l'objet de la contravention.

ART. 91. — En cas d'arrestation faite sur son initiative, ou
lorsque les prisonniers lui sont remis par les gouverneurs
madinika ou les fokonolona, il les fait conduire au gouverneur
principal dans les quarante-huit heures qui suivent l'arrestation
ou la remise.

ART. 92. — Il inspecte les armes à feu et munitions remises
aux fokonolona pour la garde des villages et il en tient le
contrôle (modèle Nᵒ 41).

ART. 93. — En cas d'accidents ou d'événements calamiteux,
le gouverneur prévient immédiatement son gouverneur principal
et les gouverneurs voisins. Il se concerte avec ces derniers sur
les mesures conservatoires à prendre sans délai pour y remédier
dans les cas d'urgence extrême.

....
....

GOUVERNEUR PRINCIPAL

ART. 104. — Le gouverneur principal est le chef de l'administration indigène dans sa circonscription.

ART. 105. — Il est placé sous la direction et le contrôle du
chef du district, à qui il doit signaler tous les faits importants,
toutes les questions dont la solution excède ses pouvoirs ou ne
rentre pas dans ses attributions.

ART. 106. — Il est responsable, devant le chef du district et
le chef de la province, du bon fonctionnement du service, du
maintien du bon ordre, de la sécurité des personnes et des biens
dans son gouvernement principal.

ART. 107. — Le gouverneur chargé de l'administration du
gouvernement du chef-lieu du gouvernement principal peut être
adjoint au gouverneur principal pour l'assister ou le suppléer en
cas d'absence ou d'empêchement.

Toutefois, lorsque le nombre et l'importance des affaires
l'exigent, un fonctionnaire indigène peut être spécialement
désigné, par décision du chef de la province approuvée par le
Chef de la Colonie, pour remplir les fonctions d'adjoint au
gouverneur principal.

ART. 108. — Les attributions du gouverneur principal
se classent sous les rubriques suivantes :

I. — Attributions extra-administratives.
II. — Attributions administratives proprement dites.
III. — Attributions financières.
IV. — Attributions de police et de sûreté.
V. — Attributions économiques.

§ 1ᵉʳ. — Attributions extra-administratives

ART. 109. — 1ᵒ *Administration de la curatelle aux successions et biens vacants.* — Le gouverneur principal reçoit du
gouverneur les dossiers des enquêtes et des inventaires des
successions et biens réputés vacants ou en déshérence. Il
détermine, suivant la nature de ces biens, les conditions
d'emploi ou d'exploitation et il soumet ses propositions, à cet

effet, au chef de la province, par l'intermédiaire du chef du district. Il veille à ce que les fonds provenant de l'aliénation des meubles ou de l'exploitation des immeubles soient régulièrement versés par les gouverneurs.

ART. 110. — *2° Administration des biens fonciers domaniaux*. — Le gouverneur principal soumet au chef de la province, par l'intermédiaire du chef du district, ses propositions relativement à la mise en valeur et à l'exploitation des biens fonciers domaniaux ; il donne, à cet effet, des instructions au gouverneur et en contrôle l'exécution. Il signale, le cas échéant, au chef du district les conditions et circonstances dans lesquelles le revenu de ces biens doit être réalisé. Il veille à ce que les perceptions faites à ce titre par les gouverneurs soient comprises dans le versement qui suit la recette.

Il tient le contrôle des dits biens domaniaux (modèle N° 54). Il s'assure que le contrôle des immeubles bâtis des fokonolona est régulièrement tenu dans chaque gouvernement.

ART. 111. — *3°* Il tient le contrôle des indigènes anciens militaires et anciens miliciens ou agents de la garde régionale susceptibles d'être armés en cas de mobilisation (modèle N° 55).

§ 2. — *Attributions administratives proprement dites*

ART. 112. — Le gouverneur principal exerce, pour sa circonscription, les mêmes attributions que le gouverneur pour son gouvernement. Il recherche tous les moyens d'améliorer l'état moral et la situation matérielle de la population et d'accroître son attachement aux institutions établies ; il soumet ses vues, à cet effet, au chef du district.

....

....

§ 4. — *Attributions de police et de sûreté*

ART. 120. — Le gouverneur principal rend compte immédiatement au chef du district de tous les faits troublant la tranquillité ou l'ordre public, la sécurité des personnes ou des biens ou susceptibles d'y porter atteinte dans sa circonscription. Il se préoccupe, à cet effet, d'être exactement renseigné sur les événements survenant et les bruits en circulation dans la population indigène.

ART. 121. — ....

....

ART. 122. — Il tient, le cas échéant, le contrôle (modèle N° 59) des indigènes assujettis à la résidence fixe par mesure de sûreté générale.

ART. 123. — Il prend, le cas échéant, l'initiative de la recherche des crimes et délits et il continue les instructions ouvertes par les gouverneurs madinika et les gouverneurs.

ART. 124. — Il prend, en cas d'urgence, sous sa responsabilité et sous réserve d'approbation ultérieure, qu'il doit immédiatement solliciter, les mesures qu'il juge indispensables pour le maintien ou le rétablissement de la sécurité ou de l'ordre public.

ART. 125. — En cas de contravention relevée à l'encontre d'indigènes engagés au service d'Européens, il rend compte d'urgence au chef du district, en lui faisant parvenir tous les renseignements qui lui sont fournis par les gouverneurs ou qu'il a lui-même recueillis sur les nom, profession, domicile ou résidence et engagiste du délinquant et l'objet de la contravention.

Art. 126. — En cas d'arrestation faite sur son initiative ou lorsque les prisonniers lui sont remis par les autres autorités indigènes, il les fait conduire au chef du district dans les quarante-huit heures qui suivent l'arrestation ou la remise.

Art. 127. – Il inspecte les armes à feu et munitions remises aux fokonolona pour la garde des villages et il en tient le contrôle (modèle N° 60).

Art. 128. — En cas d'accidents ou d'événements calamiteux, le gouverneur principal prévient immédiatement le chef du district. Dans les cas d'urgence extrême, il prend ou prescrit, de son initiative propre, en attendant des instructions, les mesures conservatoires susceptibles d'y remédier.

....
....

GALLIENI.

Décret du 3 juillet 1904 sur le régime des terres du domaine privé à Madagascar (*V. le texte au C. 382*).

Décret du 30 septembre 1904 donnant au Gouverneur Général de Madagascar et Dépendances pouvoir d'étendre à toutes les circonscriptions de Madagascar et Dépendances tout ou partie des dispositions du décret du 9 mars 1902 sur l'administration indigène à Madagascar.

Art. 1er. — Les dispositions du décret du 9 mars 1902, portant organisation de l'administration indigène en Imerina, pourront être étendues, en tout ou en partie, aux autres circonscriptions de la colonie de Madagascar et Dépendances, par arrêtés du Gouverneur Général pris en conseil d'administration et sous réserve de l'approbation du Ministre des colonies.

Art. 2. — Les arrêtés pris à cet effet fixeront dans quelles conditions les principes du décret du 9 mars 1902 seront adaptés aux diverses régions, en tenant compte de leur situation particulière, et détermineront, notamment, d'une part, les collectivités qui devront correspondre aux groupements indigènes représentés par le « Fokonolona » en Imerina, et, d'autre part, les étendues territoriales qui correspondront aux fokontany.

Emile LOUBET.

AG. 10 décembre 1904 sur l'obligation de l'enregistrement des actes et fixant les droits d'enregistrement et de timbre.

Tous les contrats et obligations entre indigènes, quelle que soit leur nature (1), tous les actes relatifs à l'état civil, ainsi

_____

(1) *V. l'article 138 de l'arrêté du 8 septembre 1909 sur la procédure en matière civile indigène.*

que les testaments, devront être déclarés aux chefs de circonscription indigène et inscrits sur leurs registres, à peine de nullité. Exception est faite pour les actes passés d'après la loi foncière sur l'immatriculation.

Chaque acte d'adoption ou de rejet ne pourra comprendre qu'un seul adoptant et adopté, un seul rejetant et rejeté.

Les contrats concernant l'état des propriétés devront être enregistrés dans la circonscription où sont situés les biens.

Les prêts seront enregistrés au domicile de l'emprunteur (Art. 17 des Instructions aux gouverneurs madinika de 1889).

Les annulations de contrats et de ventes à l'amiable effectuées par les autorités indigènes, à défaut du remboursement du prix des ventes provisoires, seront inscrites sur le registre au simple droit fixe et à leur date ; mention de l'annulation ou de la vente définitive sera faite en regard du contrat primitif.

Le droit d'enregistrement des contrats sera dû solidairement par les parties contractantes, à moins de stipulation contraire dans le contrat.

Le chef de la circonscription indigène ne pourra, dans aucun cas, inscrire un contrat ou un acte sur son registre avant d'avoir reçu le montant des droits établis ci-après.

Les parties contractantes signeront sur le registre, ainsi que les témoins appelés au contrat ; de plus, si une partie est illettrée, deux témoins devront signer à sa place.

Un droit fixe de 1 fr. 50 sera dû pour toute inscription faite sur les registres du gouvernement, à l'exception des naissances, mariages et décès, qui seront enregistrés gratuitement.

Un droit proportionnel sera, en outre, perçu sur certains contrats, conformément au tarif ci-après :

DÉSIGNATION DES CONTRATS	DROIT PROPORTIONNEL
1° Vente de maisons ou de terrains à titre définitif ou à titre provisoire (sur le prix de vente)......................	5 0/0
2° Location de maisons ou de terrains (sur le prix des loyers)......................	5 0/0
3° Prêts d'argent avec ou sans intérêts (sur le montant du prêt)...................... Toutefois, en ce qui concerne les prêts à court terme ne dépassant pas six mois, ce droit sera réduit à 1 franc.	2 0/0

Il sera perçu un droit de timbre unique de 1 franc sur les copies de tous les actes inscrits sur les registres de l'enregistrement (1)..
....
Les copies d'actes non timbrées rendront le fonctionnaire qui

(1) V. l'arrêté du 8 septembre 1909 sur les frais en matière de justice. Aux termes de cet arrêté les copies des jugements et arrêts, autres que celles visées à l'article 33 du décret du 9 mai 1909, sont soumises au droit de timbre de 1 franc et à un droit supplémentaire fixé à l'article 15 (V. l'arrêté du 13 juin 1910).

les aura délivrées passible d'une amende de 5 francs pour chacune d'elles...

....
Le droit sera acquitté au moyen d'un timbre mobile apposé sur...... les copies d'actes par l'autorité qui les délivre. Ces timbres seront oblitérés par l'apposition à l'encre noire, en travers du timbre, de la signature du rédacteur du document, ainsi que de la date de l'oblitération ....

....

AG. 31 décembre 1904 portant organisation des fokonolona dans les circonscriptions administratives de la côte Est et du Nord de Madagascar.

CHAPITRE Ier

ORGANISATION DU VILLAGE ET DU FOKONOLONA

ART. 1er. — Au village, qui est l'unité de base administrative indigène, correspond le fokonolona.

Un village ne peut comprendre moins de vingt contribuables payant la taxe personnelle ; il peut être formé de plusieurs groupes de cases, chaque groupe comprenant au moins cinq cases. Les groupes doivent être suffisamment rapprochés les uns des autres pour être réellement solidaires, se prêter un mutuel appui en toutes circonstances et être efficacement sous la surveillance du chef de village.

Toutefois, des autorisations d'habiter isolément pourront être données, par le chef de la province ou ses délégués, pour des travaux de culture, de récolte de produits naturels ou pour l'élevage ; dans ce cas, les familles habitant isolément seront rattachées au village et au fokonolona les plus voisins.

Une localité à forte population peut être divisée en plusieurs villages et fokonolona distincts.

Plusieurs familles d'un village pourront être autorisées à constituer un nouveau village dans telle région qu'elles auront choisie ou qui leur sera désignée par le chef de la province et où des terrains de culture leur seront délimités.

Le village prend le nom du hameau principal. La liste des villages de la province est tenue aux chefs-lieux de la province et du district.

ART. 2. — Le fokonolona est constitué par la population indigène entière du village, sans distinction de sexe ni d'âge.

Tout indigène fait obligatoirement partie du fokonolona de la localité où il réside habituellement.

Tout indigène doit pouvoir justifier, à toute réquisition de l'autorité, du fokonolona dont il fait partie.

En dehors du fokonolona du village où il réside habituellement, tout indigène peut participer aux actes de tous les fokonolona des localités où il possède des biens.

CHAPITRE II

DU CHEF ET DES SOUS-CHEFS DE VILLAGE. — DES NOTABLES. DES RELATIONS DU FOKONOLONA AVEC LES AUTORITÉS

ART. 3. — Le chef du village est désigné par la majorité des membres du fokonolona âgés de seize ans révolus, sans distinction de sexe.

Chaque désignation porte sur trois candidats, parmi lesquels le chef de la province choisit le titulaire définitif. Les élections ont lieu en présence du chef de canton et du gouverneur et, autant que possible, d'un représentant de l'autorité européenne.

Le chef de village est nommé pour une période de trois ans. Toutefois, le chef de la province peut, exceptionnellement et pour des raisons de police générale, désigner d'office un chef de village à titre temporaire et sous réserve de l'approbation du Gouverneur Général.

ART. 4. — Le chef de village est aidé, dans l'exercice de ses fonctions, par des sous-chefs de village désignés pour un ou plusieurs groupes de cases, suivant l'importance de la population et l'appréciation du chef de la province, par les membres du fokonolona appartenant à ces groupes, dans les mêmes conditions que le chef de village.

ART. 5. — Le chef de village assure, avec le concours des sous-chefs de village, à qui il donne ses instructions, l'exécution des ordres, règles et prescriptions.

Il assiste, ainsi que les sous-chefs de village, aux opérations de recouvrement des impôts et à la délivrance des quittances aux contribuables.

ART. 6. — Le chef et les sous-chefs de village sont rémunérés au moyen de remises sur le produit des impôts indigènes. La répartition de ces remises est effectuée dans la limite prévue par les règlements organiques, par décision du chef de la province ratifiée par le Gouverneur Général.

ART. 7. — Les nominations, licenciements, révocations, acceptations de démission des chefs et sous-chefs de village sont faits ou prononcés par décision au chef de la province, délégué du Gouverneur Général.

ART. 8. — Conformément aux coutumes malgaches, les anciens et notables du fokonolona peuvent, éventuellement, représenter le fokonolona auprès du chef du village et des autres autorités administratives françaises ou indigènes de la province.

Le fokonolona a, néanmoins, la faculté de s'adresser en corps, directement, quand il le juge nécessaire, à toutes les autorités indigènes, qui doivent, obligatoirement, rendre compte aux autorités françaises de la province de ses réclamations, démarches, plaintes, requêtes, pétitions.

Le fokonolona a également le droit de s'adresser au Gouverneur Général par l'intermédiaire du chef de la province.

CHAPITRE III

ATTRIBUTIONS ET OBLIGATIONS DU FOKONOLONA

ART. 9. — *Police générale, administrative et judiciaire.* – Les membres du fokonolona, témoins d'une transgression aux lois, règlements, arrêtés et décisions en vigueur dans la Colonie, doivent en arrêter l'auteur et le livrer aux autorités, s'il est indigène non employé au service d'Européens ou assimilés. S'il s'agit d'un non-indigène ou d'un indigène employé au service d'Européens ou assimilés, ils doivent immédiatement le signaler.

Les membres du fokonolona peuvent désigner et arrêter les auteurs de délits constants et délinquants habituels. Ils peuvent, conformément à la coutume, les rejeter du fokonolona ; dans ce cas, le chef de la province peut, par mesure administrative, assigner à ces expulsés telle résidence qu'il juge convenable.

L'autorité du fokonolona, en matière de police, s'exerce sur tous les habitants du village, y compris les indigènes de passage, quelle que soit leur qualité.

Dans tous les cas où les membres du fokonolona procèdent à une arrestation (criminels, délinquants, déserteurs, prisonniers évadés, etc.), ils doivent immédiatement conduire l'individu arrêté au chef de village, qui le livre sans retard aux autorités.

Dans l'intervalle, les membres du fokonolona doivent veiller à la nourriture de l'inculpé et éviter qu'il ne soit l'objet d'aucun mauvais traitement.

Le fokonolona doit assurer la garde de nuit du village. Le chef de village détermine, de concert avec les sous-chefs, le tour de garde des membres du fokonolona du sexe masculin valides.

Les membres du fokonolona doivent satisfaire à toute réquisition des autorités pour assurer, dans les cas urgents, la remise des convocations et le transport des correspondances administratives et judiciaires.

Ils doivent empêcher les rixes et les disputes, ainsi que tout tumulte dans les lieux d'assemblée publique.

Ils doivent maintenir l'ordre et prêter leur concours en cas d'accidents, d'événements calamiteux ou de dangers, tels que : incendies, inondations, ruptures de digues, vols accompagnés de violences ou tentés par des bandes de tontakely, invasion de sauterelles et de criquets, etc.

ART. 10. — *Police rurale.* — Les membres du fokonolona doivent veiller à la protection des cultures, des plantations et des récoltes, en empêchant, notamment, qu'elles ne soient abîmées ou détruites par les animaux appartenant à autrui ; à ce que les feux allumés dans les champs ne propagent pas l'incendie dans les cultures ou dans les forêts ; à ce que les animaux ne divaguent pas sur les terrains de culture d'autrui ou sur les grandes routes, notamment dans la traversée des villages ou sur des digues susceptibles de dégradations.

Le fokonolona veille à la conservation des clôtures, haies, bornes, piquets délimitant les propriétés, des signaux géodésiques, des poteaux télégraphiques, des poteaux kilométriques et plaques indicatrices ; il peut être rendu responsable de la disparition des bornes et piquets dont les auteurs restent inconnus.

ART. 11. — *Justice civile.* — Conformément aux coutumes malgaches, le fokonolona peut servir d'arbitre et statuer en dernier ressort dans les affaires qui lui sont volontairement soumises par des membres du fokonolona.

A la diligence des parties ou, d'office, à celle du chef de village, les décisions arbitrales sont inscrites sur un registre *ad hoc* tenu par le gouverneur (1).

ART. 12. — *Voirie.* — Le fokonolona assure la conservation et le bon entretien des chemins et sentiers du territoire

_____

(1) Les dispositions de l'article 11 ne sont pas reproduites dans le décret du 9 mai 1909.

du village, ainsi que des plantations d'arbres faites sur toutes les voies de communication de ce territoire. Il peut être rendu responsable des dégâts occasionnés à ces plantations et dont les auteurs restent inconnus ; il veille à la sûreté et à la commodité du passage dans les rues et ruelles du village, à l'enlèvement de tout ce qui peut encombrer la voie publique ; il assure le nettoiement des rues, ruelles, cours et marchés, fossés et caniveaux.

Le fokonolona est chargé des construction, conservation, entretien et réparation des digues et canaux d'irrigation des rizières, de l'entretien et de l'aménagement des prises d'eau, des puits et fontaines publiques.

Art. 13. — *Salubrité.* — Le fokonolona doit signaler immédiatement au chef de village ou aux autres autorités les cas de maladies contagieuses telles que la peste, la variole, la lèpre, et il doit contribuer aux mesures à prendre pour assurer l'isolement des malades et les désinfections nécessaires ; il doit surveiller l'abatage des bestiaux et signaler les animaux morts ou abattus à la suite d'une affection contagieuse telle que la morve et le charbon ou tout autre épizootie.

Art. 14. — *Cultures.* — Le fokonolona assure, soit collectivement, soit par voie de répartition, entre ses divers membres, la culture de la superficie déterminée, le cas échéant, par le chef de la province, comme indispensable pour procurer la production de riz et autres denrées nécessaires à la consommation du village et à la constitution des excédents que comporte la prévision de mauvaises récoltes ou d'événements calamiteux.

Art. 15. — *Assistance publique.* — Le fokonolona doit, soit en leur fournissant du travail, soit par des dons en argent ou en nature, procurer des moyens de subsistance aux vieillards, infirmes, veuves, orphelins ou malades indigents.

Les membres du fokonolona doivent obligatoirement pourvoir aux funérailles des indigents, même étrangers, décédés dans le village, ou des personnes mortes sans héritiers.

Art. 16. — Les fokonolona remplissent les attributions et obligations ci-dessus à la diligence et sous la direction et la surveillance des chefs et sous-chefs de village.

Les chefs de village rendent compte à leur chef hiérarchique de tous les faits intéressant leur village, provoquent les mesures nécessaires et en assurent l'exécution.

CHAPITRE IV

DROITS ET PRÉROGATIVES DU FOKONOLONA

Art. 17. — Le fokonolona peut, avec l'autorisation du chef de la province, construire, dans un but d'intérêt commun, la maison d'école officielle, la salle des consultations médicales gratuites, le bureau du chef de village, la maison des passagers, tous bâtiments dont la propriété lui est reconnue.

Il ne peut changer l'affectation donnée à ces immeubles ni les aliéner sans autorisation préalable du chef de la province.

Art. 18. — Le fokonolona peut se charger, suivant conventions librement passées avec le chef de la province, pour le compte des services locaux — et moyennant juste rétribution — de l'exécution de travaux publics, tels que fourniture de matériaux, construction de bâtiments, ouverture, réparation ou empierrement des voies de communication, etc.

ART. 19. — Il peut également être chargé de mettre en culture les rizières domaniales et autres terrains domaniaux moyennant rétribution en nature ou en espèces.

Le fokonolona est propriétaire des terrains domaniaux sur lesquels il a créé des plantations de cocotiers ou autres, avec l'autorisation de l'administration. Il ne peut en changer l'affectation ni en faire l'objet d'une aliénation quelconque sans l'autorisation du Gouverneur Général.

ART. 20. — Le fokonolona continuera à user, sur les terres du domaine non expressément réservées par un texte réglementaire, du droit de parcours pour les troupeaux, du droit de récolte des produits qui s'y rencontrent à l'état spontané (fruits, graines, gommes, latex, textiles, roseaux, joncs, zozoro, herana, etc.), du droit de pêche dans les lacs, marais et cours d'eau, du droit de faire dans ces lacs, marais et cours d'eau, des semis de riz et d'y élever des oiseaux aquatiques, du droit de ramasser le bois mort dans les forêts, du droit de couper le bozaka ou paille à brûler. Il peut, sous réserve de l'autorisation préalable du chef de la province ou de son délégué, couper dans les forêts le bois nécessaire aux usages domestiques et à la fabrication des pirogues.

En ces divers cas, le fokonolona ne possède qu'un droit d'usage essentiellement révocable par le chef de la province, si les circonstances l'exigent et sous réserve de l'approbation du Gouverneur Général.

ART. 21. — Le fokonolona, en tant que personne morale, est représenté, dans tous les actes de la vie civile, par le chef de la province.

CHAPITRE V

DES CONVENTIONS DU FOKONOLONA

ART. 22. — Conformément à la coutume, le fokonolona peut établir des conventions ayant pour but d'édicter toutes mesures locales que les habitants croient, de concert entre eux, pouvoir prendre pour assurer la sécurité, l'édilité, la salubrité, le bon état des cultures, la bonne administration du village, sauvegarder l'intérêt public, notamment en ce qui concerne le respect des bonnes mœurs et des coutumes, le pacage en commun des troupeaux, les réunions du fokonolona et leur bon ordre ; empêcher les jeux ou combats d'animaux, les fumeries de chanvre ou d'opium et, enfin, réglementer l'assistance mutuelle (travaux divers, funérailles, etc.) dans les circonstances où la coutume le prévoit.

ART. 23. — Les conventions du fokonolona sont adoptées sur l'avis de la majorité des membres du fokonolona.

Elles ne peuvent, en aucun cas, modifier les lois, décrets, arrêtés, règlements ou tous autres actes émanant de l'autorité supérieure. Elles doivent être obligatoirement soumises à l'approbation du chef de la province avant toute mise en vigueur.

ART. 24. — Le fokonolona peut sanctionner par une amende les infractions à la convention locale.

L'infraction à laquelle s'applique l'amende, ainsi que le montant de celle-ci, sont déterminés facultativement par le fokonolona, lors de l'élaboration de la convention.

Il ne peut être appliqué qu'une seule amende pour chaque infraction. Elle ne peut être supérieure à 2 fr. 50 et peut être acquittée soit en espèces, soit en journées de travail, selon un tarif homologué par le chef de la province.

Les amendes sont infligées par le chef de village, d'accord avec les sous-chefs et les notables, soit d'office, soit sur la plainte d'un ou plusieurs membres du fokonolona, sous réserve de l'approbation du chef de la province ou de son délégué (chef de district ou chef de poste administratif). Il peut être fait appel de ces décisions devant le chef de la province. En cas d'appel injustifié, l'amende est doublée.

Les amendes sont inscrites sur un registre à souche tenu par le chef de la province ou son délégué, qui délivre quittance à l'intéressé.

Le produit des amendes est distribué aux malheureux par le chef de village, sous le contrôle du chef de la province ou de ses délégués et notables.

CHAPITRE VI

DE LA RESPONSABILITÉ COLLECTIVE DES FOKONOLONA

ART. 25. — Les membres du fokonolona peuvent être rendus collectivement et pécuniairement responsables par le chef de la province :

1° Lorsque les véritables coupables ne peuvent être découverts : *des crimes, délits et des infractions, négligences ou mauvais vouloir* constatés dans l'exécution des obligations qui leur incombent et qui sont déterminées par le présent arrêté.

Dans ce cas, le chef de la province peut infliger administrativement au fokonolona, sous réserve de l'approbation du Gouverneur Général, une amende collective qui ne pourra excéder une somme calculée à raison de 5 francs par membre du fokonolona, perçue au profit du budget local.

En cas de non-paiement, la contrainte par corps sera exercée contre les récalcitrants.

2° *De l'insuffisance des cultures prévues par l'article 14 ci-dessus.*

Dans ce cas, les membres du fokonolona ne justifiant d'aucune occupation leur permettant de subvenir à leurs besoins, convaincus de négligence ou de mauvais vouloir, peuvent être assujettis, par le chef de la province, aux travaux des dites cultures, dans la proportion déterminée par la majorité du fokonolona, ou, si les récalcitrants sont la majorité, d'office par le chef de la province ou ses délégués.

Dispositions diverses

ART. 26. — Dans les centres urbains ou érigés en communes, des arrêtés spéciaux du Gouverneur Général peuvent restreindre les obligations, attributions, droits et prérogatives des fokonolona.

ART. 27. — MM. le Secrétaire Général et les chefs des provinces de Diego-Suarez, de Vohemar, des Betsimisaraka-du-Nord, des Betsimisaraka-du-Centre, des Betanimena, des Betsimisaraka-du-Sud, de Mananjary, de Farafangana et de Fort-Dauphin sont chargés, chacun en ce qui le concerne, de l'exécution du présent arrêté, qui entrera en vigueur à compter du 1er janvier 1905.

GALLIENI.

AG. 31 décembre 1904 déterminant les attributions des fonctionnaires de l'administration française et de l'administration indigène dans les provinces de *Vohemar*, des *Betsimisaraka-du-Nord*, des *Betsimisaraka-du-Sud*, des *Betsimisaraka-du-Centre* et des *Betanimena* (1).

TITRE Ier

Dispositions générales

CHAPITRE Ier

ART. 1er. — L'administration territoriale française est constituée par des provinces. Chaque province se subdivise en districts. Certains districts peuvent posséder des postes administratifs et des postes de surveillance.

ART. 2. — L'administration provinciale indigène est constituée par des gouvernements, des cantons ou saina et des villages. Chaque province comprend, par district, un ou plusieurs gouvernements.

Le gouvernement se subdivise en cantons et le canton en villages.

TITRE II

Fonctionnaires de l'administration française

CHAPITRE II

CHEF DE LA PROVINCE

ART. 3. — Le chef de la province assure l'administration et la justice dans sa circonscription, conformément aux règlements généraux en vigueur et aux instructions spéciales du Gouverneur Général.

Il choisit les chefs de district, de poste administratif et de poste de surveillance, parmi les fonctionnaires et agents mis à sa disposition. Ses décisions portant nomination à ces fonctions sont soumises à l'approbation du Gouverneur Général.

ART. 4. — Il est responsable, devant le Gouverneur Général, de l'ordre public, de la sécurité générale des personnes et des biens et du fonctionnement de tous les services relevant de son autorité dans la province.

ART. 5. — Tout en assurant avec zèle et dévouement la gestion des affaires locales, il ne doit pas perdre de vue les intérêts généraux de la Colonie engagés dans sa circonscription.

ART. 6. — Le chef de la province est, à la fois, le représentant direct du Gouverneur Général vis-à-vis des divers services publics, des non-indigènes et de la population malgache et le mandataire des indigènes auprès de l'administration centrale de la Colonie.

ART. 7. — Il lui est exclusivement réservé de traiter, avec l'aide de ses chefs de district et suivant les instructions qu'il

(1) Aujourd'hui provinces de Vohemar, Maroantsetra, Tamatave, Andovoranto et Vatomandry.

leur donne, les affaires intéressant la colonisation et celles dans lesquelles des Européens ou assimilés, des Asiatiques et Africains d'une part, et des Malgaches d'autre part, ont des intérêts communs. Il lui est expressément prescrit de donner tous ses soins à la prompte solution des questions qui, dans cet ordre de faits, motivent son intervention.

Art. 8. — Il veille à ce que les chefs de district se servent, autant que possible, pour la transmission des ordres à la population malgache, des fonctionnaires indigènes, de façon à développer l'initiative et à mettre en cause la responsabilité de ces derniers, aux divers degrés de la hiérarchie.

Art. 9. — Il s'efforce, par son action personnelle et par celle de ses chefs de district, d'accroître la cohésion des communautés indigènes et l'importance des intérêts collectifs.

Art. 10. — Il s'assure que la population indigène a toute liberté pour faire entendre ses desiderata ou ses doléances, tant directement que par l'intermédiaire de ses chefs et représentants naturels.

Art. 11. — Il se préoccupe tout particulièrement de tout ce qui peut améliorer la situation matérielle, l'état intellectuel et moral des indigènes et contribuer au progrès général de sa circonscription, tant par l'initiative des indigènes que par celle des colons : travaux d'intérêt communal, provincial ou général ; main-d'œuvre pour les entreprises agricoles, commerciales ou industrielles ; enseignement ; assistance médicale ; entreprises à créer ; état et développement des cultures, de l'élevage, de l'industrie, etc. Il détermine, le cas échéant, les superficies à cultiver par les villages, de façon à assurer en tout temps la production de riz et autres denrées nécessaires à la consommation locale et à la constitution des excédents que comporte la prévision de mauvaises récoltes ou d'événements calamiteux.

Art. 12. — Il veille au recouvrement régulier des impôts et il en étudie la répercussion sur la situation politique et économique ; il assure, autant que possible, le recouvrement de la taxe personnelle dans le courant du premier semestre ; il détermine les conditions et les époques de perception, de façon à tenir compte des ressources des diverses catégories de contribuables et à éviter toute mesure susceptible d'aggraver, pour les populations, leurs obligations fiscales, sans occasionner, toutefois, de moins-values budgétaires.

Art. 13. — Il assure aux indigènes une bonne et prompte justice, tant par lui-même que par ses chefs de district.

Art. 14. — Il contrôle la répartition des services personnels imposés aux indigènes par les fokonolona pour les travaux des villages. Il s'assure qu'aucun travail de quelque importance prévu par l'arrêté du 31 décembre 1904 n'est entrepris sans son autorisation.

Art. 15. — Il veille à l'exact accomplissement, par les fonctionnaires européens et par les agents indigènes, des devoirs qui leur incombent. Il doit notamment, dans ce but, effectuer de fréquentes tournées, de façon à visiter, une fois par an au moins, chaque canton (saina) de sa province.

Art. 16. — Il centralise tous les rapports et statistiques émanant des chefs de district pour l'établissement des rapports et statistiques à présenter au Gouvernement Général.

Art. 17. — Il adresse au Gouverneur Général, trimestriel-lement, un rapport sur la situation financière, dont une copie est directement envoyée au directeur du contrôle et, semestriel-lement, un rapport d'ensemble sur la situation politique, administrative, financière et économique de la province. Les questions importantes doivent faire l'objet de rapports spéciaux.

Art. 18. — Il observe la conduite, la moralité et les relations des fonctionnaires indigènes placés sous ses ordres. Il veille à la tenue exacte des contrôles du personnel par subdivisions et tient lui-même ces contrôles pour l'ensemble de sa province.

CHAPITRE III

CHEF DE DISTRICT

Art. 19. — Le chef de district assure l'administration et rend la justice dans sa circonscription, conformément aux règlements généraux en vigueur et aux instructions spéciales du chef de la province.

Art. 20. — Il est responsable, devant le chef de la province, de l'ordre public et de la sécurité générale des personnes et des biens dans son district.

Art. 21. — Il a seul, sous la direction et suivant les instruc-tions du chef de la province, à l'exclusion des fonctionnaires indigènes, des relations de service avec les non-indigènes.

Art. 22. — Il se sert, autant que possible, pour transmettre les ordres aux communautés et à la population indigènes et pour en diriger l'exécution, des fonctionnaires indigènes, suivant leur situation hiérarchique, de façon à développer leur initiative et à fixer les responsabilités, les pouvoirs et les obligations réciproques de chacun.

Il veille personnellement à la régularité de la transmission de ses ordres. A ce titre, il se préoccupe tout particulièrement de l'état d'esprit de la population, du maintien du bon ordre et de la sécurité des personnes et des biens ; du bon fonctionnement de l'assistance médicale et des hôpitaux ; de l'hygiène publique et de l'état sanitaire de la population ; de la situation des cultures et du bétail, et, en général, de l'état économique de son district ; de l'enseignement ; de l'exécution des travaux incombant aux fokonolona par application de l'arrêté du 31 décembre 1904 et présentant un caractère communal ou intercommunal.

Art. 23. — Il assure le recouvrement des impôts avec le concours des chefs de poste et des fonctionnaires indigènes, et s'efforce de déterminer la répercussion des taxes sur la situation politique et économique, les mesures susceptibles d'en alléger le poids sans occasionner de moins-values budgétaires et, dans cet ordre d'idées, les conditions et les époques de recouvrement les plus favorables.

Ses attributions en matière d'impôts sont particulièrement les suivantes :

§ 1ᵉʳ. — Il centralise, vérifie et transmet au chef de la province, pour être soumis à l'approbation de l'autorité supé-rieure, les rôles et états nominatifs et récapitulatifs des impôts indigènes et les états des cotes irrécouvrables établis, sous sa direction ou celle des chefs de poste administratif, par les gouverneurs. Il les renvoie aux gouverneurs après approbation et délivre, le cas échéant, extrait de ces rôles et états récapitulatifs par canton pour la mise en recouvrement *par les chefs de canton qu'il reconnaît aptes à cette opération* (modèles N°s 1, 2, 3, 4).

§ 2. — Il établit les rôles nominatifs (primitif et supplémentaires) des patentes, licences, ainsi que des moulins à betsabetsa et en assure le recouvrement et l'émargement au fur et à mesure des perceptions avec le concours des gouverneurs, ces derniers sous la direction et la surveillance des chefs de poste (modèle N° 5).

§ 3. — Il tient le contrôle d'ensemble des contribuables exemptés d'impôts et en adresse extrait aux chefs de poste et aux gouverneurs (modèle N° 6).

§ 4. — Il remet aux gouverneurs et autres agents percepteurs les carnets de tickets de marchés, les livrets individuels et les quittanciers à souche ; il annote les carnets de tickets au moment de la délivrance et il tient à jour le registre de réception et de délivrance de ces imprimés (modèle N° 7).

§ 5. — Il propose au chef de la province les agents chargés de la perception des taxes de marché, taxe d'abatage et autres contributions indirectes.

Il reçoit et conserve dans ses archives, pendant deux ans, les carnets et quittanciers épuisés et veille à ce qu'ils lui soient remis en temps utile par les agents indigènes.

Il n'est délivré aux agents percepteurs qu'un carnet de chaque nature à la fois, de façon qu'ils n'en possèdent jamais plus de deux, l'un en service, l'autre qui sera utilisé lorsque le premier sera complètement épuisé. Il ne leur en est délivré un nouveau que contre remise de l'ancien.

§ 6. — Le chef de district fixe, suivant les instructions du chef de la province, les époques — aussi rapprochées que possible — du versement des sommes recouvrées par les autorités indigènes, à qui il en est délivré quittance, soit par les chefs de poste désignés à cet effet, soit par le chef de district (modèle N° 8).

§ 7. — Il établit, avec le concours des chefs de poste, au vu des rôles et autres pièces qui lui sont présentés par les autorités indigènes, l'état récapitulatif de l'ensemble des perceptions des impôts indigènes. Il en adresse un exemplaire au chef de la province (modèle N° 9).

§ 8. — Il établit également l'état de répartition des remises (modèle N° 10), qu'il adresse au chef de la province, et assure l'émargement des rôles récapitulatifs qui lui sont présentés par les gouverneurs.

§ 9. — Il établit et transmet au chef de la province l'état récapitulatif des tickets délivrés (modèle N° 11).

§ 10. — Il vérifie les carnets et quittanciers à souche des agents indigènes percepteurs ; il opère, le plus souvent possible, des rapprochements entre les quittanciers, d'une part, et, d'autre part, les rôles, ainsi que les quittances dont sont détenteurs les contribuables.

Art. 24. — Le chef de district établit et délivre aux indigènes, avec le concours des chefs de poste, les livrets individuels (modèle N° 12). Cette délivrance est faite en présence des gouverneurs et, autant que possible, des autres autorités indigènes. Le livret individuel doit être considéré comme une véritable carte d'identité donnant droit de cité à son propriétaire.

Afin d'éviter tout trafic, toute falsification, toute supercherie, ce livret n'est remis qu'après le paiement intégral de la taxe personnelle.

Le livret individuel de l'année précédente est considéré comme valable, au point de vue de l'identité, jusqu'au moment où le nouveau livret est délivré. Cette délivrance doit être faite, autant que possible, du 1er janvier au 30 juin.

Afin d'empêcher les fraudes, l'ancien livret est retiré au moment de la remise du nouveau ; il est ensuite détruit par les soins du chef de district.

Art. 25. — Tout indigène quittant définitivement le district doit être pourvu, par les soins du chef de district, d'un certificat de changement de domicile qu'il doit produire aux autorités de la circonscription où il va s'établir (modèle N° 13).

Art. 26. — Le chef de district adresse trimestriellement au chef de la province la liste nominative des gens qui ont quitté définitivement le district et de ceux qui sont venus s'y fixer.

Art. 27. — Il tient, le cas échéant, le contrôle nominatif des indigènes assujettis à la résidence fixe par mesure d'utilité générale, ainsi que celui des anciens militaires et anciens miliciens ou agents de la garde régionale.

Art. 28. — Il doit, autant que possible, assister aux assemblées périodiques que tiennent les autorités indigènes. Il est également tenu d'assister, chaque fois qu'il le peut, aux élections des chefs et sous-chefs de village.

Art. 29. — Le chef de district assure aux indigènes une bonne et prompte justice et tient, à cet effet, aux lieux et dates fixés par le chef de la province, les audiences ordinaires et foraines du tribunal du 1er degré.

Art. 30. — Le chef de district se tient en contact avec la population indigène. Il s'applique à se bien faire connaître d'elle et à être accessible à tous, en tout temps, de façon que chacun puisse, librement et avec confiance, lui présenter ses desiderata et ses doléances. A cet effet, il est tenu de faire de fréquentes tournées et de visiter, au moins trois fois par an, les diverses parties de son district.

Art. 31. — Il s'efforce de développer à la fois l'esprit d'initiative et l'esprit d'union des communautés indigènes. Il s'assure de l'équitable répartition des services personnels imposés par le fokonolona à ses membres pour l'exécution des diverses obligations incombant aux communautés indigènes : police du fokonolona ; garde de nuit ; réquisitions soit pour le service de la justice, soit en cas d'accidents ou d'événements calamiteux ; conservation et réparation des chemins, sentiers, digues, plantations ; construction et entretien des immeubles bâtis du fokonolona.

Art. 32. — Il soumet, le cas échéant, au chef de la province des propositions pour la détermination des superficies à cultiver par les villages, de façon à assurer en tout temps la production de riz et autres denrées nécessaires à la consommation locale et à la constitution des excédents que comporte la prévision de mauvaises récoltes ou d'événements calamiteux. Il veille à la remise en culture de ces terrains.

Art. 33. — Il s'assure qu'aucun travail de quelque importance prévu par l'arrêté du 31 décembre 1904 n'est entrepris par les fokonolona sans l'autorisation du chef de la province.

ART. 34. — Il cote, paraphe ou numérote les registres, carnets, quittanciers, états tenus par les gouverneurs et, le cas échéant, par les chefs de canton.

ART. 35. — Il établit toutes les statistiques prévues par les règlements généraux ou spéciaux.

ART. 36. — Il établit trimestriellement, pour le chef de la province, un rapport sur la situation politique, administrative, financière et économique de son district. Ce rapport doit être rédigé dans une forme concise et constituer un exposé clair et précis des faits survenus et des constatations effectuées dans le district au cours du trimestre.

ART. 37. — Il observe la conduite, la moralité et les relations des fonctionnaires indigènes de son district. Il tient le contrôle du personnel pour l'ensemble de son district (modèle N° 14).

ART. 38. — Le chef de district réunit, au moins une fois par mois, les gouverneurs de sa circonscription. Il vérifie leurs états, rôles et quittanciers, s'enquiert en détail, auprès d'eux, de l'accomplissement de leurs attributions et leur donne ses instructions.

CHAPITRE IV

CHEF DE POSTE ADMINISTRATIF

ART 39. — Le chef de poste administratif représente le chef du district dans les régions où la surveillance de ce dernier ne peut s'exercer d'une façon constante ; il est, à la fois, agent d'information, d'exécution et de contrôle, mais ne dispose d'aucun pouvoir judiciaire.

ART. 40. — Il assure la police du territoire et se conforme, à cet égard, aux règlements généraux et aux instructions spéciales de ses chefs. Il est tenu de faire des tournées fréquentes dans la région relevant de son poste et, au cours de ces tournées, de s'assurer, notamment, de la bonne tenue des villages, de recueillir tous les renseignements possibles ; il doit rendre compte au chef du district de ses constatations, ainsi que de tous les faits contraires à l'ordre public, à l'équité, aux règlements en vigueur, aux légitimes intérêts des populations.

Il établit sur un registre *ad hoc* le compte rendu journalier succinct de l'exécution de son service.

CHAPITRE V

CHEF DE POSTE DE SURVEILLANCE

ART. 41. — Le chef de poste de surveillance est un agent de renseignements et de surveillance. Il concourt, le cas échéant, au recouvrement des impôts, suivant les instructions du chef du district ou celles qui lui sont données par le chef de poste administratif, conformément aux ordres du chef du district. Il peut donner des ordres aux fonctionnaires indigènes, mais doit en rendre compte immédiatement au chef du district ou au chef du poste administratif le plus voisin.

TITRE III

Fonctionnaires de l'administration indigène

CHAPITRE VI

CHEF DE CANTON

Art. 42. — Le chef de canton a sous ses ordres les chefs de village.

Il relève du gouverneur, à qu'il doit signaler toutes les affaires dont la solution excède ses pouvoirs ou ne rentre pas dans ses attributions.

Il est responsable, devant le gouverneur, du bon fonctionnement du service dans son canton.

Ses attributions se classent sous les rubriques suivantes :

I. — Attributions extra-administratives ;
II. — Attributions administratives proprement dites ;
III. — Attributions financières ;
IV. — Attributions de police et de sûreté ;
V. — Attributions économiques.

§ *1er*. — *Attributions extra-administratives*

Art. 43. — *1° Etat civil.* — Le chef de canton (ampitatsaina ou vodisaina) veille à ce que la population lui fasse, dans le délai de huit jours, les déclarations de naissances et de décès. Il les transmet verbalement ou par écrit au gouverneur et rend compte à ce dernier des infractions qu'il vient à constater, à ce titre, de la part de la population.

Art. 44. — *2° Administration de la curatelle aux successions et biens vacants.* — Le chef de canton est tenu de signaler au gouverneur, dès qu'elles se produisent, les successions indigènes vacantes. Il exécute les ordres qui lui sont donnés par le gouverneur, en vue de la recherche des héritiers et de l'établissement de l'actif et du passif de la succession. Il veille à la conservation et, le cas échéant, à l'exploitation des biens immobiliers, dans les conditions qui lui sont indiquées par le gouverneur.

Art. 45. — *3° Administration des biens fonciers domaniaux.* — Le chef de canton remplit, pour l'administration des biens domaniaux, le même rôle que pour celle des successions et biens vacants.

§ *2.* — *Attributions administratives proprement dites*

.. ..
....

§ *4.* — *Attributions de police et de sûreté*

Art. 54. — Le chef de canton s'assure du fonctionnement régulier du service des gardes de nuit.

Art. 55. — Il contrôle, autant que possible, les livrets individuels des indigènes et, en cas d'irrégularité dûment constatée, il signale, dans le plus bref délai, les délinquants au gouverneur.

Art. 56. — Le chef de canton signale au gouverneur, verbalement ou par écrit, les indigènes quittant définitivement le canton et ceux qui sont venus s'y fixer. Il signale également au gouverneur les indigènes étrangers au canton, y passant ou y séjournant, leur nom, leur profession, leur âge, la région dans laquelle ils ont séjourné, la province et le gouvernement d'où ils provenaient, la province et le gouvernement où ils se rendaient.

Art. 57. — Le chef de canton veille à ce que les fokonolona s'acquittent exactement et régulièrement des obligations qui leur sont imposées en matière de police générale et de police rurale, en ce qui concerne notamment les troubles apportés à la sécurité et à l'ordre publics, la recherche des crimes et délits.

Art. 58. — Il procède, en cas de crimes et de délits, à une instruction sommaire.

En cas d'arrestation opérée par les fokonolona par application de l'arrêté du 31 décembre 1904, soit spontanément, soit sur l'initiative du chef de canton, ce dernier s'assure qu'il est pourvu à l'entretien et à la garde du prisonnier, pendant la durée de son incarcération, par les soins du fokonolona sur le territoire duquel l'arrestation a été opérée. Il est expressément prescrit au chef de canton de faire conduire le prisonnier au gouverneur dans les vingt-quatre heures qui suivent l'arrestation.

Art. 59. — En cas d'accidents, incendies, inondations, ruptures de digues, vols de sauterelles, etc., et d'événéments calamiteux ou d'incidents susceptibles de troubler l'ordre général ou la sécurité, le chef de canton prévient immédiatement son gouverneur et les chefs de canton voisins ; il se concerte avec eux sur les mesures à prendre sans délai pour y remédier, dans les cas d'urgence extrême.

CHAPITRE VII

GOUVERNEUR

Art. 63. — Le gouverneur dirige, conseille et contrôle les chefs de canton dans sa circonscription.

Art. 64. — Il relève directement du chef du district, à qui il doit signaler tous les faits et événements importants qui surviennent dans son gouvernement, toutes les questions dont la solution excède ses pouvoirs ou ne rentre pas dans ses attributions.

Art. 65. — Dans le gouvernement du chef-lieu du district, le gouverneur remplit, en même temps, les fonctions de chef du bureau des affaires indigènes du district. A ce titre, il centralise, sous la direction du chef du district, les affaires des autres gouvernements. Ailleurs, le gouverneur est placé, autant que possible, auprès d'un chef de poste administratif.

Art. 66. — Il est responsable, devant le chef du district, du bon fonctionnement du service, du maintien du bon ordre, de la sécurité des personnes et des biens dans son gouvernement.

ART. 67. — Ses attributions se classent sous les rubriques suivantes :

I. — Attributions extra-administratives ;
II. — Attributions administratives proprement dites ;
III. — Attributions financières ;
IV. — Attributions de police et de sûreté ;
V. — Attributions économiques.

§ 1ᵉʳ. — Attributions extra-administratives

ART. 68. — *1° Etat civil.* — Le gouverneur dresse et enregistre les actes de l'état civil indigène. Il tient à cet effet, en simple exemplaire, les registres conformes aux modèles Nᵒˢ 16, 17, 18 et 19.

Ces registres lui sont délivrés par le chef du district, qui les cote et les paraphe. Ils sont vérifiés, arrêtés et clos en fin d'année par le chef du district, qui les dépose dans ses archives.

ART. 69. — *2° Enregistrement des actes et contrats.* — Le gouverneur rédige les actes et contrats à la requête des parties, lorsque celles-ci ne savent le faire et que des indigènes seuls sont en cause. Tous les actes et contrats entre indigènes doivent être enregistrés par ses soins. Il tient, à cet effet, des registres en simple exemplaire, conformes aux modèles Nᵒˢ 20 et 21. Ces registres sont cotés et paraphés par le chef du district, qui, après clôture, les dépose dans ses archives.

ART. 70. — *3° Administration de la curatelle aux successions et biens vacants.* — Le gouverneur reçoit des chefs de canton l'indication des successions vacantes, dès qu'elles se produisent. Il procède, conformément à la coutume, aux enquêtes nécessaires pour déterminer la vacance ou la déshérence.

Il procède à l'inventaire des biens meubles et immeubles et le soumet au chef du district ; il procède, le cas échéant, à la vente aux enchères des dits biens, à la date fixée par ce dernier ; s'il y a lieu, il veille à la conservation et l'exploitation des biens immobiliers vacants, conformément aux instructions qui lui sont données par le chef de district.

ART. 71. — *4° Administration des biens fonciers domaniaux.* — Le gouverneur se préoccupe de rechercher les biens fonciers domaniaux, de veiller à leur conservation et d'en obtenir un juste revenu. Il soumet à ce sujet ses propositions au chef du district et assure l'exécution des ordres qui lui sont donnés par ce dernier pour l'exploitation ou la bonne utilisation des dits biens.

§ 2. — Attributions administratives proprement dites

....
....

§ 4. — Attributions de police et de sûreté

ART. 88. — Le gouverneur contrôle les livrets individuels ; en cas d'irrégularité dûment constatée, il livre, dans le plus bref délai, les délinquants au chef du district, à moins que ceux-ci ne soient employés au service de non-indigènes. Dans ce dernier cas, il rend compte d'urgence de l'incident au chef du district, en lui faisant connaître les nom, profession, domicile ou résidence du délinquant et la nature de la contravention.

ART. 89. — Le gouverneur rend compte immédiatement au chef du district ou au chef du poste le plus voisin des gens qui ont quitté son gouvernement et de ceux qui sont venus s'y fixer. Au moyen des déclarations verbales qui lui sont faites, notamment dans les réunions dont il sera parlé ci-après, le gouverneur établit le relevé par canton des indigènes étrangers au gouvernement, y passant ou y séjournant, avec l'indication de leur nom, de leur profession, de leur âge, de la région dans laquelle ils ont séjourné, de la province et du gouvernement d'où ils provenaient, de la province et du gouvernement où ils se rendaient.

ART. 90. — Le gouverneur rend compte immédiatement au chef du district des faits troublant la tranquillité et l'ordre publics, la sécurité des personnes ou des biens, ou susceptibles d'y porter atteinte dans sa circonscription.

ART. 91. — Le gouverneur procède à l'instruction des crimes et délits.

ART. 92. — En cas de contravention relevée à l'encontre d'indigènes employés au service d'Européens ou assimilés, il en rend compte d'urgence au chef du district, en lui faisant connaître les nom, profession, domicile ou résidence et engagiste du délinquant et l'objet de la contravention.

En cas d'arrestation faite sur son initiative, ou lorsque les prisonniers lui sont remis par les chefs de canton ou les fokonolona, il les fait conduire au chef du district ou du poste le plus voisin, dans les quarante-huit heures qui suivent l'arrestation ou la remise.

ART. 93. — En cas d'accidents ou d'événements calamiteux, le gouverneur prévient immédiatement le chef du district, le chef du poste et les gouverneurs voisins. Il se concerte avec ces derniers sur les mesures conservatoires à prendre, sans délai, pour y remédier dans les cas d'urgence extrême.

....
....

ANNÉE 1905

AG. 15 avril 1905 réglementant l'organisation, l'avancement et la solde du personnel indigène des diverses circonscriptions de Madagascar (*V. le texte ainsi que celui de divers arrêtés complémentaires au C. 66*).

Instructions du 25 avril 1905 au sujet de l'administration indigène de la province de Farafangana (*V. le texte au C. 73*).

ANNÉE 1906

AG. 19 avril 1906 relatif au livret individuel des indigènes et aux déplacements des indigènes (*V. le texte au CS. 10*).

AG. 25 avril 1906 sur le taux de l'intérêt de l'argent (*V. le texte au CS. 454.* — *V. ce qui est dit sur le taux de l'intérêt de l'argent entre indigènes à la Iʳᵒ Partie* (*Droit civil*) *au titre* : **Des contrats et des obligations.** — *V. la jurisprudence rapportée à la IVᵉ Partie sous le mot* : **Intérêts**).

AG. 2 mai 1906 relatif à l'utilisation des eaux provenant du domaine public. — Droits d'usage des indigènes sur les eaux du domaine public (*V. le texte au CS. 155*).

Décret du 22 octobre 1906 portant création de conseils d'arbitrage du travail indigène à Madagascar (*V. le texte au CS. 114*).

AG. 13 décembre 1906 au sujet de la possibilité pour les chefs de province de se faire remplacer dans leurs fonctions judiciaires par leurs adjoints (*V. le texte au CS. 311*) (1).

ANNÉE 1907

AG. 23 janvier 1907 fixant les conditions d'application du décret du 6 mai 1903 réglementant l'émigration des indigènes (*V. le texte au CS. 187*).

AG. 13 février 1907 réglementant les feux de brousse (*V. le texte au CS 50*).

AG. 6 mars 1907 réglementant les prestations des fokonolona (*V. le texte au CS. 12*).

Décret du 19 mars 1907 relatif aux déplacements du personnel indigène et à ses indemnités (*V. le texte au CS. 273*). — *V. l'arrêté du 9 janvier 1908*).

AG. 18 avril 1907 fixant les honoraires des médecins indigènes (*V. le texte au CS. 332*).

AG. 14 mai 1907 réglementant les débits de boissons et édictant qu'en aucun cas les indigènes ne peuvent être titulaires ni gérants de débits (*V. le texte au CS. 57*).

Décret du 23 mai 1907 portant réglementation de la recherche et de l'exploitation de l'or, des métaux précieux et des pierres précieuses (*V. le texte au CS. 336*).

---

(1) *V. l'article 7 du décret du 9 mai 1909 sur* la **Justice indigène.**

Décret du 15 juin 1907 concernant les indigènes qui exercent à Madagascar l'art dentaire (*V. le texte au CS. 332*).

AG. 20 septembre 1907 réglementant l'exploitation des produits forestiers. Droits d'usage des indigènes (*V. le texte au C. 51*).

ANNÉE 1908

AG. 9 janvier 1908 sur les transports et indemnités de transport du personnel indigène (*V. le texte au CS. 456*).

AG. 22 juin 1908 réglementant l'indigénat (*V. le décret du 22 février 1909*).

TITRE Ier

Dispositions générales

ART. 1er. — L'arrêté du 30 octobre 1904 est rapporté et remplacé par les dispositions ci-après :

ART. 2. — Sont qualifiés indigènes et justiciables des dispositions édictées par le présent arrêté, les individus de l'un et de l'autre sexe résidant dans la Colonie et ses dépendances, nés, soit à Madagascar et ses dépendances, soit dans d'autres possessions françaises, ne jouissant pas de la qualité et des droits de citoyen français ou n'appartenant pas à une nationalité étrangère reconnue.

ART. 3. — Les infractions commises par les justiciables, dans les conditions énoncées à l'article 15 ci-dessous, sont passibles de peines disciplinaires prononcées par les administrateurs des colonies, ou les officiers ou fonctionnaires en remplissant les fonctions, ou le Gouverneur Général.

Les peines pourront être de quinze jours de prison et de 100 francs d'amende au maximum. Les peines d'amende et de prison peuvent être infligées séparément ou cumulativement.

Le amendes sont perçues au profit du budget local ; en cas de non-paiement par les condamnés, l'amende est transformée en journées de travail pénal, au taux fixé par le tarif de la main-d'œuvre pénale.

ART. 4. — Les peines infligées en application du Code de l'indigénat sont prononcées publiquement, en présence des condamnés. En même temps, le condamné est informé, dans le cas où la peine n'est pas prononcée en dernier ressort, de son droit d'appel, des délais et de la forme dans lesquels il peut en faire usage.

TITRE II

Compétence des diverses autorités chargées d'appliquer l'arrêté. — Procédure

ART. 5. — Les chefs de district ou commandants de secteur ne pourront prononcer de peines supérieures à cinq jours de prison et 15 francs d'amende.

Les condamnations sont définitives, non susceptibles d'appel et immédiatement exécutoires, quand elles sont prononcées par application des paragraphes 1, 2, 3, 4, 6 et 10 de l'article 15.

Si le chef de district ou commandant de secteur estime insuffisantes, comme punition d'une infraction, les peines à sa disposition, il demande une aggravation de peine au chef de province ou commandant de cercle.

Les chefs de province et commandants de cercle peuvent porter les peines infligées par les chefs de district à quinze jours de prison et 50 francs d'amende.

Pour toutes les infractions mentionnées à l'article 15, les décisions du chef de province sont définitives, non susceptibles d'appel et immédiatement exécutoires, si les pénalités ne dépassent pas cinq jours de prison et 25 francs d'amende.

Le Gouverneur Général peut, dans les conditions indiquées à l'article 13, porter la prison à quinze jours de prison et l'amende à 100 francs.

Le chef de province ou le commandant de cercle, saisi d'une demande d'aggravation de peine par le chef de district ou le commandant de secteur, peut, à volonté, ou faire procéder à une comparution de l'accusé, ou se prononcer sur le simple rapport du chef du district ou du commandant de secteur.

La décision du chef de province ou du commandant de cercle est notifiée par le chef de district ou commandant de secteur dans les mêmes formes que la condamnation initiale.

ART. 6. — L'autorité qui prononce la condamnation inscrira sur un registre ad hoc :

1° Les nom, âge, domicile du condamné, mention de ses antécédents connus ;

2° Nature du délit, avec renvoi au paragraphe de l'article 15 dont dont il été fait application ;

3° Indication sommaire, mais précise, de la façon dont les faits incriminés ont été découverts, des témoignages et de toutes les sources de preuves qui en ont établi l'existence ;

4° Indication des moyens de défense du contrevenant.

Copie du registre sera adressée mensuellement au Gouvernement Général.

Un volant détaché du registre à souche, indiquant la nature de la contravention et de la condamnation, sera remis au condamné.

TITRE III

De l'appel

ART. 7. — Les condamnations prononcées par les chefs de district ou les commandants de secteur, en application des paragraphes 5, 7, 8, 9, sont susceptibles d'appel devant le chef de province.

Les décisions des chefs de province, quand elles entraînent un emprisonnement de plus de cinq jours ou une amende de plus de 25 francs, sont susceptibles d'appel devant le Gouverneur Général.

L'appel est suspensif, sauf dans les cas prévus à l'article 5, § 2.

TITRE IV

Formes et conditions de l'appel

ART. 8. — Tout recours en appel doit être formé entre les mains du chef de district, dans le délai de trois jours, par une lettre signée de l'intéressé ou certifiée par deux témoins connus.

ART. 9. — La déclaration d'appel, visée par l'administrateur ou le fonctionnaire ayant qualité pour la recevoir, indiquera le jour et l'heure de la déclaration d'appel et exposera les moyens de l'appel. Mention sera faite de l'appel sur le volant délivré au condamné.

La déclaration d'appel est transmise par le chef de district ou le commandant de secteur, suivant la juridiction compétente, soit au chef de la province, soit au Gouverneur Général. La déclaration est accompagnée d'une copie de la partie du registre des condamnations concernant l'appelant.

TITRE V

De l'appel devant le chef de province

ART. 10. — Dès réception de la déclaration d'appel, le chef de province convoque l'appelant dans le délai le plus bref.

L'appelant peut se présenter en personne ou adresser un mémoire.

Les jugements d'appel de l'administrateur sont rendus dans la même forme que ceux des chefs de district et transcrits sur un registre spécial, dit registre d'appel des administrateurs. — La notification de la décision est faite par le chef de district à l'appelant. Le chef de district assure l'exécution du jugement prononcé par l'administrateur, après avoir inscrit sur le registre la décision de l'administrateur.

ART. 11. — L'administrateur chef de la province peut infirmer, aggraver ou réduire les peines prononcées par le chef de district du jugement de qui il est fait appel.

TITRE VI

De l'appel devant le Gouverneur Général

ART. 12. — Dès réception de la déclaration d'appel d'une décision de l'administrateur chef de province, le Gouverneur Général fera connaître à l'appelant, par l'intermédiaire de l'administrateur, la date à laquelle l'affaire sera appelée devant le conseil d'administration. L'indigène pourra se présenter en personne ou adresser un mémoire.

ART. 13. — Après avis du conseil d'administration, le Gouverneur Général décide sur l'appel.

Si l'appel est rejeté, la peine dont il a été fait appel pourra être aggravée, la prison portée au maximum et l'amende à 100 francs.

Art. 14. — La décision du Gouverneur Général sera notifiée à l'appelant par le chef de district chargé de l'application de la peine.

TITRE VII

Infractions auxquelles s'applique l'arrêté

Art. 15. — Les infractions passibles des peines disciplinaires, conformément aux dispositions qui précèdent, sont déterminées ainsi qu'il suit :

1° Refus de fournir les renseignements demandés par les agents de l'autorité administrative ou judiciaire dans l'exercice de leurs fonctions. Faux renseignements donnés à ces mêmes agents.

2° Actes irrespectueux ou propos offensants vis-à-vis d'un représentant ou d'un agent de l'autorité, même en dehors de ses fonctions.

Propos tenus contre la France et son gouvernement. Bruits alarmants et mensongers mis en circulation dans le public.

3° Refus ou inexécution du service de gardes, patrouilles, vigies, prescrit par les autorités. Abandon d'un poste ou négligence dans les mêmes services.

Refus ou négligence apportés à obéir aux réquisitions faites en cas d'accident, tumulte, naufrage, inondation, incendie, invasion de sauterelles, ou autres calamités ; en cas d'insurrection, brigandage, pillage, flagrant délit, clameur publique ou exécution judiciaire.

4° Négligence de faire viser son livret individuel ou de voyage par les autorités des lieux traversés. Usage de papiers faux, irréguliers ou n'appartenant pas au porteur.

5° Asile donné, sans en avoir avisé l'autorité avant leur départ du village, à des vagabonds ou à d'autres étrangers non porteurs de livret ou de livret de voyage en règle.

6° Détention pendant plus de vingt-quatre heures, sans avis à donné l'autorité, d'animaux égarés ou de provenance inconnue, et dont la possession légitime ne pourrait être justifiée.

7° Détention, transport, trafic d'armes à feu, poudre et munitions de guerre ou de chasse, sans autorisation.

8° Tapage, scandale, dispute, attroupement, rixes et autres causes de scandale.

Fumer l'opium ou le chanvre, tenir fumerie d'opium ou de chanvre.

9° Réunion en nombre sans autorisation. Réunion sans autorisation pour cérémonies religieuses ailleurs que dans les édifices du culte régulièrement autorisés.

Ouverture de tout établissement religieux ou d'enseignement sans autorisation.

Quêtes ou souscriptions faites sans autorisation en dehors des établissements régulièrement consacrés au culte.

10° Retard dans le paiement des impôts et taxes. Défaut d'obtempérer, sans excuse valable, aux convocations de l'administration à l'occasion de l'établissement ou de la perception des impôts.

Dissimulation de la matière imposable, connivence dans les soustractions ou tentatives de soustraction de la matière imposable ou recensement.

Victor AUGAGNEUR.

ANNÉE 1909

AG. 20 février 1909 sur la libération conditionnelle.

Art. 1er. — L'arrêté du 25 janvier 1897 susvisé est rapporté.

Art. 2. — Toute demande de libération conditionnelle devra être adressée par les détenus au directeur de l'établissement où ils sont internés.

La demande pourra être verbale ou écrite, mais elle devra émaner du prisonnier.

Art. 3. — Les demandes, accompagnées de l'avis motivé du gardien-chef de la prison, seront transmises à la fin de chaque trimestre au Gouverneur Général par le chef de province ou commandant de cercle qui y joindra son appréciation personnelle.

Art. 4. — Lorsque la peine aura été prononcée par un tribunal européen, les propositions de libération conditionnelle seront communiquées pour avis au parquet du tribunal ou de la cour qui a prononcé la peine.

Art. 5. — La mise en liberté conditionnelle sera accordée par décision du Gouverneur Général.

Art. 6. — Notification de la décision qui le concerne sera donnée à chaque intéressé par les soins de l'autorité administrative.

Art. 7. — La mise en liberté conditionnelle ne pourra être révoquée que par le Gouverneur Général, après avis de l'autorité compétente.

L'arrestation provisoire pourra, néanmoins, être ordonnée par l'autorité judiciaire, dans les conditions de l'article 4 de la loi du 14 août 1885.

Art. 8. — L'initiative des propositions de libération conditionnelle pourra toujours être prise par l'administration.

Art. 9. — Toutes dispositions contraires au présent arrêté sont abrogées.

Art. 10. — Les chefs de province et commandants de cercle sont chargés, chacun en ce qui le concerne, de l'exécution du présent arrêté.

Victor AUGAGNEUR.

Décret du 22 février 1909 relatif à l'indigénat.

Art. 1er. — Sont applicables à Madagascar et à Mayotte et Dépendances les dispositions du décret du 30 septembre 1887 relatif à la répression par voie disciplinaire des infractions commises par les indigènes du Sénégal non citoyens français.

ART. 2. — Le Gouverneur Général est autorisé à apporter des tempéraments au droit conféré par les décrets du 30 septembre 1887 (1) aux administrateurs des colonies, de prononcer des pénalités allant jusqu'à quinze jours de prison et 100 francs d'amende, et à régler l'exercice de ce droit en tenant compte de l'organisation administrative locale.

Il est également autorisé à déterminer les cas et conditions dans lesquels il pourra être fait appel des décisions rendues par les administrateurs chefs de district ou de province.

Toutefois, les peines supérieures à cinq jours de prison et à 25 francs d'amende sont susceptibles d'appel devant le Gouverneur Général en conseil d'administration (2).

ART. 3. — La peine d'internement prévue par l'article 4 du décret du 30 septembre 1887 pourra être remplacée par l'obligation de résider dans un lieu déterminé ou par l'interdiction de séjourner sur une partie du territoire de la Colonie.

Ces deux peines ne pourront être prononcées pour une période excédant cinq années. Elles pourront être renouvelées par décision spéciale et sous réserve de l'approbation du ministre des colonies,

La résidence fixe et l'interdiction de séjour seront édictées par arrêtés du Gouverneur Général en conseil d'administration.

ART. 4. — Les décrets du 7 juillet 1901 sont abrogés.

ART. 5. — Le ministre des colonies est chargé de l'exécution du présent décret, qui sera publié au *Journal Officiel* de la République française et au *Journal Officiel* de la Colonie et inséré au *Bulletin des Lois* et au *Bulletin Officiel* du ministère des colonies.

A. FALLIÈRES.

Décret du 3 mars 1909 fixant les conditions d'accession des indigènes aux droits de citoyen français.

ART. 1er. — L'indigène né avant l'annexion à Madagascar ou dans ses dépendances, ou né depuis cette époque de parents établis à Madagascar ou dans ses dépendances à l'époque où elle s'est produite, est sujet français ; il conserve néanmoins le statut indigène et continue à être régi par les lois et coutumes malgaches, sous les réserves et sauf les exceptions prévues par la législation en vigueur. Il peut, sur sa demande, à partir de l'âge de vingt et un ans, être appelé à jouir des droits de citoyen français.

Dans ce cas, il est régi, ainsi que sa femme et ses enfants mineurs, par les lois civiles et politiques applicables aux citoyens français dans la Colonie.

ART. 2. — Il doit, à cet effet se présenter devant l'administrateur de la province où il réside pour former sa demande et déclarer qu'il entend être régi par les lois civiles et politiques de la France ; il doit justifier de la connaissance de la langue française. Procès-verbal est dressé par l'administrateur desdites demande et déclaration.

---

(1) Le décret du 30 septembre 1887 a été inséré au C. 708.
(2) V. l'arrêté du 22 juin 1908.

Sont dispensés de l'obligation de justifier de la connaissance de la langue française, les indigènes décorés de la Légion d'honneur ou de la Médaille militaire.

Art. 3. — L'administrateur procède d'office à une enquête sur les antécédents et la moralité du demandeur. Il transmet au Gouverneur Général le dossier de l'enquête, avec le procès-verbal et les pièces à l'appui, le tout accompagé de son avis motivé.

Art. 4. — Le Gouverneur Général, en conseil d'administration, émet son avis sur la demande et la transmet ensuite avec le dossier au ministre des colonies. Il est statué par le Président de la République, sur la proposition collective du ministre des colonies et du garde des sceaux.

Art. 5. — Si le demandeur est sous les drapeaux, le procès-verbal prescrit à l'article 2 est dressé par le chef de corps. Ce dernier transmet le dossier au général commandant supérieur, qui donne son avis motivé et l'envoie ensuite au Gouverneur Général pour la suite à donner.

Art. 6. — Aucun droit de sceau ne sera perçu pour l'accession des indigènes malgaches aux droits de citoyen français.

Art. 7. — Le ministre des colonies et le garde des sceaux, ministre de la justice et des cultes, sont chargés, chacun en ce qui le concerne, de l'exécution du présent décret, qui sera publié aux *Journaux Officiels* de la métropole et de la colonie de Madagascar et inséré au *Bulletin des Lois* et au *Bulletin Officiel* du ministère des colonies.

Décret du 9 mars 1909 plaçant les militaires indigènes des troupes coloniales sous la juridiction des tribunaux français dans tous les cas où ils ne sont pas justiciables des conseils de guerre (*V. le texte au CS 524*).— *Mais voir l'article 60 du décret du 9 mai 1909 sur la justice indigène*).

AG. 14 avril 1909 fixant les délais d'exécution des lois, décrets et arrêtés à Madagascar (*V. le texte au CS. 511*).

Décret du 9 mai 1909 portant réorganisation de la justice indigène à Madagascar.

TITRE Ier

De l'organisation des tribunaux indigènes

Art. 1er. — La justice en matière indigène est rendue à Madagascar par des tribunaux indigènes du 1er et du 2e degré, la cour d'appel et une chambre d'homologation.

Art. 2. — Sont indigènes dans le sens du présent décret et justiciables des juridictions indigènes, les individus originaires de Madagascar et Dépendances ou autres possessions françaises ne possédant pas la qualité de citoyen français ou une nationalité étrangère reconnue.

Art. 3. — Il est institué au chef-lieu de chaque district ou secteur un tribunal indigène du 1er degré composé du chef du district ou secteur, président, assisté de deux notables indigènes désignés par le Gouverneur Général.

ART. 4. — Il est institué au chef-lieu de chaque province ou cercle un tribunal indigène du 2ᵉ degré composé du chef de la province ou du commandant du cercle, président, assisté de deux notables indigènes désignés par le Gouverneur Général.

ART. 5. — En cas d'absence ou d'empêchement du président du 1ᵉʳ degré ou des assesseurs du 1ᵉʳ ou du 2ᵉ degré, le chef de la province, délégué à cet effet par le Gouverneur Général, désigne le fonctionnaire ou les assesseurs qui doivent les remplacer.

ART. 6. — Le Gouverneur Général désigne l'administrateur qui doit remplacer le président du tribunal du 2ᵉ degré en cas d'absence ou d'empêchement.

ART. 7. — Lorsque le tribunal du 2ᵉ degré juge comme tribunal d'appel, il est toujours présidé par le chef de la province ou du cercle, et, à défaut, et dans les cas urgents seulement, par l'administrateur le plus élevé en grade après lui.

ART. 8. — La cour d'appel statuant en matière indigène est présidée par un conseiller désigné au commencement de l'année par le président de la cour, après avis du procureur général. Il est assisté d'un second conseiller ou du conseiller auditeur, d'un administrateur et de deux notables indigènes : l'administrateur et les assesseurs indigènes sont désignés par le Gouverneur Général. Deux assesseurs suppléants sont également désignés pour remplacer les premiers en cas d'absence ou d'empêchement. Le président de la cour peut présider la cour d'appel statuant en matière indigène. La présence du ministère public n'est pas obligatoire.

ART. 9. — Les assesseurs près les tribunaux indigènes et la cour d'appel n'ont que voix consultative. Ils sont obligatoirement consultés ; mention en est faite dans le jugement ou l'arrêt.

ART. 10. — Les présidents des tribunaux indigènes et l'administrateur siégeant à la cour prêtent serment de vive voix ou par écrit devant la cour d'appel, en audience civile ; les assesseurs indigènes prêtent serment en audience publique devant le président de la juridiction à laquelle ils sont attachés.

ART. 11. — Les membres des tribunaux indigènes et de la cour d'appel siégeant en matière indigène ne sont pas soumis à la récusation. Lorsque le président du tribunal ou de la cour est informé qu'il existe pour un assesseur des motifs d'abstention, il décide souverainement et sans appel si l'assesseur doit s'abstenir.

ART. 12. — Les fonctions de greffier n'existent pas auprès des tribunaux indigènes. Les présidents peuvent se faire assister pour la rédaction matérielle des jugements, la tenue des registres nécessaires et des notes d'audience, la délivrance des expéditions, d'un secrétaire de leur choix pris parmi les fonctionnaires européens ou indigènes placés sous leurs ordres. A la cour, les fonctions de secrétaire sont remplies par un commis-greffier.

Les minutes seront déposées au greffe de la cour.

TITRE II

Matière civile

CHAPITRE Ier

COMPÉTENCE

Art. 13. — Les tribunaux indigènes et la cour d'appel statuant en matière indigène connaissent de toutes les contestations dans lesquelles des indigènes seuls sont en cause.

Art. 14. — La compétence territoriale est fixée par le lieu du domicile du défendeur. La fixation du domicile est laissée à l'appréciation souveraine du tribunal saisi de la requête.

En cas de conflit négatif sur cette fixation entre deux juridictions de même nature, le conflit sera réglé par le tribunal du 2e degré ou par la cour d'appel, suivant la procédure prévue en cas d'appel.

Art. 15. — Le tribunal du 1er degré connaît en premier et dernier ressort de toutes les actions d'une valeur inférieure à 300 francs.

En premier ressort seulement et à charge d'appel devant le tribunal du 2e degré : 1° de toutes les actions d'une valeur supérieure à 300 francs et n'excédant pas 1.500 francs ; 2° de toutes les actions dont la valeur ne peut être fixée en argent, notamment de toutes les affaires de divorce.

Art. 16. — Le tribunal du 2e degré connaît :

1° De l'appel des jugements rendus en premier ressort par le tribunal du 1er degré ;

2° En premier et dernier ressort, de toutes les actions, de quelque nature qu'elles soient, dont la valeur, supérieure à 1.500 francs, n'excède pas 3.000 francs.

3° En premier ressort seulement et à charge d'appel devant la cour, de toutes les actions d'une valeur supérieure à 3.000 francs.

Art. 17. — Les limites de la compétence sont exclusivement fixées par la valeur du litige. Les amendes et les pénalités prévues par la loi qui pourraient être encourues ou prononcées sont sans effet sur le taux du ressort.

Art. 18. — La cour d'appel connaît de l'appel des jugements rendus en premier ressort par les tribunaux du 2e degré et de l'annulation des jugements rendus en dernier ressort par les tribunaux des 1er et 2e degré.

CHAPITRE II

DE LA REQUÊTE INTRODUCTIVE D'INSTANCE

Art. 19. — L'instance est exclusivement introduite par une requête adressée oralement ou par écrit soit au président du tribunal, soit au tribunal en audience publique.

Art. 20. — Elle est adressée par le demandeur en personne. Si toutefois il est d'un âge avancé, malade, absent pour une période de longue durée, domicilié dans un lieu trop éloigné du chef-lieu du tribunal, la requête peut être présentée par un parent rapproché et, à défaut, par un mandataire indigène devant justifier de son mandat par un acte inscrit sur les registres du gouvernement. S'il est mineur ou incapable, le président désignera d'office pour le représenter un mandataire choisi autant que possible parmi les proches parents. Mention de la qualité du représentant et de l'autorisation à lui donnée est faite dans le jugement ou le procès-verbal de la conciliation.

Art. 21. — Les tribunaux apprécient souverainement et sans recours possible les causes d'empêchement et la qualité des représentants.

Art. 22. — Si la requête est adressée oralement, le président la fait recueillir par écrit et inscrire en langue indigène sur un registre spécial ; si elle est présentée par écrit, il la fait transcrire sur ledit registre. Il fait compléter les requêtes s'il y a lieu et veille à ce qu'elles indiquent clairement l'objet et la valeur du litige, le nom et le domicile des parties, etc. Il provoque tous les éclaircissements nécessaires et fait procéder, le cas échéant, à une enquête sur la valeur des biens en litige

Art. 23. — Si le procès n'est pas de sa compétence, le président du tribunal du 1er degré, après avoir fait compléter et enregistrer la demande ainsi qu'il a été dit à l'article précédent, la transmet au président du tribunal compétent qui la fait enregistrer à son tour sur le registre à ce destiné.

Art. 24. — La requête introductive d'instance reçue fixe irrévocablement l'instance quant aux parties en cause, à l'objet du litige et à la valeur de la réclamation.

CHAPITRE III

DE LA CONCILIATION

Art. 25. — La tentative de conciliation est obligatoire dans chaque affaire. Les parties sont obligées de se présenter en personne, sauf dans les cas prévus à l'article 20.

Si le défendeur est mineur ou incapable, il lui est désigné un mandataire d'office, conformément à l'article 20.

Le procès-verbal de conciliation a valeur authentique et, pour les obligations qui peuvent y être contenues, force exécutoire. Dans ce cas, néanmoins, au contraire de ce qui sera dit sur les jugements, l'exécution n'aura lieu qu'à la requête du créancier.

CHAPITRE IV

DROITS DE JUSTICE

Art. 26. — En cas de non-conciliation et à l'audience à laquelle elle est constatée, le tribunal, en présence des parties, détermine les droits de justice que devra acquitter le demandeur. Les droits de justice sont fixés par des arrêtés du Gouverneur Général.

Art. 27. — Si, à l'audience fixée pour le versement des droits, le demandeur ne justifie pas du versement, il est déchu de sa demande. Mention du non-versement et de la déchéance est faite au bas de la requête.

Art. 28. — En cas d'indigence dûment constatée dans les formes administratives ordinaires, le tribunal pourra exempter le demandeur du versement des droits de justice. Mention de l'exemption et du montant des droits remis est faite au bas de la requête.

ART. 29. — Si l'affaire ne comporte pas d'instruction, elle est jugée séance tenante ou à l'audience qui sera fixée par le tribunal. Si elle comporte une instruction, les parties sont renvoyées devant les assesseurs qui procéderont à l'instruction. Le président du tribunal dirige, contrôle et surveille les instructions faites par les assesseurs ; il peut y procéder lui-même.

ART. 30. — Lorsque l'audition de témoins est nécessaire, les témoins sont entendus par le président du tribunal ou les assesseurs en audience non publique et en présence des parties.

Les témoins indigènes ne prêtent pas serment ; ils sont invités à dire toute la vérité et prévenus qu'en cas de faux témoignage, ils seront passibles des peines prévues par la loi. Le faux témoignage est acquis indépendamment de toute rétractation.

ART 31. — L'affaire étant en état, les partie convoquées à l'audience fixée, le président fait connaître les résultats de l'instruction, les parties sont entendues dans leurs explications ou celles de l'avocat-défenseur ou du fondé de pouvoirs, l'affaire est mise en délibéré et le jugement rendu en audience publique séance tenante ou à une audience ultérieure.

ART. 32. — Le jugement doit être motivé, rendu en français, et le dispositif en sera aussitôt traduit publiquement en langue indigène. Il doit contenir l'énoncé sommaire des faits, la copie de la requête introductive d'instance, les conclusions et dires des parties, les mesures préparatoires ordonnées et les enquêtes.

ART. 33. — Une copie du jugement en langue indigène est remise sans frais aux parties dans le plus bref délai ; elle est suivie de l'indication des voies de recours et des délais dans lesquels elles demeurent ouvertes. Mention de l'accomplissement de cette formalité et de la date est faite à la suite ou en marge du jugement.

Lorsque l'une des parties est absente, la copie est remise au gouverneur madinika du lieu de domicile. Lorsque le défendeur est domicilié dans une autre circonscription, la copie est adressée au représentant ou, à défaut, au président du tribunal du domicile qui la fait remettre ainsi qu'il a été dit.

Les jugements sont exécutés par les soins du tribunal.

ART. 34. — Les biens mobiliers et immobiliers du débiteur peuvent être saisis. Ne peuvent être saisis les tombeaux lorsque des corps y sont déposés, les vêtements dont le saisi est recouvert, les deniers nécessaires à la nourriture du saisi et de sa famille pendant un mois, les instruments de travail.

ART. 35. — Le détournement d'objets saisis sera poursuivi conformément aux lois. Pourra être passible des mêmes peines celui qui aura par des ventes fictives, soit par tout autre moyen frauduleux, dissimulé, dans le but de les soustraire aux poursuites de son créancier, tout ou partie de ceux de ses biens que le tribunal aurait affectés spécialement à la garantie de l'exécution du jugement.

ART. 36. — La saisie des immeubles immatriculés se fera comme il est prescrit au décret du 16 juillet 1897.

Art. 37. — La contrainte par corps peut être exercée conformément aux coutumes malgaches ; le mode d'exécution en sera réglé par des arrêtés du Gouverneur Général.

CHAPITRE V

VOIES DE RECOURS

Art. 38. — Les seules voies de recours existant contre le jugements rendus par les tribunaux du 1ᵉʳ et du 2ᵉ degré sont l'appel et l'annulation. L'appel des jugements interlocutoires ou préparatoires n'est recevable qu'avec l'appel sur le fond ; l'appel du jugement définitif implique au surplus l'appel de tous jugements antérieurs rendus dans l'affaire.

A. — Appel

Art. 39. — L'appel est formé par une simple déclaration verbale ou écrite adressée au président du tribunal d'où émane la décision ; elle est faite par la partie intéressée ou son représentant autorisé. Mention de la déclaration d'appel est faite à la suite ou en marge du jugement.

Art. 40 — Le délai pour interjeter appel est de quinze jours à compter de la remise de la copie du jugement aux parties ou à leur représentant ou au gouverneur madinika.

Le jour de la remise n'est pas compris dans ce délai.

Art. 41. — L'appel donne lieu à la perception d'un droit qui sera fixé par le Gouverneur Général.

La déclaration d'appel ne sera pas reçue si l'appelant ne justifie pas du versement de ce droit ou d'une exemption accordée dans les conditions déterminées à l'article 28.

Art. 42. — Dans le plus bref délai après la déclaration d'appel, le président du tribunal transmet au président du tribunal du 2ᵉ degré ou de la cour d'appel le dossier qui doit comprendre, outre le jugement, toutes les pièces relatives à l'affaire.

Art. 43. — Aussitôt après la réception du dossier, le président de la juridiction d'appel convoque les parties à l'audience fixée par lui. Il est procédé aux débats ainsi qu'il a été dit à l'article 31. Le jugement ou les arrêts sont rendus, portés à la connaissance des parties et exécutés ainsi qu'il a été dit aux articles 32, 33, 34 et suivants.

Art. 44. — Si l'affaire comporte en appel une instruction complémentaire, il y est procédé ainsi qu'il a été dit à l'article 29.

Art. 45. — Les délais de déclaration d'appel et d'annulation doivent être observés à peine de nullité. En dehors de ces cas, il n'existe en matière civile indigène d'autres nullités obligatoires que celles qui sont prévues à l'article 53.

B. — Annulation

Art. 46. — La déclaration de pourvoi en annulation est faite dans la même forme que la déclaration d'appel.

Art. 47. — Le délai pour le pourvoi en annulation est de trente jours à compter de la remise de la copie du jugement, non compris le jour de la remise.

Art. 48. — La déclaration de pourvoi en annulation doit être accompagnée d'une consignation d'amende de 50 francs.

Sera dispensé de la consignation préalable celui dont l'indigence aura été constatée dans les formes ordinaires. L'amende sera néanmoins prononcée contre lui dans le cas où il succomberait.

Art. 49. — Sur la justification du versement de l'amende, le président du tribunal transmet, dans le plus bref délai, au président de la cour le dossier de l'affaire.

Art. 50. — Le pourvoi en annulation est suspensif.

Art. 51. — L'instance en annulation est ouverte par une requête en annulation présentée soit par les parties ou leurs parents rapprochés ou le mandataire désigné d'office, soit par l'avocat-défenseur. Elle doit contenir les moyens d'annulation et être présentée à la cour dans un délai d'un mois à dater de la déclaration de pourvoi en annulation.

Art. 52. — Les avocats-défenseurs peuvent seuls assister les parties ou déposer des conclusions en leur nom devant la cour. Les parties peuvent d'ailleurs se défendre et conclure elles-mêmes.

Art. 53. — Le recours en annulation n'est ouvert que pour incompétence, composition irrégulière du tribunal, défaut de publicité des audiences et des jugements, défaut de consultation des assesseurs, absence de requête introductive d'instance, nullité de l'appel, défaut de versement de l'amende ou des droits sauf exonération, violation des lois et coutumes locales.

Art. 54. — L'exécution des arrêts d'annulation est poursuivie ainsi qu'il a été dit pour les jugements.

TITRE III

Matière répressive

CHAPITRE Ier

COMPÉTENCE

Art. 55. — Les tribunaux du 1er degré connaissent :

1° En premier et dernier ressort, de toutes les contraventions, de quelque nature qu'elles soient, commises par les indigènes ;

2° En premier ressort seulement et à charge d'appel devant les tribunaux du 2e degré, de tous les délits commis par les indigènes, à l'exception :

1° De ceux qui auront été commis au préjudice d'Européens ou assimilés ;

2° De ceux qui auront été commis de complicité avec un Européen ou assimilé.

Art. 56. — La distinction entre les délits et les crimes est faite d'après la loi française.

Art. 57. — Les délits commis par des indigènes contre l'ordre public proprement dit sont de la compétence des tribunaux du 1er degré. Il en est de même des délits commis par des indigènes contre l'Etat, la Colonie ou une administration publique.

ART. 58. — Les tribunaux répressifs ne connaissent pas des faits qui, quoique punis par la loi malgache d'amende ou d'emprisonnement, n'ont que le caractère d'une inexécution d'obligation civile.

ART. 59. — Les tribunaux du 2e degré connaissent :

1° De l'appel des jugements rendus par les tribunaux du 1er degré dans les cas prévus par l'article 55, § 2 ;

2° De tous les crimes commis par les indigènes sous les mêmes exceptions et réserves qu'aux articles 55 et 57.

ART. 60. — Les tribunaux indigènes connaissent en outre des délits ou crimes commis par les militaires indigènes de complicité avec d'autres indigènes non militaires.

ART. 61. — Lorsque les tribunaux du 2e degré siègent en matière criminelle, il leur est adjoint deux fonctionnaires désignés par le Gouverneur Général et ayant voix délibérative ; ils prêtent serment en audience publique devant le président du tribunal du 2e degré.

ART. 62. — En cas d'absence ou d'empêchement, le chef de la province, délégué à cet effet par le Gouverneur Général, pourvoit au remplacement des assesseurs désignés à l'article 61.

CHAPITRE II

DE LA PROCÉDURE

ART. 63. — Les présidents des tribunaux indigènes exercent seuls l'action publique en matière indigène, sous le contrôle et sous la surveillance du procureur général.

ART. 64. — Il n'existe pas de partie civile en matière indigène. Les tribunaux statuent d'office sur les restitutions.

ART. 65. — L'action publique en matière indigène se prescrit, sauf interruption, par trois mois, cinq ans et dix ans, suivant qu'il s'agit de contraventions, de délits ou de crimes.

ART. 66. — Les présidents des tribunaux indigènes sont chargés, dans les limites de leur ressort, des informations et instructions lorsqu'il y a lieu. Ils les dirigent eux-mêmes ou y font procéder sous leur surveillance par les fonctionnaires placés sous leurs ordres ou par les assesseurs indigènes. Ils adressent toutes commissions rogatoires, ils peuvent seuls décerner les mandats de justice.

ART. 67. — Le mandat doit énoncer le nom de l'autorité qui l'a décerné, le nom de l'indigène auquel il s'applique avec la désignation de sa filiation, de son lieu de naissance et de son domicile, le motif pour lequel il est décerné, l'autorité qui est chargée de l'exécuter ; il est daté et signé.

ART. 68. — Lorsqu'un délinquant est arrêté en dehors du chef-lieu, il en est rendu compte, dans le plus bref délai, au président du tribunal qui décerne sans aucun retard le mandat nécessaire.

ART. 69. — Le mandat de dépôt ne pourra être décerné qu'après que le prévenu aura été interrogé sur les faits qui motivent la poursuite.

Dans le cas de mandat d'amener, de comparution ou d'arrêt, le prévenu devra être interrogé autant que possible de suite et au plus tard dans les vingt-quatre heures de son arrivée au chef-lieu du tribunal.

Art. 70. — Les tribunaux sont saisis par l'ordre de comparaître qui est délivré contre le prévenu.

Art. 71. — Il lui est remis à cet effet par voie administrative un ordre écrit en langue indigène, faisant connaître le jour de l'audience et les faits dont il a à répondre. L'ordre est signé par le président du tribunal. L'original en langue française doit être déposé au dossier. Mention y est faite de la remise du double à l'intéressé.

Art. 72. — Dans le cas de flagrant délit et si l'affaire paraît en état d'être jugée, le prévenu peut être conduit immédiatement à la barre.

Art. 73. — Les débats doivent être publics, le prévenu doit être interrogé et entendu dans ses explications ou sa défense.

Art. 74. — Les prévenus pourront se faire assister d'un défenseur européen ou indigène agréé par le président ; un défenseur d'office européen ou indigène sera désigné à tout indigène accusé d'un crime.

Art. 75. — Les témoins ne prêtent pas serment ; ils peuvent néanmoins être poursuivis, le cas échéant, pour faux témoignage. Ils sont invités à dire toute la vérité et avertis qu'en cas de faux témoignage, ils encourent les peines prévues par la loi.

Art. 76. — L'article 463 du Code pénal est applicable en matière indigène répressive.

Art. 77. — La loi de sursis n'est jamais appliquée aux indigènes. Cette disposition leur est applicable devant les tribunaux français.

La loi sur la récidive et l'aggravation des peines n'est applicable que dans les cas où la loi française est seule appliquée.

Art. 78. — La majorité pénale est celle qui est fixée par les lois et les coutumes indigènes. Toutefois, l'individu âgé de moins de seize ans pourra être acquitté comme ayant agi sans discernement et remis à ses parents ou renvoyé dans une maison de correction pour une durée qui ne pourra être inférieure à six mois ni dépasser l'âge de dix-huit ans.

Art. 79. — Les jugements sont motivés et rendus en audience publique, les assesseurs indigènes consultés ; ils doivent constater l'énoncé sommaire des faits, l'interrogatoire du prévenu, ses conclusions et ses déclarations, les dépositions des témoins, la sentence, la loi appliquée, les noms des juges qui ont participé à la décision.

Ces jugements sont transcrits à leur date sur un registre spécial coté et paraphé par le chef de la province.

Art. 80. — Tout condamné en matière correctionnelle et criminelle doit recevoir aussitôt après l'audience un écrit en langue indigène signé du président et faisant connaître les motifs et la nature de la condamnation, les voies de recours et le délai pour en user, la procédure à suivre. Mention de l'accomplissement de cette formalité doit être faite à la suite du jugement.

CHAPITRE III

DES VOIES DE RECOURS

Art. 81. — Les jugements rendus par défaut sont susceptibles d'opposition.

Les jugements contradictoires sont seuls susceptibles d'appel.

Art. 82. — Un jugement est réputé contradictoire lorsque le prévenu a comparu. Il n'a pas la faculté de déclarer qu'il entend faire défaut.

Art. 83. — En matière correctionnelle, le président du tribunal du 1er degré, aussitôt après le prononcé du jugement, est tenu de demander au condamné présent s'il entend interjeter appel. Celui-ci peut faire séance tenante sa déclaration d'appel qui est consignée à la suite ou en marge du jugement.

Art. 84. — Si l'appel n'est pas interjeté à l'audience, il peut être fait par déclaration écrite ou verbale au président du tribunal du 1er degré, dans les dix jours qui suivent. La déclaration est inscrite comme il a été dit à l'article précédent.

Art. 85. — La notification des jugements par défaut est faite à personne dans la forme prescrite à l'article 80.

Le délai pour former opposition est de dix jours à compter de la notification, le jour de la notification n'y étant pas compris.

Art. 86. — L'opposition est faite par simple déclaration écrite ou verbale au président du tribunal. Elle est inscrite à la suite ou en marge du jugement.

L'affaire est jugée à nouveau à l'une des plus prochaines audiences.

Art. 87. — Les tribunaux ne sont pas saisis par une opposition ou un appel tardif ; la déclaration d'opposition ou d'appel sera néamoins inscrite comme il a été dit aux articles précédents, et portée, dans le plus bref délai, à la connaissance du procureur général qui avisera l'intéressé de l'irrecevabilité ou pourra, le cas échéant, si l'irrecevabilité est discutable, saisir le tribunal compétent, qui statuera sur la recevabilité.

Art. 88. — Lorsque l'appelant est détenu, il doit être transféré au chef-lieu de la province avec les pièces du procès et la copie du jugement.

Art. 89. — L'appelant qui succombera pourra être condamné à une amende de 150 francs.

Art. 90. — Après chaque audience, il sera envoyé au procureur général et au chef de la province un extrait des jugements rendus en matière correctionnelle par les tribunaux du 1er degré. Ces extraits doivent contenir le résumé des indications mentionnées à l'article 79.

Art. 91. — Les chefs de province peuvent faire appel des décisions rendues en matière correctionnelle par les tribunaux du 1er degré, dans le mois qui suit le prononcé du jugement. Le procureur général est investi du même droit ; le délai, en ce qui le concerne, est porté à deux mois à dater de la réception du relevé prévu à l'article 90.

Art. 92. — L'appel du procureur général et du chef de la province est formé par lettre adressée au président du tribunal du 1er degré ; la date de la lettre est celle de l'appel. Mention de l'appel est faite à la suite ou en marge du jugement.

CHAPITRE IV

DE L'HOMOLOGATION

Art. 93. — Il est institué au chef-lieu de la cour d'appel une chambre d'homologation chargée de statuer sur l'homolo-

gation des jugements rendus en matière criminelle par les
tribunaux du 2ᵉ degré et de l'annulation, dans l'intérêt de la
loi seulement, des jugements définitifs rendus en matière correctionnelle et de simple police par les tribunaux indigènes
qui lui sont dénoncés par le procureur général.

Art. 94. — Cette chambre se compose : 1° de trois magistrats de la cour désignés au commencement de l'année par le
président, après avis du procureur général ; 2° de deux fonctionnaires désignés à la même époque par le Gouverneur
Général ; 3° de deux assesseurs indigènes désignés par le Gouverneur Général et n'ayant que voix consultative. Deux autres assesseurs sont désignés pour les remplacer en cas d'absence ou
d'empêchement. Elle est présidée par le magistrat désigné à
cet effet au commencement de l'année par le président de la
cour, après avis du procureur général. Le président de la cour
peut la présider lui-même.

La présence du ministère public n'est pas obligatoire ; les
fonctions en sont exercées, le cas échéant, par le procureur
général, l'avocat général ou le conseiller auditeur.

Les fonctions de secrétaire sont remplies par un commis-
greffier, ainsi qu'il a été dit à l'article 12.

Art. 95. — En cas d'absence ou d'empêchement de l'un
des fonctionnaires faisant partie de la chambre, le Gouverneur
Général désigne un autre fonctionnaire pour le remplacer ; il
est pourvu par le président de la cour au remplacement des
magistrats empêchés.

Art. 96. — Les dispositions de l'article 11, en ce qui concerne la récusation, s'appliquent également à la chambre
d'homologation.

Art. 97. — La chambre d'homologation est saisie par le
procureur général dans la quinzaine de la réception du dossier
qui aura été transmis à ce magistrat par le président du tribunal
du 2ᵉ degré.

Ce dossier devra comprendre, outre les pièces de la procédure, une copie du jugement et être accompagné d'un rapport
dans lequel le président du tribunal du 2ᵉ degré relatera les faits
du procès, les incidents qui ont pu se produire à l'audience et
toutes les circonstances propres à éclairer la religion de la
chambre.

Art. 98. — La chambre d'homologation statue dans le mois
sur le rapport d'un de ses membres, le ministère public entendu
lorsqu'il est représenté.

Art. 99. — Les débats ont lieu et l'arrêt est rendu en audience
publique ; les parties ne sont pas présentes ni représentées ; elles
peuvent produire tous mémoires utiles.

Art. 100. — La chambre d'homologation ordonne tous les
compléments d'instruction qui lui paraîtront nécessaires ; elle y
fait procéder par l'un de ses membres, les présidents des tribunaux indigènes ou toutes autres autorités judiciaires.

Art. 101. — Lorsque la chambre annule, elle renvoie
l'affaire devant le tribunal qui en aura connu ou un tribunal
voisin du lieu du crime, en indiquant par arrêt motivé les
points insuffisamment établis ou reconnus erronés sur lesquels
devra porter le nouvel examen des juges.

Les tribunaux saisis après arrêt de la chambre sont tenus de
se conformer sur les points de droit aux indications de l'arrêt.

Art. 102. — Lorsque le tribunal du 2ᵉ degré, après de nouveaux débats, aura rendu son jugement, le dossier sera renvoyé à la chambre qui peut soit homologuer, soit annuler à nouveau et, dans ce dernier cas, évoquer l'affaire et statuer au fond.

Art. 103. — Elle peut, lorsqu'elle évoque l'affaire, ordonner, si elle le juge utile, la comparution des parties et des témoins.

Lorsque la chambre évoque l'affaire, la présence du ministère public est obligatoire et l'accusé peut se faire assister ou représenter par un avocat-défenseur; au cas d'évocation, un défenseur d'office est toujours désigné à l'accusé.

Art. 104. — Dans le cas où le tribunal du 2ᵉ degré a manifestement excédé sa compétence en connaissant d'une affaire relevant des tribunaux français, la chambre peut annuler dès le premier examen des pièces et renvoyer l'affaire devant la juridiction compétente. Si le condamné est détenu ou en fuite sous le coup d'un mandat d'arrêt, elle ordonne le maintien du mandat de dépôt ou d'arrêt.

Art. 105. — Tous les arrêts rendus par la chambre d'homologation sont exécutés à la diligence du procureur général.

Art. 106. — Il n'existe pas de nullité en matière répressive indigène. La chambre d'homologation est armée d'un pouvoir souverain d'appréciation : elle peut annuler dans l'intérêt de la loi seulement, lorsqu'il lui apparaît que les irrégularités constatées ne portent pas atteinte à l'ordre public ou n'ont pas été de nature à compromettre la défense de l'inculpé et à fausser la décision sur le fond.

Art. 107. — L'exécution des jugements des tribunaux indigènes est suspendue pendant la durée de la procédure d'homologation ; la peine courra néanmoins du jour de la détention préventive, à moins que le juge n'ait ordonné, par disposition spéciale et motivée, que cette imputation n'aura pas lieu ou n'aura lieu que pour partie.

TITRE IV

Exécution des peines

Art. 108. — La peine n'est jamais prescrite. Cette disposition est également applicable aux indigènes condamnés par les tribunaux français.

Art. 109. — Toutes les peines prononcées contre les indigènes, même par les tribunaux français, sont subies dans la Colonie ; le Gouverneur Général peut toutefois envoyer à la disposition de l'autorité compétente les condamnés aux travaux forcés dans la proportion qu'il jugera utile.

Art. 110. — A la peine des fers prévue par les lois et les coutumes indigènes, est substituée la peine d'emprisonnement si la condamnation est inférieure ou égale à cinq ans, la peine de réclusion si la condamnation est de plus de cinq ans, la peine des travaux forcés si la condamnation est de plus de dix ans.

Art. 111. — Les condamnations au paiement d'un certain nombre de bœufs prévues par la loi indigène sont supprimées ; il leur est substitué une amende de même valeur : le prix des bœufs sera à cet effet fixé pour chaque province par arrêté du Gouverneur Général.

ART. 112. – Le Gouverneur Général réglemente par arrêtés pris en conseil d'administration le régime pénitentiaire applicable à chaque catégorie de condamnés ; il fixe celui des prévenus et des contraignables par corps. Les prévenus peuvent être astreints à un travail rémunéré et compatible avec leur condition.

ART. 113. — En matière criminelle, le Gouverneur Général ordonne en conseil d'administration l'exécution des arrêts de condamnation comportant des peines supérieures à sept ans de travaux forcés ou prononce le sursis. Lorsque les prescriptions de l'article 12 du Code pénal ne peuvent être observées, le Gouverneur Général fixe le mode d'exécution.

ART. 114. — La contrainte par corps a lieu en matière répressive pour le recouvrement des amendes et des frais ; elle est exercée par voie administrative. Les contraignables sont employés à des travaux d'utilité publique.

ART. 115. — Le Gouverneur Général fixe par arrêté la valeur de la journée de travail. Les dispositions de la loi indigène en ce qui concerne l'évaluation de la contrainte à raison de « sikajy » par jour sont supprimées. En aucun cas la durée de la contrainte ne peut être supérieure à trois ans.

TITRE V

Dispositions générales

ART. 116. — Les tribunaux indigènes appliquent en matière répressive : 1° les lois et coutumes indigènes en tout ce qu'elles n'ont pas de contraire aux principes de la civilisation française ; 2° la loi française en tout ce qui n'est pas prévu par la loi malgache et dans les cas où celle-ci serait contraire aux principes de la civilisation française.

En matière civile, ils appliquent les lois et coutumes locales et, s'il y a lieu, les lois et coutumes propres à la qualité des parties.

ART. 117. — Le procureur général surveille et contrôle le fonctionnement de la justice indigène ; il rend compte au Gouverneur Général des irrégularités graves qui seraient portées à sa connaissance.

En tout état de cause et en toute matière, il peut ordonner la mise en liberté provisoire.

ART. 118. – Le Gouverneur Général prend toutes mesures pour assurer le fonctionnement de la justice en matière indigène.

Il peut, notamment, par arrêtés pris en conseil d'administration, réglementer la procédure tant en matière civile que répressive, fixer les droits de justice et les amendes.

Il peut, par voie d'arrêtés ou de décisions, instituer des tribunaux dans d'autres centres que les chefs-lieux, en supprimer, créer des chambres supplémentaires, fixer le nombre des audiences, *autoriser les audiences foraines*, fixer les droits d'expédition de pièces et le mode de perception, prescrire la forme des divers actes nécessaires, la tenue des registres, les modes de convocation, etc.

Il prend d'une façon générale tous arrêtés complémentaires du présent décret.

Art. 119. — Sont abrogées toutes dispositions législatives françaises ou indigènes contraires aux dispositions du présent décret.

Art. 120. — Le ministre des colonies et le garde des sceaux, ministre de la justice et des cultes, sont chargés, chacun en ce qui le concerne, de l'exécution du présent décret, qui sera publié aux *Journaux Officiels* de la métropole et de la colonie de Madagascar et inséré au *Bulletin des Lois* et au *Bulletin Officiel* du ministère des colonies.

A. FALLIÈRES.

AG. 8 septembre 1909 sur la procédure en matière civile indigène.

TITRE Iᵉʳ

Dispositions générales

CHAPITRE Iᵉʳ

DE L'ORGANISATION ET DE LA COMPOSITION DE LA COUR ET DES TRIBUNAUX INDIGÈNES STATUANT EN MATIÈRE CIVILE INDIGÈNE. — DES ASSESSEURS. — DU SERMENT.

Art. 1ᵉʳ. — L'organisation et la composition de la cour et des tribunaux indigènes, statuant en matière civile indigène, sont fixées et réglementées par les articles 3, 4, 5, 6, 7, 8, 10, 12 du décret du 9 mai 1909, portant réorganisation de la justice indigène.

Art. 2. — Les assesseurs indigènes près la cour et les tribunaux indigènes, statuant en matière civile indigène, n'ont que voix consultative. Ils sont obligatoirement consultés et mention doit en être faite dans l'arrêt ou le jugement (art. 9 du décret).

Art. 3. — Les présidents des tribunaux indigènes et l'administrateur siégeant à la cour prêtent serment de vive voix ou par écrit devant la cour d'appel en audience civile (art. 10 du décret).

Les assesseurs indigènes prêtent serment en audience publique devant le président de la juridiction à laquelle ils sont attachés (art. 10 du décret).

La prestation de serment des assesseurs indigènes est constatée par un procès-verbal signé du président, mentionnant qu'à telle date, en audience publique, tel assesseur a prêté le serment devant le président de la juridiction à laquelle il est attaché.

La prestation de serment est impérativement exigée avant toute entrée en fonctions. Mais, dans le cas de serment par écrit, l'entrée en fonctions du président ou d'un assesseur peut avoir lieu dès que le président a transmis à la cour le serment prêté.

Chaque procès-verbal de prestation de serment doit être transcrit sur le *Registre des prestations de serment*, registre qui doit être tenu dans chaque tribunal.

CHAPITRE II

DE LA COMPÉTENCE DE LA COUR ET DES TRIBUNAUX INDIGÈNES STATUANT EN MATIÈRE CIVILE INDIGÈNE

Art. 4. — La compétence *ratione personæ* est fixée par l'article 13 du décret, aux termes duquel les tribunaux indigènes et la cour statuant en matière indigène connaissent de toutes les contestations dans lesquelles les indigènes seuls sont en cause.

Art. 5. — La compétence *ratione loci* est fixée par le lieu du domicile du défendeur. La fixation du domicile est laissée à l'appréciation souveraine du tribunal saisi de la requête. En cas de conflit négatif sur cette fixation entre deux juridictions de même nature, le conflit sera réglé par le tribunal du 2ᵉ degré ou par la cour suivant la procédure prévue en cas d'appel (art. 14 du décret).

Art. 6. — Au termes des articles 15, 16, 17, 18 du décret du 9 mai 1909, la compétence *ratione materiæ* est fixée ainsi qu'il suit.

Le tribunal du 1ᵉʳ degré connaît en premier et dernier ressort de toutes les actions d'une valeur inférieure à 300 francs. En premier ressort seulement et à charge d'appel devant le tribunal du 2ᵉ degré :

1° De toutes les actions d'une valeur supérieure à 300 francs et n'excédant pas 1.500 francs ;

2° De toutes les actions dont la valeur ne peut être fixée en argent, notamment de toutes les affaires de divorce.

Le tribunal du 2ᵉ degré connaît :

1° De l'appel des jugements rendus en premier ressort par le tribunal du 1ᵉʳ degré ;

2° En premier et dernier ressort, de toutes les actions dont la valeur, supérieure à 1.500 francs, n'excède pas 3.000 francs ;

3° En premier ressort seulement et à charge d'appel devant la cour, de toutes les actions d'une valeur supérieure à 3.000 francs.

Les limites de la compétence sont exclusivement fixées par la valeur du litige, valeur obligatoirement donnée dans la requête introductive d'instance, sauf le cas exceptionnel où cette valeur ne peut être évaluée.

Dans le cas d'une requête comprenant plusieurs demandes dont l'évaluation pécuniaire totale est supérieure à la compétence du tribunal du 1ᵉʳ degré, le tribunal du 2ᵉ degré est compétent.

Dans le cas d'une requête comprenant à la fois une demande de la compétence du tribunal du 1ᵉʳ degré et une demande de la compétence du tribunal du 2ᵉ degré, ce dernier tribunal est compétent pour le tout et il ne peut disjoindre les demandes.

Les réparations civiles prévues dans certains cas par le présent arrêté, ainsi que les amendes et pénalités prévues par la loi en matière civile, sont sans effet sur la compétence.

Les affaires de divorce, quelle que soit la valeur donnée au « kitay telo an-dalana » rentrent toujours dans la compétence du tribunal du 1ᵉʳ degré, sauf appel devant le tribunal du 2ᵉ degré.

La cour d'appel connaît de l'appel des jugements rendus en premier ressort par les tribunaux du 2ᵉ degré et de l'annulation des jugements rendus en dernier ressort par les tribunaux des 1ᵉʳ et 2ᵉ degré.

CHAPITRE III

DES CONVOCATIONS DEVANT LA COUR ET LES TRIBUNAUX INDIGÈNES

Art. 7. — Toutes les convocations sont faites exclusivement dans la forme administrative. Elles doivent être écrites en

langues française et indigène, datées du jour où elles sont
envoyées, et signées par le président de la juridiction. Elles doivent
être timbrées du sceau de la juridiction. Elles doivent être
transmises à l'intéressé lui-même de la façon la plus directe.
La remise est certifiée par un récépissé daté et signé de l'intéressé et du mpiadidy de son domicile ou du fonctionnaire en
tenant lieu. Dans les centres, les convocations peuvent être
remises aux intéressés par les vadintany ou plantons attachés
aux juridictions et, dans ce cas, un récépissé simplement signé
de l'intéressé est valable. Si l'intéressé est illettré, deux témoins
ou le mpiadidy doivent signer à sa place. Un récépissé régulier
doit toujours être exigé.

Si la personne convoquée reste introuvable, une attestation
écrite du gouverneur madinika de son dernier domicile l'atteste :
cette attestation est jointe à la convocation retournée.

Art. 8. — Toute négligence de la part d'un fonctionnaire
ou agent indigène dans la remise d'une convocation est punie
de un à cinq jours de prison et d'une amende de 1 à 15 francs
ou de l'une de ces deux peines seulement. Cette condamnation
est prononcée par jugement constatant que la personne incri-
minée a été entendue. Elle est prononcée par la juridiction
devant laquelle la convocation a été donnée. Cette condamnation
est dans tous les cas sans appel et immédiatement exécutoire.

Art. 9. — Toute fraude commise par un fonctionnaire
indigène dans la remise d'une convocation est punie des peines
portées à l'article 204 du Code de 1881. L'affaire est instruite
et jugée suivant les règles de la justice répressive indigène.

CHAPITRE IV

DES AUDIENCES DE LA COUR ET DES TRIBUNAUX INDIGÈNES

Art. 10. — Les audiences sont publiques.

Les audiences tenues par les tribunaux des 1er et 2e degré
doivent être tenues au siège de la province ou cercle, district
ou secteur, dans un local affecté au tribunal. Toutefois, des
audiences foraines peuvent être tenues, si le besoin l'exige,
dans des localités autres que le chef-lieu. Elles doivent toujours
être publiques.

Des audiences doivent être tenues devant la cour tous les
huit jours et devant les tribunaux de 1er et 2e degré au moins
tous les quinze jours, aux jour et heure fixés pour ces
tribunaux par décision du chef de la province ou du cercle.
Des audiences extraordinaires peuvent être accordées, suivant
l'urgence des affaires, par le président de chaque juridiction.

La cour statuant comme cour d'annulation siège en audience solennelle. Elle peut ne siéger qu'une fois par mois.

Art. 11. — Les parties et les témoins doivent s'expliquer
avec modération et garder tout le respect dû à la justice. S'ils
y manquent, le président les y rappelle d'abord par un avertissement, et si cet avertissement ne suffit pas, ils peuvent être
condamnés par la cour ou le tribunal séance tenante à une
amende qui n'excédera pas 15 francs et à un emprisonnement
de cinq jours au plus ou à l'une de ces deux peines. Cette
condamnation n'est en aucun cas susceptible d'appel et doit
être exécutée immédiatement.

ART. 12. — Tout assistant qui, à l'audience, donne des signes publics soit d'approbation, soit d'improbation, ou excite le tumulte de quelque manière que ce soit, peut être condamné, séance tenante, à une amende de 1 à 15 francs et à un emprisonnement de un à cinq jours ou à l'une de ces deux peines. Cette condamnation est dans tous les cas définitive et immédiatement exécutoire.

ART. 13. — En dehors des infractions ci-dessus spécifiées, en cas de crime ou délit commis à l'audience et notamment en cas d'outrage envers la cour ou le tribunal, le président fait arrêter le délinquant et dresse procès-verbal qu'il signe avec les membres de la cour ou du tribunal. L'affaire est ensuite poursuivie et jugée suivant les règles de la justice répressive indigène ou de la justice française si le délinquant est Européen.

CHAPITRE V

DES AVOCATS-DÉFENSEURS. — DES FONDÉS DE POUVOIRS

ART. 14. — Devant la cour les avocats-défenseurs peuvent seuls assister les parties. Ils peuvent déposer des conclusions en leur nom, dans les conditions prévues par l'article 93 du présent arrêté. Les parties peuvent d'ailleurs toujours se défendre et conclure elles-mêmes.

ART. 15. — Devant les tribunaux des 1er et 2e degré, devant lesquels la comparution personnelle des parties est absolument obligatoire, *sous réserve de ce qui est dit à l'article 20 du décret du 9 mai 1909, à l'article 19 du présent arrêté et aux articles 93 et suivants du même arrêté visant la procédure d'appel,* les avocats-défenseurs peuvent assister les parties.

ART. 16. — L'agrément du président du tribunal, pour qu'un des fondés de pouvoirs prévus à l'article 2 de l'arrêté du 27 avril 1899 assiste une partie, est nécessaire dans chaque affaire. Cet agrément rentre dans le pouvoir discrétionnaire du président.

ART. 17. — Les avocats-défenseurs plaidant devant la cour sont soumis aux règles de discipline fixées par l'arrêté du 27 avril 1899.

Dans le cas où un avocat-défenseur assistant une partie devant un tribunal du 1er ou du 2e degré commettrait une des fautes disciplinaires prévues à l'article 18 de l'arrêté du 27 avril 1899, le président peut lui retirer la parole et doit dresser procès-verbal qu'il transmet immédiatement au procureur général, chef du service judiciaire, pour telle suite que de droit.

TITRE II

De la procédure de la première instance devant les tribunaux indigènes

CHAPITRE Ier

DE LA REQUÊTE INTRODUCTIVE D'INSTANCE

ART. 18. — L'instance est exclusivement introduite par une requête adressée oralement ou par écrit soit au président du tribunal, soit au tribunal en audience publique.

ART. 19. — Elle est adressée et remise par le demandeur en personne.

Toutefois, si le demandeur est d'un âge avancé, ou malade ou absent et si son absence doit se prolonger, ou domicilié dans un lieu trop éloigné du chef-lieu du tribunal, la requête peut être présentée par un parent rapproché et, à défaut, par un mandataire indigène devant justifier de son mandat par un acte inscrit sur les registres du gouvernement.

Dans le cas de minorité ou d'incapacité du demendeur, le président du tribunal désignera d'office pour le représenter un mandataire choisi, autant que possible, parmi les plus proches parents.

Mention de la qualité du représentant et de l'autorisation à lui donnée est mise dans la requête, dans le procès-verbal de conciliation et dans le jugement.

Art. 20. — Les tribunaux devant lesquels la requête est portée apprécient souverainement et sans recours possible les causes d'empêchement du demandeur et la qualité des représentants.

Art. 21. — La requête doit être datée : elle doit préciser le nom, la qualité et le domicile du demandeur et contre qui l'instance est formée. Elle doit préciser l'objet de la demande. Elle doit, en outre, s'il s'agit d'une réclamation d'argent, fixer le chiffre de la somme réclamée : s'il s'agit d'une réclamation de bêtes de race bovine ou autres animaux, indiquer le nombre et indiquer la valeur en argent de la totalité. S'il s'agit d'une réclamation de rizières, de terrains à rizières ou de terrains d'autre nature, de maisons, de tombeaux, etc , que la réclamation porte sur la propriété ou la possession, évaluer la valeur en argent des rizières, terrains, maisons, tombeaux. S'il s'agit d'une réclamation de choses mobilières, denrées, récoltes, etc., en fixer la valeur pécuniaire. S'il s'agit d'une action en partage ou en revendication de succession, indiquer la valeur en argent que le demandeur croit devoir donner à la part qu'il réclame.

L'évaluation en argent de la réclamation faite par le demandeur est en principe obligatoire dans tous les cas : elle ne peut être considérée, sauf dans les réclamations d'argent, comme constituant l'objet de la demande et comme devant servir de base à une condamnation, mais elle fixe les règles de compétence *ratione materiæ* ainsi que les droits de justice à verser lors de l'introduction de l'instance après la non-conciliation.

L'évaluation en argent de la demande faite ne peut faire défaut que lorsque, en raison de la nature de l'action, — telles sont les questions de filiation, d'adoption, etc., et encore, dans ce cas, si une demande accessoire évaluable en argent est formée, l'évaluation doit être faite quant à cette demande, — elle est absolument impossible, ce que le tribunal, devant lequel la demande est portée, apprécie souverainement.

A défaut d'évaluation faite par le demandeur, le tribunal arbitre souverainement la valeur de la demande après s'être entouré de tous renseignements utiles et avoir fait, au besoin, procéder à une enquête à ce sujet.

L'évaluation de la demande dépend, sauf dans le cas précédent, exclusivement du demandeur. Cette évaluation ne peut, en aucun cas, donner lieu, quant à son quantum porté sur la requête et quant aux droits de justice à verser. à recours. Mais, lors de la liquidation des frais, il y a lieu à application de l'article 33 ci-après.

ART. 22. — La requête, introduite comme il est dit à l'article 18 et contenant les renseignements prescrits, est aussitôt transcrite ou recueillie par le fonctionnaire secrétaire sur le registre dit *Registre des requêtes,* puis signée par les assesseurs et par le demandeur. Elle est transcrite en langue indigène et le demandeur, avant que de la signer, doit en entendre la lecture. Mention doit être mise avant sa signature que la requête lui a été lue.

Si le demandeur est illettré, mention en est faite avant la signature des assesseurs.

Le président du tribunal doit viser la requête, dont la traduction en langue française est faite en regard du texte indigène. Cette traduction peut n'être faite que postérieurement à la transcription de la requête sur le *Registre des requêtes.*

ART. 23. — La requête introductive d'instance reçue fixe irrévocablement l'instance quant aux parties en présence, à l'objet de l'instance et à la valeur pécuniaire de la réclamation faite.

S'il arrive qu'au cours de l'instance le procès embrasse nécessairement d'autres questions que celles visées dans la requête, ces questions ne sont considérées que comme des moyens de demande ou de défense et elles ne sont examinées et jugées que vis-à-vis du litige tel qu'il résulte de la requête.

Aucune demande accessoire ne peut être introduite. Toute demande reconventionnelle doit être faite par voie principale. Toutefois, le défendeur peut, à une demande de remboursement de prêt d'argent, opposer la compensation résultant d'une créance liquide et exigible de même nature qu'il aurait contre le demandeur. Cette demande de compensation n'a aucune influence sur le ressort qui reste toujours fixé d'après la valeur de la réclamation et les règles de compétence fixées à l'article 6 du présent arrêté. Le tribunal peut aussi admettre une exception d'incompétence, une demande en intervention, autoriser une mise en cause et l'ordonner d'office : ces mesures n'ont également aucune influence sur la compétence et le ressort.

CHAPITRE II

DE LA CONCILIATION

ART. 24. — La tentative de conciliation est obligatoire dans chaque affaire. Elle a lieu devant le tribunal devant lequel la requête est introduite.

ART. 25. — La requête reçue, le président du tribunal doit aussitôt convoquer le demandeur et le défendeur. Cette convocation doit leur être adressée pour la date de la plus prochaine audience, en tenant compte toutefois de la distance séparant le tribunal du domicile des parties. Mention de cette convocation et de sa date doit être faite en langue française sur le *Registre des requêtes* au bas de la requête : cette mention doit être signée par le président et les assesseurs.

ART. 26. — Le demandeur et le défendeur doivent répondre en personne à la convocation à eux régulièrement remise, sous réserve de l'exception prévue à l'article 20 du décret du 9 mai 1909 et à l'article 19 du présent arrêté.

ART. 27. — Si, à la date fixée, le demandeur ne comparaît pas, le président du tribunal, après avoir constaté qu'il a été régulièrement convoqué, ordonne la radiation de l'affaire. Cette radiation doit être prononcée en audience publique. Mention de cette radiation et de sa cause doit être faite sur le *Registre des requêtes* au bas de la requête. Cette mention est signée comme il est dit à l'article 25.

Art. 28. — Si c'est le défendeur qui ne comparaît pas, le président du tribunal ordonne, en audience publique, qu'il sera passé outre immédiatement à l'instruction de l'instance, après versement des droits par le demandeur.

Il doit toutefois vérifier préalablement si la convocation a bien été remise au défendeur ou s'il est bien justifié, conformément aux prescriptions de l'article 7 du présent arrêté, qu'il est resté introuvable.

Mention de la non-comparution du défendeur ou de l'impossibilité de le trouver est mise sur le *Registre des requêtes* au bas de la requête et est signée comme il est dit ci-dessus.

Mention est également mise dans le jugement postérieurement rendu.

Art. 29. — Si, à la date fixée, le demandeur et le défendeur sont présents en personne, lecture est donnée par le fonctionnaire secrétaire ou l'un des assesseurs, en audience publique, de la requête introductive d'instance telle qu'elle est libellée en langue indigène. Il est également donné lecture de sa traduction en langue française.

Après cette lecture, le président du tribunal invite les parties à se concilier.

Si une conciliation intervient, soit à cette audience même, soit à l'audience de quinzaine, à laquelle l'affaire peut être renvoyée comme dernier délai, procès-verbal est dressé de cette conciliation. Ce procès-verbal est rédigé par le président du tribunal et inscrit sur le registre dit *Registre des procès-verbaux de conciliation*. Il est écrit en français et en langue indigène, daté et signé du président, des assesseurs et des parties, après lecture donnée, toujours en audience publique. Si les parties ne savent signer, mention en est faite avant la signature du président et des assesseurs.

Mention de la conciliation intervenue est faite sur le *Registre des requêtes* au bas de la requête et signée comme il est dit à l'article 25.

Le procès-verbal de conciliation doit préciser les conditions de la conciliation intervenue. Il a valeur authentique et, pour les obligations qui peuvent y être contenues, force exécutoire.

Une copie en langue indigène du procès-verbal de conciliation, signée des assesseurs et visée par le président du tribunal, est remise sans frais, tant au demandeur qu'au défendeur, après l'audience, dans un délai maximum de quinze jours. Mention de cette remise est faite au bas du procès-verbal sur le *Registre des procès-verbaux de conciliation*.

Le procès-verbal de conciliation, contenant obligation à l'encontre de l'une des parties, est exécuté comme il est dit aux articles 56 et suivants.

Mais cette exécution ne peut avoir lieu qu'à la requête de la partie créancière.

Art. 30. — En cas de non-conciliation, soit à l'audience même, soit à l'audience de quinzaine, mention en est faite sur le *Registre des requêtes* comme il est dit à l'article précédent.

CHAPITRE III
DES DROITS DE JUSTICE A VERSER AU DÉBUT DE L'INSTANCE

ART. 31. — En cas de non-comparution du défendeur à l'audience fixée pour la tentative de conciliation ou en cas de non-conciliation et à l'audience même à laquelle elle intervient, le tribunal fixe obligatoirement, dans le dernier cas en présence des deux parties, les droits de justice à payer par le demandeur avant l'ouverture des débats.

Ces droits sont déterminés par l'arrêté sur les droits de justice en matière civile indigène. Ils sont proportionnels au quantum de la demande et fixes quand cette demande ne peut être évaluée en argent.

L'erreur sur le quantum de la fixation des droits ne peut donner lieu à aucun recours, mais le non-versement des droits, en dehors du cas d'exonération, peut donner lieu à un recours.

ART. 32. — La fixation des droits étant faite par le tribunal et mention de cette fixation étant portée en langue française et en langue indigène sur le *Registre des requêtes* au bas de la requête introductive d'instance, — mention qui doit être signée par le président, les assesseurs et les parties, — le demandeur, à qui connaissance est donnée par le président de cette fixation, est tenu de verser les droits fixés au plus tard à l'audience de quinzaine à laquelle l'affaire peut être renvoyée comme dernier délai.

Si ce renvoi a lieu, mention en est fait à sa date sur le *Registre des requêtes* au bas de la requête. Cette mention doit être signée comme la précédente.

Si, à l'audience fixée pour le versement des droits, le demandeur ne les verse pas, il est déchu à cette audience de sa demande et mention du non-versement et de la déchéance du demandeur est faite en langue française toujours sur le *Registre des requêtes* au bas de la requête. Cette mention doit être signée par le président et les assesseurs.

En cas d'intervention, le demandeur intervenant doit verser les droits.

En cas de versement des droits entre les mains du fonctionnaire à ce désigné, qui constate ce versement sur un registre *ad hoc*, mention en est faite au bas de la requête et les parties sont renvoyées devant les assesseurs pour l'instruction de la demande faite.

ART. 33. — Les droits de justice ci-dessus visés une fois versés sont définitivement et dans tous les cas acquis au trésor. Mais si le défendeur succombe, il doit être condamné à les rembourser en tout ou en partie au demandeur. Ce remboursement est ordonné soit total, soit partiel, suivant que le demandeur obtient en totalité ou en partie gain de cause et suivant qu'il apparaît au tribunal que l'évaluation pécuniaire faite par le demandeur a été ou non exagérée. L'appréciation du tribunal à ce sujet ne peut donner lieu à un recours en appel que si le jugement est rendu en premier ressort. Aucun recours en annulation ne peut être exercé uniquement de ce chef.

CHAPITRE IV
DE L'EXONÉRATION DES DROITS DE JUSTICE

ART. 34. — Le tribunal ou le président du tribunal devant lequel une demande est portée peuvent exempter le demandeur du versement des droits de justice pour cause d'indigence. Cette exonération résulte d'une décision du tribunal ou du président dûment motivée : il en est fait mention sur le *Registre des requêtes* au bas de la requête. Cette décision est sans recours : son bénéfice se poursuit en cas d'appel.

Même dans le cas d'exonération des droits, il doit être obligatoirement mentionné, d'après l'évaluation pécuniaire faite dans la demande, quels droits auraient dû être versés et cette mention doit être mise au bas de la requête ainsi qu'il est prescrit aux articles 21 et 32.

Si le défendeur succombe, les droits de justice qu'il doit payer sont perçus par le trésor et non par le demandeur.

CHAPITRE V

DE L'INSTRUCTION DE L'INSTANCE DEVANT LES ASSESSEURS

ART. 35. — Les assesseurs ou l'un des assesseurs ont pour mission de recueillir par écrit, avant l'ouverture des débats, en langue indigène, non en audience publique et dans un délai qui ne doit pas excéder en principe quinze jours, soit l'intervalle qui sépare deux audiences, les dires des parties. Les parties doivent comparaître devant eux en personne, sauf les cas prévus à l'article 19. Le défendeur assiste à l'audition du demandeur et ce dernier à l'audition du défendeur. — Le demandeur doit fournir *lui-même* à l'appui de sa demande tous les moyens qu'il croit devoir présenter. Le défendeur indique *lui-même* tous ses moyens de défense. Le demandeur et le défendeur doivent indiquer *eux-mêmes* toutes les mesures d'instruction qu'ils proposent pour la manifestation de la vérité : s'ils invoquent des titres, ils doivent les produire ; s'ils déclarent vouloir recourir à des témoignages, ils doivent faire connaître les noms des témoins. Les assesseurs peuvent provoquer des explications des parties s'ils croient devoir le faire.

Tous les dires des parties doivent être consignés par écrit par les assesseurs qui les signent après que les parties les ont signés. — Si elles ne savent signer, mention en est faite par les assesseurs.

Les assesseurs transmettent au tribunal, au plus tard la veille de l'audience, les dires des parties en original.

Ils informent les parties que l'affaire sera appelée à la plus prochaine audience et qu'elles ont à s'y présenter. Récépissé doit être retiré par eux de cette notification et joint aux dires des parties.

ART. 36. — Si l'affaire est instruite en l'absence du défendeur, son instruction doit être faite dans les mêmes conditions et aussi complète qu'il est dit ci-dessus.

ART. 37. — Les dires des parties reçus par les assesseurs dans les formes ci-dessus indiquées, appuyés des pièces produites, fixent en principe et sous réserve de ce qui sera dit à l'article 39 les moyens invoqués tant à l'appui de la demande que de la défense.

ART. 38. — Le président du tribunal a pour devoir de surveiller et au besoin de contrôler, par tous les moyens qu'il juge utiles, la régularité avec laquelle le ou les assesseurs doivent remplir leur mission. Il a d'ailleurs tout pouvoir pour recevoir lui-même les dires des parties s'il le juge à propos et les faire consigner par écrit par le fonctionnaire secrétaire ou les assesseurs. Dans ce cas, il signe ces dires avec les parties, le fonctionnaire secrétaire ou les assesseurs.

CHAPITRE VI

DES DÉBATS DE PREMIÈRE INSTANCE

ART. 39. — Le président du tribunal, après avoir pris connaissance des dires des parties, leur pose en audience publique les questions qu'il juge utiles. Les parties peuvent invoquer, soit à l'appui de leur demande, soit à l'appui de leur défense, des moyens accessoires non invoqués devant les assesseurs. Elles peuvent aussi déposer des pièces non produites devant eux et faire connaître les noms de nouveaux témoins à entendre. Les assesseurs peuvent poser des questions aux parties avec l'autorisation du président. Le fonctionnaire secrétaire ou l'un des assesseurs doit, sur un registre dit *Registre des débats*, inscrire en langue indigène un résumé des débats et mentionner notamment les nouveaux moyens invoqués par les parties ou les nouvelles pièces déposées par elles. Les parties ayant été interrogées, le président du tribunal déclare que l'affaire est mise en délibéré et le tribunal se retire pour délibérer. Si les parties sont assistées d'un avocat-défenseur ou d'un fondé de pouvoirs, la parole lui est donnée avant la mise en délibéré.

ART. 40. — En cas d'absence du défendeur, les débats ont lieu vis-à-vis du demandeur comme il est dit à l'article précédent.

CHAPITRE VII

DU DÉLIBÉRÉ EN PREMIÈRE INSTANCE

ART. 41. — Le délibéré est obligatoire pour chaque affaire.

Le président délibère avec les assesseurs, mais ces derniers n'ont que voix consultative.

Le délibéré est secret. Tout assesseur qui se rendra coupable de divulgation du secret des délibérations sera passible des peines prévues à l'article 199 du Code de 1881, sans préjudice des peines disciplinaires qui pourront être prononcées à son encontre.

Le délibéré ne doit pas en principe durer plus de quinze jours.

CHAPITRE VIII

DES JUGEMENTS EN PREMIÈRE INSTANCE

ART. 42. — Tout jugement doit être rendu en audience publique et après qu'il a été délibéré.

ART. 43. — Tout jugement doit être rendu en présence des parties ou elles dûment convoquées.

ART. 44. — Tout jugement doit être lu en langue française par le président du tribunal, puis le dispositif être aussitôt traduit par l'un des assesseurs à haute voix en langue indigène.

ART. 45. — Tout jugement doit porter l'intitulé suivant :
« Par le tribunal du 2ᵉ dégré de la province ou du cercle
« de.............. ou du 1ᵉʳ degré du district ou du secteur

« de................. siégeant à .... et composé de
« (*président et assesseurs*) .... il a été rendu, en
« audience publique et après délibéré, les assesseurs ayant été
« consultés, le (*date précise*), le jugement suivant entre un tel
« et un tel (*noms des parties dûment désignées ainsi que leur*
« *domicile, fokontany et faritany*), le défendeur étant présent
« aux débats ou n'ayant pas comparu. »

Art. 46. — S'il s'agit d'un jugement donnant une solution
complète à la requête introductive d'instance, le jugement doit
contenir, après l'intitulé ci-dessus, la date de la requête, un
exposé sommaire de cette requête, la mention de la date de la
non-conciliation, la mention des droits versés ou qui auraient
dû être versés (dans ce dernier cas, mention sera faite de la date
de l'exonération accordée), la mention de la date à laquelle les
assesseurs ont reçu les explications des parties, la mention de
la date à laquelle les débats ont eu lieu, la mention sommaire
des jugements ordonnant des mesures préparatoires ou d'instruction (s'il en a été ordonné) et de leur date, la mention de la
date du délibéré. Tout jugement de cette nature doit être motivé
et indiquer s'il est statué en premier ou en dernier ressort. Il doit,
en outre, obligatoirement statuer sur les frais de l'instance, droits
de justice et frais de justice, les liquider numériquement et dire
qui doit les supporter dans les proportions prévues, pour les
droits de justice, par l'article 33.

Art. 47. — S'il s'agit d'un jugement ne solutionnant pas
complètement la requête, mais ordonnant une mesure préparatoire ou d'instruction ou de sursis, le jugement doit simplement
contenir, après l'intitulé visé à l'article 45, la date de la requête,
la date à laquelle les assesseurs ont reçu les explications des
parties, la date des débats, la date du délibéré. Il n'est pas
nécessaire qu'un jugement de cette nature soit motivé, sauf s'il
s'agit d'un jugement de sursis. Mais il doit préciser la mesure
préparatoire ordonnée et fixer la date à laquelle cette mesure
aura lieu et le délai dans lequel elle devra être terminée. Cette
date et ce délai doivent être fixés les plus rapprochés qu'il
est possible et, en tout cas, en pas excéder en principe un délai
d'un mois.

Art. 48. — Tout jugement rendu doit, dans les trois jours
de son prononcé, être transcrit en langue française sur le registre
dit *Registre des jugements*. Il doit être en regard traduit en
langue indigène.

Dans un délai de huit jours du jour de son prononcé, il doit
être signé par le président et les assesseurs.

CHAPITRE IX

DE LA REMISE DES COPIES DES JUGEMENTS EN PREMIÈRE INSTANCE

Art. 49. — Dans la quinzaine qui suit le jour du prononcé
du jugement et s'il s'agit d'un jugement solutionnant définitivement la requête, une copie du jugement rendu doit être remise
à chaque partie ou à son représentant autorisé, conformément à
l'article 19. Les parties doivent être convoquées dans ce délai
pour recevoir cette copie.

Art. 50. — Cette copie doit être écrite en langue indigène,
signée par les assesseurs et visée par le président. Elle doit être

timbrée du sceau du tribunal ou, à défaut, du sceau de l'administration. Elle doit porter en tête : « Copie remise le.........
au nommé............. du jugement rendu le...........».
Elle doit contenir le texte entier du jugement, tel que ce texte
est prévu aux articles 45 et 46. Enfin, elle doit contenir la notification faite par les assesseurs à chaque partie : « qu'aux termes
« du décret sur la justice indigène, le délai d'appel, pour les
« jugements en premier ressort, est de quinze jours du jour de
« la remise de la copie, ce jour n'étant pas compris, et le délai
« d'annulation, pour les jugements en dernier ressort, de trente
« jours ».

Art. 51. — Il doit être dressé procès-verbal aussitôt de la
remise de la copie à chaque partie. Ce procès-verbal doit être
transcrit en langue française et en langue indigène sur le registre dit *Registre des procès-verbaux de remise de copies de
jugements*, et préciser la date à laquelle cette remise a eu lieu.
Ce procès-verbal sera signé du président, des assesseurs et de
la partie à laquelle la remise est faite.

Art. 52. — La copie ainsi délivrée est délivrée sans frais. Il
en est de même des copies jointes aux dossiers d'appel et d'annulation et de celles remises aux fins de saisie. Si les parties ou
l'une d'elles ou des tiers veulent obtenir une autre copie du
jugement, ils peuvent l'obtenir, mais en payant les droits et
frais fixés par les arrêtés sur les droits et frais de justice. Toute
copie délivrée doit être dans les formes prévues par l'article 50,
sauf la mention de la notification des délais pour appel et l'annulation qu'il est inutile d'y insérer.

Art. 53. — Si le défendeur n'a pas comparu ou est resté
introuvable, ou si l'une des parties disparaît après le jugement
rendu ou refuse de se présenter, la copie destinée au non-
comparant, à l'absent ou au disparu, doit être remise au gouverneur madinika ou fonctionnaire en tenant lieu du dernier domicile connu. Le gouverneur madinika doit l'afficher dans l'endroit
destiné à l'affichage des actes officiels. La remise de la copie au
gouverneur madinika est constatée dans un procès-verbal dressé
comme il est dit à l'article 51, dans lequel il est indiqué qu'il a
été impossible de remettre la copie à la partie elle-même. Ce
procès-verbal fait courir les délais d'appel et d'annulation. Le
gouverneur madinika informe par lettre le président de la juridiction de l'affichage : cette lettre reste annexée au procès-verbal
de remise.

Dans le cas où la partie ou le gouverneur madinika seraient
éloignés du lieu du siège de la juridiction qui a rendu le jugement, la remise de la copie peut leur être faite par le président
de la juridiction la plus rapprochée qui doit en dresser procès-
verbal et le transmettre au président de la juridiction qui a rendu
le jugement. Ce procès-verbal est transcrit sur le *Registre des
procès-verbaux de remise de copies* tenu au siège de cette dernière juridiction.

Art. 54. — La remise de la copie du jugement n'est obligatoire que pour les jugements solutionnant définitivement le
litige. Pour tous autres jugements, les parties, devant être présentes à l'audience, en sont informées par le prononcé de la décision. Toutefois, dans le cas d'une mesure préparatoire ordonnée, les assesseurs doivent, aussitôt après l'audience, la notifier
aux parties et leur notifier sa date. Procès-verbal sommaire de

cette notification est inscrit sur le *Registre des procès-verbaux de remise de copies* et est signé par les assesseurs et les parties.

CHAPITRE X

DE L'EXÉCUTION DES JUGEMENTS EN PREMIÈRE INSTANCE

ART. 55. — L'exécution des jugements ne solutionnant pas définitivement la requête, mais ordonnant une ou plusieurs mesures d'instruction, doit avoir lieu à la date fixée et comme il est prescrit au chapitre XII : *Mesures préparatoires et d'instruction.* Elle doit être poursuivie d'office par le tribunal.

ART. 56. — L'exécution des jugements solutionnant définitivement la requête doit être également poursuivie d'office par le tribunal. A cet effet, dès que les délais d'appel et d'annulation sont expirés et au plus tard dans la huitaine qui suit l'expiration de ces délais, les parties doivent être convoquées, soit en personne, soit par les mandataires prévus à l'article 19, lesquels sont tenus de continuer leur mandat pendant l'exécution, à moins qu'une déclaration d'appel ou d'annulation ait été faite. Les assesseurs font connaître à la partie perdante ce qu'elle a à payer, principal et frais, à la partie gagnante d'après la décision rendue. Si la partie perdante offre de payer et paye, procès-verbal en est dressé par les assesseurs, signé par eux et les parties, si du moins elles savent le faire, et visé par le président.

Ce procès-verbal est transcrit en langue indigène sur le registre dit *Registre des procès-verbaux d'exécution.*

Si la partie perdante offre de payer mais demande un délai, ce délai pourra lui être accordé par le président, avec le consentement de la partie gagnante, passé lequel délai la partie perdante devra se représenter pour se libérer. Procès-verbal en est également dressé dans la même forme et mêmes conditions que dessus. Si la partie perdante dit ne pouvoir payer ou refuse de payer, ou si, ayant promis de payer au bout d'un délai, elle ne se libère pas, ou si encore elle est introuvable, procès-verbal en est encore dressé. Dans ce cas, le procès-verbal est visé par le président de la juridiction.

Aussitôt après, il est procédé à la saisie des biens de la partie condamnée. Ces biens sont indiqués par la partie gagnante qui est responsable des erreurs préjudiciables que cette indication peut contenir.

ART. 57. — Copie du procès-verbal visé à l'article précédent, copie visée par le président, et copie du jugement rendu sont remises aux agents d'exécution avec un ordre écrit du président de la juridiction de procéder à la saisie des biens de la partie perdante et de les vendre jusqu'à concurrence de la somme due, somme dont le montant doit être fixé dans l'ordre donné. Cet ordre doit fixer dans quel délai la saisie et la vente doivent avoir lieu, en tenant compte de ce qui est dit à l'article 61.

Si les biens à saisir sont situés en dehors du district ou secteur, les pièces ci-dessus sont transmises au président de la juridiction du district ou secteur dans lequel sont situés les dits biens. Il doit veiller à l'exécution de la décision conformément aux règles ci-après et en informer le président de la juridiction de qui émane le jugement.

Art. 58. — Les agents d'exécution sont les assesseurs ou l'un deux, pour les biens situés dans le lieu même où siège le tribunal : pour les biens situés en dehors de ce lieu, soit le gouverneur de la circonscription des biens, soit le gouverneur madinika du faritany de ces mêmes biens ou le fonctionnaire en tenant lieu.

La désignation d'autres agents d'exécution est toujours possible, mais elle doit être spécifiée dans l'ordre de saisie donné par le président de la juridiction.

Art. 59. — Dans tous les cas, la saisie est constatée par un procès-verbal dressé par les agents ou l'agent d'exécution et qui est enregistré sans retard sur les registres du gouvernement du lieu où elle a été faite. Ce procès-verbal indique le lieu de la saisie, le lieu où elle a été faite, contre qui elle a été faite, la date de la décision de justice et de l'ordre du président du tribunal en vertu desquels elle a été faite. Ce procès-verbal n'est soumis à aucun droit.

Art. 60. — Les biens mobiliers et immobiliers du débiteur peuvent être saisis. Ne peuvent être saisis : 1° les tombeaux, lorsque des corps y sont déposés ; 2° les vêtements dont le saisi est recouvert ; 3° les deniers ou denrées nécessaires à la nourriture du saisi et de sa famille pendant un mois ; 4° ses instruments de travail.

Art. 61. — La vente a lieu, quand il s'agit de maisons, de rizières, de terrains, de tombeaux, etc., dans le mois qui suit le jour de la saisie et au plus tôt quinze jours pleins après le jour de la saisie. Quand il s'agit de biens d'autre nature, la vente a lieu dans la quinzaine qui suit le jour de la saisie et au plus tôt cinq jours pleins après le jour de la saisie, sauf lorsqu'il s'agit de choses périssables par leur nature et qui réclament une vente immédiate. Dans le délai qui sépare la saisie de la vente, les agents d'exécution doivent faire connaître la vente prochaine par tous moyens de publicité en usage, notamment, à Tananarive, par une insertion au *Vaovao* et, dans les provinces, par des affiches sur le ou les marchés de la région. Cette publicité n'est obligatoire que lorsqu'il s'agit de la vente d'immeubles ou de meubles d'une certaine importance. L'agent d'exécution doit consulter, avant que d'y faire procéder, le président de la juridiction.

Art. 62. — Il est dressé procès-verbal de la vente opérée sur saisie. Ce procès-verbal est transcrit sur les registres du gouvernement du lieu où elle a été opérée. Il mentionne la saisie faite, les biens et choses vendus, le prix de vente et les divers frais (tels que ceux de publicité et de gardiennage, s'il en existe). Ce procès-verbal donne lieu à la perception d'un droit de 1 fr. 50 tel qu'il est prévu à l'article 18 de l'arrêté du 8 septembre 1909 sur les frais de justice en matière civile et répressive indigène.

Art. 63. — La vente opérée, le produit en est immédiatement remis aux assesseurs par l'agent d'exécution avec une copie du procès-verbal de saisie et du procès-verbal de vente. Ce produit est versé par eux entre les mains de la partie gagnante. S'il y a un surplus, il est restitué à la partie saisie. La vente doit d'ailleurs, autant que possible, n'être poursuivie que dans les limites nécessaires pour désintéresser, capital et frais, le créancier.

Procès-verbal doit être dressé par les assesseurs, sur le *Registre des procès-verbaux d'exécution*, de la saisie faite, de la vente opérée et de la remise faite du produit de la vente. Ce procès-verbal doit être signé par les assesseurs, par les parties et visé par le président. Il doit être mentionné sur les copies du jugement remises aux parties : cette mention doit indiquer la libération totale ou partielle de la partie condamnée. Mention de l'exécution du jugement doit être également faite sur le *Registre des jugements*, en marge du jugement exécuté.

Art. 64. — Toute opposition faite, toute revendication formée au cours de la saisie ou après la saisie ne peuvent empêcher la vente que si elles sont faites avant la vente et formées par requête écrite signée par l'opposant ou le revendiquant lui-même, ou, s'il est illettré, par deux témoins attestant son identité. Cette requête doit être remise à l'agent d'exécution et adressée au président de la juridiction qui a rendu la décision en vertu de laquelle l'exécution a lieu. Cette requête doit contenir les moyens invoqués par le revendiquant ou l'opposant et produire toutes pièces à l'appui. Elle est aussitôt remise par l'agent d'exécution au président de la juridiction. Elle n'est soumise à aucun frais. Le président ordonne par ordonnance que la vente n'aura pas lieu si la requête présentée offre des apparences sérieuses de bien-fondé ; dans le cas contraire, il ordonne que la vente aura lieu.

Dans les deux cas, l'ordonnance rendue est sans recours et immédiatement exécutoire. S'il est ordonné un sursis à la vente, le président fixe en même temps un délai de huit jours dans lequel le revendiquant ou l'opposant doit introduire devant le tribunal compétent et dans les formes ordinaires son action en opposition ou revendication ; passé ce délai, s'il n'est pas justifié de l'introduction de la requête, il est procédé à la vente et le revendiquant ou opposant est déchu de tous droits. S'il n'est pas ordonné un sursis à la vente et qu'elle ait lieu, le revendiquant ou l'opposant peut faire valoir devant le tribunal compétent ses droits sur le produit du bien vendu, à la condition d'introduire devant ce tribunal une action en revendication dans le délai maximum de huit jours à compter du jour de l'ordonnance refusant un sursis à la vente, ce jour n'étant pas compris. S'il est justifié dans ce délai de l'introduction de la requête, le produit de la vente reste consigné entre les mains des assesseurs.

Si les biens saisis sont situés en dehors du district ou secteur de la juridiction de laquelle émane le jugement, la requête en sursis doit être adressée au président du tribunal du 1ᵉʳ degré du district ou secteur dans lequel se trouvent les dits biens. Le président de ce tribunal est, dans ce cas, compétent pour rendre l'ordonnance prévue au paragraphe précédent : il informe de sa décision le président du tribunal de qui émane le jugement. C'est auprès de lui que l'opposant ou revendiquant doit justifier de l'introduction de la requête dans le délai prescrit.

Art. 65. — Dans le cas de saisie d'immeubles immatriculés, la copie du jugement sera revêtue de l'intitulé prévu par l'article 545 du Code de procédure civile et sera terminée par le mandement prévu à l'article 146 du même Code. Ce mandement sera signé par le président du tribunal.

La saisie sera opérée comme il est prescrit au décret sur la propriété foncière.

CHAPITRE XI

DE LA CONTRAINTE PAR CORPS EN MATIÈRE CIVILE

ART. 66. — La contrainte par corps en matière civile est régie par un arrêté spécial.

CHAPITRE XII

DES MESURES PRÉPARATOIRES ET D'INSTRUCTION

ART. 67. — Les mesures préparatoires et d'instruction sont ordonnées par jugements rendus dans les formes prévues aux articles 42 et suivants et notifiés comme il est dit à l'article 49.

Toutefois, dans les affaires qui sont jugées en dernier ressort, ces mesures peuvent être ordonnées sans jugement, mais en audience publique et avec fixation du jour où elles auront lieu et du délai dans lequel elles devront être effectuées. Mention en est faite par le fonctionnaire secrétaire ou les assesseurs sur le *Registre des débats*. La notification de la décision du tribunal est faite comme il est prescrit à l'article 54.

ART. 68. — Le tribunal peut, sur la demande en défense du défendeur, mettre garant en cause. Le garant mis en cause est convoqué ; il est entendu dans ses explications par les assesseurs ou le président en présence des parties et les débats se continuent comme il est dit à l'article 39.

ART. 69. — Le tribunal peut ordonner, soit d'office, soit sur la demande des parties, que des témoins seront entendus.

Mais aucune enquête ne peut avoir lieu en violation des arrêtés relatifs à l'obligation de l'enregistrement des actes sur les registres des gouverneurs.

Les témoins, désignés par les parties comme il est dit aux articles 35 et 39 ou que le tribunal désigne lui-même, sont convoqués à comparaître dans le plus bref délai possible. Ils sont entendus par le président et les assesseurs ou par les assesseurs ou par l'un des assesseurs, non en audience publique et en présence exclusivement des parties qui doivent avoir été informées de leur comparution.

L'enquête faite doit porter en tête la date à laquelle elle est faite et la date du jugement ou de la décision du tribunal, simplement portée sur le *Registre des débats*, en vertu duquel elle est faite.

Les témoins ne prêtent pas serment, mais ils sont invités à dire toute la vérité. Ils sont prévenus soit par le président, soit par les assesseurs, chacun avant de déposer, que toute déclaration mensongère est punie par la loi, notamment par l'article 220 du Code de 1881 dont lecture sera au besoin donnée.

Les témoins sont interrogés séparément par le président ou les assesseurs. Les parties peuvent aussi leur poser des questions.

Leurs dépositions sont transcrites en langue indigène et signées, suivant le cas, par eux, le président et les assesseurs, ou par eux et les assesseurs ou l'un des assesseurs.

L'enquête terminée et tous les témoins ayant été entendus, le président et les assesseurs ou les assesseurs seulement le constatent et signent *in fine* avec les parties qui doivent être en même temps informées du jour où les débats seront continués.

Art. 70. — Le témoin, régulièrement convoqué et dûment touché par la convocation, qui ne comparaît pas à la date fixée et ne peut faire valoir aucune excuse, est passible d'une amende de 1 à 15 francs et d'un emprisonnement de un à cinq jours ou de l'une de ces deux peines seulement. Cette condamnation est prononcée, après que le témoin a été mis à même de fournir ses explications, en audience publique et par jugement. Elle est prononcée par la juridiction devant laquelle le témoin a été convoqué. Elle est sans appel et immédiatement exécutoire.

Le témoin défaillant peut, au surplus, toujours être contraint à venir déposer. Dans ce cas, le président décerne contre lui un mandat d'amener.

Art. 71. — Si, au cours d'une enquête, il apparaît qu'un témoin commet un faux témoignage, procès-verbal peut être aussitôt dressé et l'affaire est instruite conformément aux règles en matière répressive. Le témoin est ensuite traduit, s'il y a lieu, devant le tribunal répressif qui statue.

Art. 72. — Si des témoins européens doivent être entendus, il doit être procédé à leur audition par le président assisté d'un fonctionnaire secrétaire ou des assesseurs ou de l'un des assesseurs, non en audience publique, mais en présence des parties. Le témoin européen est convoqué par le président ; il doit prêter serment avant que de déposer. Sa déposition est recueillie par le président et dictée au fonctionnaire greffier ou aux assesseurs. Le témoin la signe. S'il requiert taxe, elle lui est allouée par le président conformément aux règlements en vigueur.

La partie qui a requis l'audition doit avancer cette taxe qui est mentionnée dans le procès-verbal d'enquête et ensuite liquidée avec les autres frais dans le jugement.

Art. 73. — En règle générale, les témoins indigènes ne sont pas taxés. Toutefois, dans certains cas exceptionnels précisés à *l'arrêté sur les frais de justice en matière civile indigène*, une taxe peut leur être allouée. Cette taxe est allouée par le président qui en fait mention au bas de la déposition du témoin dans le procès-verbal d'enquête, que l'enquête soit faite par lui ou les assesseurs. La taxe doit être avancée par la partie à la requête de laquelle le témoin est entendu et, si l'enquête est ordonnée d'office, par le demandeur. La taxe est ensuite liquidée avec les autres frais d'instance dans le jugement.

Art. 74. — Il appartient toujours au président de faire entendre un témoin demeurant hors de la province ou du cercle et même hors du district ou secteur par le président du tribunal du district ou secteur dans lequel ce témoin demeure. Cette audition a lieu sur simple ordonnance du président de la juridiction saisie.

Les témoins peuvent également, en cas de descente sur les lieux, être entendus par le président ou les assesseurs sur les lieux litigieux.

Art. 75. — Sont irrecevables les témoignages des ascendants, des descendants, des frères et sœurs, du conjoint et des alliés en ligne directe. Ces témoins ne doivent pas, en règle générale, être entendus, sauf dans le cas prévu aux 2ᵉ et 3ᵉ alinéas du présent article. Les témoignages des parents ou alliés à des degrés plus éloignés doivent être reçus, sauf au tribunal à n'accorder à ces dépositions que telle valeur que de droit.

Par exception au principe posé au paragraphe précédent,
les parents des parties peuvent, dans les procès relatifs à des
biens familiaux, être entendus, sauf au tribunal à n'accorder à
ces dépositions que telle valeur que de droit.

Dans les affaires de divorce, les parents, à l'exception des
descendants, et les domestiques des époux peuvent être entendus
comme témoins.

ART. 76. — Lorsqu'il s'agit soit de constater l'état des lieux,
soit d'apprécier la valeur de dédommagements demandés, le
tribunal peut visiter les lieux en présence des parties. Il peut
aussi déléguer les assesseurs ou l'un des assesseurs ou tout autre
fonctionnaire indigène pour faire cette visite.

Dans le cas où la visite des lieux est faite par le tribunal, il
n'est pas dressé de procès-verbal, mais le jugement doit énoncer
la visite effectuée et relater sommairement les constatations
faites. Dans le cas où la visite des lieux est faite par les assesseurs ou l'un des assesseurs ou un fonctionnaire indigène, un
procès-verbal doit être dressé et ce procès-verbal doit être visé
dans le jugement.

Les frais en cette matière sont réduits aux frais de porteurs.
Ils sont avancés par la partie qui a requis la visite ou, si elle
est faite d'office, par la partie *demanderesse. Ces frais sont
liquidés dans le jugement.*

ART. 77. — Les expertises, soit par des Européens, soit par
des indigènes, ne doivent être ordonnées qu'exceptionnellement
et elles doivent être faites avec le moins de frais qu'il est
possible.

Un seul expert doit être nommé, à moins que le litige, soit
par son importance, soit par les difficultés qu'il présente, ne
nécessite deux ou trois experts.

Le jugement ou la décision nommant le ou les experts
leur sera notifié par lettre du président avec indication de
leur mission et du délai dans lequel elle devra être effectuée.

Les experts ne prêtent pas serment. Un seul rapport est
dressé, même s'il y a plusieurs experts.

Dans tous les cas le rapport d'expertise doit être motivé.

Le rapport d'expertise est remis au président qui en donne
connaissance aux parties.

Le jugement mentionne ce rapport et sa notification aux
parties.

Les frais d'expertise sont liquidés avec les autres frais dans
le jugement. Ces frais sont fixés à *l'arrêté sur les frais de justice en matière civile indigène.*

ART. 78. — Lorsque les parties, dans leurs dires ou au
cours des débats, dénient une signature ou prétendent qu'une
pièce produite est fausse ou falsifiée, le tribunal saisi de l'instance apprécie s'il y a lieu d'admettre ou de rejeter ces prétentions. S'il ordonne une enquête ou une expertise à leur sujet
et s'il est reconnu qu'elles sont inexactes, la partie qui a dénié
la signature ou allégué qu'une pièce produite est fausse ou
falsifiée peut être condamnée à payer à l'autre partie, à titre
de réparation civile, une somme qui ne peut dépasser 100 francs.
Cette condamnation est comprise dans les frais de l'instance et
elle est recouvrée dans les mêmes formes.

CHAPITRE XIII

DES RÉCUSATIONS

ART. 79. — Aucune récusation ne peut être exercée contre le président.

Les assesseurs ont pour devoir impératif et dont le non-accomplissement peut entraîner à leur encontre des sanctions disciplinaires, de se déporter, s'ils ont un intérêt personnel dans la contestation ou s'ils sont parents ou alliés des parties ou d'une des parties jusqu'au degré de cousin germain inclusivement. Les parties peuvent demander au président à récuser les assesseurs ; le président statue par ordonnance : sa décision est souveraine.

CHAPITRE XIV

DES REPRISES D'INSTANCE

ART. 80. — En cas de décès de l'une des parties au cours de l'instance, le ou les héritiers de la personne décédée sont convoqués et disent s'ils acceptent de continuer l'instance.

En cas de refus, l'instance est rayée par jugement. Les héritiers peuvent dans la suite recommencer l'instance et de même l'instance peut être engagée contre eux, mais, dans les deux cas, une nouvelle requête doit être formée.

TITRE III

Des voies de recours

ART. 81. — Les seules voies de recours ouvertes contre les jugements rendu par les tribunaux des 1ᵉʳ et 2⁰ degré sont l'appel et l'annulation.

CHAPITRE Iᵉʳ

DE L'APPEL

SECTION Iʳᵉ. — Dispositions communes à l'appel devant la cour et devant le tribunal du 2⁰ degré

ART. 82. — L'appel est ouvert contre les jugements rendus en premier ressort par les tribunaux des 1ᵉʳ et 2ᵉ degré.

L'appel des jugements rendus en premier ressort par les tribunaux du 1ᵉʳ degré est porté devant le tribunal du 2⁰ degré.

L'appel des jugements rendus en premier ressort par les tribunaux du 2ᵉ degré est porté devant la cour.

ART. 83. — Les jugements rendus en premier ressort par les tribunaux du 1ᵉʳ degré sont ceux rendus soit sur une requête *supérieure,* comme évaluation pécuniaire de la demande ou des demandes, à la somme de 300 francs, soit sur une requête contenant une demande dont l'évaluation pécuniaire, en raison de sa nature, n'a pu être faite.

Est rendu en *premier ressort* par le tribunal du 1ᵉʳ degré le jugement qui statue sur une requête contenant une demande inférieure comme évaluation pécuniaire à la somme de 300 francs, mais qui comprend aussi une demande dont, en raison de sa nature, l'évaluation en argent n'a pu être faite. C'est ainsi qu'une requête tendant à faire reconnaître une adoption et à obtenir, en vertu de cette adoption, une part dans une succession, est jugée en *premier ressort* par le tribunal du 1er degré, bien que la part successorale réclamée soit évaluée à une somme inférieure à 300 francs.

Les jugements rendus en premier ressort par les tribunaux de 2e degré sont ceux rendus sur une requête supérieure, comme évaluation pécuniaire de la demande ou des demandes, à la somme de 3.000 francs. Est rendu en dernier ressort par le tribunal du 2e degré le jugement rendu sur une requête contenant une demande inférieure comme évaluation pécuniaire à la somme de 3.000 francs et comprenant en outre une demande dont, en raison de sa nature, l'évaluation en argent n'a pu être faite. C'est ainsi qu'une requête tendant à faire reconnaître une adoption et à obtenir, en vertu de cette adoption, une part dans une succession, est jugée en dernier ressort par le tribunal du 2e degré si la part successorale réclamée, supérieure à 1.500 francs, est toutefois inférieure à 3.000 francs.

Les affaires de divorce, quelle que soit la valeur alléguée du « kitay telo an-dalana », sont toujours jugées en premier ressort par le tribunal du 1er degré.

Art. 84. — La voie de l'appel est ouverte même quand le défendeur n'a pas été comparant en première instance.

Art. 85. — La fixation du ressort a toujours lieu d'après l'évaluation pécuniaire du litige faite dans la requête introductive d'instance. Les conclusions des parties, les moyens ou exceptions qui peuvent être soulevés par elles n'ont aucune influence sur le ressort. Il en est de même des amendes ayant le caractère civil et des réparations civiles appliquées et accordées par le Code de 1881 et par le présent arrêté.

Art. 86. — Tout jugement qui ordonne des mesures préparatoires ou d'instruction, même préjugeant le fond, ou par lequel le tribunal se déclare compétent, ou par lequel il est prononcé un sursis, ou tout jugement autre que celui solutionnant définitivement la requête soit en l'accueillant, soit en la rejetant, soit en la déclarant irrecevable pour incompétence ou autre cause, n'est susceptible d'appel que si ce dernier jugement est lui-même susceptible d'appel et l'appel ne peut en être formé qu'après ce dernier jugement. Le jugement qui accueille ou rejette en partie seulement la requête et ordonne une mesure d'instruction pour le surplus, n'est susceptible d'appel que lorsque est intervenu le jugement définitif après la mesure d'instruction ordonnée.

L'appel du jugement définitif implique l'appel de tous jugements antérieurs rendus dans l'affaire.

Art. 87. — L'appel est formé par une simple déclaration verbale ou écrite adressée au président du tribunal d'où émane la décision : elle est faite par la partie intéressée elle-même ou son représentant autorisé, comme il est dit à l'article 19.

Art. 88. — La déclaration d'appel doit être faite au plus tard le quinzième jour qui suit le jour de la remise de la copie du jugement aux parties ou à leur représentant ou au gouverneur madinika, ce jour de la remise n'étant pas compris. Si ce quinzième jour est un dimanche ou un jour férié, l'appel peut être fait le seizième jour.

ART. 89. — La déclaration d'appel doit être, aussitôt reçue, écrite en langue indigène sur le *Registre des déclarations d'appel.* Elle doit être écrite par le fonctionnaire secrétaire ou l'un des assesseurs. Elle doit être datée, dire par qui elle est faite, quel est l'âge du déclarant, son domicile, sa qualité de partie à tel jugement ou de représentant de telle partie comme il est prévu à l'article 19, sa volonté de faire appel, la date du jugement attaqué, le nom de l'autre partie. Elle doit être signée de l'appelant et du fonctionnaire secrétaire ou de l'assesseur qui la reçoit. Elle doit être visée sans retard par le président de la juridiction de qui émane la décision.

ART. 90. — La déclaration d'appel doit être accompagnée d'une consignation d'amende dont le quantum est fixé par *l'arrêté sur les droits de justice en matière civile indigène.* Cette consignation d'amende est mentionnée obligatoirement dans la déclaration d'appel.

L'appelant ne peut être dispensé de cette consignation que si l'exonération des droits de justice lui a été accordée conformément à l'article 34 du présent arrêté. La décision du tribunal ou du président du tribunal accordant cette exonération doit, dans ce cas, être mentionnée dans l'acte de déclaration d'appel.

ART. 91. — La déclaration d'appel suspend l'exécution du jugement.

ART. 92. — Le président, après avoir visé la déclaration d'appel, adresse d'office, dans un délai maximum de huit jours à compter de cette déclaration, au président de la cour ou du tribunal saisi de l'appel, le dossier de l'affaire. Ce dossier doit comprendre : 1° une copie de la requête introductive d'instance et des diverses mentions mises au bas, notamment celle indiquant les droits de justice versés ou qui auraient dû être versés ; 2° l'original des dires des parties ; 3° une copie du registre des débats en audience publique ; 4° une copie des jugements ordonnant des mesures préparatoires ou d'instruction ; 5° l'original de l'enquête, si des témoins ont été entendus ; 6° l'original des rapports d'experts, si un ou des experts ont été nommés ; 7° les diverses pièces déposées par les parties à l'appui de leurs prétentions ; 8° une copie du jugement frappé d'appel ; 9° une copie du procès-verbal de remise des copies de ce jugement à chaque partie ; 10° une copie de la déclaration d'appel ; 11° un inventaire des pièces du dossier.

Les copies doivent toujours être certifiées conformes à l'original par le fonctionnaire secrétaire ou l'un des assesseurs et le président doit les viser.

Les copies insérées dans le dossier d'appel ne sont soumises à aucun droit ni à aucun frais.

SECTION II. — De la procédure d'appel devant le tribunal du 2e degré

ART. 93. — S'il s'agit de l'appel d'un jugement rendu en premier ressort par un tribunal du 1er degré et porté devant un tribunal du 2e degré, la procédure d'appel est la suivante :

Le président du tribunal du 2e degré, aussitôt le dossier reçu et après avoir vérifié s'il est complet, convoque les parties pour comparaître à l'audience publique à laquelle l'affaire doit être appelée. Cette audience doit être fixée de façon à ce que le récépissé de la convocation soit retourné en temps voulu et à ce qu'un délai de quinze jours au moins existe entre la réception par les parties de la convocation et le jour de l'audience.

Les parties peuvent ne pas comparaître en appel, à moins que le tribunal ne l'ordonne. La convocation qui doit leur être envoyée doit préciser qu'elles ne sont pas obligées de se présenter, qu'elles peuvent ou se présenter ou déclarer par écrit qu'elles s'en rapportent au dossier de première instance, ou adresser elles-mêmes un mémoire au tribunal, ou informer par écrit le président qu'elles chargent, soit un avocat-défenseur, soit, mais seulement en dehors des tribunaux siégeant à Tananarive, Tamatave, Majunga et Diego-Suarez, un des fondés de pouvoirs prévus à l'article 2 de l'arrêté du 27 avril 1899, de déposer des conclusions en leur nom. Le président doit toujours être informé par écrit par la partie de la décision par elle prise. Le fondé de pouvoirs désigné est soumis à l'agrément du président qui a un pouvoir discrétionnaire pour l'accepter ou le refuser.

Il appartient toujours au tribunal d'ordonner la comparution personnelle des parties, s'il le croit nécessaire ; dans ce cas, une convocation spéciale, dûment libellée, leur est envoyée.

Les parties, si elles comparaissent en personne, peuvent être assistées comme il est dit aux articles 14 et suivants du présent arrêté.

Le dossier d'appel, déposé au greffe ou au bureau des assesseurs, peut être librement consulté par l'avocat-défenseur choisi par la partie pour déposer des conclusions en son nom ou l'assister. Il peut être déplacé, aux fins d'être consulté par l'avocat-défenseur, mais contre reçu signé de lui. Il peut être aussi consulté par la partie ou par son fondé de pouvoirs, mais cette consultation doit avoir lieu au greffe ou au bureau des assesseurs et, dans ce cas, le dossier ne peut être déplacé.

ART. 94. — L'appel doit être examiné à l'audience fixée. Un renvoi ne peut avoir lieu que pour des raisons majeures.

A cette audience publique, le président constate que les récépissés des convocations adressées aux parties existent dans le dossier. Si les parties ou l'une des parties sont restées introuvables, une attestation écrite du gouverneur madinika doit exister jointe à la convocation retournée, ainsi qu'il est prescrit à l'article 7.

Cette attestation doit, en outre, dans l'espèce, être visée par le président du tribunal du 1er degré du dernier domicile de la partie demeurée introuvable. Le président donne ensuite lecture ou fait donner lecture de la requête introductive d'instance, de la mention constatant les droits versés ou qui auraient dû l'être si exonération de ces droits n'avait pas été prononcée, du jugement attaqué, du procès-verbal de remise des copies du jugement et du procès-verbal de déclaration d'appel.

Il peut aussi lire ou faire lire toutes autres pièces du dossier qu'il croit utiles.

Si les parties sont présentes, elles sont entendues dans leurs observations, et, si elles sont assistées, l'avocat-défenseur ou le fondé de pouvoirs qui les assiste est également entendu.

Si les parties ne comparaissent pas et qu'elles aient déposé un mémoire ou fait remettre des conclusions comme il est dit à l'article précédent, ce mémoire et ces conclusions sont lus et joints ensuite au dossier. L'avocat-défenseur ou le fondé de pouvoirs, chargé de déposer des conclusions, est entendu dans ses observations à l'appui. Il est fait mention, sur le *Registre des débats d'appel*, des dires des parties et des conclusions déposées en leur nom.

Le tribunal se retire ensuite pour délibérer.

ART. 95. — Si les parties ou l'une des parties, non seulement ne comparaissent pas, mais ne fournissent aucune explication écrite et ne déposent ou ne font déposer aucun mémoire ni aucunes conclusions, les débats ont lieu sur le vu du dossier de première instance. Mention est faite, sur le *Registre des débats d'appél*, des conditions dans lesquelles l'instance d'appel a été examinée.

ART. 96. — Le délibéré a lieu comme il est dit à l'article 41. — Cet article est entièrement applicable au délibéré devant le tribunal du 2ᵉ degré statuant comme tribunal d'appel.

ART. 97. — Le jugement est rendu comme il est dit aux articles 42 et suivants, sous cette réserve que les parties pourront ne pas être présentes à son prononcé.

ART. 98. — Le jugement doit porter l'intitulé prescrit à l'article 45, auquel il est ajouté après les mots : « Par le tribunal du 2ᵉ degré de la province ou du cercle de............. siégeant à.................. et composé de.................. » ceux-ci : « statuant sur appel d'un jugement rendu le.......... par le tribunal du 1ᵉʳ degré du district ou du secteur de...... ». Il sera constaté dans cet intitulé si les parties ont ou n'ont pas comparu et si elles ont fait déposer des mémoires ou conclusions.

Après cet intitulé, le jugement doit contenir la date de la requête et un exposé sommaire de la requête, la mention des droits versés ou qui auraient dû l'être si l'exonération de ces droits n'avait pas été prononcée, la date du jugement, la date du procès-verbal de remise des copies du jugement, la date du procès-verbal de la déclaration d'appel, la date de l'audience à laquelle l'instance d'appel a été appelée, l'exposé sommaire des dires des parties ou des conclusions déposées en leur nom.

Tout jugement d'appel doit être motivé.

Il doit, en outre, statuer, si le jugement de première instance est infirmé, sur tous les frais de l'instance, et, s'il est confirmé, sur les frais d'appel. Il doit ordonner, dans le premier cas, la restitution de l'amende d'appel et, dans le second cas, sa confiscation.

ART. 99. — Tout jugement rendu doit, dans les trois jours du jour de son prononcé, être transcrit en langue française sur le registre dit *Registre des jugements d'appel*. Il doit être au regard traduit en langue indigène.

Dans un délai de huit jours du jour de son prononcé, il doit être signé par le président et les assesseurs.

ART. 100. — Dans la quinzaine qui suit le jour du prononcé du jugement, une copie du jugement rendu est remise sans frais à chaque partie, comme il est indiqué aux articles 49 et suivants. Procès-verbal de cette remise est dressé et est transcrit comme il est dit à l'article 51.

Cette copie peut être remise aux parties par l'intermédiaire des assesseurs du tribunal du 1ᵉʳ degré du district ou secteur de leur domicile. Dans ce cas, ces assesseurs en dressent procès-verbal comme il est prescrit à l'article 51, en indiquant sur ce procès-verbal qu'ils agissent comme délégués du tribunal du 2ᵉ degré de telle province ou de tel cercle statuant en appel. Ce procès-verbal est transmis au président de la juridiction d'appel qui le fait transcrire sur le *Registre des procès-verbaux de remise de copies de jugements.*

Chaque copie doit contenir la notification faite que le délai pour se pourvoir en annulation est de trente jours, le jour de la remise de la copie n'étant pas compris dans ce délai.

Si une partie est introuvable, il est procédé comme il est dit à l'article 53.

Art. 101. — Si le jugement frappé d'appel est confirmé ou si l'appel est déclaré irrecevable, le président du tribunal du 2ᵉ degré en informe, le jour même où les copies sont remises aux parties ou adressées au tribunal du 1ᵉʳ degré pour leur être remises, le président du 1ᵉʳ degré d'où a émané la décision attaquée. Le président du tribunal du 2ᵉ degré indique en même temps quels sont les frais d'appel, si toutefois il en existe. L'exécution du jugement maintenu appartient dans ce cas au tribunal du 1ᵉʳ degré qui y procède comme il est dit aux articles 56 et suivants. Il est mentionné sur les diverses pièces prévues à ces articles que le jugement dont l'exécution est poursuivie a été confirmé par jugement de telle date. Dans ce cas, il n'est pas nécessaire d'attendre pour l'exécution l'expiration des délais d'annulation. Cette exécution peut être poursuivie à l'expiration d'un délai de huit jours à compter de la remise de la copie du jugement ; mais si un recours de cette nature est formé, le président du tribunal du 1ᵉʳ degré doit en être immédiatement prévenu afin que l'exécution soit arrêtée.

Si le jugement frappé d'appel est infirmé totalement ou partiellement, l'exécution du jugement d'appel appartient au tribunal du 2ᵉ degré qui y procède comme il est dit aux articles 56 et suivants. Cette exécution peut être poursuivie à l'expiration d'un délai de huit jours à compter de la remise de la copie du jugement. Si un recours en annulation est formé, l'exécution est suspendue. Le tribunal d'appel et même le président de ce tribunal peuvent déléguer tel président de tribunal de 1ᵉʳ degré, tels assesseurs, tels agents indigènes qu'ils croiront, aux fins de remplir les diverses formalités prescrites aux dits articles. Les divers procès-verbaux s'y rapportant sont, dans ce cas, dressés comme il est dit aux dits articles, mais il y est indiqué que le président, les assesseurs, les agents agissent comme délégués du tribunal du 2ᵉ degré statuant comme tribunal d'appel. Ces procès-verbaux sont transmis au président de la juridiction d'appel et transcrits sur le *Registre des procès-verbaux d'exécution.*

Art. 102. — L'article 64 est applicable lorsqu'il s'agit d'opposition ou de revendication au cours d'une saisie faite en vertu d'un jugement rendu par un tribunal du 2ᵉ degré statuant comme tribunal d'appel.

Art. 103. — L'article 65 est applicable lorsqu'il s'agit de la saisie d'immeubles immatriculés faite en vertu d'un jugement de même nature.

Art. 104. — Les dispositions de la contrainte par corps en matière civile, régie par un arrêté spécial, s'appliquent en matière d'exécution de jugements rendus sur appel par un tribunal du 2ᵉ degré.

Art. 105. — Le tribunal du 2ᵉ degré, jugeant comme tribunal d'appel, statue sur les moyens d'irrecevabilité ou de nullité soulevés à l'encontre de l'appel formé.

Il ne peut être dérogé à l'application stricte des articles 82, 83, 85, 86, 87, 88, 90, et ces articles doivent être appliqués même d'office. Toutefois, la consignation d'amende d'appel pourra être effectuée avant l'ouverture de l'instance d'appel. Il statue sur les moyens tirés de la nullité en la forme du jugement attaqué. Il ne peut être dérogé à l'application des dispositions relatives en première instance à la composition du tribunal, à la publicité des audiences, à l'existence de la requête introductive d'instance, à la tentative de conciliation, au versement des droits de justice, au délibéré, à la publicité des jugements. Le dossier transmis au tribunal d'appel, composé comme il a été dit, et notamment l'intitulé du jugement, font foi absolue de l'observation de ces formalités.

Il statue sur les moyens de fond invoqués à l'encontre du jugement rendu.

Art. 106. — Si le tribunal d'appel infirme le jugement pour vice de forme, il doit statuer sur le bien-fondé de la requête introductive d'instance comme s'il était tribunal de première instance, sauf dans le cas où le jugement aurait été infirmé pour défaut d'existence de requête, cas dans lequel le demandeur a à former une nouvelle instance devant le tribunal compétent. Aux fins de statuer sur la requête en connaissance de cause, le tribunal, par lui-même, ou par les assesseurs, ou par tel tribunal du 1ᵉʳ degré ou tels assesseurs de ce tribunal qu'il croit devoir déléguer, entend les parties, procède ou fait procéder aux débats comme il est prescrit aux articles 35 et suivants.

Le tribunal d'appel ordonne, dans les mêmes conditions, toutes les mesures exigées par la loi, notamment le versement des droits de justice s'ils n'ont pas été versés lors du jugement infirmé. Il ordonne également, par jugement pouvant n'être pas motivé et portant l'intitulé prévu à l'article 98 mais mentionnant en outre que le jugement frappé d'appel a été infirmé pour vice de forme, toutes les mesures d'instruction visées aux articles 67 et suivants qu'il juge utiles. Il y procède lui-même ou y fait procéder par les assesseurs ou l'un des assesseurs ou par tels tribunal du 1ᵉʳ degré ou assesseurs de ce tribunal qu'il croit devoir déléguer.

Art. 107. — Dans les cas où le tribunal d'appel le juge nécessaire, il peut, dans les mêmes conditions, à l'occasion de l'examen du bien-fondé des moyens d'appel visant le fond du litige, ordonner toutes mesures d'instruction.

Art. 108. — Les articles 67 et suivants sont applicables devant le tribunal du 2ᵉ degré statuant comme tribunal d'appel. Les articles 79 et 80 sont également applicables.

Art. 109. — L'appelant qui succombe, soit que son appel soit déclaré nul ou irrecevable, soit qu'il soit déclaré non fondé, peut être condamné à payer à l'intimé, à titre de réparation, une somme qui ne doit pas dépasser 100 francs. Cette condamnation peut être prononcée même au cas de désistement d'appel.

Dans tous les cas d'appel rejeté ou radié par suite de désistement, le droit d'appel consigné doit être confisqué.

23

*SECTION III. — De la procédure d'appel devant
la cour d'appel*

Art. 110. — L'instance d'appel se poursuit devant la cour d'appel comme il est prescrit aux articles 93 et suivants, sous cette réserve que, si les parties comparaissent, elles ne peuvent se faire assister que par un avocat-défenseur, et si elles ne comparaissent pas, elles ne peuvent désigner au président qu'un avocat-défenseur pour déposer des conclusions en leur nom.

Art. 111. — Le délibéré est obligatoire pour chaque affaire. Les arrêts sont rendus à la pluralité des voix du président, du conseiller assesseur et de l'administrateur assesseur.

Les assesseurs indigènes n'ont que voix consultative.

L'alinéa 3 de l'article 41 est applicable aux assesseurs indigènes de la cour d'appel.

L'alinéa 4 du même article est également applicable au délibéré devant la cour.

Art. 112. — Les articles 97 et 98 sont applicables devant la cour d'appel, sous cette réserve que l'intitulé prescrit à l'article 98 portera : « Par la cour d'appel, siégeant à Tananarive, et « composée, de .... (*président, conseiller assesseur,* « *administrateur assesseur et assesseurs indigènes*).......... « statuant sur appel d'un jugement rendu le .... par le « tribunal du 2ᵉ degré de la province ou du cercle de.........., « il a été rendu, en audience publique et après délibéré, les « assesseurs indigènes ayant été consultés, le ....(*date* « *précise*) l'arrêt suivant entre un tel et un tel (*noms des parties* « *ainsi que leur domicile*)».

Art. 113. — L'article 99 est également applicable, sous cette réserve que l'arrêt doit être signé par le président, le conseiller assesseur, l'administrateur assesseur et les assesseurs.

Art. 114. — La copie de l'arrêt est remise à chaque partie comme il est prescrit à l'article 100 et constatée comme il est dit à cet article : toutefois, tels assesseurs de tel tribunal du 2ᵉ ou 1ᵉʳ degré pourront être désignés pour faire cette remise qui ne devra contenir aucune notification de la nature de celle prévue à l'article 100 *in fine*.

Art. 115. — Les articles 101, 102, 103, relatifs à l'exécution des jugements, sont applicables aux arrêts rendus par la cour. L'exécution du jugement confirmé appartient au tribunal du 2ᵉ degré et il y procède comme il est prévu à l'article 101, sous cette réserve que l'exécution doit toujours être poursuivie à l'expiration des huit jours ayant suivi la remise de la copie de l'arrêt. L'exécution des arrêts d'infirmation appartient à la cour qui y procède, dans le même délai, dans les mêmes formes prévues au paragraphe 2 du même article. La cour ou le président de la cour peuvent déléguer, aux fins de l'exécution des arrêts d'information, tels membres des tribunaux des 1ᵉʳ et 2ᵉ degré et agents indigènes qu'il paraîtra utile. Un huissier peut, même en dehors du cas prévu à l'article 103, être commis à ces fins, mais seulement dans des circonstances exceptionnelles et par ordonnance du président.

Art. 116. — Les dispositions de la contrainte par corps en matière civile indigène s'appliquent en matière d'exécution d'arrêts rendus par la cour.

Art. 117. — Les articles 105, 106, 107, 108 sont applicables devant la cour. La cour peut déléguer ou commettre, au lieu d'un tribunal du 1ᵉʳ degré, les membres d'un tribunal du 2ᵉ degré.

Art. 118. — L'article 109 est applicable devant la cour.

CHAPITRE II

DE L'ANNULATION

Art 119. — La cour d'appel statue en annulation sur les jugements rendus en dernier ressort par les tribunaux des 1ᵉʳ et 2ᵉ degré.

Les jugements rendus en dernier ressort par les tribunaux du 1ᵉʳ degré sont ceux rendus sur une requête contenant une ou plusieurs demandes dont l'évaluation pécuniaire totale n'a pas dépassé 300 francs.

Les jugements rendus en dernier ressort par les tribunaux du 2ᵉ degré sont : 1º ceux rendus sur appel des jugements des tribunaux du 1ᵉʳ degré ; 2º ceux rendus sur une requête contenant une ou plusieurs demandes dont l'évaluation pécuniaire totale, supérieure à 1.500 francs, n'a pas dépassé 3.000 francs.

Art. 120. — La voie de l'annulation est ouverte même quand la partie défenderesse à la requête n'a pas assisté aux débats de première instance ou d'appel.

Art. 121. — L'article 86 est applicable en matière d'annulation.

Art. 122. — Les articles 87 et 89, qui réglementent les formes dans lesquelles la déclaration d'annulation doit être faite, sont applicables par assimilation à la déclaration d'annulation. Cette déclaration doit être transcrite sur le *Registre des déclarations d'annulation*.

Toutefois cette déclaration, mais seulement dans le cas où elle est formée à l'encontre d'un jugement rendu sur appel, pourra être faite, mais seulement si la partie exerçant le recours n'a pas assisté aux débats d'appel, par l'avocat-défenseur ou le fondé de pouvoirs désigné au président par cette partie, ainsi qu'il est dit à l'article 93. La lettre de désignation sera annexée par le président d'appel à la déclaration d'annulation.

Art. 123. — La déclaration d'annulation doit être faite au plus tard le trentième jour qui suit le jour de la remise de la copie du jugement aux parties, ou à leur représentant, ou au gouverneur madinika, ce jour de la remise n'étant pas compris. Si ce trentième jour est un dimanche ou un jour férié, l'annulation peut être faite le premier jour non férié qui suit le trentième.

Art. 124. — La déclaration d'annulation doit être accompagnée d'une consignation d'amende de 50 francs qui doit être mentionnée obligatoirement dans la déclaration et dont le demandeur en annulation ne peut être dispensé que conformément à l'article 90.

Art. 125. — La déclaration d'annulation suspend l'exécution du jugement.

Art. 126. — La procédure indiquée par l'article 92 doit être suivie par analogie pour la transmission du dossier à la cour. Si le recours est formé contre un jugement statuant sur appel, copie de ce jugement doit être jointe. Dans tous les cas, une copie de la déclaration d'annulation doit être annexée.

Art. 127. — Dans les trente jours qui suivent le jour de la déclaration d'annulation, il est prescrit, à peine de déchéance, à la partie qui forme le recours de présenter à la cour, soit elle-même, soit par l'intermédiaire d'un des représentants prévus à l'article 19, soit par l'intermédiaire d'un avocat-défenseur, une requête écrite indiquant les moyens d'annulation. Cette requête doit être remise au bureau des assesseurs près la cour, bureau qui doit être ouvert de huit heures et quart à onze heures du matin et de deux à cinq heures du soir. Acte doit en être dressé par les assesseurs et le déposant sur le registre *ad hoc*.

Toute requête, non présentée à la cour mais envoyée, doit être envoyée par la poste et par lettre recommandée. Acte est dressé sur le même registre de sa réception. La requête envoyée doit être adressée soit au président de la cour, soit aux assesseurs près la cour. Si le trentième jour, jour d'expiration du délai, tombe un dimanche ou jour férié, la requête peut être reçue le trente et unième jour.

Le requête présentée est jointe au dossier.

Art. 128. — A l'expiration du délai fixé par l'article 127, l'instance se poursuit comme il est prévu aux articles 93, 94 et 110, avec cette modification que, le jour où l'affaire est appelée un audience publique, un rapport est fait sur le recours soit par le président, soit par le conseiller assesseur ou par l'administrateur assesseur.

Le recours doit être examiné à l'audience fixée : aucun renvoi ne peut être accordé à moins de raison absolument majeure.

Art. 129. — L'article 111 est applicable devant la cour statuant en annulation.

Art. 130. — L'article 112 est applicable devant la cour statuant en annulation, avec cette modification que l'intitulé prescrit porte : « Par la cour d'appel siégeant à Tananarive et « composée de............. statuant sur un recours en annula-« tion d'un jugement rendu le.............par le tribunal « du 1er degré du district ou secteur de.........ou par le tribu-« nal du 2e degré de la province ou cercle de............. il a « été rendu, en audience publique et solennelle et après déli-« béré, les assesseurs ayant été consultés, le.·............ l'arrêt « suivant..........les parties (présentes ou absentes, ayant « déposé un mémoire, etc.).............. ».

Art. 131. — L'article 113 est applicable devant la cour statuant en annulation. L'article 114 est également applicable.

Art. 132. — Si le recours est rejeté, soit qu'il soit déclaré irrecevable, soit qu'il soit déclaré non fondé, le président de la cour en informe immédiatement, et sans qu'il soit besoin d'attendre la remise des copies de l'arrêt, le président de la juridiction de qui émane le jugement, afin que l'exécution de ce jugement, suspendue par le recours, ait lieu ou soit reprise.

Si le jugement frappé de recours est annulé, la cour, sauf le cas d'absence de requête introductive d'instance, statue sur le fond comme il est dit aux articles 116 et 117 et poursuit d'office l'exécution de sa décision comme il est prescrit aux articles 101, § 2, et 115, § 2.

Art. 133. — En dehors des cas prévus à l'article 45 du décret, il n'existe en matière civile indigène d'autres nullités obligatoires que celles qui sont prévues à l'article 53. Conformément à ce dernier article le recours n'est ouvert que pour incompétence, composition irrégulière du tribunal, défaut de publicité des audiences et des jugements, défaut de consultation des assesseurs, absence de requête introductive d'instance, nullité de l'appel, défaut de versement de l'amende ou des droits sauf exonération, violation des lois et coutumes locales.

Art. 134. — Les dispositions relatives en appel à la contrainte par corps, aux récusations et aux reprises d'instance, sont applicables devant la cour statuant en annulation.

Art. 135. — Les dispositions de l'article 109 sont applicables devant la cour statuant en annulation en ce qui concerne la réparation civile à laquelle peut être condamné le demandeur qui succombe et en ce qui concerne la confiscation de l'amende.

TITRE IV

Dispositions accessoires

Art. 136. — Les amendes prévues par le Code de 1881 et applicables en matière civile sont recouvrées devant la cour et les tribunaux, sous la surveillance du président, par le fonctionnaire secrétaire ou les assesseurs. Elles sont ensuite versées au trésor.

En cas de non-paiement, la contrainte par corps peut être exercée, mais dans les formes et conditions prévues pour la contrainte par corps en matière répressive.

Art. 137. — L'article 111 du décret du 9 mai 1909 est applicable en matière civile.

Art. 138. — Conformément aux règles de la législation indigène et à l'arrêté du 10 décembre 1904, l'enregistrement des contrats et obligations entre indigènes est de rigueur, et en règle générale la preuve testimoniale ne peut être autorisée à l'encontre de cette prescription.

Toutefois, les prêts familiaux, les testaments, si du moins ces actes de dernière volonté répondent aux autres conditions prévues par la loi, les actes au comptant, les actes passés par des commerçants patentés entre eux ou avec des particuliers, sous réserve pour les commerçants de tenir les livres prescrits par la loi, sont susceptibles d'engendrer des obligations civiles en dehors de cette formalité.

Victor AUGAGNEUR.

AG. 8 septembre 1909 sur les droits et frais de justice en matière civile indigène et en matière répressive indigène (*Cet arrêté a abrogé celui du 10 décembre 1904*).

Art. 1ᵉʳ. — Les droits et frais de justice en matière civile et en matière répressive indigène sont fixés ainsi qu'il suit :

I. — Matière civile

§ 1ᵉʳ. — *Droits de justice*

Art. 2. — Les droits de justice que devra acquitter le demandeur, en cas de non-conciliation et avant l'ouverture de l'instance, sont déterminés par le tribunal, en présence des parties, et fixés proportionnellement à l'évaluation pécuniaire de la demande faite obligatoirement dans la requête introductive d'instance. Ces droits sont de 2 0/0 (deux pour cent).

Dans le cas où la demande n'est pas, en raison de sa nature, évaluable en argent, il est perçu un droit fixe de 6 fr. 25. Pour les demandes de divorce, le droit fixe est de 6 fr. 25.

ART. 3. — Les droits doivent être perçus sur chaque demande contenue dans la requête. Toutefois, dans les affaires de divorce, si la liquidation du « kitay telo an-dàlana » est demandée dans la requête en divorce, il ne sera perçu que le droit fixe de 6 fr. 25.

ART. 4. — Les droits perçus sont définitivement acquis au trésor, quelle que soit la solution donnée à l'instance.

Mais le défendeur, s'il succombe, sera condamné par le jugement ou l'arrêt de condamnation à les rembourser, en tout ou en partie, au demandeur.

ART. 5. — Les copies des jugements et arrêts demandées par les parties ou les tiers sont frappées d'un droit de timbre de 1 franc par copie.

Les copies non timbrées rendront le fonctionnaire qui les aura délivrées passible d'une amende de 5 francs pour chacune d'elles.

ART. 6. — Le droit d'appel, qui doit être consigné au moment de la déclaration d'appel, est fixé à 10 francs dans tous les cas et quelle que soit la valeur du litige.

ART. 7. — L'amende, qui doit être consignée au moment de la déclaration d'annulation, est fixée à 50 francs par le décret du 9 mai 1909 (art. 48).

Cette amende et le droit d'appel seront restitués dans le cas où les recours seront jugés fondés. Dans le cas contraire, ils seront confisqués.

En cas de désistement, le droit d'appel et l'amende d'annulation seront également confisqués.

La restitution ou la confiscation est ordonnée par l'arrêt ou le jugement.

ART. 8. — En cas d'indigence dûment constatée dans les formes administratives ordinaires, l'exemption du versement des droits de justice et d'appel et de l'amende d'annulation est prononcée par le tribunal, conformément aux articles 28 et 41, § 2, et 48, § 2, du décret du 9 mai 1909. Mention de l'exemption et du montant des droits ou amende remis doit être faite au bas de la requête ou de la déclaration d'appel ou d'annulation.

La décision accordant l'exonération doit être motivée et n'est susceptible d'aucun recours.

§ 2. — *Frais de justice*

ART. 9. — Les frais de justice en matière civile indigène sont les mêmes devant la cour et devant les tribunaux.

ART. 10. — La remise des convocations, de quelque nature qu'elles soient, a lieu sans frais.

ART. 11. — Lorsque l'affaire comporte une instruction, les témoins indigènes n'ont droit à aucune indemnité. Toutefois, lorsqu'ils résident à une grande distance du siège du tribunal ou lorsque leur comparution devant la justice est de nature à leur causer un préjudice, le président de la juridiction peut leur allouer une indemnité n'excédant pas 50 centimes par jour de déplacement.

Dans les cas exceptionnels où leur transport est nécessaire, le président de la juridiction peut leur allouer des frais de transport.

ART. 12. — Les magistrats, assesseurs, experts, interprètes et agents d'exécution n'ont droit à aucune indemnité de transport.

Les moyens de transport sont fournis par la partie requérante ou, en cas de transport d'office, par le demandeur au procès. Ces frais sont liquidés dans le jugement.

ART. 13. — Les expertises et les traductions, tant orales qu'écrites, faites par des fonctionnaires indigènes ne donnent droit à aucune vacation ou indemnité.

Les vacations et indemnités des experts et interprètes n'appartenant pas à l'administration sont réglées conformément aux textes en vigueur dans la Colonie. Aucune vacation n'est due pour le dépôt du rapport (1).

ART. 14. — Les jugements seront notifiés aux parties sans frais et conformément à l'article 33 du décret du 9 mai 1909.

ART. 15. — Il peut être délivré aux parties ou aux tiers, sur leur demande, des copies des arrêts ou jugements moyennant la perception au profit du trésor d'une somme de 2 fr. 50 pour les jugements ou arrêts et de 1 franc pour les autres pièces, indépendamment du droit de timbre prévu à l'article 5.

ART. 16. — Les copies délivrées aux indigènes, sur leur demande, doivent être en langue indigène, à moins qu'ils ne demandent une copie en langue française.

Toute copie doit être écrite lisiblement, certifiée conforme à l'original par le président et timbrée du sceau de la juridiction. Le droit de copie perçu sera mentionné sur l'expédition.

ART. 17. — La cour et les tribunaux statuant en matière indigène ne taxent aucun frais aux avocats-défenseurs ou fondés de pouvoirs.

ART. 18. — Dans le cas de vente faite après saisie, le procès-verbal de vente donne lieu à la perception d'un droit fixe de 1 fr. 50, droit qui est perçu sur le produit de la vente.

Les agents d'exécution n'ont droit à aucune perception.

Des frais de garde ne pourront être alloués qu'exceptionnellement et seulement aux gardiens non fonctionnaires ; ces frais seront fixés par le tribunal du 1er degré du lieu de la saisie et devront toujours être modérés.

ART. 19. — La saisie des immeubles immatriculés se fera comme il est prescrit au décret réglementant le régime de la propriété foncière.

II. — Matière répressive

ART. 20. — Les tribunaux seront saisis ainsi qu'il est dit aux articles 70, 71 et 72 du décret du 9 mai 1909.

ART. 21. — Les témoins seront convoqués par voie administrative.

_____

(1) Ces textes sont résumés au CS. 282.

ART. 22. — Les témoins indigènes appelés à l'instruction ou devant les tribunaux indigènes n'ont droit à aucune indemnité. Toutefois, lorsqu'ils résident à une grande distance du siège du tribunal ou du lieu où se fait l'instruction, ou lorsque leur comparution devant la justice est de nature à leur causer un préjudice, le président de la juridiction peut leur allouer une indemnité n'excédant pas 0 fr. 50 par jour de déplacement.

ART. 23. — Dans les cas exceptionnels où leur transport est nécessaire, le président de la juridiction peut leur fournir des moyens de transport ou leur allouer des frais de transport.

ART. 24. — Le transport des magistrats, assesseurs, experts, interprètes, agents d'exécution est assuré par les soins de l'administration. Ils ont droit aux indemnités de route et de séjour prévues pour les déplacements administratifs dans la Colonie.

Lorsque les experts et interprètes n'appartiennent pas à l'administration, leurs indemnités ainsi que leurs vacations seront réglées conformément aux textes en vigueur (1).

ART. 25. — L'écrit relatant la condamnation prévu par l'article 80 du décret sera remis sans frais au condamné.

Il en sera de même de la notification du jugement par défaut (art. 85 du décret).

ART. 26. — Les copies des jugements, arrêts et autres pièces de la procédure demandées par les parties donnent lieu à la perception au profit du trésor d'un droit de 2 francs pour les jugements et arrêts et de 1 franc pour les autres pièces.

En ce qui concerne les copies de pièces autres que celles des jugements et arrêts, elles ne seront délivrées qu'après autorisation du président de la juridiction.

ART. 27. — Les copies délivrées aux parties, sur leur demande, doivent être écrites en langue indigène, à moins qu'elles ne demandent une copie en langue française.

Toute copie doit être écrite lisiblement, certifiée conforme à l'original par le président et timbrée du sceau de la juridiction. Le droit de copie perçu sera mentionné sur l'expédition.

ART. 28. — L'exécution des mandats et jugements et arrêts portant condamnation à des peines privatives de liberté sera assurée sans frais.

Les condamnations à l'amende et aux frais seront subies, en cas de non-paiement, ainsi qu'il sera spécifié en matière de contrainte par corps.

ART. 29. — Toutes dispositions contraires au présent arrêté sont et demeurent abrogées.

ART. 30. — Le procureur général, chef du service judiciaire, est chargé de l'exécution du présent arrêté.

VICTOR AUGAGNEUR.

AG. 8 septembre 1909 sur la contrainte par corps en matière civile indigène et en matière répressive indigène.

ART. 1er. — La contrainte par corps peut être exercée en matière civile et en matière répressive indigène.

---

(1) Tous ces textes sont résumés au CS. 282, 283.

I. — Matière civile

ART. 2. — La contrainte par corps en matière civile indigène sera exercée à la requête du créancier contre le débiteur du sexe masculin, âgé de plus de seize ans et de moins de soixante ans, condamné par arrêt ou jugement devenu définitif et qui ne s'est pas libéré.

ART. 3. — La contrainte ne peut être exercée qu'après la vente des biens du débiteur et sur une décision du président de la juridiction qui a rendu le jugement ou l'arrêt.

ART. 4. — La décision doit être motivée sur la mauvaise foi ou la négligence coupable du débiteur.

Elle doit spécifier que le jugement ou l'arrêt est définitif, viser la requête du créancier, l'avertissement donné au débiteur et fixer la durée de la contrainte qui est déterminée par le montant de la condamnation pécuniaire ou ce qui reste dû.

ART. 5. — La durée de la contrainte est calculée à raison de 1 franc par jour de détention. En aucun cas, elle ne peut excéder un an.

ART. 6. — Le créancier requérant doit consigner à la prison les frais nécessaires pour l'entretien du débiteur incarcéré.

ART. 7. — Le débiteur est incarcéré sur la présentation d'une copie de la décision ordonnant la contrainte. Cette copie est signée par le président.

ART. 8. — La décision, avant d'être exécutée par l'agent désigné par le président, est notifiée au débiteur dans les formes prévues par l'article 33 du décret du 9 mai 1909.

Dans les cinq jours à dater de cette notification, le débiteur peut exercer un recours contre la décision. Le recours est suspensif et il est reçu dans les formes prévues par les articles 39 et 40 du même décret. Aucune consignation d'amende n'est exigée.

ART. 9. — Le recours est porté devant le président du tribunal du 2e degré ou le magistrat présidant la cour statuant en matière indigène, suivant que la décision émane du président du tribunal du 1er ou du 2e degré.

ART. 10. — Le dossier du recours est transmis d'office au magistrat compétent qui statue dans le plus bref délai. Il informe de sa décision le président qui a rendu la décision attaquée.

II. — Matière répressive

ART. 11. — La contrainte par corps pour le recouvrement des amendes et des frais est exercée par voie administrative.

ART. 12. — Les frais sont liquidés dans le jugement ou l'arrêt. Un état des amendes et frais est adressé par le président de la juridiction qui a statué en dernier ressort au chef de la province dans laquelle le condamné est domicilié ou détenu. Ce fonctionnaire donne les instructions nécessaires en vue d'exercer la contrainte.

ART. 13. — Le condamné doit être informé du montant de sa dette et de la détention à laquelle il sera soumis en cas de non-libération.

ART. 14. — La durée de la contrainte par corps est calculée à raison de 1 franc par jour de détention. En aucun cas, elle ne peut excéder trois ans.

ART. 15. - La contrainte est exercée à l'égard des condamnés détenus à l'expiration de la peine ; ils sont à cet effet recommandés sur écrou.

ART. 16. — Lorsqu'un condamné a été l'objet de poursuites distinctes, la contrainte par corps est exercée successivement pour chaque dette, sans toutefois que la durée de la détention puisse excéder trois ans, quel que soit le chiffre de la dette totale.

ART. 17. — Les individus condamnés par un même jugement ou arrêt sont astreints solidairement au paiement des frais et, à défaut de paiement, la contrainte par corps doit être exercée contre tous.

ART. 18. — Elle n'a pas lieu ou prend fin à l'égard de tous lorsque l'un d'eux s'est acquitté du montant total des frais.

Chaque condamné répond personnellement du paiement des amendes qu'il aura encourues.

ART. 19. — Sont affranchis de la contrainte par corps les mineurs de 16 ans, les condamnés âgés de 60 ans et les femmes.

ART. 20. — Toutes dispositions contraires au présent arrêté sont et demeurent abrogées.

ART. 21. — M. le procureur général, chef du service judiciaire, est chargé de l'exécution du présent arrêté.

Victor AUGAGNEUR.

AG. 8 septembre 1909 fixant la valoration des bœufs en vue du remplacement par l'amende des condamnations au paiement d'un certain nombre de bœufs prévues par la loi indigène.

ART. 1er. — La valeur à donner au bœuf, en vue du remplacement par l'amende des condamnations au paiement d'un certain nombre de bœufs prévues par la loi indigène, est fixée dans toute la Colonie à 30 francs.

ART. 2. — M. le procureur général, chef du service judiciaire, est chargé de l'exécution du présent arrêté.

Victor AUGAGNEUR.

Décret du 5 novembre 1909 portant modifications aux coutumes indigènes de l'Imerina en matières de successions et de régime matrimonial.

ART. 1er. — Les modifications suivantes sont apportées aux coutumes indigènes de l'Imerina :

Successions indigènes

ART. 2. — La distinction entre les successions « hani-maty momba » et « tsy hani-maty momba », basée sur un régime de castes, est supprimée.

ART. 3. — Les héritiers, en matière de successions indigènes, quelle que soit l'origine du défunt, seront appelés désormais dans l'ordre suivant :

1ʳᵉ classe. — Enfants légitimes, naturels ou adoptifs.
2ᵉ classe. — Petits-enfants légitimes, naturels ou adoptifs.
3ᵉ classe. — Père et mère.
4ᵉ classe. — Frères et sœurs.
5ᵉ classe. — Enfants des frères et sœurs.
6ᵉ classe. — Oncles et tantes.
7ᵉ classe. — Conjoint survivant.
8ᵉ classe. — La Colonie.

ART. 4. — Les dispositions ci-dessus ne s'appliqueront qu'aux successions ouvertes après la promulgation du présent décret.

Régime matrimonial

ART. 5. — Dans toutes les régions où le droit coutumier merina est en vigueur, le régime matrimonial du « kitay telo an-dàlana » est considéré comme le régime légal de l'association conjugale indigène. La femme, quelle que soit l'origine des époux, a droit au « fahatelon-tànana » sur les biens, y compris les immeubles immatriculés d'après les dispositions du décret du 16 juillet 1897 susvisé acquis pendant le mariage, par l'industrie ou le travail de l'un ou de l'autre des époux. Mention des droits de la femme devra être portée sur le titre de propriété.

ART. 6. — Toutes dispositions contraires au présent décret sont et demeurent abrogées.

ART. 7. — Le ministre des colonies et le garde des sceaux, ministre de la justice, sont chargés, chacun en ce qui le concerne, de l'exécution du présent décret, qui sera publié aux *Journaux Officiels* de la République française et de la colonie de Madagascar et Dépendances et inséré au *Bulletin des Lois* et au *Bulletin Officiel* du ministère des colonies.

A. FALLIÈRES.

ANNÉE 1910

AG. 13 juin 1910 sur l'obligation de l'enregistrement des actes et fixant les droits d'enregistrement, de timbre et de recherche des actes passés entre indigènes.

TITRE Iᵉʳ

Droits d'enregistrement

ART. 1ᵉʳ. — **Obligation de l'enregistrement de tous les contrats et obligations entre indigènes.** — Tous les contrats et obligations entre indigènes, quelle que soit leur nature, tous les actes relatifs à l'état civil ainsi que les testaments et successions devront être déclarés aux chefs des circonscriptions indigènes chargés de ce service et inscrits sur leurs registres, *à peine de nullité*, sauf les exceptions prévues à l'article 3 du présent arrêté.

Les actes de notoriété sont également soumis à l'obligation de l'enregistrement. L'administration n'encourt aucune responsabilité du fait de l'enregistrement.

Art. 2. — **Tarif d'enregistrement.** — Les droits auxquels les contrats ou obligations sont soumis suivant leur nature sont indiqués ci-après :

§ 1er. — *Naissances, décès, mariages.* — Les actes d'état civil de cette nature ne sont soumis à aucun droit d'enregistrement.

§ 2. — *Divorces.* — L'enregistrement d'un jugement de divorce est soumis à un droit fixe de 1 franc.

Par exception, cette formalité est accomplie au moyen d'une inscription en marge de l'acte de mariage.

§ 3. — *Adoptions et rejets d'enfants.* — L'enregistrement d'un acte portant adoption ou rejet d'enfant est soumis au droit fixe de 5 francs.

Chaque acte d'adoption ou de rejet ne peut comprendre qu'un seul adoptant et adopté, un seul rejetant et rejeté.

L'enregistrement a lieu au centre d'enregistrement auquel ressortit la résidence de l'adoptant ou rejetant.

§ 4. — *Testaments.* — L'enregistrement d'un testament est soumis à un droit fixe de 5 francs.

L'enregistrement a lieu au centre d'enregistrement auquel ressortit la résidence du testateur.

§ 5. — *Droit de succession.* — La déclaration de succession est soumise à la perception, sur les héritiers ou légataires déclarants, d'un droit proportionnel de *0 fr. 50* pour 100 sur le montant des biens déclarés.

Si la succession comprend des fonds avancés sur fehivavany, le droit de succession s'étend au montant de la somme avancée.

Pour la perception du droit, on déduira du montant déclaré les dettes enregistrées avant la date du décès. Dans ce cas les héritiers ou légataires devront faire la preuve de ces dettes, en produisant copie des actes enregistrés ; l'enregistrement a lieu au domicile du défunt.

§ 6. — *Donations ou dotations.* — Les actes portant donations entre vifs ou dotations de biens meubles ou immeubles sont soumis à un droit proportionnel de *0 fr. 50* pour 100 sur la valeur déclarée des biens faisant l'objet de la donation ou dotation.

L'enregistrement a lieu au centre d'enregistrement du lieu de la situation des biens donnés.

§ 7. — *Partages de biens entre copropriétaires indivis.* — L'enregistrement d'un acte de partage de biens entre copropriétaires indivis est soumis au droit fixe de 1 franc.

§ 8. — *Ventes immobilières définitives.* — Tout acte de vente de cette nature est soumis à un droit proportionnel de 2 pour 100 sur le montant de la vente.

Si la propriété vendue est grevée d'un fehivavany, le droit est perçu sur le prix de vente correspondant à la différence entre la valeur de la propriété et le montant du fehivavany.

L'enregistrement a lieu au centre d'enregistrement du lieu de la situation des biens vendus.

§ 9. — *Contrats de location.* — L'enregistrement d'un contrat de location est soumis à un droit proportionnel de 1 pour 100 sur le prix cumulé de toutes les années, sans toutefois que le montant total du droit d'enregistrement puisse être supérieur au cinquième du loyer annuel.

L'enregistrement a lieu au centre d'enregistrement du lieu de la situation des biens loués.

§ 10. — *Contrat de fehivavany.* — L'enregistrement d'un contrat de fehivavany est soumis aux droits ci-après :

a) Sur la constitution du fehivavany : 2 pour 100 ;
b) Sur le rachat du fehivavany : 2 pour 100.

L'enregistrement a lieu au centre d'enregistrement du lieu de la situation des biens.

§ 11. — *Prêts d'argent, reconnaissances de dettes.* — L'inscription des prêts d'argent, quelle que soit la durée du prêt et le montant de la somme prêtée, est soumise à un droit de 1 pour 100 sur le montant du prêt souscrit.

L'enregistrement a lieu au centre d'enregistrement choisi par les parties contractantes.

Toutefois, si le prêt comporte un gage constitué par une propriété immobilière, l'enregistrement a lieu obligatoirement au centre d'enregistrement auquel ressortit le lieu où se trouvent les biens constituant le gage.

§ 12. — *Libérations, quittances.* — La libération d'une dette sera enregistrée moyennant un droit fixe de *1 franc*, quelle que soit la somme énoncée dans la quittance.

§ 13. — *Actes de société, commandites, etc.* — L'enregistrement des actes de cette catégorie est soumis au droit de 0 fr. 20 pour 100 sur le montant du capital social ou de la commandite.

§ 14. — *Procurations.* — Les procurations passées entre indigènes sont soumises à un droit fixe de *1 franc.*

L'enregistrement a lieu au domicile du mandant.

§ 15. — *Actes de notoriété.* — Les actes de notoriété sont dressés par le fonctionnaire indigène qualifié à cet effet sur le registre *ad hoc.* Ils sont soumis à un droit fixe de 1 franc.

§ 16. — *Actes divers non dénommés.* — Tous les actes non compris dans la nomenclature qui précède et présentés à l'enregistrement sont soumis au droit fixe uniforme de 1 franc à l'exception : 1° de ceux prévus à l'article 59 de l'arrêté du 8 septembre 1909 sur la procédure en matière civile indigène qui sont exemptés de toute taxe ;

2° De ceux qui sont visés à l'article 62 du même arrêté, pour lesquels le droit exigible est fixé à 1 fr. 50.

ART. 3. — **Contrats exempts de l'obligation de l'enregistrement.** — Sont exemptés de l'obligation de l'enregistrement :

a) Les actes passés suivant la réglementation foncière sur l'immatriculation ;

b) Les contrats commerciaux proprement dits, c'est-à-dire ceux qui sont passés par des commerçants patentés entre eux ou avec des particuliers en raison du commerce ou de l'industrie pour lequel ils sont patentés ;

c) Les contrats passés par des éleveurs ou agriculteurs en vue de l'échange ou de la vente de leurs produits tirés de l'élevage ou de l'agriculture.

Néanmoins, les divers actes énumérés ci-dessus que les intéressés désireraient soumettre à l'enregistrement seront transcrits moyennant un droit fixe de 1 franc, à l'exclusion des actes relatifs à la constitution de sociétés, commandites, etc., visés à l'article 2 ci-dessus.

ART. 4. — **Annotation des contrats annulés ou modifiés par un contrat ultérieur.** — Tout contrat portant annulation ou modification d'un contrat précédent pourra, à la demande de l'une des parties, être inscrit en marge du premier contrat, moyennant une taxe supplémentaire de 0 fr. 50 si le registre est entre les mains du fonctionnaire chargé d'enregistrer le nouveau contrat, et si les deux opérations (enregistrement du nouvel acte et inscription en marge de l'ancien) ont lieu simultanément.

Si le premier contrat a été passé par un autre fonctionnaire indigène, le droit restera le même si ce fonctionnaire possède encore le registre, à charge par la partie requérante de produire une copie timbrée du nouvel acte.

Dans le cas où le registre concernant le contrat primitif serait au district ou à la province ou dans les archives du Gouvernement Général, le prix de l'annotation comportera en plus le droit de recherche prévu au titre III.

ART. 5. — **Obligations des requérants.** — Les actes sont enregistrés à la requête de l'une quelconque des parties intéressées.

Sauf le cas où l'arrêté fixe le lieu d'enregistrement, celui-ci reste au choix des parties.

Pour l'application des droits proportionnels, le minimum de perception est fixé à 0 fr. 20.

Les sommes à percevoir en ce qui concerne ces droits résultent de la somme décomptée, majorée s'il y a lieu de façon à obtenir un multiple de 0 fr. 05.

ART. 6. — **Obligations des fonctionnaires préposés à l'enregistrement.** — § 1er. — Tout acte dont l'enregistrement est demandé ne sera transcrit au registre *ad hoc* qu'après versement par les parties intéressées du montant des droits établis.

§ 2. — En cas d'inobservation de cette règle et de non-recouvrement des sommes dues, celles-ci seront mises à la charge du fonctionnaire responsable.

§ 3. — La forme des actes de l'état civil et des actes de notoriété est obligatoirement celle des modèles figurant aux registres ci-annexés.

Pour tous les autres actes, la rédaction reste au gré des parties, sous leur seule responsabilité, à la condition toutefois que la qualité et le domicile des parties et l'objet du contrat soient nettement spécifiés.

En outre, les immeubles visés dans un contrat doivent être désignés avec précision et sans ambiguïté : situation exacte, nature, superficie et confronts.

§ 4. — L'enregistrement d'un acte devra avoir lieu en présence des parties et de deux témoins connus du fonctionnaire chargé de l'enregistrement. Le nombre des témoins est porté à sept pour les actes de notoriété.

Les parties pourront cependant se faire représenter par procuration régulière dûment enregistrée.

Lecture de l'acte devra être faite aux intéressés qui signeront sur le registre, ainsi que les témoins appelés au contrat.

En outre, si une des parties est illettrée, le fonctionnaire indigène fera mention de cette circonstance et de l'acceptation par les parties illettrées du contrat. Cette mention sera signée par lui, ainsi que par les témoins appelés au dit contrat.

Il n'y a pas lieu de faire apposer de croix par les illettrés.

§ 5. — Une copie de chaque acte enregistré est obligatoirement délivrée, au moment de l'enregistrement, à chacune des parties conjointement intéressées. Ces copies sont revêtues du timbre réglementaire, sauf pour ce qui concerne les actes de l'état civil ci-après : naissances, mariages, décès.

Dans ce cas, une mention (1) signée de l'agent chargé de l'enregistrement est portée sur la copie délivrée.

§ 6. — Le fonctionnaire préposé à l'enregistrement des actes indigènes est tenu de délivrer en échange des sommes versées un reçu extrait d'un carnet à souche ; ce reçu devra mentionner la nature de l'acte, le nom de la partie versante et, en toutes lettres, la somme perçue. Il sera daté et signé par l'agent qui l'aura délivré.

Art. 7. — **Tenue des registres.** — Il sera tenu des registres spéciaux pour les différentes catégories d'actes désignés ci-après :

N° 1 : Registre des naissances ;
N° 2 : Registre des décès ;
N° 3 : Registre des mariages et divorces ;
N° 4 : Registre des actes de notoriété ;
N° 5 : Registre des testaments, adoptions et rejets ;
N° 6 : Registre des déclarations de successions ;
N° 7 : Registre des actes portant mutation immobilière définitive quelle qu'en soit la cause, à l'exception de celles qui résultent de succession ;
N° 8 : Registre des contrats de toute nature (non visés ci-dessus).

Ces registres ne seront tenus qu'en un seul exemplaire. Ils seront conformes aux modèles ci-annexés. A l'achèvement de chaque registre, celui-ci sera déposé au chef-lieu du district et après cinq années au chef-lieu de la province.

Art. 8. — **Pénalités.** — § 1er. — Tout acte non enregistré est considéré comme non existant, sauf les cas expressément prévus par le présent arrêté.

§ 2. — Dans les cas particuliers (art. 138 de l'arrêté du 8 septembre 1909) où un acte non enregistré serait en justice tenu pour valable, les parties intéressées auront à acquitter le droit ordinaire auquel est régulièrement soumis cet acte.

§ 3. — Pour tous les actes concernant la propriété, l'administration se réserve le droit de recourir à l'expertise dans un délai de six mois après l'enregistrement.

Les experts seront choisis à raison de :
Un par les parties ;
Un par le chef de district.

Si les parties, mises en demeure par le chef de district de désigner un expert, n'ont pas effectué cette désignation dans un délai de huit jours — quelle qu'en soit la cause — le représentant des parties est désigné d'office par le tribunal du 2e degré.

En cas de désaccord entre les experts désignés, le choix d'un troisième expert est fait par les parties et, à défaut, ce choix sera fait d'office par le tribunal du 2e degré dans le délai de huitaine de la mise en demeure par le chef de district.

Si la fraude est reconnue, les parties déclarantes seront astreintes au paiement des droits ci-après :

Droit ordinaire sur la partie non déclarée lorsque celle-ci est inférieure ou atteint la moitié de la déclaration.

Double droit lorsque la partie dissimulée dépasse la moitié de celle qui avait été déclarée.

---

(1) Exemption de timbre comme première copie délivrée.

Les frais d'expertise sont à la charge de l'administration dans le premier cas. Ils sont supportés par les intéressés dans le second cas.

TITRE II

Droit de timbre

ART. 9. — **Documents soumis au droit de timbre. — Tarif.** — § 1er. — Il sera perçu un droit de timbre unique de 0 fr. 50 sur les copies de tous les actes inscrits sur les registres de l'enregistrement.

Exception est faite pour les copies d'actes d'état civil délivrées au moment de l'enregistrement (Voir art. 6, § 5).

Les copies de jugement restent soumises au droit de timbre prévu par l'article 5 de l'arrêté du 8 septembre 1909 sur les· droits et frais de justice en matière indigène.

§ 2. — Le droit sera acquitté au moyen d'un timbre mobile apposé sur ces documents par l'autorité qui les délivre.

§ 3. — Le timbre sera oblitéré par l'apposition à l'encre noire, en travers de la figurine, de la signature de l'autorité qui a délivré le document ainsi que de la date de l'oblitération.

ART. 10. — **Pénalités.** — Les copies d'actes non timbrées rendront le fonctionnaire qui les a délivrées passible d'une amende de 5 *francs* pour chacune d'elles.

TITRE III

Droits de recherche d'actes enregistrés et délivrance de copies

ART. 11. — **Délivrance de copies.** — En dehors des délivrances effectuées sur ordonnance de justice, il ne sera délivré copie des actes enregistrés que sur la demande des intéressés ci-après désignés :

1° Pour les actes d'état civil : les parties intéressées ;

2° Pour les testaments : les héritiers mentionnés dans l'acte ou leurs enfants ;

3° Pour tous contrats ou obligations, les parties ayant signé à l'acte ou leurs ayants droit.

ART. 12 — **Droits de recherche dans les archives du Gouvernement Général à Tananarive.** — Actes ayant quinze années d'ancienneté : 3 francs.

Actes ayant plus de dix années d'ancienneté : 2 francs.

Actes ayant dix années et moins d'ancienneté : 1 franc.

Au moment de la demande de recherche, la partie devra consigner une somme de 1 franc par acte recherché.

Si la recherche donne un résultat, l'intéressé devra parfaire la différence entre la somme consignée et l'une de celles portées au tarif ci-dessus, avant d'obtenir la copie de l'acte.

Au cas où les recherches seraient infructueuses, la somme de 1 franc consignée demeure acquise à la Colonie.

ART. 13. — **Droits de recherche dans les archives de province.** — Recherche d'actes ayant plus de quinze années d'ancienneté : 3 francs par acte.

Actes ayant plus de dix années d'ancienneté : 2 francs par acte.

Actes ayant de cinq à dix années d'ancienneté : 1 franc par acte.

Acte ayant cinq années et moins d'ancienneté : 0 fr. 50 par acte.

Au moment de la demande de recherche, il sera consigné une somme de 0 fr. 50 par acte.

Si la recherche donne un résultat, l'intéressé devra parfaire la différence ; dans le cas contraire, la somme de 0 fr. 50 déposée demeure acquise à la Colonie.

Art. 14. — Les frais de recherche sont dans tous les cas indépendants du droit de timbre prévu au titre II ci-dessus.

TITRE IV

Dispositions diverses

Art. 15. — Sont abrogés l'arrêté du 10 décembre 1904, celui du 14 septembre 1909 et tous autres concernant l'enregistrement des actes indigènes dont les dispositions seraient contraires au présent arrêté.

Art. 16. — MM. le directeur des finances et de la comptabilité et les chefs de circonscription administrative sont chargés de l'exécution du présent arrêté qui aura son effet à compter du 1er octobre 1910.

H. COR.

IVe PARTIE

Répertoire de Jurisprudence (1896-1909)

TRAITÉ DE LA JUSTICE INDIGÈNE A MADAGASCAR

IVᵉ Partie. — Répertoire de Jurisprudence (1896-1909)[1]

Absence

1. La coutume malgache, dans le cas d'absence prolongée, permet aux enfants de demander l'envoi en possession provisoire des biens qui appartenaient à leur auteur du jour de son départ ou de ses dernières nouvelles. **CT. 30 août 1900.**

Actes de l'état civil

1. En cas de perte ou de destruction des registres sur lesquels sont inscrits des actes soit relatifs à l'état civil, soit relatifs aux biens, ce fait, si du moins les parties en procès y ont été étrangères, constitue un cas de force majeure et, dans ce cas, lesdits actes peuvent être prouvés par tous les moyens de droit. **CT. 7 mai 1908, 8 juillet 1909.**

2. *Cons. les mots* : Adoption. — Divorce. — Mariage. — Rejet.

Actes relatifs aux biens

1. *Cons. le mot :* Enregistrement des actes relatifs aux biens.

2. Depuis la législation inaugurée après l'occupation française, la signature des parties contractantes sur les actes est une formalité essentielle. Antérieurement cette formalité était inutile, du moins lorsque l'acte était passé devant l'autorité. **CT. 20 décembre 1906, 16 mai 1907.**

3. La signature des parties sur les actes est une formalité absolument essentielle. Il ne peut être suppléé au défaut de signature par une enquête. **CT. 14 novembre 1907.**

4. En cas de perte ou de destruction des registres sur lesquels sont inscrits des actes soit relatifs à l'état civil, soit relatifs aux biens, ce fait, si du moins les parties en procès y ont été étrangères, constitue un cas de force majeure et, dans ce cas, les dits actes peuvent être prouvés par tous les moyens de droit. **CT. 7 mai 1908, 8 juillet 1909.**

Adjudications

Cons. le mot : **Vente.**

(1) Dans ce Répertoire sont rapportées ou mentionnées les principales décisions visées dans la Iʳᵉ Partie (Droit civil).

Adoption

1. En droit malgache, l'adoption confère à l'enfant adoptif les mêmes droits sur la succession de l'adoptant que ceux d'un enfant légitime. **CT. 14 avril 1898.**

2. Aucun lien de parenté civile n'existe en droit malgache entre l'adopté et les descendants de l'adoptant. **CT. 14 avril 1898.**

3. Sous l'empire de la coutume, du Code de 1868, du Règlement des Sakaizambohitra et du Code de 1881, les conditions requises pour la validité d'une adoption étaient les suivantes : *a*) la famille et le fokonolona devaient avoir connaissance de l'adoption, c'est-à-dire que l'adoption ne devait pas être clandestine ; *b*) le *vola tsy vaky* devait être payé ; *c*) l'acte d'adoption devait être enregistré sur les livres du gouvernement. **CT. 29 septembre 1898.**

4. La condition de l'enregistrement de l'acte d'adoption ne paraissait pas de rigueur pour les adoptions antérieures à la promulgation du Code de 1868 ; à cette époque les conditions requises pour la validité d'une adoption étaient seulement : la présence de la famille et du fokonolona et le paiement du *vola tsy vaky*. **CT. 31 décembre 1898.**

5. Un acte d'adoption, dans lequel l'adoptant détermine la part qui reviendra à l'adopté dans sa succession, est parfaitement valable en vertu du principe qui reconnaît aux Malgaches la liberté la plus absolue de disposer de leurs biens (*masi-mandidy*). Dans ce cas, l'adopté n'a droit qu'aux biens qui sont désignés dans l'acte et il ne peut prétendre au restant de la succession de l'adoptant. **CT. 18 décembre 1902.**

6. Une adoption peut être prouvée par témoins lorsqu'il s'agit d'une adoption antérieure à l'occupation française et qu'au surplus un cas de force majeure, la destruction des registres dans un cyclone, ne permet pas de produire l'acte d'adoption lui-même. **CT. 7 mai 1908.**

Adultère

1. En droit malgache, l'adultère constitue une sorte de délit civil pouvant entraîner une condamnation à l'amende. Un tribunal indigène, statuant en matière civile, est compétent pour connaître d'une plainte en adultère. **CT. 15 décembre 1898, 14 juin 1906.**

2. Le fait d'adultère est incontestablement considéré par la loi indigène comme constituant un motif grave permettant, aux termes de l'article 56 du Code de 1881, à l'époux outragé de demander le divorce. Il est retenu par la même loi comme constituant une infraction d'une nature d'ailleurs spéciale prévue et punie par l'article 58 du même Code. **CT. 14 juin 1906, 7 novembre 1907.**

Arakaraka

Cons. le mot : **Propriété mobilière.**

Autorisation maritale

Cons. le mot : **Mariage.**

Castes

Cons. les mots : **Mariage.** — **Successions.**

Cession de créance

1. La coutume malgache, conforme sur ce point aux règles du droit français, n'admet la validité du transport d'une créance à l'égard des tiers que si le débiteur cédé a été averti, sous une forme quelconque, du transport ou l'a accepté. **CT.** (civil ordinaire) **21 septembre 1898.**

2. Les tribunaux civils ordinaires, et non les tribunaux indigènes, sont compétents pour statuer sur une créance cédée par un indigène à un Européen et existant contre un indigène, lequel a accepté la cession. **CT.** (civil ordinaire) **12 mars 1898.**

3. Aucun texte de législation n'interdit la cession par un Européen à un indigène d'une créance contre un indigène. Le cessionnaire devenu créancier doit poursuivre le remboursement de la créance devant le tribunal indigène de son débiteur. **CT. 25 juillet 1907.**

Code de 1881

Cons. à la II° Partie le **Code de 1881 annoté.**

Contrainte par corps

1. En ce qui concerne la contrainte par corps contre un indigène devant les tribunaux français, *cons. la jurisprudence mise sous le titre :* **Contrainte par corps** *au CS.* En ce qui concerne la contrainte par corps contre un indigène devant les tribunaux indigènes, *cons.* l'arrêté du **8 septembre 1909** *(III° Partie) sur la contrainte par corps en matière indigène.*

Contrats et obligations

1. *Cons. les mots :* **Cession de créance.** — **Dommages-intérêts.** — **Enregistrement des actes.** — **Intérêts.** — **Gage.** — **Partage de biens.** — **Prêts d'argent.** — **Société.** — **Solidarité.** — **Taux de l'intérêt.** — **Vente.**

2. La règle que *l'on stipule pour soi, pour ses héritiers et ayants cause, à moins que le contraire résulte des termes de la convention ou de la nature de la convention*, doit être appliquée en droit malgache. CT. 10 décembre 1903.

3. La règle *impossibilium nulla obligatio* doit être appliquée en droit indigène ; elle suppose, comme en droit français, une impossibilité absolue et non seulement relative. CT. 10 décembre 1903.

4. En droit malgache comme en droit français, *les conventions légalement formées tiennent lieu de loi à ceux qui les ont faites et aux juges qui sont chargés de les appliquer.* CT. 9 juin 1904.

Coutumes

1. De l'article 263 du Code de 1881 il résulte que ce Code n'est que la codification des coutumes. Il consacre celles qu'il reproduit et maintient celles qu'il ne reproduit pas. CT. 5 mars 1897.

2. Pour qu'une coutume ait force de loi il faut qu'il s'agisse d'une coutume réellement établie et générale, *larga, inveterata consuetudo*. CT. 17 décembre 1903, 27 décembre 1906 (1).

Divorce

1. L'épouse, même divorcée, a droit au *fahatelon-tànana*. Cet usage, même non écrit, est de ceux qui ont force de loi. CT. 30 juin 1898.

---

(1).....Sur le troisième moyen d'annulation invoqué : violation des us et coutumes : Attendu qu'en réalité ce troisième moyen se confond avec le premier ; attendu, en outre, qu'il importe de noter à son sujet que le tribunal du 2e degré n'a pas uniquement basé sa décision sur la déclaration de Razefindriantsoa, mais encore sur les témoignages recueillis ; attendu, enfin, qu'en interprétant, comme il l'a fait, la dite déclaration et notamment le mot *betsaka* qui y est contenu, le dit tribunal n'a fait qu'user de son pouvoir d'appréciation ; qu'aucune coutume réellement établie, *larga, inveterata consuetudo, la seule faisant loi*, n'a été violée dans l'espèce. CT. 17 décembre 1903.

.....En ce qui concerne le mérite du recours formé par Rasoamavo : Attendu que le recours en annulation n'est ouvert que pour incompétence, excès de pouvoir ou violation de la loi ou des coutumes ; attendu que les conclusions déposées par Rasoamavo tendent ou tendent qu'à remettre en question les divers points de fait sur lesquels le tribunal s'est prononcé souverainement dans sa décision du 19 octobre ; attendu toutefois qu'il semble résulter du contenu d'ailleurs vague et imprécis de ces conclusions que Rasoamavo invoquerait aussi la violation de certaines règles coutumières relatives aux droits des gens de la tribu Andriamarofantsy, mais attendu tout d'abord que ces règles n'ont pas été portées à la connaissance des divers tribunaux saisis du litige ; attendu, en outre, que les règles dont s'agit ne paraissent pas se rapporter à une coutume réellement établie, *larga, inveterata consuetudo, la seule de nature à être considérée comme une véritable loi coutumière* dont la violation peut entraîner la nullité du jugement rendu. CT. 27 décembre 1906.

2. Une demande en divorce est toujours de la compétence du
tribunal indigène statuant en matière civile, même
lorsque à la demande en divorce est jointe une plainte pour
adultère. **CT. 15 décembre 1898.**

3. Aux termes de l'article 56 du Code de 1881, le divorce ne
peut être prononcé que pour des motifs graves. L'ivrognerie et la mauvaise conduite habituelle sont considérées
comme des motifs graves autorisant les juges à prononcer le divorce. Si des motifs graves existent, les juges
doivent prononcer le divorce à moins que l'époux demandeur renonce à sa demande et consente à reprendre
la vie commune. **CT. 29 mars 1900.**

4. La femme, même divorcée à ses torts, a droit au *fahatelon-
tànana*. **CT. 4 mai 1899.**

5. En droit malgache le divorce ne peut être prononcé que
sur la demande d'un des époux. Viole ainsi la loi le tribunal qui, saisi par l'un des conjoints d'une plainte pour
adultère contre l'autre conjoint, prononce d'office le
divorce entre les époux. **CT. 17 avril 1902.**

6. Constitue un motif grave autorisant la femme à demander
le divorce, le fait par le mari de ne pas subvenir, depuis
de nombreuses années, à l'entretien de son épouse et de
ne fournir pour l'entretien de son enfant que des subsides
dérisoires et absolument insuffisants. **CT. 8 décembre 1904,
31 mai 1906.**

7. L'incompatibilité d'humeur ne saurait être retenue comme
constituant un motif grave autorisant le divorce. Il en est
de même des allégations émises par l'un des époux contre
l'autre au cours d'un procès. **CT. 9 octobre 1905.**

8. Il ne peut, en droit malgache, être prononcé une astreinte
pécuniaire contre la femme dans le cas où, après avoir
été déboutée d'une demande en divorce, elle ne réintégrerait pas le domicile conjugal. **CT. 9 octobre 1905.**

9. La femme qui obtient le divorce ne peut réclamer au père
une redevance pour entretenir l'enfant né pendant le mariage : ce serait contraire à la coutume et l'article 111 du
Code de 1881 ne peut s'appliquer dans ce cas. **CT. 31 mai
1906.** *En sens contraire :* Tribunal 2ᵉ degré Tananarive
24 février 1906, 11 janvier 1907 ; CT 1ᵉʳ septembre 1910.

10. Le fait d'adultère est incontestablement considéré par la
loi indigène comme constituant un motif grave permettant, aux termes de l'article 56 du Code de 1881, à l'époux
outragé de demander le divorce. Il y a obligation pour
les juges, en principe, de prononcer le divorce lorsqu'il est
demandé et qu'un motif légitime existe. **CT. 14 juin 1906,
7 novembre 1907.**

11. Le fait par le mari, marié en 1906, de ne pas habiter avec sa
femme, de la laisser sans ressources, de ne subvenir en
aucune façon à ses besoins, et cela jusqu'en février 1908,
époque à laquelle la femme a introduit une demande en

divorce, constitue, s'il est établi, un *motif grave de divorce* aux termes de l'article 56 du Code de 1881. **CT. 27 mars 1908, 2 avril 1908.**

12. Le *misintaka* est un droit pour la femme. Ce droit ne dégénère en abus permettant au mari de demander le divorce que lorsque, après des invitations et au besoin des sommations par lui faites, invitations et sommations qui sont obligatoires d'après la coutume avant toute action en justice, la femme se refuse sans raison, ce que la justice a à apprécier si elle en est saisie, à réintégrer le domicile de son époux et à reprendre la vie commune. **CT. 30 avril 1908.**

13. L'article 56 du Code de 1881 prohibe et punit, ainsi que cela résulte des termes malgaches employés, *ny misaobady*, la répudiation de la femme par le mari autrefois très en usage dans les mœurs malgaches ; en second lieu, *ny misaraka* sans l'intervention de l'autorité, c'est-à-dire le divorce par consentement mutuel des deux époux. Mais il n'a jamais été dans l'esprit du législateur de punir la simple séparation de fait des deux époux. **CT. 14 mai 1908.**

Dommages-intérêts

1. Les dommages-intérêts n'existent pas dans la législation indigène. **CT. 12 octobre 1899.**

2. Le droit indigène n'admet pas les dommages-intérêts, même à la suite d'un accident dû à la faute d'autrui. Mais, dans ce cas, le tiers, victime du dommage, peut exiger que les réparations matérielles tendant à le réparer soient faites par celui qui l'a causé. **CT. 30 novembre 1899.**

3. Si les us et coutumes malgaches n'admettent pas, en cas de quasi-délit, de dommages-intérêts dans le sens général de ce mot dans la législation française, il peut toutefois être alloué par les tribunaux des compensations destinées à réparer strictement le préjudice matériel souffert. **CT. 20 décembre 1906.**

En fait de meubles, possession vaut titre

Cons. le mot : **Propriété mobilière.**

Enquête

1. Le fait que parmi les témoins entendus dans une enquête, l'un était un ancien esclave du demandeur, l'autre son ancien employé, le troisième ayant des relations d'alliance avec lui, n'est pas suffisant pour refuser toute valeur à ces témoignages si, des circonstances de la cause, il résulte que l'emprunt dont le demandeur réclame le remboursement a été contracté en famille et qu'il est dès lors de toute évi-

dence que les personnes y ayant assisté ne pouvaient être que de la famille ou des personnes entourant la famille. On doit surtout juger ainsi lorsque des écrits viennent corroborer les dépositions recueillies. **CT. 30 mars 1899.**

2. D'après la coutume malgache, les témoignages des ascendants, des descendants, des frères et sœurs, du conjoint, des alliés en ligne directe doivent, dans la généralité des cas, être écartés, même d'office. En ce qui concerne les témoignages des parents ou alliés à des degrés plus éloignés ou des personnes intéressées à l'issue du procès en faveur de l'une des parties, il appartient aux juges, statuant sur les récusations élevées à leur sujet, ou de les rejeter, ou de les admettre, ou encore de n'accorder aux dépositions recueillies dans ces conditions que telle valeur que de droit. **CT. 13 juillet 1899.**

3. En droit malgache, les parents des parties en litige peuvent, dans les procès relatifs à des biens familiaux, être entendus. Aucun reproche n'est admissible de ce chef. **CT. 11 octobre 1900.**

4. Le juge est souverain appréciateur des témoignages produits devant lui. Par application de l'article 156 du Code de 1881, les enfants âgés de dix ans et de moins de dix ans ne peuvent être entendus comme témoins. **CT. 9 juillet 1903.**

5. *Cons. le mot :* Enregistrement des actes relatifs aux biens.

6. La loi coutumière écarte en principe les témoignages des maris tant en faveur de leurs femmes que contre leurs femmes. Mais cette règle n'est pas sans exception. Il y est dérogé notamment lorsqu'il s'agit de contestations se rapportant à des biens familiaux et lorsque toutes les parties en litige sont parentes entre elles. **CT. 15 avril 1909.**

Enregistrement des actes relatifs aux biens

1. Lorsqu'un acte de vente a été régulièrement inscrit sur les registres du gouvernement en présence du vendeur, ce dernier ne peut être ensuite admis à invoquer à l'encontre dudit acte le dol et la fraude. **CT. 17 juillet 1897.**

2. Un acte de vente de rizières doit être inscrit au lieu de la situation des biens. L'oubli de cette prescription peut entrainer la nullité de l'acte. **CT. 4 septembre 1897.**

3. Tout contrat de prêt d'argent doit être enregistré sur les livres du gouvernement. Cet enregistrement doit être opéré sur le registre tenu par le gouverneur du domicile de l'emprunteur. **CT. 3 novembre 1898.**

4. Les actes inscrits sur les registres du gouvernement dans les conditions et selon les formes prescrites doivent être présumés avoir été reçus et transcrits fidèlement. Cette présomption de droit ne peut être détruite que par la démonstration régulière d'une altération commise par le

fonctionnaire chargé de l'enregistrement ; en aucun cas, cette démonstration ne peut résulter d'une enquête faite en la forme ordinaire. **CT. 28 décembre 1899.**

5. Aux termes des arrêtés pris depuis l'occupation française, les reconnaissances de dettes pour prêts d'argent avec ou sans intérêt sont nulles de plein droit, même à l'égard des parties contractantes, si elles n'ont pas été déclarées aux gouverneurs pour être inscrites sur leurs registres. Toutefois, si le débiteur reconnaît la dette en justice, la reconnaissance doit être déclarée valable Mais l'enregistrement du prêt consenti et reconnu doit être ordonné dans l'arrêt ou jugement et il doit être stipulé que l'exécution de l'arrêt ou jugement est subordonnée à cette formalité. **CT. 31 décembre 1900.**

6. Les contrats qui concernent des propriétés doivent être enregistrés dans la circonscription où sont situés les biens. S'il arrive qu'un gouverneur ait à enregistrer des contrats relatifs à des biens situés dans une autre circonscription, il doit d'abord écrire à son collègue de cette circonscription pour lui demander à qui appartiennent les biens et s'ils sont libres de toute garantie antérieure. La non observation de cette formalité peut entraîner la nullité de l'acte passé. **CT. (civil ordinaire) 11 juillet 1900.**

7. Tout partage de biens est nul s'il n'a pas été déclaré aux gouverneurs et enregistré sur leurs livres. **CT. 6 avril 1899.**

8. Tous les contrats entre indigènes doivent être déclarés aux gouverneurs pour être inscrits sur leurs registres; exception est faite seulement pour les actes passés d'après la loi foncière sur l'immatriculation. Le dépôt d'un acte au rang des minutes d'un notaire français ne saurait dispenser de l'enregistrement obligatoire pour tous les actes conclus entre indigènes. **CT. 18 juillet 1901.**

9. En règle générale et sauf quelques exceptions, le principe de la législation malgache, consacré depuis l'occupation française, que le consentement d'une partie à un acte ne peut résulter que de sa déclaration faite à un gouverneur, officier public à ce destiné, et de l'inscription de l'acte sur les registres tenus à cet effet par ledit gouverneur, doit être rigoureusement appliqué par les tribunaux. **CT. 2 avril 1903, 2 août 1906.**

10. Un acte de prêt d'argent, bien que non déclaré aux gouverneurs et non inscrit sur leurs registres, peut être déclaré valable si le débiteur reconnaît la dette en justice. Mais la validité reconnue à l'acte dans ces conditions ne s'étend qu'aux parties contractantes et non aux tiers. Vis-à-vis des tiers, l'acte ne peut avoir d'effet que par l'enregistrement, y aurait-il eu préalablement un acte passé chez un notaire. En déclarant l'acte valable, le jugement doit en ordonner l'enregistrement et stipuler que cet enregistrement ne pourra avoir d'effet vis-à-vis des tiers que du jour où il aura été effectué sur les livres du gouvernement. **CT. 9 avril 1903.**

11. Si deux créances sont enregistrées le même jour, aucune préférence n'existe en faveur de l'une d'elles, quand bien même du numéro d'ordre qu'elles portent résulterait une différence d'heure dans leur inscription. Si ces deux créances donnent lieu à un litige, il y a lieu de faire l'application de l'article 241 *in fine* du Code de 1881. **CT. 17 décembre 1903.**

12. Par dérogation aux règles générales sur l'obligation de l'enregistrement des actes, l'inscription d'un testament sur les registres des gouverneurs peut n'avoir lieu qu'après la mort du testateur. **CT. 29 septembre 1904.** (*V. l'art. 138 de l'arrêté du 8 septembre 1909 sur la procédure en matière indigène*, IIIᵉ Partie).

13. Si, sous la législation malgache, l'obligation de la déclaration des contrats aux gouverneurs existait, en pratique cette règle était le plus souvent négligée ; dès lors, les tribunaux ne sauraient, sans s'exposer à apporter un trouble profond dans l'état social des Malgaches et dans l'établissement de la propriété indigène, déclarer inexistants des contrats passés *antérieurement à l'occupation française*, uniquement parce que ces contrats n'ont pas été enregistrés ; alors du moins qu'il résulte tant des circonstances de fait que d'actes postérieurs régulièrement intervenus, que les dits contrats, quoique non régulièrement enregistrés, ont bien été sanctionnés par le libre consentement des parties. **CT. (civil ordinaire) 7 décembre 1904.**

14. L'enregistrement des actes et contrats est de rigueur même en matière commerciale. JO. 22 juin 1905 (*V. l'art. 138 de l'arrêté du 8 septembre 1909 sur la procédure en matière indigène*, IIIᵉ Partie). Une enquête ne peut être ordonnée pour suppléer au défaut d'enregistrement. **JO. 22 juin 1905.**

15. La reconnaissance d'un contrat devant les tribunaux ou devant une autorité ayant compétence pour recevoir et constater cette reconnaissance peut suppléer au défaut d'enregistrement. **CT. 9 août 1906.**

16. En fait, antérieurement à l'occupation française, l'obligation de l'enregistrement était très souvent négligée et, en conséquence, un contrat entre indigènes, *passé à cette époque*, ne doit pas être considéré comme nul uniquement parce qu'il n'a pas été déclaré aux gouverneurs et enregistré sur leurs registres ; pour *un contrat de cette date*, le juge peut suppléer par d'autres moyens, notamment par une enquête, au défaut de déclaration et d'inscription. **CT. 18 avril 1907.**

17. La force probante d'un acte enregistré *avant l'occupation française* n'est pas absolue comme celle d'un acte enregistré après cette occupation. **CT. 16 mai 1907.**

18. L'obligation de la déclaration des actes aux gouverneurs aux fins de leur enregistrement sur les livres du gouvernement est, en principe, générale. Toutefois, il peut être suppléé au défaut de déclaration par une reconnaissance devant l'autorité, si du moins cette reconnaissance est formelle et si elle résulte d'un acte ayant par lui même force probante suffisante. Un procès-verbal de conciliation régulièrement dressé et signé peut valoir comme acte de reconnaissance. **CT**. **16 mai 1907** (*V. l'art. 138 de l'arrêté du 8 septembre 1909 sur la procédure en matière civile indigène, IIIe Partie*).

19. L'obligation de la déclaration des actes et contrats aux gouverneurs aux fins de leur enregistrement sur les livres du gouvernement est, en principe, générale. Toutefois; il peut être suppléé au défaut de déclaration par une reconnaissance formelle faite, soit en justice, soit devant un fonctionnaire compétent pour en prendre acte et l'enregistrer. **CT**. **31 octobre 1907** (*V. l'art. 138 de l'arrêté du 8 septembre 1909 ci-dessus visé*).

20. L'obligation de la déclaration aux gouverneurs et de l'inscription sur leurs registres des actes et contrats entre indigènes existe même lorsqu'il y est stipulé que les parties se placent sous l'empire de la loi française. **CT**. **26 juin 1907**.

21. Un testament, qu'il soit regardé comme un testament public ou comme un testament secret, ne peut pas être annulé uniquement parce qu'il n'a pas été reçu par les fonctionnaires et enregistré du vivant du testateur. C'est là une dérogation aux principes généraux de l'enregistrement des actes. **CT**. **16 avril 1908**.

22. L'article 72 des Instructions aux Sakaizambohitra qui ordonne l'enregistrement des annulations des contrats d'emprunt par suite de remboursement doit être considéré comme étant toujours en vigueur pour les actes passés depuis l'occupation française, cet article ayant été confirmé par les arrêtés des 20 novembre 1896 et 10 décembre 1904. **CT**. **11 juin 1908**.

23. Les mutations de biens immeubles, régulièrement enregistrées et sans opposition de personne, éteignent, sauf les cas d'erreur, de violence ou de dol, toutes revendications des tiers. **CT**. **18 juin 1908**.

Enregistrement des actes de l'état civil entre indigènes

Cons. les mots : **Adoption**. — **Divorce**. — **Mariage**. — **Rejet**.

Européen *(en cause)*

Cons. les mots : **Hypothèque**. — **Intervention**. — **Tombeaux**.

Esclavage

1. Depuis l'abolition de l'esclavage par l'effet de l'arrêté du 26 septembre 1896, une demande portée devant les

tribunaux et concernant des esclaves doit être rayée purement et simplement. **CT. 10 juin 1897, 6 novembre 1897.**

2. Des esclaves de la reine Ranavalona II, qui avaient obtenu d'elle l'autorisation d'habiter un village dont elle était propriétaire, de cultiver le riz sur des rizières lui appartenant, d'y bâtir des maisons et des tombeaux, ne l'avaient obtenu qu'à titre de concession gracieuse et comme faveur. L'esclavage ayant été aboli, les héritiers de Ranavalona II ont incontestablement le droit de réclamer une part des produits du sol dont ils sont les propriétaires et de vouloir seuls payer au gouvernement les impôts y afférents. Toutefois, si les esclaves préfèrent dans ces conditions quitter les lieux, il est équitable de leur accorder une indemnité représentative de leurs dépenses et soins et de leur permettre d'enlever leurs morts des tombeaux **CT. 17 juillet 1897.**

3. Suivant la loi coutumière, un esclave ne pouvait être témoin dans un acte de vente. **CT. 4 septembre 1897.**

4. Par suite de l'abolition de l'esclavage, un tribunal est dans l'impossibilité de sanctionner la clause d'un testament se rapportant à un esclave. **CT. 14 avril 1898.**

5. Pour statuer sur un litige né à l'occasion de droits prétendus sur une succession, un tribunal doit se reporter à l'époque où les faits se sont passés et se conformer aux lois et coutumes alors en vigueur. Il est constant, qu'avant l'occupation française et avant la suppression de l'esclavage, l'union de deux esclaves n'avait aucun caractère légal et ne pouvait recevoir aucune consécration. Il est constant que les enfants nés d'une pareille union ne recueillaient aucun droit à la succession de leurs parents selon la nature. Une action par eux exercée après l'occupation française et la suppression de l'esclavage, tendant à revendiquer des biens qu'ils disent provenir de la succession de leurs auteurs, fait qui au surplus n'est pas établi, doit donc être rejetée. **CT. 31 mai 1906.**

6. L'arrêté du 26 septembre 1896 abolissant l'esclavage n'a pas pour effet de rendre nul un contrat de prêt d'argent à l'occasion duquel un esclave est donné en garantie. Seul, ce dernier contrat accessoire est devenu sans effet. **CT. 22 novembre 1907, 9 avril 1908.**

7. S'il est exact que, sous les règles régissant l'esclavage avant son abolition, l'esclave ne pouvait jamais acquérir que pour son maître, ces règles ne peuvent plus aujourd'hui être invoquées par les anciens maîtres à l'encontre d'anciens esclaves devenus libres par le bienfait de la loi en vertu de l'arrêté du 26 septembre 1896 et ayant occupé avant cet arrêté, et ayant continué à occuper après cet arrêté, des terrains n'appartenant pas à leurs maîtres et au surplus dans des conditions telles que rien n'établit que cette occupation ait eu lieu avec l'intervention pécuniaire des dits maîtres. **CT. 8 octobre 1908.**

Fahatelon-tânana

Cons. les mots : **Divorce.** — **Mariage.**

Famille

1. Dans le droit malgache, essentiellement coutumier, le chef de famille jouit d'une autorité incontestée devant laquelle s'inclinent tous les membres de la famille. Le père de famille est maître absolu de ses biens (*masi-mandidy*) et il peut absolument exhéréder ses enfants si bon lui semble. **CT. 10 juin 1897.**

2. Un enfant exhérédé par son père qui proteste en justice contre cette exhérédation manque à ses devoirs envers la mémoire de son père et viole le droit coutumier qui le régit. **CT. 10 juin 1897.**

3. D'après les traditions, les aînés d'une famille doivent aider leurs jeunes parents de leur expérience et les diriger de leurs conseils. A l'occasion du partage d'une succession indivise, il est à présumer, d'après la coutume, que les jeunes ayants droit verront leurs droits protégés par leurs aînés. **CT. 10 juin 1897.**

4. Des enfants ne peuvent pas, du vivant de leur auteur, attaquer pour défaut de cause une obligation consentie à un tiers par ce dernier. Déclarer leur demande recevable serait permettre l'ingérence continue des enfants dans les affaires de leur auteur et ainsi porter une grave atteinte au principe que les parents sont maîtres absolus de leurs biens. **CT. 11 avril 1903.**

5. Mais des enfants peuvent, du vivant même de leur auteur, l'actionner en justice aux fins de voir déclarer nulle une obligation par lui contractée et dans laquelle il a mis en gage des biens leur appartenant. **CT. 11 avril 1903.**

Funérailles

1. D'après la coutume, tous les héritiers sont tenus de contribuer, chacun pour leur part, aux funérailles du *de cujus*. **CT. 18 décembre 1902.**

Gage

1. L'article 238 du Code de 1881 exige la présence du propriétaire du gage à l'acte de prêt d'argent, lorsque cet acte porte constitution d'un gage n'appartenant pas à l'emprunteur. **CT. 3 novembre 1898.**

2. Lorsqu'un contrat de prêt d'argent porte une stipulation de gage et la clause suivante : « Si la somme empruntée

« n'est pas remboursée à l'échéance, les deux parties
« s'approcheront l'une de l'autre et, si elles ne sont pas
« d'accord, le gage immobilier donné en garantie sera
« évalué ; selon cette évaluation, ou bien la personne
« qui a emprunté complétera ce qui manque, ou bien
« elle prendra ce qui est en plus », aucune poursuite en
justice ne peut être exercée par le créancier qu'après la
discussion de la garantie. **CT. 13 juillet 1899.** (*V.* **Instructions aux gouverneurs de l'Imerina, IIᵉ Partie**).

3. Dans le cas d'une convention de prêt d'argent avec stipulation de gage régie par l'article 21 des Règlements aux gouverneurs de l'Imerina, le créancier ne peut procéder à une saisie-arrêt à l'encontre de son débiteur avant que d'avoir fait discuter les biens affectés à la garantie de sa créance. **CT. 21 août 1902** (*V. au présent Répertoire :* **Saisie-arrêt.** — *V. à la IIᵉ Partie les* **Instructions aux gouverneurs de l'Imerina**).

4. Mais si le débiteur nie la dette ou si le gage constitué a presque entièrement disparu, il n'y a pas lieu à la discussion préalable du gage et une demande en justice tendant à la condamnation du débiteur et à l'application de l'article 243 du Code de 1881 peut être immédiatement introduite. **CT. 18 juin 1903.**

5. La clause de gage immobilier contenue dans un acte d'emprunt et conforme à l'article 21 des Règlements aux gouverneurs de l'Imerina a pour effet de faire acquérir au créancier un droit de privilège, non seulement sur les biens du débiteur donnés en gage et spécifiés au dit acte, mais encore sur tous ses autres biens, lesquels, en prévision d'insuffisance du gage spécifié, sont affectés eux aussi à la garantie du remboursement du prêt consenti. **CT. 31 décembre 1903** (*V. à la IIᵉ Partie les* **Instructions aux gouverneurs de l'Imerina**).

6. Dans le cas où la valeur du gage immobilier donné en garantie d'un prêt d'argent est bien supérieure au montant de la créance, l'appréhension du gage par le créancier, en cas de non-paiement à l'échéance, doit avoir lieu dans la proportion correspondant au montant de la dette. Ainsi le gage ayant une valeur de 12.000 francs et la créance étant de 6.000 francs, le créancier deviendra propriétaire de la moitié du gage. **CT. 14 octobre 1909.**

7. *V. la Jurisprudence au mot :* **Prêts d'argent.**

Heriny

1. Les faits d'*heriny*, prévus par l'article 218 du Code de 1881, sont toujours de la compétence des tribunaux civils. **CT. (correctionnelle) 15 février 1904.**

Hetra

Cons. le mot : **Propriété foncière.**

Hypothèque

1. L'hypothèque en droit malgache ne confère pas de droit de suite. Le créancier hypothécaire est en droit et doit faire opposition à toute aliénation du bien hypothéqué. **CT.** (civil ordinaire) **17 mai 1905.**

2. Un contrat d'hypothèque entre indigènes ne peut être consenti que dans les formes solennelles prévues pour l'enregistrement des actes. **CT.** (civil ordinaire) **13 août 1908.**

3. La propriété indigène a, en ce qui concerne l'établissement et la conservation des droits réels hypothécaires, des règles spéciales impératives et essentielles. En l'état de la législation à Madagascar, ces règles ne sont pas applicables aux transactions immobilières de cette nature pouvant intervenir entre Européens et indigènes. On verrait à tort dans cette lacune un oubli de la législation ; elle manifeste, au contraire, par là, son intention, clairement indiquée au surplus dans la loi du 9 mars 1896, que, dans l'intérêt de la netteté du régime foncier et aussi de la bonne foi des conventions, ces transactions n'aient pas lieu tant que l'immeuble est indigène et non soumis au régime de l'immatriculation. -- La disposition de l'article 14 du décret du 16 juillet 1897, qui autorise les ventes de propriétés soumises au statut indigène par des indigènes à des Européens, ne saurait être étendue aux contrats hypothécaires. — Ces considérations n'apparaissent pas toutefois d'ordre public et comme devant toujours dominer la volonté des parties contractantes, mais elles sont applicables aux tiers intéressés. **CT.** (civil ordinaire) **13 août 1908.**

4. *Cons. le mot :* **Tombeaux.**

Instructions aux gouverneurs

Cons. les **Instructions aux gouverneurs,** *IIe Partie.*

Instructions aux Sakaizambohitra

Cons. les **Instructions aux Sakaizambohitra,** *IIe Partie.*

Intérêts (taux de l'intérêt)

1. Antérieurement au Code de 1881, des prêts d'argent étaient régulièrement consentis entre Malgaches à des intérêts considérables : pour mettre fin aux abus qui se produisaient, l'article 161 du Code de 1881 a interdit les prêts dont l'intérêt dépasse 2 0/0 par mois, soit 24 0/0 par an, et a prescrit la rétroactivité de cette disposition aux prêts consentis antérieurement à la loi et dont le remboursement n'était pas effectué. **CT. 17 juillet 1897.**

2. Le taux des intérêts en droit indigène et entre indigènes ne peut dépasser 24 0/0 aux termes de l'article 161 du Code de 1881. **CT. 12 octobre 1899.**

3. Le taux licite de l'intérêt entre indigènes est fixé par l'article 161 du Code de 1881. Ce taux ne doit pas dépasser 24 0/0 par an. Un intérêt dépassant ce taux doit être considéré comme usuraire et tombe sous la sanction édictée par ledit article. Cette sanction doit être appliquée en tant qu'elle frappe l'emprunteur d'une amende. **CT. 16 novembre 1899.**

4. Aucun texte n'a régulièrement dérogé aux prescriptions de l'article 161 du Code de 1881 qui édictent qu'entre indigènes l'intérêt conventionnel ne doit pas dépasser le 24 0/0 par an. **CT. 3 novembre 1904.**

5. A défaut de prescriptions en la matière de la loi indigène, l'intérêt *légal* en cette matière et entre indigènes doit être celui fixé par l'arrêté du 25 avril 1906, soit le 9 0/0. **CT. 7 juin 1906, 8 octobre 1908.**

Intervention

1. L'intervention d'un Européen devant un tribunal indigène, aux fins de faire renvoyer devant un tribunal français la liquidation d'une succession purement indigène pour le motif qu'il est créancier d'un des ayants droit à la dite succession doit être rejetée. **CT. 6 avril 1899.**

2. Une mise en demeure par lettre recommandée satisfait aux exigences de l'article 226. Une intervention qui, sur une mise en demeure régulièrement faite, ne se produit que lorsqu'un arrêt définitif a été rendu sur la contestation, est tardive et doit être rejetée. **CT. 30 novembre 1899.**

3. Malgré l'intervention d'un Européen au cours d'un procès s'agitant entre indigènes devant un tribunal indigène, le tribunal indigène peut, tout en rejetant l'intervention, retenir la cause. **CT. 7 septembre 1905.**

Kitay telo an-dalana

Cons. le mot : **Mariage.**

Ko-drazana

1. Le principal caractère des biens ko-drazana est de ne pouvoir jamais être dévolus qu'à des membres de la famille. **CT. 12 mai 1898.**

2. Les biens ko-drazana ne peuvent jamais être dévolus aux enfants adoptés (à moins que ces enfants ne puissent également invoquer une filiation légitime). **CT. 22 avril 1909.**

Loloha

Cons. le mot : **Tombeaux.**

Majorité. — Minorité

1. De l'article 156 du Code de 1881, article qui ne fait que consacrer la coutume, il résulte que les enfants de dix ans et au-dessous ne sont pas considérés comme ayant atteint l'âge de raison ; ils ne peuvent être témoins dans un acte. **CT. 9 juillet 1903.**

Mariage

1. Il est de principe en droit malgache que tous biens acquis pendant le mariage par l'industrie ou le travail commun ou personnel des époux tombent en communauté et forment ce que la coutume appelle le *kitay telo on-dàlana* (littéralement : *trois morceaux de paille rangés l'un après l'autre*). Après la dissolution du mariage, le partage de cette communauté s'opère, en vertu d'un usage immémorial, de la façon suivante : deux tiers des biens sont attribués au mari et un tiers (*fahatelon-tànana*) à la femme. Le *kitay telo an-dàlana* est le régime légal et obligatoire de toute association conjugale, qu'il y ait eu ou non de contrat écrit. La seule dérogation admise par la coutume est qu'il peut-être stipulé en faveur de la femme une part plus forte dans le partage, sans que jamais cette part puisse être moindre du tiers. Il est de principe que seuls les produits du travail ou de l'industrie des époux entrent dans la composition du *kitay telo an-dàlana* ; tous les biens qu'ils possédaient avant le mariage ou qu'ils ont acquis pendant le mariage à titre de succession, donation, testament ou à titre onéreux avec leur argent personnel, les intérêts ou les fruits de ces biens, leur restent propres. Le partage du *kitay telo an-dàlana* ne peut s'opérer qu'après que chacun des époux a prélevé ses propres et que les dettes faites, soit pour les besoins de leur industrie ou de leur commerce, soit pour l'entretien du ménage, ont été payées. La coutume admet, comme présomption légale, que tous les biens existant au moment de la dissolution du mariage font partie de la communauté ; il incombe, en cas de contestation, à l'époux qui se prétend propriétaire d'en fournir la preuve. Quand les biens provenant du *kitay telo an-dàlana* ne sont pas partageables en nature, on peut les évaluer en argent et fixer ainsi la somme qui doit être donnée à la femme en représentation de son *fahatelon-tànana*. **CT. 20 octobre 1898.**

2. L'épouse, même divorcée, a droit au *fahatelon-tanana* ; cet usage, bien que non écrit, est de ceux qui ont force de loi. **CT. 5 mars 1897.**

3. En droit malgache, alors même que les époux vivent dans la plus grande intimité, leurs intérêts pécuniaires quant aux biens propres restant toujours séparés, chacun conservant l'entière disposition des dits biens. **CT. 31 juillet 1898.**

4. Lorsque les parties ne sont pas d'accord sur la masse à partager et sur les reprises à exercer par l'un ou l'autre époux, il y a lieu à les renvoyer devant un magistrat pour faire leur compte et les concilier si faire se peut. **CT. 30 juin 1898.**

5. Sous l'empire du Code du 1881, l'article 53 n'a pas et ne pourait avoir pour effet d'annuler les mariages non enregistrés et simplement contractés d'après la coutume. **CT. 5 mars 1897.**

6. Malgré le devoir d'obéissance de la femme envers son mari, sa capacité pendant le mariage reste entière : l'autorisation maritale n'existe pas en droit malgache. **CT. 13 juillet 1899.**
« .... Attendu que, d'après la coutume malgache,
« bien que la femme, aussitôt après les cérémonies du
« mariage, ne soit plus la maîtresse de sa personne et
« doive obéissance à son mari, ce droit du mari et ce
« devoir d'obéissance de la part de la femme n'ont pas
« pour conséquence de l'empêcher d'agir en justice, soit
« en demandant, soit en défendant, sans y être autorisée
« par son mari ou sans que ce dernier ait été assigné aux
« fins d'autoriser sa femme; que si d'habitude, lorsque
« une femme soutient un procès ou y défend, sa famille,
« son mari, ses enfants l'accompagnent en justice et lui
« prêtent leur concours, il ne faut voir dans cet usage
« qu'une manifestation des effets de la parenté ou de
« l'alliance, et non une assistance prévue et imposée par
« la loi. Attendu, dès lors, qu'il y a lieu de mettre hors
« de cause Rajoclina assigné aux seules fins d'autoriser
« sa femme Rahamina à agir en justice....... »

7. Le *mizara manta* est un mode de partage de la communauté résultant du mariage et adopté par les conjoints qui, n'ayant pas d'enfant, le font dans le but d'éviter des revendications des héritiers en cas de mort de l'un d'eux. Le caractère essentiel de ce mode de partage est d'être toujours fait à l'amiable en présence de la famille et du fokonolona. **CT. 9 novembre 1899.**

8. En droit malgache la séparation de biens entre époux, dite *mizara manta*, devant être faite en présence de la famille et du fokonolona et être constatée par acte écrit, son accomplissement ne saurait être déduit de la seule affirmation d'un des époux appuyant même son dire de plusieurs titres de prêt ou d'achat. **CT. 21 décembre 1899.**

9. Ce qui n'est pas établi être un propre d'un des époux est présumé être un bien de la communauté. C'est à l'époux qui allègue que tel bien existe et est un propre à le prouver. Toutefois, on doit présumer que les bijoux de femme sont des propres à la femme et que les armes de guerre sont des propres au mari. **CT. 9 novembre 1899.**

10. Tous les biens provenant d'actes réguliers de vente, passés au nom seul de la femme mariée pendant le cours du mariage, lui appartiennent en propre ; ni le mari, ni les créanciers du mari ne sauraient à aucun titre s'en emparer à moins qu'il ne soit établi que les ventes sont entachées de fraude. Il n'y a pas lieu de se préoccuper de l'origine des deniers avec lesquels la femme a fait les acquisitions dont s'agit. Mais ces principes ne s'appliquent qu'autant qu'il n'est pas établi que ces actes ont été consentis au nom de la femme pour frauder les créanciers de son mari. **CT. 19 avril 1900 (1).**

11. Il est de principe, en droit malgache, que les biens de la communauté existant légalement entre les époux pendant le cours du mariage ne peuvent être partagés que dans deux cas : 1° lorsque le mariage a été dissous par la mort de l'un des époux ou par le divorce ; 2° lorsqu'il y a eu *mizara manta*, partage amiable fait par les époux d'un commun accord pendant le cours de l'union conjugale à mesure de l'acquisition des biens. Il est également de principe, en droit malgache, que les dettes restent personnelles à l'époux qui les a contractées, à moins qu'elles n'aient été faites pour les besoins de leur industrie ou de leur commerce ou pour les besoins du ménage ; il suit de là que les créanciers ne peuvent poursuivre le recouvrement de leur créance que sur les biens personnels de l'époux débiteur ou sur la part lui revenant sur les biens communs. S'il advient que les créanciers comprennent dans leur poursuite les biens ou une partie des biens faisant partie du *kitay telo an-dàlana*, la coutume permet au commun frustré, soit de faire opposition à la vente de la part lui revenant dans la communauté, soit, si l'opposition n'a pas été faite, de poursuivre en justice l'autre commun en remboursement de la part lui revenant dans les biens vendus pour éteindre la dette qui lui était personnelle, mais de la part seulement vendue en fraude de ses droits. **CT. 14 juin 1900 (2).**

---

(1).....Considérant qu'il est de coutume malgache que tous les biens provenant d'actes réguliers de vente passés au nom seul de la femme mariée, pendant le cours du mariage, lui appartiennent en propre : que ni le mari, ni les créanciers du mari ne sauraient à aucun titre s'en emparer, *à moins qu'il ne soit établi que les ventes sont entachées de fraude.* Considérant que les actes de vente des 9 février 1896, 14 avril 1897, 25 juin 1898, portent tous que les acquisitions sont faites par la dame Razorizelina ; que le nom du mari Ramarijaona n'y figure nulle part ; que les dits actes ont été régulièrement passés et enregistrés. Considérant que pendant le cours du mariage la femme est libre de disposer comme elle l'entend de son avoir personnel. Considérant qu'il n'y a pas lieu de se préoccuper en l'espèce de savoir si c'est avec les 250 piastres qu'elle déclare lui avoir été données par son père à l'occasion de son mariage que Razorizelina a acheté les immeubles faisant l'objet des ventes précitées..... Considérant que les biens dont s'agit ne devaient tomber dans la communauté que si les actes de vente étaient revêtus de la signature du mari ou bien de la signature du mari et de la femme, ce qui n'est pas. Considérant que les actes de vente n'ont pas été attaqués comme ayant été consentis au nom de la femme pour frauder les créanciers de son mari.....

(2) Attendu qu'il est de principe en droit malgache que les dettes restent personnelles à l'époux qui les a contractées, à moins qu'elles n'aient été faites pour les besoins de leur industrie ou commerce ou pour les besoins du ménage ; qu'il suit de là que les créanciers ne peuvent poursuivre le recouvrement de leur

12. C'est à celui qui se prétend marié sous le régime du *mizara manta* à le prouver. — La coutume autorise la femme à se faire restituer par son mari le tiers lui revenant dans les biens qui auraient été vendus par le mari sans son assentiment et pour payer une dette personnelle. **CT. 31 décembre 1900.**

13. Tous biens, provenant d'actes réguliers de vente passés au nom seul de la femme mariée pendant le cours du mariage, lui appartiennent en propre : ni le mari ni les créanciers du mari ne sauraient à aucun titre s'en emparer, à moins qu'il ne soit établi que ces actes sont entachés de fraude. **CT. 30 décembre 1901.**

14. Le *fahatelon-tànana* de la femme n'est le gage des créanciers du mari qu'autant que la dette tombe dans la communauté. **CT. 20 mars 1902.**

15. Le régime du *kitay telo an-dàlana* doit être considéré comme étant devenu, surtout depuis l'occupation française, le régime légal et obligatoire de toute association conjugale entre Malgaches. Il n'est pas fait exception à cette nouvelle règle en ce qui concerne les époux appartenant à la caste Andriamasinavalona. **CT. 20 avril 1905, 20 septembre 1906.**

16. Il ne peut, en droit malgache, être prononcé une astreinte pécuniaire contre la femme dans le cas où, après avoir été déboutée d'une demande en divorce, elle ne réintégrerait pas le domicile conjugal. **CT. 9 octobre 1905.**

17. La femme mariée ne peut réclamer son *fahatelon-tànana* sur les biens de la communauté qu'après que les dettes de la communauté ont été payées. **CT. (civil ordinaire) 17 mai 1905.**

18. Un bien immatriculé au cours du mariage au nom du mari seul, sans opposition de qui que ce soit, doit être réputé

---

créance que sur les biens personnels de l'époux débiteur ou sur la part lui revenant sur les biens communs. Attendu que s'il advient que les créanciers comprennent dans leur poursuite les biens ou une partie des biens faisant partie du *kitay telo an-dàlana*, la coutume permet au conjoint frustré, soit de faire opposition à la vente de la part lui revenant dans la communauté, soit, si l'opposition n'a pas été faite, de poursuivre en justice l'autre conjoint en remboursement de la part lui revenant dans les biens vendus pour éteindre la dette qui lui était personnelle, mais de la part seulement vendue en fraude de ses droits. Attendu, en fait, que la dame Rafara a laissé vendre, sur la poursuite dirigée par les consorts Ratavy contre son mari, un certain nombre de meubles et immeubles sans qu'elle ait fait opposition à la vente ; qu'elle est mal venue aujourd'hui de prétendre qu'un certain nombre de ces biens étaient la propriété de la communauté ; qu'elle n'a qu'à s'en prendre à elle-même si elle a laissé poursuivre l'exécution de l'arrêt condamnant son mari sans élever d'opposition. Attendu que la dame Rafara n'est pas fondée non plus à demander qu'une somme équivalente à la valeur de son tiers coutumier soit distraite du prix provenant de la vente ; que la coutume l'autorise seulement, si elle le juge nécessaire, à poursuivre son mari en restitution de la part qui lui reviendrait dans les biens communs qui auraient été vendus.....

un propre du mari et non un bien de communauté. Aux termes de l'article 35 du décret du 16 juillet 1897 sur le régime foncier de l'immatriculation, aucune action personnelle ne peut être exercée contre le tiers au profit duquel l'immatriculation a été prononée, *sauf en cas de dol* : il en résulte qu'à la dissolution de la communauté, la femme ne peut pas, *hors le cas de dol*, réclamer le *fahatelon-tànana* en argent sur la valeur d'un immeuble qu'elle dit avoir été immatriculé à tort au nom de son mari seul. **CT. 6 septembre 1906.**

19. Mais la femme mariée a le droit de réclamer l'inscription de son droit de *fahatelon-tànana* sur l'immeuble acquis par le mari dans le cours du mariage *et qui était déjà immatriculé au moment de cette acquisition*, sous réserve pour le mari du droit d'établir que cette acquisition a été faite avec des deniers à lui personnels. **CT. (civil ordinaire) 27 avril 1907.**

20. Le *misintaka*, c'est-à-dire le fait de cesser les relations et de quitter le domicile conjugal, est un droit pour la femme. Ce droit ne dégénère en abus que dans certaines conditions. L'amende prévue par l'article 56 du Code de 1881 ne peut être appliquée à la femme qui fait le misintaka. **CT. 23 mai 1907** (*V. arrêt du 30 avril 1908*).

21. La remise du *vodi-ondry* n'est plus aujourd'hui une formalité substantielle à la validité du mariage. L'enregistrement du mariage par les gouverneurs est nécessaire et suffisant pour rendre le mariage valable. **CT. 27 mars 1908** (1).

22. Au moment de la dissolution de la communauté par le décès du mari, la femme ne saurait être déclarée responsable et tenue de représenter l'argent provenant de la vente opérée pendant le cours du mariage par le mari seul de biens propres à ce dernier, si du moins il n'est établi à l'encontre de la femme aucun fait de détournement de cet argent. **CT. 23 avril 1908.**

23. Il y a présomption légale que tous les biens acquis pendant le mariage par le mari ou conjointement par les deux époux sont des biens de communauté. Mais, en ce qui concerne les immeubles immatriculés, cette présomption

_____

(1) ..... Attendu que la demanderesse prétend que l'inscription de son mariage a eu lieu le 5 février 1906, mais que, depuis cette époque, Ratefinjahanary a remis indéfiniment la célébration du mariage : que la dation du vodi-ondry n'a pas encore été faite conformément aux us et coutumes malgaches. Attendu que la dation du vodi-ondry était autrefois une coutume suivie en matière de mariage indigène pour justifier, en présence des parents des contractants, de la validité du mariage consenti et qu'elle tenait lieu alors de l'enregistrement officiel, lequel n'a été institué que plus tard. Mais attendu que, conformément à la législation en vigueur de l'heure actuelle, la dation du vodi-ondry *n'est pas une formalité substantielle* ; qu'en tout cas, *elle doit précéder et non suivre l'inscription du mariage sur les livres du gouverneur, inscription qui, étant nécessaire, est suffisante pour rendre le mariage valable.*

légale est détruite par ce fait que l'immatriculation a eu
lieu au nom du mari seul. Un tel immeuble doit être
déclaré un propre du mari. **CT. 23 avril 1908** (1).

24. Le *misintaka* est un droit pour la femme. Ce droit ne dégénère en abus permettant au mari de demander le divorce
que lorsque, après des invitations et au besoin des sommations par lui faites, invitations et sommations qui sont
obligatoires d'après la loi coutumière avant toute action
en justice, la femme se refuse sans raison, ce que la
justice a à apprécier si elle en est saisie, à réintégrer le
domicile de son époux et à reprendre la vie commune.
CT. 30 avril 1908.

25. L'article 56 du Code de 1881 prohibe et punit, ainsi que cela
résulte des termes malgaches employés, *ny misaobady*,
la répudiation de la femme par le mari autrefois très en
usage dans les mœurs malgaches ; en second lieu, *ny
misaraka* sans l'intervention de l'autorité, c'est-à-dire le
divorce par consentement mutuel des époux. Mais il n'a
jamais été dans l'esprit du législateur de punir la simple
séparation de fait des deux époux. **CT. 14 mai 1908.**

26. Les dettes contractées par le mari pour les besoins de son
commerce ou de son industrie ou pour les besoins du
ménage ne lui restent pas personnelles et deviennent
dettes de la communauté. Les créanciers peuvent en
poursuivre le recouvrement sur les biens du *kitay telo
an-dàlana*. Il n'est pas obligatoire que, dans ce cas, la
femme soit mise en cause lors des poursuites. **CT. 24 juin
1909** (2).

---

(1) ..... Attendu, en ce qui concerne l'immeuble sis à l'ouest d'Analama-
hitsy, immatriculé sous le nom de « Lesueur », que la présomption de biens de
communauté, qui s'attache aux acquisitions faites par le mari au cours du
mariage, est détruite par ce fait que cet immeuble a été immatriculé au nom
de Rasoamiato seul ; que, par suite de l'immatriculation dudit immeuble au
nom de Rasoamiato seul, il doit être, par application des principes posés dans
le décret du 16 juillet 1897, considéré comme un bien à lui propre et sur
lequel sa femme, l'intimée Razay, n'a aucun droit.... *Mais il ne faut pas
confondre ce cas avec celui d'un immeuble acquis par le mari au cours
du mariage et qui était déjà immatriculé au moment de son acquisition ;
il est certain que la femme a le droit de considérer ce bien comme un
bien commun et de faire inscrire son droit de fahatelon-tànana sur
l'immeuble.* **CT.** (civil ordinaire) **27 avril 1907.**

(2) ..... Attendu, en droit, que les dettes contractées par le mari pour les
besoins de son commerce et de son industrie ou pour les besoins du ménage
ne lui restent pas personnelles et deviennent dettes de la communauté ; que les
créanciers peuvent en poursuivre le recouvrement sur les biens du *kitay telo
an-dàlana* ; qu'il n'est pas obligatoire que, dans ce cas, la femme soit mise en
cause lors des poursuites... Attendu, en fait, qu'il apparaît très nettement que
la dette contractée par Rafaralahy, époux de l'appelante Ramavo, vis-à-vis du
sieur Cotte, dette cédée ensuite à l'intimé Ratsifehera, a été contractée pour les
besoins du commerce et de l'industrie dudit Rafaralahy ; qu'il ne peut être
discuté et n'est pas discuté que Rafaralahy était l'employé du sieur Cotte qui
l'intéressait à certaines de ces opérations ; que ses opérations constituaient
évidemment pour lui Rafaralahy un commerce ou une industrie que le *kitay
telo an-dàlana* Rafaralahy-Ramavo était appelé à bénéficier des résultats de
ces opérations comme il était aussi appelé à en supporter les charges ; que la
dette contractée, étant donnés les rapports d'intérêts et d'affaires existant entre

Mamelo-maso

Cons. le mot : **Successions.**

Masi-mandidy

Cons. les mots : **Famille. — Successions. — Testaments.**

Misao-bady

Cons. le mot : **Mariage.**

Misaraka

Cons. le mot : **Mariage.**

Misintaka

Cons. les mots : **Divorce. — Mariage.**

Mizara manta

Cons. le mot : **Mariage.**

Ny tsy ampy ampiana, ny tsy omby analana

Cons. le mot : **Prêts d'argent.**

Opposition

V. les mots : **Enregistrement des actes relatifs aux biens.—Prêts
d'argent. — Propriété foncière. — Vente (** *V. à la II*e *Partie* **les Instructions aux gouverneurs,** *art.* **5).**

Omby sisa mita

Cons. le mot : **Solidarité.**

Rafaralahy et le sieur Cotte doit être retenue comme l'ayant été à l'occasion de
ces opérations. Attendu que l'intimé Ratsifehera, créancier de la communauté
Rafaralahy-Ramavo, avait donc incontestablement le droit de poursuivre le
recouvrement de sa créance sur l'immeuble de Soarano, bien de la communauté ;
qu'il n'était pas nécessaire qu'il mit en cause l'appelante Ramavo lors des
poursuites.....

Partage de biens

1. L'homologation des partages n'est pas prévue par la loi malgache. Mais, suivant cette loi consacrée de nouveau depuis l'occupation, tout partage est nul s'il n'a pas été déclaré aux gouverneurs et enregistré sur leurs livres. **CT. 6 avril 1899.**

2. Mais un partage, *antérieur à l'occupation française,* pourra être validé quoique non enregistré s'il résulte dûment établi que ce partage a bien eu lieu et a bien été accepté par les copartageants. **CT. 17 octobre 1901.**

3. Un partage entaché d'erreur, de violence ou de fraude, peut être annulé d'après la loi coutumière, contrairement au partage simplement entaché de lésion. Notamment le partage dans lequel a été compris par erreur un bien personnel à un des copartageants est annulable, ou du moins une compensation pécuniaire est due à ce copartageant. Il importe peu, dans ce cas, que le partage ait été fait avec toutes les conditions de validité voulues et qu'il ait été exécuté. **CT. 16 avril 1908.**

4. *Cons. le mot :* **Successions.**

Possession

Cons. les mots : **Propriété. — Prescription.**

Prescription

1. La prescription acquisitive de la propriété d'un immeuble par sa possession n'existe pas en droit malgache. Mais la possession peut faire présumer la propriété. **CT. 25 août 1898** (*V. le mot :* **Propriété**).

Prêts d'argent

1. Antérieurement au Code de 1881, des prêts d'argent étaient régulièrement consentis entre indigènes à des intérêts considérables. Pour mettre fin aux abus qui se produisaient, l'article 161 du Code de 1881 a interdit les prêts dont l'intérêt dépasse 2 0/0 par mois, soit 24 0/0 par an, et a prescrit la rétroactivité de cette disposition pour les prêts consentis antérieurement à la loi et dont le remboursement n'était pas effectué. **CT. 17 juillet 1897.**

2. Il est de coutume que le créancier réclame la somme qui lui est due au moment du décès de son débiteur et surtout au moment du partage de ses biens ; mais ni la loi coutumière ni la loi écrite ne prescrivent cette réclamation à peine de forclusion. **CT. 15 septembre 1898.**

3. L'article 223 du Code de 1881 ne peut trouver son application lorsqu'il s'agit d'un litige relatif à un prêt d'argent ; il ne s'applique qu'à un litige relatif à des biens immobiliers provenant d'un héritage. **CT. 15 septembre 1898.**

4. Dans le cas où un tiers est condamné à restituer un prêt d'argent fait sans intérêt, il y a lieu d'appliquer le paragraphe 1er de l'article 243 du Code de 1881, c'est-à-dire de le condamner à payer le capital simplement augmenté de la moitié. **CT. 14 avril 1898.**

5. L'article 243 du Code de 1881 ne saurait être appliqué à des tiers qui, au moment où leur auteur a contracté l'obligation dont ils sont débiteurs, étaient en bas âge. **CT. 15 septembre 1898.**

6. En droit malgache, en outre des conditions générales nécessaires pour la validité de tout contrat (consentement des parties, leur capacité de contracter, un objet certain, une cause licite) tout contrat de prêt d'argent doit réunir les conditions suivantes : 1° le contrat doit être enregistré sur les livres du gouvernement ; cet enregistrement, depuis la promulgation des Ordres aux gouverneurs de l'Imerina (1889), doit être opéré sur le registre tenu par le gouverneur du domicile de l'emprunteur (*mais la législation malgache n'exigeait pas l'enregistrement des prêts d'argent sans intérêt*) ; 2° la présence des témoins au nombre de deux ; 3° la présence du propriétaire du gage, lorsque l'acte porte constitution d'un gage n'appartenant pas à l'emprunteur (art. 238 du Code de 1881). La coutume admet que lorsque l'acte de prêt porte la mention de l'accomplissement de toutes ces conditions, sa sincérité ne peut être combattue par la preuve contraire que s'il y a dol, fraude ou simulation. Elle admet aussi que l'absence d'une ou plusieurs des formalités ci-dessus énumérées entraîne des déchéances différentes suivant la condition omise ; ainsi, l'enregistrement n'est ordonné à peine de nullité (*du moins ne l'était sous la législation malgache*) que lorsqu'il s'agit d'un prêt à intérêt. L'absence des autres conditions ne rend pas *ipso facto* le contrat nul, mais autorise le débiteur à prouver par tous les modes de preuve la fausseté de la convention. En conséquence, la preuve contraire peut être admise contre un contrat de prêt qui ne mentionne pas la présence des témoins ni la présence du propriétaire du gage. **CT. 3 novembre 1898.**

7. Aux termes des arrêtés pris depuis l'occupation française, les reconnaissances de dettes pour prêts d'argent avec ou sans intérêt sont nulles de plein droit, même à l'égard des parties contractantes, si elles n'ont pas été déclarées aux gouverneurs pour être inscrites sur leurs registres. Toutefois, si le débiteur reconnaît la dette en justice, la reconnaissance doit être déclarée valable. Mais l'enregistrement du prêt consenti et reconnu doit être ordonné dans l'arrêt ou jugement et il doit être stipulé que l'exécution de l'arrêt ou jugement est subordonnée à cette formalité. **CT. 31 décembre 1900.**

8. Lorsqu'un contrat de prêt d'argent contient une stipulation de gage et la clause suivante : « Si la somme empruntée « n'est pas remboursée à l'échéance, les deux parties « s'approcheront l'une de l'autre et, si elles ne sont pas « d'accord, le gage immobilier donné en garantie sera « évalué ; selon cette évaluation, ou bien la personne « qui a emprunté complétera ce qui manque, ou bien elle « prendra ce qui est en plus », aucune poursuite en justice ne peut être exercée par le créancier qu'après la discussion de la garantie. **CT.** 13 juillet 1899 (*V.* **Instructions aux gouverneurs de l'Imerina,** *II⁰ Partie*).

9. Dans le cas d'un contrat de prêt d'argent avec stipulation de gage régi par l'article 20 des Règlements aux gouverneurs de l'Imerina, le créancier ne peut procéder à une saisie-arrêt à l'encontre de son débiteur avant que d'avoir fait discuter les biens affectés à la garantie de sa créance. **CT.** 21 août 1902. — *V. au présent répertoire le mot :* **Saisie-arrêt.** — (*V. à la II⁰ Partie les* **Instructions aux gouverneurs de l'Imerina**).

10. Un acte de prêt d'argent, bien que non enregistré sur les livres du gouvernement, peut être déclaré valable si le débiteur reconnaît la dette en justice. De même, un acte de prêt d'argent, reconnu en justice par le débiteur, peut être déclaré valable, bien que non enregistré au domicile de l'emprunteur, ainsi que le prescrit l'article 17 des Règlements aux gouverneurs. Mais la validité reconnue à l'acte dans ces conditions ne s'étend qu'aux parties contractantes et non aux tiers. Vis-à-vis des tiers, l'acte ne peut avoir d'effet que par l'enregistrement, y aurait-il eu préalablement un acte passé chez un notaire. En déclarant l'acte valable, le jugement doit en ordonner l'enregistrement et stipuler que cet enregistrement ne pourra avoir d'effet vis-à-vis des tiers que du jour où il aura été effectué sur les livres du gouvernement. L'article 241 *in fine* du Code de 1881 suppose avant tout une créance régulièrement enregistrée, et en faire l'application au cas d'une créance non enregistrée ou irrégulièrement enregistrée serait violer la règle de principe que l'enregistrement régulier de tout contrat sur les livres du gouvernement est absolument obligatoire pour qu'un contrat puisse avoir un effet juridique. **CT.** 9 avril 1903.

11. Dans une convention de prêt d'argent constitutive de gage et régie, en principe, par l'article 20 des Règlements aux gouverneurs, il n'y a pas lieu à la discussion du gage prévu par cet article et une demande en justice tendant à la condamnation du débiteur et à l'application de l'article 243 du Code de 1881 peut être immédiatement introduite, si le débiteur nie la dette ou si le gage constitué a presque entièrement disparu. **CT.** 18 juin 1903 (*V. les* **Instructions aux gouverneurs de l'Imerina,** *II⁰ Partie*).

12. L'acte d'emprunt n'existe vis-à-vis des tiers, même s'il a été reconnu en justice par le débiteur, que par l'effet de l'inscription de l'acte sur les registres du gouvernement.

Une opposition à un acte d'emprunt, basée sur un précédent acte d'emprunt, n'est régulière que si ce précédent acte d'emprunt a été enregistré. Si une opposition, quoique irrégulière, a été reçue, il n'appartient qu'aux tribunaux de l'annuler. **CT. 17 décembre 1903.**

13. La clause de gage immobilier mise dans un acte d'emprunt « qu'à défaut de paiement à la date convenue la garantie « sera estimée pour effectuer le paiement de telle sorte « que s'il y a excédent on défalquera et s'il y a insuf- « fisance on complètera » a pour effet de faire acquérir au créancier un droit de privilège, non seulement sur les biens du débiteur spécifiés dans l'acte, mais encore sur tous ses autres biens, lesquels, en prévision d'insuffisance du gage spécifié, sont affectés eux aussi à la garantie du remboursement du prêt consenti. **CT. 31 décembre 1903.**

14. Aux termes de l'article 243 du Code de 1881, en cas de réclamation en justice d'un capital placé à intérêts, la condamnation doit être du montant du capital augmenté d'une somme égale. Il ne doit être tenu aucun compte des intérêts payés ni des intérêts dus. **CT. 30 juin 1904.**

15. La réalisation du gage par le créancier, s'il n'est pas remboursé à la date fixée, est la règle dans un contrat de prêt d'argent conforme aux articles 20 et 21 des Règlements aux gouverneurs de l'Imerina de 1889. Mais cette réalisation ne peut avoir lieu qu'après estimation du gage afin que *ny tsy ampy ampiana, ny tsy omby analana.* Cette estimation doit être tentée à l'amiable avant l'introduction de tout litige. Si l'estimation n'est pas acceptée, un litige peut avoir lieu et il appartient au juge de faire une estimation judiciaire. Si cette estimation judiciaire soulève des contestations, le juge ne doit pas ordonner la vente des biens donnés en gage, car ce serait violer la loi formelle du contrat. Il peut, suivant le cas, ordonner une nouvelle estimation. **CT. 4 juin 1908** (*V. les* **Instructions aux gouverneurs,** II⁰ Partie).

16. L'article 72 des Instructions aux Sakaizambohitra, qui ordonne l'enregistrement des annulations de contrats d'emprunt par suite de remboursement, doit être considéré comme étant toujours en vigueur pour les actes passés depuis l'occupation française, cet article ayant été confirmé par les arrêtés des 20 novembre 1896 et 10 décembre 1904. **CT. 11 juin 1908.**

17. Dans le cas où la valeur du gage immobilier donné en garantie d'un prêt d'argent est bien supérieure au montant de la créance, il y a lieu de permettre et de ne permettre l'appréhension dudit gage par le créancier que dans la proportion correspondante à la dette. Ainsi, le gage ayant une valeur de 12.000 francs et la créance étant de 6.000 francs, le créancier sera déclaré propriétaire de la moitié du gage. **CT. 14 octobre 1909.**

Privilèges

1. *Cons. les mots :* **Enregistrement des actes relatifs aux biens. — Gage.** — *Cons. à la IIᵉ Partie le* **Code de 1881** *sous l'article 241.*

Propriété foncière

1. La possession continue et non interrompue, paisible, publique, non équivoque et à titre de propriétaire, de terrains litigieux depuis le règne de Ranavalona I, c'est-à-dire depuis plus de trente ans, fait présumer la propriété de ces terrains en faveur de celui qui les possède. Cette présomption est encore fortifiée par la présence sur ces terrains de tombeaux dans lesquels reposent les ancêtres du possesseur : dans la coutume malgache, en effet, la propriété du tombeau fait toujours présumer la propriété du sol, si la preuve contraire n'est pas rapportée. **CT. 13 janvier 1898.**

2. Bien que la prescription n'existe pas en droit malgache, néanmoins la possession continue, paisible, à titre de propriétaire, depuis un temps très long, d'un terrain fait présumer la propriété. **CT. 25 août 1898.**

3. S'il est exact que le souverain, d'après la coutume, était considéré comme le propriétaire éminent du sol, il ne faut pas cependant donner à ce droit la portée qu'il n'a pas et qui n'a jamais existé dans la réalité des choses ; il s'agissait plutôt d'un droit virtuel, théorique, honorifique, qui ne s'exerçait jamais sur les propriétés détenues par des particuliers, à moins de consentement de ces derniers et de paiement d'une indemnité. Il est constant que, tout au moins depuis Andrianampoinimerina, le droit de propriété existait sous ses deux formes principales : individuelle et collective. Les *hetra* était la propriété collective du fokonolona ; les *zara-tany (terres partagées)*, les *tany vidina (terres provenant d'achats)*, les *lohimbintany (terres tête de bœuf, terres données en récompense de services rendus)* étaient de véritables propriétés individuelles. Il est non moins constant que de tout temps la loi coutumière et écrite a reconnu aux indigènes la facilité de disposer de leurs propriétés, soit à titre gratuit, soit à titre onéreux ; cette faculté leur est notamment formellement reconnue par l'article 85 du Code de 1881 qui dispose que *les terres malgaches ne peuvent être vendues ou données en garantie qu'entre indigènes.* Vainement opposerait-on le texte de la loi du 9 mars 1896 promulguée sous le protectorat par la reine Ranavalona III ; le texte de cette loi ne fait que consacrer le droit de propriété des Malgaches en le juxtaposant au droit éminent que le souverain continue à se réserver ; nier, au surplus, ce droit de propriété reconnu par le Code de 1881 serait commettre une véritable spoliation. **CT. (civil ordinaire) 20 juin 1900, 6 novembre 1901.**

4. La culture d'une parcelle déterminée d'une propriété collective confère, si elle est antérieure à la loi du 9 mars 1896 et légitime, un droit de propriété en faveur du possesseur de cette parcelle. **CT. (civil ordinaire) 31 décembre 1900. — CT. 16 mai 1907.**

5. A défaut de la preuve directe de la donation d'un terrain, le fait qu'on a possédé ce terrain depuis trente ans, qu'on a aliéné une partie du même terrain sans opposition, qu'on a payé les impôts y afférents, peut établir qu'on en est propriétaire. **CT. 10 octobre 1901.**

6. Il appartient à un tribunal de se baser sur la longue et paisible possession d'un immeuble par un tiers pour reconnaître à ce tiers un droit de propriété. **CT. 10 avril 1902.**

7. Le possesseur d'un immeuble doit en être réputé propriétaire ; cette présomption ne cède que devant la preuve contraire. Si cette preuve n'est pas faite, et si au surplus il résulte établi : que le possesseur de l'immeuble revendiqué est en possession depuis trente-cinq ans ; que sa possession a été continue, paisible, publique, non équivoque et à titre de propriétaire ; que le revendiquant, pendant toute cette longue période, n'a élevé aucune réclamation ; qu'il a même figuré comme témoin dans un acte d'emprunt passé par le possesseur et dans lequel ce dernier donnait en garantie l'immeuble revendiqué ; dans ces conditions, la demande du revendiquant doit être rejetée. **CT. 26 mars 1903.**

8. La possession détermine entre les parties les rôles respectifs de demandeur et de défendeur. Celui qui possède n'a rien à prouver dans l'instance en revendication faite contre lui et il doit être réputé propriétaire tant que le demandeur en revendication n'a pas prouvé sa demande. **CT. 17 octobre 1903.**

9. La possession depuis un temps *immémorial* d'une parcelle *déterminée* de terre *hetra* confère au possesseur un droit de propriété sur cette parcelle. **CT. 29 octobre 1903.**

10. La possession de biens immeubles peut ne pas suffire à elle seule pour établir la légitime propriété de celui qui possède, surtout s'il s'agit de biens familiaux. L'état d'indivision des biens ancestraux était, en effet, presque la règle autrefois dans les familles malgaches et c'était l'aîné de la famille qui, le plus souvent, avec la tolérance des autres membres, jouissait de la totalité des biens. **CT. 27 octobre 1904.**

11. La possession d'une terre, si elle n'est pas antérieure à la loi du 9 mars 1896, est insuffisante pour créer un droit de propriété. **CT. 14 juin 1906.**

12. La possession par une seule personne de biens, en réalité indivis entre plusieurs personnes, ne peut permettre à cette personne de revendiquer la propriété de tous ces biens en invoquant le bénéfice de la loi du 9 mars 1896.

L'objet de cette loi est et ne peut être, en matière de propriétés provenant d'héritages et indivises entre plusieurs cohéritiers, que de permettre à chaque cohéritier de devenir propriétaire absolu de sa part. CT. 16 mai 1907.

13. Les mutations de biens immeubles, régulièrement enregistrées et sans opposition de personne, éteignent, sauf les cas d'erreur, de violence ou de dol, toutes revendications des tiers. CT. 18 juin 1908.

14. La vente aux enchères publiques d'un immeuble soumis au statut réel indigène, vendu dans la forme indigène en exécution d'un jugement rendu par un tribunal indigène, n'est pas irrégulière ou illégale parce que l'immeuble a fait l'objet d'une réquisition d'immatriculation. Cet immeuble est, en effet, jusqu'à l'immatriculation, soumis au statut indigène et comme tel soumis aux voies d'exécution en la forme indigène à la requête des créanciers indigènes dont il est le gage. CT. (civil ordinaire) 13 août 1908.

Propriété mobilière

1. La règle « *en fait de meubles possession vaut titre* » n'existe pas en droit malgache. Le premier acheteur d'un objet peut toujours le revendiquer à l'encontre d'un deuxième acheteur, ce dernier l'eut-il en sa possession. Ce principe de droit est connu sous le nom d'*arakaraka*. CT. 17 mars 1907.

Rejet

1. Il est de principe, en droit malgache, que l'acte de rejet doit être dressé en présence de l'enfant rejeté, cette obligation a pour but de lui permettre de défendre ses intérêts et de faire opposition s'il le juge nécessaire. Toutefois, la nullité de l'acte de rejet n'est encourue que lorsqu'il est prouvé que l'intéressé n'a pas eu connaissance du rejet et n'a pu par conséquent défendre ses droits. CT. 21 juin 1900.

2. L'acte de rejet doit être exprès et ne peut résulter implicitement d'un autre acte. CT. 19 décembre 1907.

Saisie-arrêt

1. La procédure de saisie-arrêt, telle qu'elle est organisée par la loi française, peut être employée entre indigènes. Les tribunaux indigènes sont compétents pour statuer sur une saisie-arrêt ainsi pratiquée. CT. 21 août 1902.

2. Dans le cas d'une convention de prêt avec stipulation de gage régie par l'article 21 des Règlements aux gouverneurs de l'Imerina (*V. II*e *Partie*), le créancier ne peut procéder à une saisie-arrêt à l'encontre de son débiteur qu'après avoir fait discuter les biens affectés à la garantie de sa créance. CT. 21 août 1902.

Séquestre

1. Le séquestre d'une succession en droit malgache est une
mesure onéreuse pour les parties et contraire à la coutume. **CT. 10 juin 1897.**

Société

1. La Société est un contrat en vertu duquel deux ou
plusieurs personnes conviennent de mettre quelque chose
en commun, dans le but de partager le bénéfice qui
pourra en résulter. Bien qu'il ne soit pas spécifié de
clauses sur les bénéfices dans un acte de ce genre, cette
clause ressort suffisamment de la contexture générale du
contrat et de la commune intention des parties. Il peut être
spécifié que l'un des coassociés sera affranchi des pertes
en cas de non-arrivée des marchandises ou de perte sur
leur vente. Dans la coutume malgache, le contrat de
Société n'est pas soumis à des règles aussi précises et
aussi étroites que celles édictées par le Code civil ; les
conventions font la loi des parties : ainsi, le pacte, en
vertu duquel un associé est affranchi de toute contribution aux pertes, est reconnu valable. En droit malgache
comme en droit français, la Société finit de plein droit,
soit par l'expiration du temps pour lequel elle a été
contractée, soit par la mort de l'un des associés. Il y a
lieu de présumer, jusqu'à preuve du contraire, qu'une
Société, dissoute depuis dix ans, a été liquidée. **CT. 19 mars
1898.**

Solidarité

1. La clause d'indivisibilité et de solidarité entre les héritiers
pour le paiement d'une obligation contractée par l'auteur
est assurément contraire au droit malgache si elle est
entendue en ce sens que les héritiers sont tenus, chacun
pour le tout, du montant de la dette, même sur leurs
biens personnels. Elle est au contraire licite si elle veut
dire que les héritiers seront tenus solidairement du paiement de la dette de leur auteur, mais seulement jusqu'à
concurrence des biens leur revenant sur la succession de
cet auteur. **CT. 11 avril 1903.**

2. En droit malgache comme en droit français la solidarité
ne se présume pas et doit être formellement exprimée.
L'expression *omby sisa mita* indique la solidarité. **CT.
18 juin 1903, 27 décembre 1906.**

Statut personnel

1. Les indigènes malgaches ne peuvent se soustraire à la compétence des tribunaux indigènes en déclarant par devant
notaire qu'ils entendent à l'avenir et d'une manière géné-

rale contracter sous l'empire de la loi française. Cette
déclaration ne peut être faite que dans le cas prévu par
l'article 16 du décret du 9 juin 1896 et elle n'est valable
qu'entre les deux contractants. **Trib. Tananarive (civil
ordinaire) 14 mars 1898** (1).

Statut réel

Cons. les mots : **Hypothèque. — Propriété foncière. — Vente.**

Successions

1. La loi malgache ne prévoit aucune réserve en faveur des
enfants dans la succession de leurs père et mère ; l'article
233 du Code de 1881 reconnaît aux parents le droit de
déshériter leurs enfants même sans motif et déclare que
leur volonté est sacrée *(masi-mandidy)*. **CT. 10 juin 1897.**

2. Le mode consistant à procéder au partage d'une succession
en famille est conforme au droit familial des Malgaches.
Et c'est seulement lorsque ce partage est terminé qu'un
héritier, mécontent du lot qui lui a été attribué, peut
l'attaquer en justice. **CT. 10 juin 1897.**

3. D'après les traditions, les aînés d'une famille doivent aider
leurs jeunes parents de leur expérience et les diriger de
leurs conseils. A l'occasion du partage d'une succession
indivise, il est à présumer, d'après la coutume, que les
jeunes ayants droit verront leurs droits protégés par leurs
aînés. **CT. 10 juin 1897.**

4. Le séquestre d'une succession indivise donnant lieu à des
contestations est une mesure onéreuse et contraire à la
coutume malgache. Il n'y a pas lieu de l'ordonner, mais
il faut recourir à un partage en famille après lequel les
intéressés copartageants peuvent formuler leurs réclamations. **CT. 10 juin 1897.**

---

(1) Attendu que le législateur ne parle nulle part du statut personnel dans
le décret organique de juin 1896 ; que cette omission, à n'en pas douter volontaire, doit être interprétée dans ce sens : qu'il n'a pas voulu accorder aux Malgaches la faculté de se soustraire aux tribunaux indigènes en faisant abandon
de ce statut et a entendu restreindre cette exception de compétence au seul cas
énoncé en l'article 16 *in fine* ;

Que dans cet article 16 il est dit que les Malgaches pourront se soustraire
entièrement à la compétence des tribunaux indigènes en déclarant dans un
acte qu'ils entendent contracter sous l'empire des lois françaises, ce qui veut
dire que, dans un acte, les deux parties doivent être d'accord et convenir
qu'elles porteront devant les tribunaux français un différend ou litige qui les
sépare ; que, par contrat, il faut entendre un acte bilatéral créant un lien entre
les parties contractantes, leur conférant des droits et des obligations réciproques,
tandis que la renonciation au statut personnel de la part de l'une des parties
est un acte unilatéral qui n'engage que la partie elle-même et ne saurait avoir
d'effet sur la partie adverse ;

Par ce motif :
Statuant contradictoirement en matière civile et en premier ressort, se
déclare incompétent.

5. Un individu de caste hova, qui meurt intestat et sans laisser d'enfant, voit ses biens revenir non à sa famille mais à l'Etat. **CT. 13 mai 1898** (*V. à la IIIᵉ Partie le* **décret du 5 novembre 1909**).

6. En droit malgache, le partage d'une succession se fait en général à l'amiable et en dehors de toute intervention judiciaire. Ce n'est que lorsqu'un des cohéritiers refuse de consentir au partage ou qu'il s'élève des contestations dans le règlement des parts ou dans la forme de procéder qu'il appartient aux tribunaux de statuer. **CT. 29 septembre 1898.**

7. En droit malgache comme en droit français, la succession ne s'ouvre que par le décès du *de cujus*. **CT. 21 juin 1900.**

8. Les biens d'une personne morte intestat doivent être partagés entre ses enfants par portions égales, conformément aux dispositions de l'article 234 du Code de 1881. **CT. 12 juin 1902.**

9. La clause d'indivisibilité et de solidarité entre les héritiers pour le paiement d'une obligation contractée par l'auteur est assurément contraire au droit malgache si elle est entendue en ce sens que les héritiers sont tenus, chacun pour le tout, du montant de la dette, même sur leurs biens personnels. Elle est, au contraire, licite, si elle veut dire que les héritiers seront tenus solidairement du paiement de la dette de leur auteur, mais seulement jusqu'à concurrence des biens leur revenant sur la succession de cet auteur. **CT. 11 avril 1903.**

10. La coutume du *mamelo-maso* est dûment établie en droit malgache. Elle consiste en ce que tout cohéritier d'une succession indivise, le plus souvent l'aîné de la famille, qui, avant le partage, cultive et fait produire les biens de cette succession, a le droit de jouir seul des dits biens et ne doit de ce chef aucune indemnité aux autres co-héritiers, si du moins sa jouissance est publique, c'est-à-dire s'effectue au vu et su des autres ayants droit. **CT. 19 mai 1904.**

11. C'est un principe incontesté du droit coutumier malgache, principe rappelé dans l'arrêté du 15 juin 1898, que les biens des individus décédés sans héritiers directs, engendrés ou adoptés, reviennent à l'Etat (1). Sauf dans les castes jouissant du privilège du *tsy any maty momba*. **CT. 6 septembre 1906.**

13. D'après la loi malgache la vocation héréditaire aux biens non testés appartient aux enfants du *de cujus*, soit engendrés, soit adoptés; à défaut de représentants en ligne directe, ces biens sont dévolus à l'Etat, sauf dans le cas où le *de cujus* jouit du privilège du *tsy any maty momba*, dans ce cas, ils passent aux ascendants, aux collatéraux et au fokonolona. **CT. 8 novembre 1906** (*V. à la IIIᵉ Partie le décret du 5 novembre 1909*).

---

(1) Un arrêt de la cour de Tananarive du 30 juin 1909, rendu en matière civile ordinaire, décide que l'Etat ou la Colonie, même quand ils invoquent justement un droit à la dévolution à leur profit d'une succession *any maty momba*, ne peuvent toutefois revendiquer des biens laissés à l'étranger par le *de cujus*.

14. Pour les personnes qui ne jouissent pas du privilège du *tsy any maty momba,* la vocation héréditaire ne peut résulter, à défaut d'une descendance naturelle, que d'une adoption ou d'une institution d'héritier. La parenté collatérale est insuffisante à l'établir. **CT. 7 mai 1908.** — La coutume du *tsy any maty momba* et de l'*any maty momba* a toujours été en vigueur dans la province de Vohemar. **CT. 7 mai 1908.**

15. La possibilité de renoncer à une succession doit être admise en droit indigène. **CT. 20 décembre 1906** (*solution implicite*).

Tamboho

Cons. le mot : **Tombeaux.**

Taux de l'intérêt

Cons. le mot : **Intérêts.**

Témoignage, témoins

Cons. le mot : **Enquête.**

Testaments

1. La loi malgache ne prévoit aucune réserve en faveur des enfants dans la succession de leurs père et mère ; l'article 233 du Code de 1881 reconnaît aux parents le droit de déshériter leurs enfants, même sans motif, et déclare que leur volonté est sacrée (*masi-mandidy*). **CT. 10 juin 1897.**

2. La disposition d'un testament d'après laquelle tout héritier qui s'opposerait aux volontés de l'exécuteur testamentaire serait déshérité, doit être entendue et appliquée sans rigueur et suivant les règles de l'équité. **CT. 10 juin 1897.**

3. Une personne ne peut attaquer en principe un testament auquel elle a assisté et qu'elle a entendu sans aucune protestation de sa part. **CT. 21 août 1897, 5 décembre 1907.**

4. Doit être annulé un testament dont la rédaction est absolument défectueuse ; que le testateur dit écrire lui-même alors que cependant il est écrit par un tiers ; qui n'est signé ni par le testateur (cependant lettré) ni par les témoins. **CT. 23 avril 1898.**

5. Il existe en droit malgache deux sortes de testament : le testament public et le testament secret ; le premier doit être lu par le testateur ou du moins en sa présence devant les membres de sa famille assistés de quelques fokonolona, puis déposé, à l'époque où nous devons nous repor-

ter (1882) chez les Antily qui le transcrivaient *in extenso* sur un registre spécial et invitaient ensuite les parents à apposer leur signature *in fine*. Cette transcription doit être signée par le testateur, ainsi du reste que le testament, lorsque le corps de l'acte n'a pas été écrit de sa main.

Le testament secret est celui qui, écrit de la main du testateur ou par tout autre, mais dans ce cas revêtu de sa signature, est remis sous enveloppe, pour être gardé en dépôt, à l'employé du gouvernement chargé de ce service. — Il est de coutume qu'après l'avoir scellé, le testateur, avant d'en effectuer la remise, réunisse autour de lui sa famille ainsi que deux ou trois membres du fokonolona et déclare en le leur présentant qu'il a fait un testament secret qu'il a l'intention de remettre aux mains, soit des Antily, soit des juges, soit des fokonolona, ou bien encore il fait savoir aux personnes susdénommées que tel jour, à telle heure, il déposera son testament et les invite à assister au dépôt.

Il entre également dans les coutumes locales de faire du testament plusieurs copies, closes ainsi que l'original : le testateur conserve généralement l'une d'elles et les autres sont remises soit aux juges, soit à un membre de la famille, soit aux fokonolona, et ce pour se conformer aux prescriptions de l'article 153 du Code de 1881 et éviter de la sorte tout procès, grâce à la comparaison des divers exemplaires et obvier également à ce que le testament puisse être argué de faux. La famille est naturellement mise au courant du nombre d'exemplaires et du nom des personnes à qui ils ont été remis.

A la mort du testateur et en général au moment de ses funérailles, les membres de sa famille prennent l'exemplaire du testament secret qui se trouve chez le défunt, ou bien vont chercher celui qui a été déposé chez les Antily, les juges ou les fokonolona, en brisent les cachets et prennent alors connaissance des dispositions y contenues. **CT. 3 mai 1900** (*V. les arrêts qui suivent*).

6. En droit malgache, celui qui a violé les volontés d'un testateur est irrecevable à provoquer la déchéance d'autres cohéritiers qui, eux aussi, ont transgressé les dispositions testamentaires. **CT. 25 avril 1901.**

7. L'article 232 du Code de 1881 consacre le droit pour quiconque d'annuler un premier testament et de le remplacer par un autre. **CT. 2 mai 1901.**

8. Pour pouvoir tester au sujet d'une chose, il faut être propriétaire de la chose léguée. Est nulle aux termes de l'article 232 du Code de 1881 la disposition testamentaire par laquelle un tiers dispose d'un bien qu'il a donné en *fehivavany* et qu'il n'a pas racheté à l'expiration du délai convenu. **CT. 20 septembre 1906.**

9. Un testament peut être attaqué et annulé pour manœuvres dolosives ayant vicié le consentement du testateur ; mais ces manœuvres dolosives doivent être dûment établies. **CT. 11 avril 1907.**

10. Si la présence des enfants du testateur, au moment où il dicte ses dernières volontés aux fonctionnaires venus pour les recevoir conformément à l'article 7 des Instructions aux gouverneurs, est d'usage, elle n'est pas cependant exigée à peine de nullité ni par la loi ni par la coutume. Il suffit de se reporter au texte malgache de l'article 232 du Code de 1881 pour constater qu'il n'exige pas la présence, au moment du testament, *et* de la famille *et* du fokonolona : ce texte dit « la famille *ou* le fokonolona » ; ce texte est corroboré par l'article 7 susvisé des Instructions aux gouverneurs. Il est vrai que la circulaire du 20 juillet 1897 semble prescrire la présence du fokonolona *et* de la famille, mais cette circulaire ne peut être jugée suffisante pour modifier la législation malgache en la matière. **CT. 26 décembre 1907.**

11. Un testament, qu'il soit public ou secret, ne peut pas être annulé uniquement parce qu'il n'a pas été reçu par les fonctionnaires du gouvernement et inscrit sur leurs registres. Cette dérogation à la règle générale de l'obligation de l'enregistrement des actes résulte de l'article 232 du Code de 1881 et surtout des articles 9 et 10 des Instructions aux gouverneurs. Elle a été maintenue et consacrée par la circulaire du 20 juillet 1897. **CT. 29 septembre 1904, 16 avril 1908.**

12. L'article 235 du Code de 1881 ne s'applique qu'aux adoptions et rejets et non aux testaments. **CT. 16 avril 1908.**

13. Quand la sincérité d'un testament est discutée, il incombe aux tribunaux de rechercher par toutes mesures d'instruction si l'acte allégué émane bien du *de cujus* et est bien l'expression de sa seule et dernière volonté. **CT. 16 avril 1908.**

14. Le testament, qu'il soit public ou secret, exige une certaine publicité en ce sens que, s'il est public, il doit être lu par le testateur ou en sa présence devant les membres de la famille ou du fokonolona ; s'il est secret, il doit, après avoir été scellé, être présenté par le testateur à la famille ou au fokonolona comme étant le pli contenant ses dernières volontés. Ces règles, dérivant de la loi et de la coutume, doivent être appliquées strictement lorsqu'il s'agit d'un testament non enregistré du *vivant du testateur* sur les registres du gouvernement ou non déposé de *son vivant* entre les mains des fonctionnaires. Elles sont, en effet, dans ce cas, une garantie essentielle de la sincérité de l'acte de dernière volonté. La loi veut que, soit la famille, soit le fokonolona, soient présents à la déclaration faite par le testateur que tel pli renferme ses dernières volontés ; la loi ne précise pas quels membres de la famille doivent être présents et en quel nombre, mais il rentre dans son esprit d'exiger que ces membres aient la capacité voulue pour attester d'une façon irréfutable quelle a été la volonté du *de cujus*. **CT. 23 juillet 1908.**

15. V. *le mot* : **Actes relatifs aux biens** (CT. 16 mai, 14 novembre 1907).

Tombeaux

1. La propriété d'un tombeau fait en général présumer la propriété du sol sur lequel il est édifié. **CT. 13 janvier 1898, 22 novembre 1900.**

2. De ce que plusieurs membres d'une famille sont enterrés dans un tombeau, on ne saurait *toujours* déduire que la propriété du dit tombeau est commune et indivise entre les membres de cette famille. Il importe, en effet, dans ce cas, de tenir compte de l'usage chez les Malgaches de réserver une partie du tombeau pour les parents décédés qui, à cause de leur pauvreté ou pour toute autre cause, ne possèdent pas de lieu de sépulture. Ces morts portent le nom caractéristique de *loloha* (littéralement : *qui est à la charge*).

   La volonté de l'ancêtre qui a édifié le tombeau et établi un *farafara* (lit) pour les *loloha* est obligatoire pour les descendants qui ne peuvent se refuser à admettre les restes des membres de la famille tant que le farafara n'est pas rempli. **CT. 2 mai 1901.**

3. Si l'affectation d'un tombeau comme servant ou devant servir à tous les membres d'une famille peut ne pas toujours suffire pour faire décider qu'il est la propriété commune et indivise et au surplus inaliénable aux termes de l'article 128 du Code de 1881, de tous ces membres ou de leurs ayants droit ; si notamment, dans ce cas, il faut tenir compte de la vieille coutume des *loloha* ; ce fait constitue néanmoins une présomption très grave en faveur du caractère commun et indivis de sa propriété.

   De la propriété commune, indivise et inaliénable d'un tombeau de famille, on ne saurait assurément toujours conclure à la propriété commune, indivise et inaliénable du *vohitra (tamboho)* qui l'entoure ; mais il n'en est pas moins conforme aux règles générales de la coutume et de la tradition, consacrées d'ailleurs par l'article 128 du Code de 1881, et sous réserve d'apprécier les faits qui, dans certains cas, peuvent y déroger, de dire que le terrain du vohitra est généralement *tsimialonjafy,* c'est-à-dire que tous les membres de la famille et leurs descendants en ont la jouissance, que tous peuvent y bâtir dessus sans qu'aucun d'eux puisse en acquérir la propriété ; ce caractère donné au terrain du vohitra entourant le tombeau est une conséquence de la communauté du tombeau, chacun des ayants droit au tombeau doit non seulement pouvoir y accéder, mais encore pouvoir y bâtir tout autour, ne serait-ce que pour y déposer les corps qui doivent y être enterrés. **CT. 5 décembre 1907.**

4. On ne saurait conclure de la présence sur un terrain d'un tombeau ancestral invidis entre tous les membres d'une famille à l'indivisibilité du terrain *(tamboho)* qui l'entoure lorsque ce terrain a fait l'objet d'un testament régulière-

ment passé, dans lequel le testateur en dispose comme
étant sa propriété exclusive et que ce testament a toujours
été exécuté sans aucune opposition. **CT. 26 décembre 1907.**

5. Le gendre ne peut pas être enterré dans le tombeau de
   famille de sa femme s'il n'est pas entré dans cette famille
   par adoption, à moins que sur la demande de la femme
   la famille ne s'y oppose pas. Cette coutume est générale,
   du moins dans les pays d'Imerina. **CT. 16 juillet 1908.**

6. Le *tamboho* renfermant le tombeau ancestral est inaliénable
   entre les héritiers sous la sanction prévue à l'article 128
   du Code de 1881. Mais cette inaliénabilité, *du moins en
   ce qui concerne le tamboho*, n'a aucun caractère d'ordre
   public. Elle peut disparaître devant l'assentiment des
   héritiers, soit procédant entre eux au partage du *tamboho*,
   soit ne faisant aucune opposition à la mutation immobilière faite par l'un d'eux de sa part indivise, sous réserve
   que cette mutation soit faite avec toutes les règles de
   publicité et de régularité voulues par la législation malgache et qu'elle soit exclusive de toute erreur, violence
   ou dol.

   Une vente sous signatures privées faite par un cohéritier
   à un Européen de sa part indivise sur le tamboho n'est
   pas opposable aux autres cohéritiers et est annulable à
   leur requête. Mais cette vente ne peut pas être annulée
   par les juridictions indigènes, un Européen étant en
   cause. Pour prononcer la déchéance de tous droits sur le
   tamboho des héritiers du cohéritier, qui a ainsi contre-
   venu à l'article 128, il faut attendre que la vente ait été
   annulée par la juridiction compétente. D'ailleurs, ces
   héritiers sont frappés d'une déchéance de tous droits sur
   le tamboho, mais non sur le tombeau.

   L'hypothèque consentie par des cohéritiers sur leur part
   indivise dans le tamboho n'est pas opposable aux autres
   cohéritiers et est annulable à leur requête si elle a été
   consentie autrement que par acte enregistré ayant toute
   la publicité voulue. De plus, les cohéritiers qui ont ainsi
   hypothéqué leur part sont frappés de la déchéance prévue
   à l'article 128. **CT. 20 août 1908.**

7. Si l'affectation d'un tombeau comme servant, ou devant
   servir de sépulture à tous les membres d'une famille,
   constitue une présomption très grave en faveur du caractère commun et indivis de sa propriété, ce fait peut
   ne pas toujours suffire pour faire décider qu'il est la
   propriété commune et indivise de tous ces membres ou
   de leurs ayants droit. Cette présomption disparaît notamment lorsque le constructeur du tombeau a inscrit sur
   le tombeau lui-même sa volonté d'être toujours propriétaire du tombeau et de n'accorder à ceux qui y reposent
   qu'un droit de sépulture. **CT. 25 mars 1909.**

Transport de créance

Cons. le mot : **Cession de créance.**

Vente

1. Un acte de vente de rizières ne peut, en principe, être attaqué pour dol et violence par le vendeur, lorsqu'il est constant qu'il a été présent lors de l'inscription de l'acte sur les registres du gouvernement et qu'il n'a, à ce moment, élevé aucune protestation. **CT. 17 juillet 1897.**

2. Un acte de vente de rizières passé sous le gouvernement malgache n'est pas valable : 1° lorsqu'il est reconnu que deux témoins, qui d'après l'acte étaient présents, n'y assistaient pas en réalité ; 2° lorsqu'un autre témoin, alors esclave, ne pouvait, d'après la coutume, être pris comme témoin ; 3° lorsque les copies de l'acte remises aux parties diffèrent essentiellement de l'original inscrit sur les registres du gouvernement ; 4° lorsque l'acte n'a pas été inscrit au lieu de la situation des biens, mais dans un autre lieu. **CT. 4 septembre 1897.**

3. Lorsque, dans un contrat de vente, il est stipulé que « le vendeur s'engage, en cas de réclamation par des « tiers sur la propriété vendue, à payer à l'acheteur le « prix de la vente augmenté de la plus-value acquise « par cette propriété » il y a lieu, en cas d'éviction de l'acheteur par arrêt de justice ou autrement, de condamner le vendeur à payer audit acheteur une somme égale au prix d'achat augmentée de la plus-value acquise depuis le jour de la vente. **CT. 5 octobre 1899.**

4. Si, sous la législation malgache, l'obligation de l'enregistrement des contrats existait, en pratique cette règle était le plus souvent négligée ; dès lors, les tribunaux ne sauraient, sans s'exposer à apporter un trouble profond dans l'état social des Malgaches et dans l'établissement de la propriété indigène, déclarer inexistants des contrats passés *antérieurement à l'occupation française* uniquement parce que ces contrats n'ont pas été enregistrés ; alors du moins qu'il résulte tant des circonstances de fait que d'actes postérieurs régulièrement intervenus que lesdits contrats, quoique non enregistrés, ont bien été sanctionnés par le libre consentement des parties. **CT. (civil ordinaire) 7 décembre 1904.**

5. Les mutations de biens immeubles, régulièrement enregistrées et sans opposition de personne, éteignent, sauf les cas d'erreur, de violence ou de dol, toutes revendications des tiers. **CT. 18 juin 1908.**

6. Suivant les principes de la législation malgache, une vente publique d'immeubles soumis au statut indigène, faite en exécution de jugements rendus par les tribunaux indigènes, rend l'adjudicataire propriétaire *erga omnes*.

La vente aux enchères publiques d'un immeuble soumis au statut réel indigène, vendu dans la forme indigène en exécution d'un jugement rendu par un tribunal indigène, n'est pas irrégulière ou illégale parce que l'immeuble a fait l'objet d'une réquisition d'immatriculation. Cet immeuble est, en effet, jusqu'à l'immatriculation, soumis au statut indigène et, comme tel, soumis aux voies d'exécution en la forme indigène à la requête des créanciers indigènes dont il est le gage.

Une opposition à la vente d'un immeuble indigène par voie de justice ne peut arrêter les agents d'exécution que lorsqu'elle est régulièrement faite et régulièrement suivie devant l'autorité judiciaire. Une opposition, dans laquelle il est donné assignation pour une date postérieure à la vente, n'a pas ce carractère. CT. (civil ordinaire) 13 août 1908.

7. *Cons. les mots :* **Enregistrement des actes relatifs aux biens. — Tombeaux.**

Vodiondry

Cons. le mot : **Mariage.**

Zazalava

1. Un acte de constitution de *zazalava* ne peut être révoqué que par le consentement des parties ou pour les causes autorisées par la loi. En conséquence, le testament de l'une des parties ne peut, en principe, détruire ou modifier ce qui a été convenu audit acte. Cette règle souffre toutefois exception lorsque ce testament a eu pour témoin une des parties ayant pris part au *zazalava*. Vis-à-vis de cette partie, le *zazalava* est censé avoir été modifié selon les clauses du testament. CT. 22 octobre 1903.

TABLE GÉNÉRALE DES MATIÈRES

Ire Partie. — Droit civil et Droit pénal

Droit civil

TITRE PRÉLIMINAIRE

TITRE PREMIER
Des personnes

CHAPITRE Ier

CHAPITRE II
Des actes de l'état civil

CHAPITRE III

CHAPITRE IV

TITRE III

Des successions

TITRE IV

Des donations et des testaments

TITRE V

Des obligations et des contrats

CHAPITRE III

CHAPITRE IV

Droit pénal

CHAPITRE Iᵉʳ

CHAPITRE II

CHAPITRE III

CHAPITRE IV

Des lois applicables en matière répressive

CHAPITRE V

CHAPITRE VI

CHAPITRE VII

**Des juridictions indigènes répressives. — Organisation générale.
— Compétence. — Saisine. — Présence de la partie poursuivie. — Procédure. — Des preuves. — Du délibéré. — Des
jugements. — Des tribunaux du 1er degré. — Des tribunaux
du 2e degré. — Des voies de recours. — De l'opposition. —
De l'appel. — De l'homologation. — De l'annulation :**

IIe Partie. — Législation antérieure à 1895

IIIᵉ Partie. — Législation postérieure à 1895

IVᵒ Partie. — Répertoire de Jurisprudence (1896-1909)

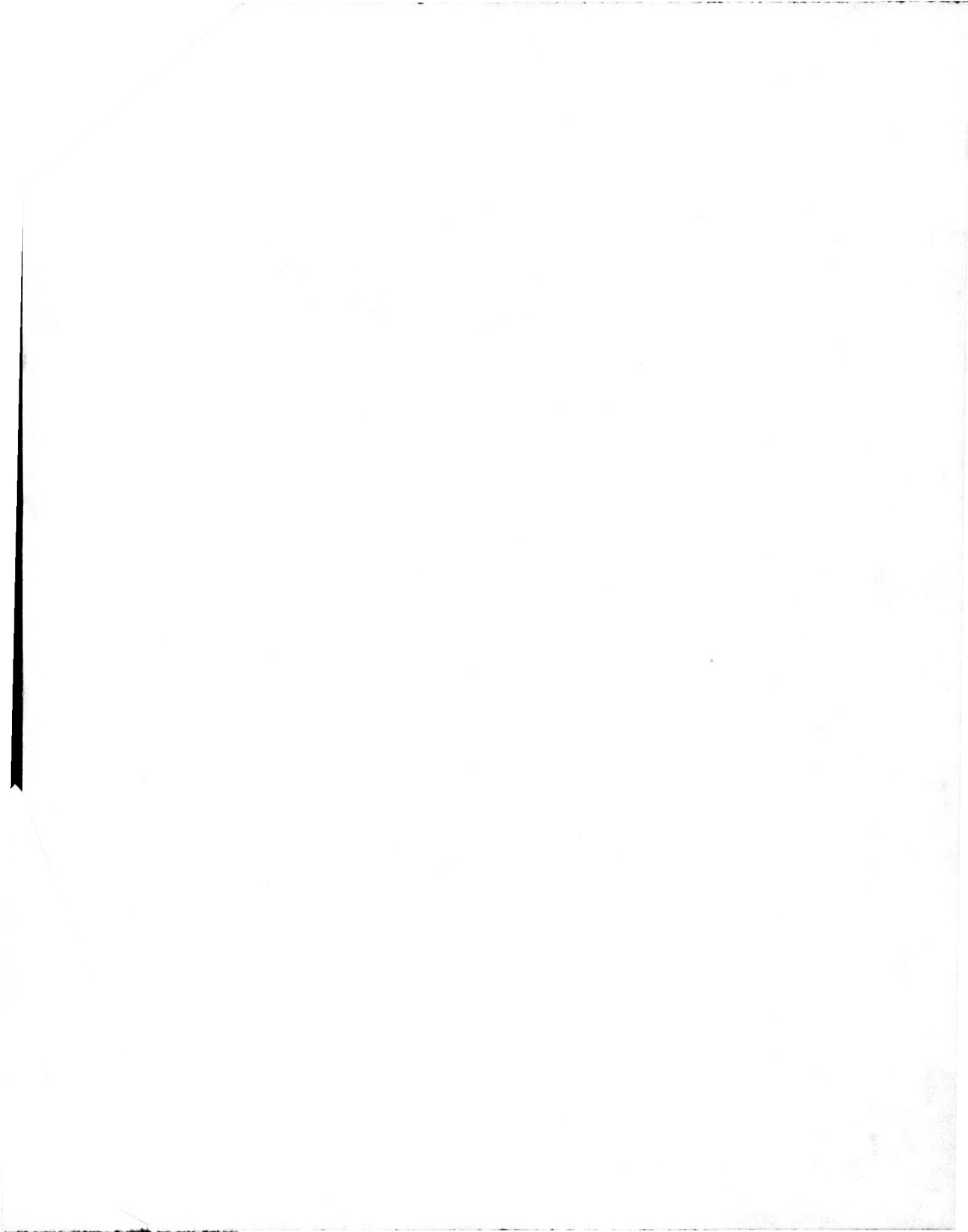

www.ingramcontent.com/pod-product-compliance
Lightning Source LLC
Chambersburg PA
CBHW052100230326
41599CB00054B/3429